国家社会科学基金项目“马克思主义、后凯恩斯学派和新熊彼特学派的经济危机理论比较及应用研究（14BJL008）”资助

资本积累三维结构变迁中的经济危机与长波萧条

——基于马克思主义、后凯恩斯学派和新熊彼特学派比较

马国旺 ◎ 著

中国财经出版传媒集团
经济科学出版社
Economic Science Press

图书在版编目（CIP）数据

资本积累三维结构变迁中的经济危机与长波萧条：基于马克思主义、后凯恩斯学派和新熊彼特学派比较／马国旺著．—北京：经济科学出版社，2020.5
ISBN 978-7-5218-1604-4

Ⅰ.①资… Ⅱ.①马… Ⅲ.①经济危机-研究
Ⅳ.①F039

中国版本图书馆CIP数据核字（2020）第089038号

责任编辑：张　燕
责任校对：郑淑艳
责任印制：邱　天

资本积累三维结构变迁中的经济危机与长波萧条
——基于马克思主义、后凯恩斯学派和新熊彼特学派比较
马国旺　著
经济科学出版社出版、发行　新华书店经销
社址：北京市海淀区阜成路甲28号　邮编：100142
编辑部电话：010-88191441　发行部电话：010-88191522
网址：www.esp.com.cn
电子邮件：esp_bj@163.com
天猫网店：经济科学出版社旗舰店
网址：http：//jjkxcbs.tmall.com
固安华明印业有限公司印装
787×1092　16开　18.5印张　390000字
2020年9月第1版　2020年9月第1次印刷
ISBN 978-7-5218-1604-4　定价：88.00元
（图书出现印装问题，本社负责调换。电话：010-88191510）

序　言

资本主义国家从未消除经济危机，但经济危机问题几乎淡出了西方正统经济学界的话语体系，被新古典均衡范式描述为市场经济的周期性波动现象。在马克思主义和非马克思主义的非正统经济学的学者看来，2008 年爆发的美国金融危机和随即席卷全球的金融海啸既是一场资本主义经济制度的危机，也是西方正统经济学范式的危机。西方正统经济学界不可能深刻反思这两个方面的“危机”，值得注意的是，在我国经济研究和大学经济学教育中新古典经济学范式仍然占据主导地位，“只有一种经济学”的经济思想史观极大地制约了我们对所谓“正统经济学”批判性的认知和研究。这种经济思想史观无视经济思想史中更为源远流长的包括马克思主义经济学在内的“非正统经济学”研究传统，譬如，在目前中国大学本科生乃至研究生的经济学教育中，西方马克思主义经济学、后凯恩斯主义经济学、新熊彼特经济学等很难进入学生的知识视野，在关于马克思主义经济学创新发展和中国特色社会主义经济思想的理论探索中借鉴上述思想的研究成果凤毛麟角。从这个意义上说，本书通过对马克思主义经济学、西方马克思主义学派、后凯恩斯学派和新熊彼特学派的比较研究，构建以马克思经济危机理论为“本”，以西方马克思主义学派、后凯恩斯学派和新熊彼特学派经济危机理论为“用”的经济危机理论，探索马克思主义经济危机理论的创新和发展，这种理论取向是值得肯定和鼓励的。

本书是一部文献丰富、逻辑清晰、研究规范的地道的经济思想史著作。作者借鉴批判实在论的分层论、突现论和回溯法，从四个层面的突现过程诠释马克思的经济危机理论。进而，在马克思主义经典文献研究基础上，作者把资本主义积累内在矛盾的展开视为三个维度上的结构变迁过程：在生产关系维度上的制度结构变迁过程、在生产力维度上的技术结构变迁过程和在虚拟资本维度上的货币金融结构变迁过程；由此确立了在中间层次上发展马克思主义经济危机理论的三个基本“维度”——制度经济理论、技术经济理论和货币金融理论。这便将不同学派的经济危机理论统一于一个方法论“坐标系”中，并在当代资本主义市场经济这个中间层面上把西方马克思主义学派、新熊彼特学派和后凯恩斯学派的经济危机理论有机地纳入马克思主义经济学的分析框架中加以批判和借鉴，丰富和发展了马克思主义经济危机理论的“病理学”和“治疗学”。上述研究为马克思主义批判和借鉴相关经济思想提供了方法论依据和理论综合的契合点，具有思想创新性和逻辑自洽性。

关于马克思主义经济危机理论，作者“回到马克思的文本语境”，在系统而深入地研究相关经典文献基础上，重新解读了比例失调论、消费不足论和一般利润率下降趋势论三种主要经济危机理论，并从资本积累内在矛盾的发展机制、强化机制、调节机制和周期机制四个方面构建马克思经济危机理论的逻辑框架，相关见解具有理论新颖性和启发性。

由于西方马克思主义学派、后凯恩斯学派和新熊彼特学派不仅都有深厚的思想积淀，而且它们在传承和创新过程中都分化出若干分支学派，因此对这些非正统经济学派的经济危机理论，国内学界虽有涉及，但大多缺乏系统而深入的研究，更缺乏与马克思主义经济危机理论比较和综合的理论视角。作者在充分研究相关文献的基础上厘清了它们的源与流的关系，把它们分别概括为研究经济危机问题的制度经济范式、货币金融范式和技术经济范式。这种概括既抓住了它们的主要理论特色，也在逻辑上与马克思主义经济危机理论的三个基本维度“对接”起来，为马克思主义经济危机理论的创造性综合提供了一个清晰的技术路线。

相关研究也向我们展现了当代西方“非正统经济学”发展的最新动态。譬如，作者较为系统地阐述了发端于后凯恩斯学派的现代货币理论的基本原理，并运用该理论阐释美国“双赤字”问题。金本位制的崩溃尤其是布雷顿森林体系的崩溃标志着货币的创造和循环机制发生了变革，资本主义积累体系的货币金融结构发生了根本性变化，这为垄断资本主义金融化开辟了道路。现代货币理论从货币金融结构变迁角度揭示资本循环内在矛盾的激化和转化，成为透视当代资本主义经济危机的一个重要理论视角。作者通过实证研究揭示了在美国财政赤字、贸易赤字和国债之间形成的独特的“寄生”的货币金融关系，由财政赤字产生的贸易逆差相当于美国隐蔽地实现主权债务输出，美国贸易逆差的本质是一种金融掠夺。该见解具有重要的理论价值，值得做进一步专题研究。

本书从资本积累的三个维度结构变迁出发，阐释了当代资本主义经济危机与长波萧条的新特征和演进机制，这个理论视角有助于我们深入研究社会主义市场经济深层次的制度、技术和金融结构变迁及其引发经济危机的可能性。因此，书中最后一章从制度、技术和货币金融三个方面探索了中国规避经济危机的制度优势、领跑新技术经济范式的路径和防范系统性金融风险的关键控制点，相关见解深化了对中国经济周期的特征、趋势和成因，以及社会主义市场经济规避危机的制度优势、规避路径等问题的研究。

书中涉及的批判实在论不禁引起我对一段学术往事的回忆。我在20多年前阅读后凯恩斯主义经济学文献时注意到劳森（Tony Lawson）有关批判实在论的研究，这引起了我的浓厚兴趣，并在2001年初完成了一篇有关批判实在论与“新比较经济学”哲学基础的论文，该文被收录到张仁德教授等著的《新比较经济学研究》中出版。马国旺教授于2003~2006年就读于南开大学经济学院，我在从南开大学调入中国人民大学之前是他的博士生导师，建议他将来对批判实在论做深入系统的研究。2008年他以批判实在论为主题成功申报了国家社会科学基金项目，并在项目研究基础上出版专著《马克思主义经济学方法论与批判实在论经济学方法论的比较研究》，在国内学界该书第一次较为系统地阐述了批判实在论经济学方法论基本原理及对创新和发展马克思主义经济学方法论的借鉴意义，我曾欣然为该书做了序言。在即将出版的这本书中，马国旺教授进一步阐释了批判实在论的基本原理，把相关研究成果应用于经济危机理论比较研究之中，对此我也感到很欣慰。

在我们师生相处的十多年中，马国旺教授在学术研究上的严谨、勤奋、执着和踏实给我留下了很深的印象。他致力于经济思想史研究尤其是马克思主义经济思想和当代西方非正统经济学派的比较研究，在目前国内经济思想史学科发展明显后劲不足和相对停滞的情形下，能够具有强烈的学科创新发展意识，长期做到不浮躁，脚踏实地地潜心科学研究，这种品质是十分难得的。我希望马国旺教授在这个学术领域中继续取得更大的成就。

贾根良

2020年6月18日

目　录

导　论

一、研究的缘起

在本书中频繁出现的“经济周期”“经济危机”和“经济危机理论”三个概念都有狭义和广义之分。在狭义上，经济周期主要以马克思经济学中的经典周期为代表；经济危机指其中的一个阶段；经济危机理论主要研究狭义的经济危机的产生原因和发展机制。在广义上，经济周期和经济危机还包括长波及长波萧条，因此经济危机理论还包括长波理论。本书在研究过程中使用狭义的经济周期和经济危机概念，与长波和长波萧条分开论述，但出于简洁的需要在章节标题中的“经济危机理论”是广义的。

“资本主义经济危机”一词几乎淡出了正统经济学界的话语体系，或在新古典均衡范式中被描述为周期性波动现象。2008 年美国金融危机暴露出西方正统经济学的范式危机，再次彰显了马克思主义经济危机理论的现实意义和科学解释力。当然，马克思主义学者也面临一个问题：如何结合当代资本主义积累在制度、技术和货币金融领域的新发展与新特征丰富和发展马克思主义经济危机理论。

笔者长期从事当代西方经济学派比较研究尤其马克思主义与非正统经济学派比较研究。与西方正统经济学不同，西方马克思主义经济学派、后凯恩斯学派和新熊彼特学派始终关注经济危机问题。它们对当代资本主义积累在制度、科技和货币金融领域的新发展与新特征有独到的理论见解，从经济学方法论、研究方法和理论素材、统计数据等多个方面支援马克思主义经济危机理论创新研究。因此，笔者期望通过对马克思经济学、西方马克思主义学派、后凯恩斯学派和新熊彼特学派的比较研究，构建以马克思经济危机理论为“本”，以西方马克思主义学派、后凯恩斯学派和新熊彼特学派经济危机理论为“用”的经济危机理论，探索马克思主义经济危机理论的创新和发展，进而系统和深入地揭示 2008 年美国金融危机的产生原因与发展机制。

二、基本观点和理论创新

本书基本观点可以概括为以下四个方面。第一，批判实在论强调社会经济实在的超验性、分层性和突现性等本体论特征及回溯法科学解释程序。这种科学哲学有助于丰富和发展马克思经济学方法论，为理解马克思经济危机理论提供新的方法论视域；为批判和借鉴西方马克思主义学派、新熊彼特学派和后凯恩斯学派的经济危机理论，实现马克思主义经济危机理论的创新和发展提供方法论依据。

第二，基于批判实在论的分层论和突现论，可以把马克思经济危机理论的逻辑发展过程构建为四个层次或层面的突现关系：根源层面（商品经济）、突现层面Ⅰ（资本主义生产方式）、突现层面Ⅱ（当代资本主义市场经济）和突现层面Ⅲ（现象和事件），其中前三个层面属于超验实在，第四个层面属于经验实在。相对于经济危机现象和事件，虽然资本主义生产方式和当代资本主义市场经济的结构、力量与机制都属于超验实在，但它们的抽象层次不同，可以把前者视为“深层次”，把后者视为“中间层次”。正是在这个中间层次上，西方马克思主义学派、新熊彼特学派和后凯恩斯学派的经济危机理论丰富和发展了马克思主义经济危机理论的“病理学”和“治疗学”。

第三，资本主义积累内在矛盾的展开是三个维度上的结构变迁过程：在生产关系维度上的制度结构变迁过程、在生产力维度上的技术结构变迁过程和在虚拟资本维度上的货币金融结构变迁过程。由此确立了在中间层次上发展马克思主义经济危机理论的三个基本“维度”：制度经济理论、技术经济理论和货币金融理论。

第四，社会主义市场经济有发生经济危机的可能性，防范经济危机必须坚持新时代中国特色社会主义道路，从制度结构、技术结构和货币金融结构三个方面深化改革、促进开放，探索社会主义制度优越性及其实现路径。

主要有以下三个方面的理论创新。首先，借鉴批判实在论科学哲学创新马克思主义经济危机理论研究方法论。一是运用批判实在论的本体论和认识论重新诠释了马克思的研究方法、叙述方法和科学抽象的基本含义，把马克思的经济危机理论研究程序解释为批判实在论的回溯法。二是运用批判实在论的突现论构建了马克思经济危机理论的逻辑分析框架，把它理解为四个层面的突现关系，从而为马克思主义批判和借鉴当代西方其他经济思想找到方法论依据和理论综合的契合点。

其次，确立了进行经济危机理论比较和综合的方法论中间层次以及在中间层次上丰富和发展了马克思主义经济危机理论的三个基本“维度”。在当代西方经济学派中，西方马克思主义经济学、新熊彼特学派和后凯恩斯学派在这三个维度上有独到的理论见解，笔者分别把它们冠以“制度经济范式”“技术经济范式”和“货币金融范式”。当然，这里只是在分类学和突出理论特色意义上借用了库恩的“范式”① 术语，排除了他在使用这个术语时所表达的理论对抗含义。这三种理论体系都与马克思经济学有着密切的思想渊源关系和方法论共识，因此，马克思主义经济危机理论中间层次的创新和发展

① 根据库恩的“范式”说，“科学是世界观的改变”，观察事物的全新方式可以把现有的整个理论体系全部推翻。参见：托马斯·库恩. 科学革命的结构［M］. 金吾伦，胡新和译. 北京：北京大学出版社，2003.

可以从资本积累结构变迁的三个维度出发批判和借鉴这三种理论范式。

最后，从社会主义市场经济的制度、技术和货币金融结构三个方面探索了中国规避经济危机的制度优势、领跑新技术经济范式的路径和防范系统性金融风险的关键控制点。上述研究在一定程度上克服了我国学界以下三个方面的不足：一是对中国经济周期的特征、趋势和成因的实证研究大多侧重于对经验现象的数量描述，对推动力量及发展机制的理论阐释不足；二是对社会主义市场经济深层次的制度、技术和金融结构变迁及其引发的经济危机可能性认识不足；三是对社会主义市场经济规避危机的制度优势、规避路径认识不足。

三、研究思路和主要内容

研究思路分四步。首先，确立理论比较和综合的经济学方法论，在此基础上建构马克思主义经济危机理论的“四个层面”和“三个维度”。其次，从资本积累结构的三个维度批判和借鉴西方马克思主义、新熊彼特学派和后凯恩斯学派的经济危机理论。再次，通过综合上述三个学派的经济危机理论，创新和发展马克思主义经济危机理论的中间层次。最后，将理论创新应用于中国规避经济危机问题的研究中。

本书共七章。第一章借鉴批判实在论，探讨了马克思主义经济危机理论创新和发展的方法论基础及主要思想来源。第二章在马克思经济学的文本语境中辨析三种马克思主义经济危机理论，重新诠释了马克思经济危机理论的逻辑框架。第三至第六章以资本积累结构变迁的三个维度为线索，分别研究了西方马克思主义、后凯恩斯学派和新熊彼特学派的经济危机理论，然后在马克思经济危机理论的中间层次上进行借鉴和综合。第七章主要从制度、技术和金融三个维度阐述中国规避经济危机的制度优势及其实现路径。

第一章　批判实在论与马克思主义经济危机理论创新研究

批判实在论（critical realism）是由当代英国哲学家巴斯卡（Roy Bhaskar）① 在20世纪70年代创立的一种科学哲学，后经劳森、弗里特伍德和哈维（T. Lawson，S. Fleetwood & J. T. Harvey）等经济学家的诠释和发展成为当代西方“异端经济学”② 的方法论共识。③④⑤ 笔者认为，批判实在论经济学方法论不仅能够增进马克思经济学方法论的创新研究，⑥ 而且为马克思主义经济学借鉴当代西方异端经济学诸流派的合理思想提供理论桥梁或方法论视域。⑦ 基于上述理论认识，笔者认为批判实在论对创新和发展马克思主义经济危机理论提供了两个重要的方法论启示：一是有助于深入理解马克思的经济学方法论和经济危机理论的逻辑框架；二是为马克思主义批判和借鉴西方其他学派的经济危机理论找到方法论依据与理论综合的契合点。

第一节　经济危机理论研究的本体论与回溯法

科学研究方法是人类认识自在的实在、揭示其运行的内在规律的一种理性思维程序或途径，方法论则是阐述某种科学研究方法合理性的哲学原理。对某种方法的合理性、适用条件及其功能和效果的评价必然涉及对它的更深层次的本体论和认识论研究。因

---

① Roy Bhaskar. A Realist Theory of Science [M]. 3rd ed. London, New York: Verso, 2008: 15－16, 47.

② 在《新帕尔格雷夫经济学大辞典》第二版（2008年）中，美国经济学家弗雷德里克（Frederic S. Lee）对异端经济学给以定义和思想史回顾。它是指“以各种方式替代正统经济学的一系列经济理论和经济学家团体”，主要指老制度主义学派、后凯恩斯学派、西方马克思主义经济学、新奥地利学派、新熊彼特经济学、女性主义经济学、制度与演化经济学等；拥有《剑桥经济学杂志》《后凯恩斯经济学杂志》《激进政治经济学评论》等学术刊物。它在全球建立了20多个富有影响的异端经济学协会，譬如欧洲演化政治经济学会、美国社会生态经济学会等。（Blume, L. E., S. Durlauf. New Palgrave Dictionary of Economics [M]. 2nd ed. New York City: Palgrave Macmillan, 2008, Vol. 4, 2－6.）

③ A. Brown, S. Fleetwood, M. Roberts. Critical Realism and Marxism [M]. London and New York: Routledge, 2002.

④ J. T. Harvey, R. F. Garnett. Future Directions for Heterodox Economics [M]. Ann Arbor: University of Michigan Press, 2008.

⑤ Lawson T. Reorienting Economics [M]. London and New York: Routledge, 2003.

⑥ 马国旺．批判实在论增进马克思经济学方法论的创新之我见［J］．经济学家，2010（4）．

⑦ 马国旺．马克思经济学方法论创新探析：批判实在论视域中的异端经济学启示［J］．经济学家，2011（4）．

此，本节从本体论、认识论和方法三个方面讨论批判实在论的分层论、开放系统观和回溯法，阐述它们对经济危机理论创新研究的方法论启示。

一、关于经济危机的本体论思考

1. 经济学的本体论和认识论

唯物史观是揭示社会历史客观实在性及其发展规律的基本原理。马克思指出："人的本质不是单个人所固有的抽象物，在其现实性上，它是一切社会关系的总和。"① 在《〈政治经济学批判〉导言》中马克思指出，"实在主体"是客观的，是独立于人之外的，从抽象到具体不过是在思维中重构具体或以精神的方式再现具体罢了，黑格尔的唯心主义表现在他"把实在理解为自我综合、自我深化和自我运动的思维的结果……"②。受马克思的唯物史观启发，批判实在论认为科学研究活动是人的认知能力及其理性和知识的形成和发展过程，如果以人的认知为中心，那么可以把纷繁复杂的世界的存在性划分为三个层次或领域：一是由感觉、体验、经历和经验构成的"经验领域"（empirical domain）；二是由现象、事件和事态构成的"实际领域"（actual domain）；三是由结构、力量、机制和趋势构成的"真实领域"（real domain）（见图1－1）。③ 在第三个领域中，"结构"是指构成事物的内在要素之间的基本关系；这里的"力量"是一种"因果关系力量"（causal power），它是依存于事物内在结构的一种潜能，是结构的一种属性，能否被激活或释放出来取决于特定的历史、环境和条件；"机制"是指构成事物内在结构的各种要素之间的作用力与反作用力的传导方式和变化过程；"趋势"（tendency）是指事物的由其内在结构、力量和机制决定的基本发展方向，由于受到外在的历史偶然性或随机因素的干扰，趋势是事物未来发展的可能性。在科学研究中，所谓"规律"就是陈述事物发展的某种趋势性及相关条件。

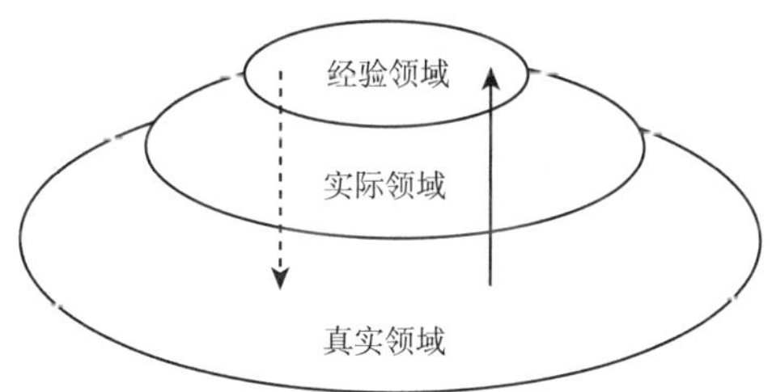

图1－1　科学研究的本体论和认识论示意图

资料来源：笔者整理。

① 马克思恩格斯选集（第1卷）［M］．北京：人民出版社，1995：56.

② 马克思恩格斯选集（第2卷）［M］．北京：人民出版社，1995：18－19.

③ Roy Bhaskar. A Realist Theory of Science［M］. 3rd ed. London，New York：Verso，2008：47.

前两个层次或领域被视为事物的“表层实在”或“经验实在”，而第三个层次或领域超越了人的经验认知，具有超验性或“超验效验”（transfactual efficacy）特征，被称为“超验实在”。这里所说的“超验”有两方面含义：一方面，事物的本质、结构、力量和机制等的存在超出了人的经验认识范围，需要用特定的科学研究方法去揭示。另一方面，事物存在于开放系统中，事物的发展既受其内因的支配，也受各种外因的干扰，外因既可以使事物朝着符合内因的方向加速发展，也可以作为反作用力阻碍事物在其基本方向上的发展。事物发展的最终结果取决于内因的决定力量和外因的干扰力量之间的“较量”，如果在特定的历史条件下阻碍力量很大，则事物的发展趋势只能是一种可能性。

经验、现象、事件及相关统计数据只是科学研究的必要起点，真正的科学研究对象是第三个层次或领域，科学研究宗旨是揭示某种超验实在。这与马克思的透过现象看本质的方法论是一致的。马克思之所以认为穆勒等人的政治经济学具有“庸俗性”，其中一个重要原因就是它们仅仅停留在表面、现象和经验上描述经济活动。停留在经验领域的研究不是科学研究，“如果事物的表现形式和事物的本质会直接合而为一，一切科学就都成为多余的了。”① 正是因为本质从来都被现象所掩盖着，具有超验性，科学研究才有其必要性。自然科学实验方法的基本思想在于千方百计地排除各种干扰因素，使事物内在的结构、力量和机制直接“暴露”出来。社会经济研究很难采取自然科学实验方法，因此科学抽象及相关的概念和范畴的逻辑发展过程成为我们认识事物本质的基本途径，为了确保范畴的现实性和真实性，科学抽象方法强调逻辑过程和历史过程的统一，这是社会经济研究方法的独特之处。

批判实在论的经济学方法论强调三个基本思想。首先，社会经济结构、力量和机制是经济研究的对象，它们超验地存在着并管束人们的经验及各种现象和事件，在图 1 - 1 中用向上的实线箭头表示。其次，科学研究是从经验、现象和事件向本质、结构、力量和机制的“回溯式”思维过程（后文有详细阐述），在图 1 - 1 中用向下的虚线箭头表示。最后，社会经济是一个开放系统，事物的存在和发展受到其他干扰因素的影响，现象、事件和事态是各种结构、力量和机制共同作用的结果，具有阿尔都塞所说的“超越决定的”特征，因此科学研究需要唯物辩证法。

2. 经济危机理论旨在揭示社会经济结构、力量和机制

关于社会经济实在的分层论是对马克思关于现象和本质的哲学思想的一种模型化，当我们把社会经济实在分为三个层次或领域时，透过现象看本质就成为科学研究方法的基本原则。《资本论》是一个很好的理论研究样板，在这里马克思深入研究了资本主义生产方式的内在结构及其基本矛盾，把它们比喻为揭示资本主义制度本质的“生理学”，而不“只是把生活过程中外部表现出来的东西，按照它表现出来的样子加以描写、分

① 马克思恩格斯全集（第46卷）[M]. 北京：人民出版社，2003：925.

类、叙述并归入简单概括的概念规定之中。"① 马克思指出："日常经验只能抓住事物诱人的外观，如果根据这种经验来判断，科学的真理就总会是奇谈怪论了。"② 庸俗经济学之所以把不可能组合在一起的"三位一体"当作出发点，是因为它"所做的事情，实际上不过是对于局限在资产阶级生产关系中的生产当事人的观念，当作教义来加以解释、系统化和辩护。……庸俗经济学恰好对于各种经济关系的异化的表现形式……感到很自在，而且各种经济关系的内部联系越是隐蔽，这些关系对普通人的观念来说越是习以为常，它们对庸俗经济学来说就越显得是不言自明的。"③ 因此，基于经验主义的本体论，庸俗经济学不可能深入资本主义生产方式及其内在矛盾层次上，只能停留在从现象到现象的认识水平上，"只是用政治经济学的语言翻译了受资本主义生产束缚的资本主义生产承担者的观念、动机等，在这些观念和动机中，资本主义生产仅仅在其外观上反映出来。"④

周期性经济危机通常表现为生产的相对过剩、利润率下降、消费和投资不足、通货紧缩或"钱荒"、信用和债务崩溃、金融恐慌、失业率急剧上升等，但这些方面只是经济危机的表面现象，属于经济危机的"表层实在"或"经验实在"。研究经济危机当然离不开对这些现象和事件的客观的、准确的定量描述，但必须看到在背后真正起本质作用的是由资本主义生产关系决定的资本主义积累的内在矛盾；资本主义基本矛盾是推动经济周期发展和促成经济危机爆发的根本力量；经济危机本质上是资本主义积累和再生产过程中的一个必要环节，既是资本主义再生产过程中各种矛盾得到充分展开和激化的结果，也是对资本主义生产关系中各种矛盾以暴力的破坏的方式强制实现平衡的过程。就资本主义经济危机发生和发展的基本运行机制而言，虽然资本主义生产方式具有经济危机的必然性和趋势性，但这种必然性和趋势性何时、何地及以何种方式爆发出来，是由各种社会历史条件决定的，总是呈现出某种历史偶然性特征。经济危机的历史必然性和趋势性寓于历史偶然性之中，这就要求经济危机理论研究剖析经典案例，通过科学研究的程序和方法，从现象和偶然性深入到本质和必然性。

由于缺乏上述本体论和认识论，当代西方正统经济学（新凯恩斯主义和新古典主义）把研究视域局限在市场经济的各种表面现象上。新凯恩斯主义认为，市场存在工资和价格黏性，所以货币冲击能够产生实际影响，因此持政府干预有效论。新古典主义认为，自由放任的资本主义市场经济具有内在的稳定机制，任何外部冲击只会暂时影响到经济均衡；均衡不需要政府的任何干预，干预只会阻碍均衡机制的运行、加剧经济波动，因此，实现均衡的唯一政策就是对市场放任自由以充分发挥其自我调节功能。作为庸俗经济学的当代版本，这两个正统学派的分歧最终落脚到先验的信仰上，即"经济

① 马克思恩格斯全集（第26卷第2册）[M]. 北京：人民出版社，1973：182.
② 马克思恩格斯选集（第2卷）[M]. 北京：人民出版社，1995：74.
③ 马克思恩格斯全集（第46卷）[M]. 北京：人民出版社，2003：925.
④ 马克思恩格斯全集（第26卷第3册）[M]. 北京：人民出版社，1975：499.

人”在多大程度上具有“理性预期”。无论它们用何等复杂的数理模型去证明市场失灵或政府失灵，其理论研究归根到底是基于一种先验的信仰的公理—演绎主义，实证研究不过是用一些经验现象去证明另一些经验现象，而不是马克思和批判实在论所说的透过现象看本质。

从根本上讲，西方正统经济学不认为存在资本主义经济危机，所谓的经济危机事件不过是偏离均衡的经济波动。在相关研究领域，它们的争论同样起源于关于人性和市场的不同的先验性假设，归宿于不同的政策选择；在看似分歧的背后其实都坚持一种理论共识，即均衡是经济的常态，经济周期或经济危机现象只是某种外在“冲击”的结果，譬如货币冲击和实际因素冲击以及由此衍生出的总需求冲击和总供给冲击等。新古典主义的货币经济周期理论和实际经济周期理论认为，未能够预期到的货币冲击或者技术等方面的供给冲击会引发经济波动；而新凯恩斯主义则认为名义的和实际的价格（工资）黏性引发经济波动。总之，这类理论不承认马克思主义经济学意义上的经济危机，而是尽可能地把经济周期描绘成某种受到外在“冲击”而形成的收入和就业的波动状态。在这里，丝毫看不到基于资本主义生产关系的各种结构性矛盾尤其是资本主义基本矛盾的存在，所有的理论模型不过是根据对“经济人”理性、价格灵活性、信息对称性等假设的不同的认可度而展开的公理—演绎主义，正是熊彼特所批判的“李嘉图恶习”的现代高级版本。

二、开放系统观中经济危机的结构特征

1. 关于社会经济研究的开放系统观

批判实在论认为，社会经济是由各种结构、力量和机制构成的开放系统，因此强调社会经济研究应当秉持一种开放系统观。这种本体论和认识论来自马克思和恩格斯对机械论和经济决定论的批判思想，尤其是阿尔都塞的“超越决定”论。①

马克思和恩格斯在很多场合都有对机械论和经济决定论的批判。马克思曾批判对历史的一元化分析，强调要针对具体情况具体分析，不能用一个公式套用所有的历史事件，因为各个历史事件都有其独特性；指出由于历史环境不同，即使是极为相似的事情也会有完全不同的结果。② 恩格斯曾做如下的自我批评：由于他和马克思在批判资产阶级经济学时，“常常不得不强调被他们否认的主要原则”③，以至于让马克思的理论追随者们过于看重经济因素甚至有经济决定论的错误思想。为了弥补以往理论阐述中的不足，恩格斯借用牛顿的力学原理做比喻，用“历史合力论”解释社会历史发

① 马国旺．马克思主义经济学方法论与批判实在论经济学方法论比较研究［M］．北京：经济科学出版社，2013：29－32.

② 马克思恩格斯选集（第3卷）［M］．北京：人民出版社，1995：342.

③ 笔者注：这里指经济因素。

展过程。[①]

为了更加彻底地批判经济决定论，法国马克思主义思想家阿尔都塞提出了一个哲学术语“超越决定”（overdetermination）[②] 以表达如下思想：从来就没有纯粹意义上的经济因素，所谓的经济因素的作用总是与其他因素的作用错综复杂地融合在一起表现出来；任何单独地抽取出所谓的经济因素并认为它在“归根到底”的层面上是唯一起决定性作用的因素的方法论仍然是机械论的。显然，“超越决定论”批判“经济决定论”，主张把经济因素之外的其他因素也都纳入理论分析之中，从而在开放系统中研究资本主义发展问题。

为了进一步发展他的开放系统观或超越决定论，阿尔都塞借鉴了毛泽东的矛盾论以及自然科学研究中的系统论。他认为矛盾本身就是结构，各种因素只有在结构的时空中才表现为矛盾，产生矛盾的作用；一系列矛盾的变化和发展构成了复杂的、开放的结构系统。社会经济系统中的各个子系统或因素都拥有相对独立自主的发展特征，在这个系统中任何一个因素都不具有决定性。至此，可以把阿尔都塞的开放系统观或超越决定论概括为以下三个方面。首先，矛盾及其构成的开放系统具有结构性特征，各种因素一旦排列组合成某种结构，那么要素之间的结构化关系必然产生各种作用力与反作用力关系，各种力量关系是对立统一的，这就是所谓的“矛盾”。其次，矛盾及其构成的开放系统具有复杂的整体性特征，经济社会活动是由一系列矛盾构成的复杂的运动系统，其中，在经济、政治、文化、国际关系等领域中的不同层次的结构、力量和机制又构成了一系列子系统，这些子系统既彼此相互作用，又各自具有一定的独立性，往往形成特定的学科研究领域，譬如经济学、政治学、社会学等。最后，矛盾及其构成的开放系统具有历史偶然性特征，任何事物的发展都以时间、地点和条件为转移，没有一成不变的事物，这是系统的“开放性”的基本内涵。正是因为系统的开放性，历史的发展才存在着偶然性，因此才要反对任何意义上的决定论。

2. 资本积累的社会结构特征

资本主义积累是建立在一系列复杂的结构、力量和机制基础上的，借鉴美国积累的社会结构学派[③]的理论术语，可以称这些结构、力量和机制为“资本积累的社会结构”。当我们解释在特定历史时期的资本主义积累的社会结构的形成、转型和发展时，应当持开放系统观所倡导的结构整体论和动态演化论思想，不能单凭系统中的某些方面的变化或某些历史偶然事件来解释一种资本积累的社会结构的产生、发展和瓦解。资本积累的社会结构具有系统整体性、相对稳定性和空间多样性特征。

---

① 马克思恩格斯选集（第4卷）［M］. 北京：人民出版社，1995：696－698.

② 国内也有学者把 overdetermination 翻译为“多元决定”，本书采用俞金吾的翻译，认为译为“超越决定”或“超越决定的”能够更准确地表达阿尔都塞的思想。俞金吾. 究竟如何理解并翻译阿尔都塞的重要术语 overdetermination［J］. 当代国外马克思主义评论，2011：97－104.

③ 当代西方马克思主义经济学中的一个重要分支学派，在后面的章节中有专门论述。

首先，资本积累的社会结构具有系统整体性。系统整体性是指资本积累的社会结构必然涉及以下三个方面：一是一系列关键性的结构、力量和机制，它们是主要矛盾或矛盾的主要方面；二是其他次级的或外围的结构、力量和机制，它们是次要矛盾或矛盾的次要方面；三是随机事件或历史偶然因素。这三个方面相互影响，使开放系统具有超越决定的演化特征，因此社会经济系统的演化过程既是路径依赖的，也是路径创造的。

根据马克思关于生产力与生产关系的基本原理和资本主义生产方式内在矛盾，笔者认为一系列关键性的结构、力量和机制主要来自三个维度或三个子系统：反映生产力特征的技术结构、反映生产关系特征的制度结构和反映虚拟资本特征的货币金融结构。资本主义发展来自三个维度的变迁：技术结构变迁、制度结构变迁和货币金融结构变迁。它们既相互影响，也具有相对独立的“自治性”。

其次，资本积累的社会结构具有历史的相对稳定性。资本主义积累所赖以存在的制度结构是由一系列惯例、传统、法律、经济制度、政治制度和管理体制等构成的，譬如，主要经济制度，国家干预或放任自由的市场经济体制，由法治体系、政党组织和主流意识形态等构成的政治制度或上层建筑，由风俗传统、生活习惯、社会惯例、认知方式、价值判断等构成的历史文化因素，等等。这些因素都具有历史惯性或历史的相对稳定性，因此资本积累的社会结构具有历史的相对稳定性。正是因为具有历史的相对稳定性，资本积累的制度结构才不是一成不变的，而是有了一个从形成、成熟、衰落到瓦解的生命周期过程，制度结构变迁成为推动经济长波上升或下降的主要原因之一，在第六章关于制度结构变迁长波论的研究中将详细阐述这个观点。

最后，资本积累的社会结构具有空间或地域上的多样性。由于存在历史、文化、传统、制度、体制、模式等方面的差异，在不同的国家或地区，资本积累的社会结构的演化过程具有各自的路径依赖性，由此形成不同的发展模式。譬如，虽然美、英、德、法等国家同为“老牌的”发达资本主义国家，但它们的发展道路和市场经济体制都不尽相同，有所谓的“盎格鲁—萨克逊模式”（Anglo-Saxon Model）和“莱茵模式”（Rhineland Capitalism）之别；再如，以日本、韩国、新加坡为代表的资本主义又被称为“东亚模式”。另外，革命或改革的主观能动性以及历史条件和发展环境的变化、偶然性冲击等会促使资本积累的社会结构的演化过程具有路径创造性，这会进一步增强资本主义发展的多样性。

当我们深入研究资本主义经济危机问题时，必须把社会经济运行看作一个开放系统，看到资本积累的社会结构所具有的系统整体性、相对稳定性和空间多样性特征。这样，我们就有可能从逻辑层面更为深入地理解资本主义经济的发展规律、运行规律、历史趋势等矛盾的普遍性一面，从历史层面更为深入地理解特定民族国家（地区）在特定时期的不同的资本主义发展道路、体制和模式等矛盾的特殊性一面，从而在逻辑与历史统一的理论高度上揭示经济危机的生成和发展机制。正是资本主义发展道路、体制和模式的多样性使资本主义经济危机的必然性寓于历史偶然性之中。

三、回溯法：马克思主义经济危机理论的研究程序

1. 回溯法的本体论和认识论

批判实在论认为，人们所能经验到的现象、事件、效验是开放系统中的多种结构、力量和机制共同作用的结果。这种本体论要求作为认识过程的经济研究必然是一种从经验到超验，从现象、事件和效验到事物内在基本结构、力量和机制的本质发现过程，批判实在论称之为回溯的科学解释程序，简称为“回溯法”。之所以叫“回溯法”（retroduction），是因为它在形式上与主流新古典经济学的公理—演绎主义的思维方向正好相反。回溯法的本体论和认识论如下。

首先，在一个开放系统中，事物存在于一个复杂的因果关系网络之中，决定现象和事件的发生与发展的，除了事物内在的基本结构、力量和机制外，还有其他的一些起干扰作用的结构、力量和机制以及历史偶然性，它们对基本结构、力量和机制具有放大或抵消作用。回溯法就是透过“一果多因”或“一因多果”的复杂的因果关系网络确定其中基本结构、力量和机制，即我们通常所说的主要矛盾和矛盾的主要方面。

其次，回溯法是一种由表及里、从现象到本质的认识深化过程。现象和事件处于科学研究对象的表层，是经验领域和实际领域；事物内在结构、力量和机制是科学研究对象的真实领域。由于它们是“超验实在”，所以对它们的认识活动是透过现象乃至假象揭示事物本质、普遍性和一般规律的过程；这是一个从已知走向未知的充满着科学研究者主观能动性的发现过程，因此，在科学探索中尤其科学研究初期，回溯法更倚重抽象、归纳、比较、溯因等思维方法，而不是演绎方法，因为作为演绎逻辑的“大前提”还是未知的，是即将揭示的事物的本质和普遍性。

再次，回溯法批判主流新古典经济学所倡导的“公理—演绎主义”方法。回溯法的本质是马克思的科学抽象过程，其目的不是提出某种用于演绎的假设或公理，而是借助抽象的概念、范畴及其逻辑运动去建构一种关于未知的知识体系，并使这个知识体系在具体的历史的过程中加以重构，即回溯法要遵循逻辑与历史统一的方法论原则。而演绎主义则不然。在逻辑上，进行演绎的前提条件是已经知道了作为普遍性的“大前提”——一般规则或规律，演绎过程不过是从普遍性认识特殊性、从一般认识个别的思维活动，因此，演绎逻辑又被称为“覆盖律”解释模型。因为普遍性寓于特殊性之中，就此而言，演绎推理只是认识个体的本质的途径，而没有产生对事物本质的认识的飞跃。由于揭示“大前提”的科学研究活动在前，从一般、普遍到个别、特殊的演绎推理在后，所以演绎是科学探索的派生方法。新古典经济学倡导的“公理—演绎主义”更显得荒谬了，它从若干个基于生活常识的简单经验规则——就连这些常识规则也是基于特定的民族、文化和传统，并非具有世界共识——出发提炼出所谓的“公理”或“定律”，

把它们作为演绎的大前提，再附加上关于人性和市场的强制性假设，然后进行公理—演绎推理，这犹如把复杂的社会经济问题研究简化为社会经济几何学。马克思指出，“如果事物的表现形式和事物的本质会直接合而为一，一切科学就都成为多余的了。”① 借用这句话，如果生活常识、经验规则和观念共识是经济活动的本质，经济学就成为多余的了。在缺乏解释力的情况下，公理—演绎主义经济学无论采用多么高级的数学形式化也丝毫不能增强其科学发现能力，因为归根到底只有先认识某种结构、力量和机制，才有可能运用它们去完成进一步的演绎推理。

最后，回溯法在技术上包括比较、归纳、溯因、历史、演绎等多种方法，是这些方法的综合应用。回溯法与比较、归纳等经验外推法的宗旨不同，回溯法的宗旨是发现客观存在的深层的结构、力量和机制，而比较和归纳则满足于从有限的事件或现象中得出适用范围更大的结论，即得出某种经验性的“定律”或“覆盖律”，其宗旨是基于这种“定律”或“覆盖律”预测特定事件的发生概率。在回溯法看来，主流经济学所宣称的一系列定律不过是一种“经验半规则”，譬如边际效应（或生产率）递减规律、边际（技术）替代率递减规律、奥肯定律等，这些经验半规则仍是科学研究的材料，而不能成为理论模型的解释依据。科学研究必须进一步回答：为何会呈现这种“半规则”特征，即揭示导致这种“半规则”的结构、力量和机制。

2. 回溯法特征

回溯法有两个重要特征。一是强调类比或隐喻等悟性的发现功能。它认为在科学研究中，类比或隐喻也是揭示事物之间内在的因果关系机制的一种方法，具有从事物的表象到事物的深层结构的心智顿悟作用。譬如，主流新古典经济学的均衡分析就是来自牛顿力学隐喻，而演化经济学显然是受到了达尔文的生物进化论的启发。二是透过复杂的因果关系链条确认基本的结构、力量和机制。因此，回溯法是一个不断地试错、反思和批判的验证过程，这有些近似于波普尔所说的“猜测与检验”的过程。

结合批判实在论原理，可以用图 1－2 描述回溯法的科学发现程序。为了更好地理解回溯法的含义，在该图中还描述了经验论和先验论。首先，回溯法遵循以下认识过程：现象、事件、事态和结果→结构、力量、机制和趋势→理论建模→经验检验→因果关系机制解释。这个过程在图中用先向下再向右的实线箭头表示。其次，经验论的演绎主义遵循以下认识过程：从经验、现象和事件出发，基于概率统计等方法得到事件之间的关联性、经验规则或所谓的定律，进而构建某种解释模型并对未来做出预测，在图中用向右的实线箭头表示。最后，先验唯心论的解释程序是：从经验、现象事件和事态出发，想象某种先验的结构、力量、机制和趋势，继而建立起某种解释模型，图中用先向右再向下、向右的虚线箭头表示。先验论与回溯法相同的地方是，二者都认为存在某种“超验的”结构、力量和机制，它们支配事物的发生和发展；不同

① 马克思恩格斯全集（第46卷）［M］. 北京：人民出版社，2003：925.

的地方是，回溯法强调这些内容的客观实在性，强调在经验检验（或实践检验）基础上提出因果关系机制解释，这也意味着回溯法是一个循环往复的认识过程，而先验论则否定经验检验（或实践检验）的必要性，它对结构、力量和机制的解释具有康德哲学的唯心论特征。

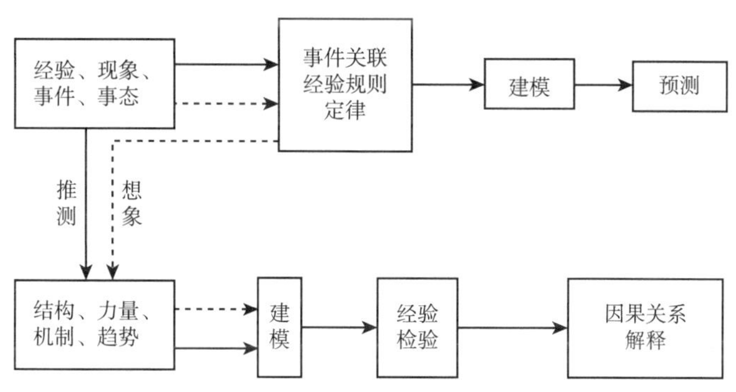

图 1－2　回溯的科学解释程序

资料来源：马国旺．马克思主义经济学方法论与批判实在论经济学方法论比较研究［M］．北京：经济科学出版社，2013：117.

3. 从回溯法角度理解科学实验和科学规律

自然科学实验方法是一种特殊的回溯方法。马克思在《资本论》第一卷第一版序言中专门提到自然科学实验方法："物理学家是在自然过程表现得最确实、最少受干扰的地方观察自然过程的，或者，如有可能，是在保证过程以其纯粹形态进行的条件下从事实验的。"自然科学实验方法基本思想是在一个必要的封闭环境中进行人为干预，即在一个封闭系统中，通过必要的"隔离""分离""屏蔽"等人为的干预活动，排除其他干扰性的结构、力量和机制，使事物（研究对象）内在的超验的基本结构、力量和机制的效应呈现出来，能够为人的经验所感知，从而证实或证伪某种回溯性的理论假说。在一个几乎不可能进行人工干预的开放系统中，譬如在社会经济问题研究中，由于难以进行标准的实验研究，这就更要求我们只能采用回溯的研究程序。受研究材料限制，我们还经常借助案例分析进行回溯，这就是通常所说的"解剖麻雀"的道理。

如果从科学实验角度理解科学规律，则所谓的规律就是：在实验环境（一种封闭条件）中解释变量和被解释变量之间呈现稳定的规则性。这个判断有三层含义。第一，规律的背后是构成规律的结构、力量和机制，相对于规律而言，对结构、力量和机制的研究更具有科学意义，它们构成了对规律成因的解释。第二，规律是相对于一个封闭的实验环境而言的，不能把规律简化为现实中的或开放系统中的事件之间的某种规则性联系。这种认识对社会经济问题研究尤为重要：人类社会经济活动是一个开放系统，在不能够建造类似于自然科学实验室的情况下，关于它的所有的规律性认识和理论陈述都是在思维空间中基于各种假设构建出的；所谓的经济规律不过是由事物基本结构、力量和机制支配的事物的发展趋势，只有当各种条件具备后，规律的效应才会呈现出来，为经验所感知，否则，它只是以超验的方式存在着。显然，对规律的理解和表述不能抛开某种前提条件。第三，虽然规律的存在是客观的，不以人的意志为转移的，但规律能否发挥作用则是有条件的。这意味着，在社会经济活动中所谓的“认识规律”就是要揭示事物基本结构、力量和机制，所谓的“利用规律”则是发挥人的主观能动性去创造某种环境，或“激活”某种业已存在的条件，从而把蕴含在事物内部的因果关系力量释放出来，或在开放的现实经济中让事物内在的机制成功地运行起来。

4. 科学抽象和回溯法：经济危机理论研究的基本程序

马克思关于“科学抽象”的论述是回溯法的先驱思想和哲学基石，回溯法是对科学抽象的丰富、发展和模型化。笔者认为马克思的“科学抽象”有广义和狭义之分，狭义的“抽象”对应着“具体”，而广义的“抽象”是对马克思经济学方法论的一种统称，是马克思的经济学方法论纲领。① 马克思强调，以往经济学家们只是探索了从具体到抽象的第一条道路，必须在此基础上继续探索第二条道路——在思维的行程中让抽象的规定导致具体的再现。② 马克思的科学抽象是贯穿于这两条道路的，是五个方面的辩证统一，即具体与抽象、分析与综合、一般与特殊、逻辑与历史、内容与形式的辩证统一。显然，对马克思的科学抽象方法论的理解不能仅仅停留在狭义的层面或“第一条道路”上，否则只能肤浅地理解马克思经济学的基本概念、范畴和原理，甚至是误解和曲解。

即使是在狭义的“抽象”方面，马克思对古典经济学也提出了深刻的方法论批判，相关论述构成其政治经济学批判的重要组成部分。从批判实在论角度看，马克思关于狭义的“抽象”的论述回答了三个关键性问题。一是回答社会经济研究使用抽象方法的必要性。马克思曾以显微镜和化学试剂作为自然科学实验方法的象征，指出社会经济问题研究不能机械模仿自然科学方法，经济研究只能凭借抽象力。③ 马克思的相关论述的一个基本前提是在本体论上区分了现象和本质，强调实在的分层性和本质的超验性。正如在前文中已经阐述过的那样，实验方法的基本思想是通过特殊的人工干预手段创造一个必要的封闭环境，在有效地屏蔽其他干扰因素的环境中进行研究活动，使研究对象内在的基本结构、力量和机制的效应最大限度地显现出来。如果明白这个道理，那么在社会经济研究中我们就不是在形式上简单地模仿实验方法，而是面对一个开放的社会经济系统，凭借心智活动中的抽象力构建一个具有封闭系统特征的“思维的实验室”。在这里，通过抽象力暂时“屏蔽”其他干扰因素，研究者从大量的现实材料中提炼出基本概念和

---

① 马国旺．抽象的方法论：从马克思纲领到批判实在论新发展评析［J］．社会科学战线，2009（8）：70－76．

② 马克思恩格斯选集（第2卷）［M］．北京：人民出版社，1995：18．

③ 马克思恩格斯选集（第2卷）［M］．北京：人民出版社，1995：99－100．

范畴，通过基本概念和范畴的形式逻辑发展构建理论解释模型，阐述经济活动内在的结构、力量和机制。抽象和理论模型离不开必要的假设，譬如在马克思经济学中假设只存在工人阶级和资本家阶级，纯粹的商品经济等，这些假设的宗旨是建立“思维的实验室”或一种封闭系统观，这一点与在自然科学研究中建造实验室或创造某种合适的实验条件的目的是一样的。

二是回答抽象的目的性是什么。虽然抽象在工具意义上起着简化的作用，但其目的不是简化；抽象更不是对社会经济历史的虚构，虽然在抽象过程中会在工具意义上采取必要的假设，但它的假设不同于虚构，假设的对象是客观实在的，而不是虚构出荒岛、鲁滨逊和星期五，并基于这个童话故事得到一种超历史的永恒的资本主义经济关系或经济学定律。抽象是为了透过现象揭示本质，阐述事物内在结构、力量和机制，这是一种能动的、批判的和证伪的发现过程。

三是强调抽象必须经过一些中介环节，而且是在矛盾的展开中完成中介环节的逻辑发展。马克思既高度评价李嘉图的抽象方法，也精辟地指出其“强制性”抽象的方法缺陷。这种方法的“科学上的不完备性”主要在于“跳过必要的中介环节，企图直接证明各种经济范畴相互一致”[①]，于是“让原始的渔夫和原始猎人一下子就以商品所有者的身份，按照物化在鱼和野味的交换价值中的劳动时间比例交换鱼和野味”。[②] 由于跳过必要的中介环节，李嘉图的抽象是强制性的，以至于从抽象到具体的辩证运动陷入了自相矛盾。马克思着力发展这些中介，使抽象向着具体的运动真正成为“自己运动”，而不是外加的运动，在抽象过程中，基本概念和范畴的运动是借助矛盾的对立统一关系逐步展开的。这种方法论受到熊彼特的高度评价，并将李嘉图的强制抽象法和非历史方法称为“李嘉图恶习”。

马克思关于抽象的中介环节及矛盾分析方法的论述是基于抽象与具体的辩证关系而言的，是就“第二条道路”而言的。至此，我们对马克思的科学抽象的理解要上升到广义层次上。回溯法是对广义的科学抽象的一种模型化，下面从回溯法的角度进一步诠释广义的科学抽象。

根据回溯法，科学抽象涉及两个系统、两个原则和理论建构的三个步骤。

两个系统是指开放系统和封闭系统。科学抽象过程从现实的属于开放系统的社会经济出发，面对纷繁复杂的社会经济现象和事件，通过人类思维活动的抽象力构建一个具有自然科学实验室功能的思维逻辑的封闭系统，在这里，事物内在的结构、力量和机制的效应得以充分显现。

两个原则是指现实性原则和本质性原则。首先，关于现实性原则，抽象是针对客观现实、具体形态和历史过程的思维活动。通过抽象力得到的概念、范畴、结构、力量和

---

① 马克思恩格斯全集（第26卷第2册）［M］. 北京：人民出版社，1973：181.

② 马克思恩格斯全集（第44卷）［M］. 北京：人民出版社，2001：94.

机制是对批判实在论所说的“真实领域”的揭示和阐释，譬如商品、具体劳动和抽象劳动、使用价值和价值、社会必要劳动时间、生产力和生产关系、两大部类、资本主义基本矛盾、平均利润、一般利润率等，而不是基于特定的经验和常识虚构或编造一个故事情节，如关于鲁滨逊和星期五之类的虚构故事，或如弗里德曼在其实证主义方法论中巧设的一系列隐喻。经济概念、范畴不过是社会经济关系的理论表现形式，它们仅仅在这些关系存在的时候才是现实的。正如马克思在评价马尔萨斯的人口论时指出的，“抽象的人口规律只存在于历史上还没有受过人干涉的动植物界”①，“把历史上不同的关系变成一种抽象的数字关系。这纯粹是凭空捏造，既没有自然规律作根据，也没有历史规律作根据”②。其次，关于本质性原则，抽象是旨在揭示事物本质的思维活动，它不以追求普适性或一般性为准则。在本体论上，本质性和普适性是两个不同的概念，本质的内涵是事物内在的结构、力量和机制，普适性强调事物外在特征上的共性。因此，不是说越具有本质性的陈述就越具有普适性，或越具有普适性的陈述就越具有本质性，通常是越具有普适性的概括反而越不能揭示事物的本质。主流新古典经济学宣称其理论研究建立在若干个社会经济“公理”基础上，这不过是把经济学虚构成经济几何学、满足公理—演绎主义的逻辑自洽性需要罢了，所谓的“公理”，除了先验的、空洞的、永恒的人性假设以外，一无所有。唯物史观告诉我们，复杂的人类社会历史发展既有其内在的结构、力量和机制，也充满着文化多样性、历史偶然性、创新能动性、转折点、前进和倒退。总之，各个民族国家的社会历史发展从来都是路径依赖和路径创造的辩证的演化过程，而不是由几个“公理”派生出来的。

理论建构的三个步骤是：发现典型化事实或经验半规则→建立理论模型→理论检验和重构，如图1－3中的向右箭头所示。第一步，把开放系统中的一系列经验、现象、事件加工成典型化事实或经验半规则，即从E_i到D_j。虽然社会经济是一个开放系统，但不是无章可循的，在社会经济活动中某些现象和事件在特定的时空背景下会呈现出某种程度的、不完整的、粗略的经验规则性或典型特征，劳森称之为“经验半规则”，由于比较研究是发现这类半规则的基本方法，因此他又称之为“比较半规则”（contrastive demi-regs）。③ 它们是从表层实在到深层实在的过渡环节。第二步，通过狭义的抽象建立基本概念和范畴，基于概念和范畴的内在矛盾运动提出理论假说或解释模型，其核心任务是揭示支配事物发展的基本结构、力量和机制，即S_k，P_l和M_m。在这里，所谓的封闭系统，在自然科学研究中就是指实验条件，在社会科学研究中则是指服务于抽象的一系列假设条件，是思维活动的“实验室”。第三步，回到具体和现实，通过综合进行理论重构，即在具体、现实和历史中重构在第二步中得到的事物内在的结构、力量和机制，这个过程如图1－3中向左箭头所示。

---

① 马克思恩格斯全集（第23卷上）［M］. 北京：人民出版社，1972：692.

② 马克思恩格斯全集（第30卷上）［M］. 北京：人民出版社，1974：609.

③ Lawson T. Economics and Reality［M］. London and New York：Routledge，1997：206.

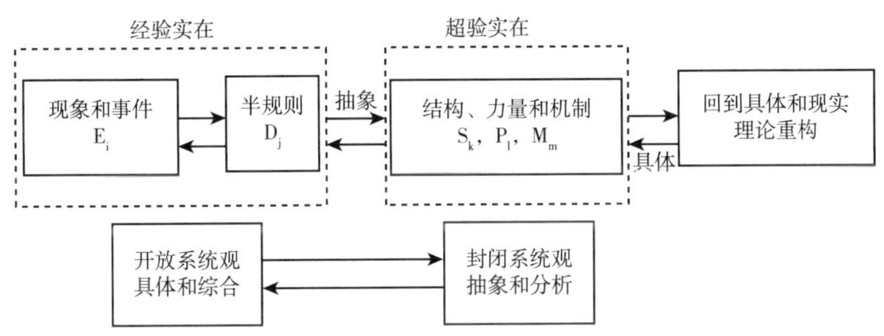

图1-3　回溯法（其中i，j，k，l是个数）

资料来源：笔者在已有研究基础上进一步整理。参见拙著：马克思主义经济学方法论与批判实在论经济学方法论比较研究［M］. 北京：经济科学出版社，2013：120.

经验实在对应着开放系统中的具体、现实和综合，超验实在是基于封闭系统的抽象和分析，因此，认识的发展是基于上述三个步骤的循环过程，是抽象与具体、分析与综合的辩证统一过程。由于需要回到现实进行理论重构，所以这个过程还是逻辑与历史的辩证统一过程。由于任何理论模型都必须满足概念和逻辑的自洽性需要，所以这个过程还是形式与内容的辩证统一过程。

另外，开放系统观认为，社会经济现象和历史事件是由事物内在矛盾（基本结构、力量、机制）和其他偶然的、随机的干扰因素共同促成的，所以记录和描述经济现象和事件的数据与在实验室中被提取出来的解释变量有着本质区别，后者是在排除干扰因素后事物或被解释变量表现出来的经验效验。因此，回溯法把统计和计量经济学方法定位在半规则的发现上，而不是预测。

5. 对经验主义和演绎主义的方法论批判

归纳和演绎是思维活动中最常见的两种逻辑形式，也是回溯法中的两种狭义的分析方法，但上升到广义方法论层面的归纳主义或经验主义和演绎主义则为批判实在论所批判。

归纳是从个别得到关于一般性的认知过程，它仍停留在经验实在领域，所得到的关于一般性的认识只是经验半规则，如果仅仅停留在经验实在层次，把经验半规则作为事物内在的结构、力量和机制，这无疑是一种归纳主义认识论。由于强调从经验事实推导出知识，所以归纳主义的本质是经验主义。对归纳主义或经验主义的讨论从来绕不开休谟的《人性论》或《人类理解研究》。他认为人类的理解能力不能超出感觉经验或现象的范围，人们只是凭借已有的经验观察发现一些事物总是会“连结”（conjunction）另一些事物，并基于这种经常的“连结”在想象中对这些事物加以归类。所谓的原因就是“这个对象先行于、接近于那个对象，它和那个对象那样地结合起来，以至于这个对象的观念就决定心灵去形成那个对象的观念。这个对象的印象就决定心灵去形成那个对象的较为生动的观念”。因此，因果关系不是一件事物造就了另一件事物，只是一件事物跟另一件事物有“恒常连结”（constant conjunction）。人们之所以相信因果关系并非因为因果关系是自然的本质，而是由人们所养成的心理习惯和人性造成的。[①] 由于在本体论上归纳主义或经验主义对事物的认识停留在经验实在层次上，所以在认识论上它对事物的本质、结构、力量和机制等超验的深层实在经常持一种不可知论的怀疑主义态度。

演绎方法与归纳方法相反，它从一般性得到关于个别的认识。根据批判实在论原理，演绎主义至少存在三个方面的缺陷。首先，它不是创新性的科学发现方法，因为根据演绎方法得到的关于“个别”的知识并没有超出已有的关于“一般”的知识内涵，结论中的认识是蕴含在前提之中的。演绎方法是运用一般原理解释特定事物，它虽然扩大了认识的范围，带来了知识的增量，但没有推动认识的质的飞跃，因为它归根到底只是运用已知的一般原理进行推论，而不是发现一般原理。今天，被熊彼特称为“李嘉图恶习”的公理—演绎主义已经成为西方正统经济学的科学范式，基于公理—演绎主义的数学形式化成为衡量一个学者是否受到经济学“专业”训练的技术标准。公理—演绎主义数学形式化使正统的新古典经济学越来越脱离现实。对此，除了熊彼特的批判外，凯恩斯在《通论》的前言中也精辟地指出，“如果正统经济学出现了什么错误的话，那么这种错误不会出在为了逻辑上的一致性而精心建立起来的上层结构中，而是要出在其前提的不明确和缺乏普遍性上。”[②] 虽然凯恩斯缺乏唯物史观和批判实在论思想，但凭借其理论直觉和朴素唯物主义，其批判的矛头直指所谓的“公理”“定律”和永恒的人性假设。由于这些“大前提”是超历史性的并且空洞和乏味，所以无论它如何运用高级的数学手段精心构建理论的“上层结构”，这种经济几何学注定缺乏对社会经济现实的解释力。

其次，任何科学解释都需要诉诸客观实在的因果关系。在这方面，演绎主义解释不能够区分客观实在的因果关系和逻辑形式上的因果关系。有些解释在逻辑上尤其数学形式上是可行的，但它依据的因果关系只是逻辑形式的，而非客观实在的。譬如，我们虽然可以根据地面上的旗杆影子的长度说明旗杆的高度，但这在实在论上是一种颠倒的因果关系，因为旗杆影子的长度不可能是旗杆高度的原因。

最后，公理—演绎主义把对所谓的“公理”“定律”或“规律”的演绎推理视为历史发展进程及其内在的因果关系必然性。逻辑实证主义是演绎主义的极端形式。在鲁道夫·卡尔纳普（Rudolf Carnap）的《世界的逻辑构造》中，逻辑实证主义勾勒出由公理、逻辑、数学思维和谨慎的经验观察构成的人类知识图景。他认为，只有数理逻辑的形式化才是严格的、准确的科学语言，它使所有的假设、公理、规则联合起来组成一个具有完全演绎能力的自足和自洽的知识体系。这种方法论为当代西方正统经济学所推崇，它认为通过数理逻辑的形式化语言，完全可以把社会经济活动作为一个整体的、严密的逻辑体系建构起来。正因为如此，演绎主义常常作为历史方法的对立面出现，它不懂得“逻辑”与“历史”的辩证统一关系。如恩格斯指出的，逻辑方式“无非是历史

① 休谟．人类理智研究［M］．吕大吉译．北京：商务印书馆，1999：66－68.

② 凯恩斯．就业、利息和货币通论［M］．宋韵声译．北京：华夏出版社，2005：1.

的方式，不过摆脱了历史的形式以及起扰乱作用的偶然性而已。历史从哪里开始，思想进程也应当从哪里开始，而思想进程的进一步发展不过是历史过程在抽象的、理论上前后一贯的形式上的反映；这种反映是经过修正的，然而是按照现实的历史过程本身的规律修正的，这时，每一个要素可以在它完全成熟而具有典型性的发展点上加以考察”。[①] 公理—演绎主义的错误还不只是无视历史发展中的偶然性和曲折性，更在于它的逻辑发展过程被强制于某种人性、公理、定律的纯粹的逻辑发展过程中，表现为一种唯心主义的超历史方法。在正统经济学中，由于它从所谓的“人性”“公理”推导出社会经济的发展过程，或将社会经济发展归于某些“定律”或“规律”[②] 之下，结果使得经济研究不仅索然无味，而且充斥着想象、虚构和历史歪曲。

第二节　比较、实现与马克思主义经济危机理论中间层次创新研究

一、理论比较与马克思主义经济危机理论中间层次创新研究

1. 比较方法与经济危机理论比较研究

批判实在论认为，结构、力量和机制的存在是超验的，通过比较事物在不同环境和条件下的特征差异，研究者能够确认某种结构、力量和机制的存在性，因此比较方法是认识超验实在的最一般的科学研究方法和最基本的研究思路。在通过比较发现差异后，为何是这种情形而不是那种情形的发问激发研究者提出关于结构、力量和机制的各种理论假说。因此，赋予了批判实在论含义的比较方法是科学抽象和回溯法的起点，在前文中也指出，“经验半规则”来自比较研究，因此被称为“比较半规则”。如果把科学抽象和回溯法视为广义的方法论，那么在狭义的一系列方法中，比较方法是抽象、归纳、历史、演绎、溯因、统计、案例、诠释等方法的基础。

在自然科学研究中，进行对照组实验是大多数实验研究的最基本的技术路线。通常，研究者先在相同的条件和环境中建立若干个有差异的对比组或对比群体，然后把一种可控制的因素施加于这些对比组或群体中，以验证某种结构、力量和机制的存在性；或者把相同的对比组或对比群体置于不同的条件和环境中，然后把一种可控制的因素施加于这些对比组或对比群体中，以验证某种结构、力量和机制的存在性，这种比较更突出某种结构、力量和机制被激活的条件。在自然科学中，那些无法进行实验研究的领域更依赖比较方法，在这些领域中比较研究成为其他方法的基础，譬如达尔文的进化论就是在比较研究的基础上提出的。

---

① 马克思恩格斯选集（第2卷）［M］. 北京：人民出版社，1995：43.

② 充斥在正统新古典经济学中的所谓“定律”和“规律”不过是一些适用于特定对象的“半经验规则”。

在社会科学研究中比较方法同样是基础方法，具有不可替代的地位。当比较方法被运用到对不同的经济危机理论体系的批判性研究时，即一种经济思想史的比较与批判研究，从表面上看，理论比较研究更侧重于文献诠释学方法、解释学方法和历史方法，但批判实在论意义上的比较研究依然是其最为基础的方法。从批判实在论角度看，对经典文献的诠释尤其对不同学派理论的比较旨在确认事物内在的本质、结构、力量和机制，鉴定各种理论假说的真伪性，在比较中进行反思和批判，实现再认识和再发现。从这个意义上讲，虽然经济危机理论比较研究重视科学哲学、经济学方法论、诠释学和历史方法等，但这不意味着它不重视实证研究，更不能把理论比较研究与实证研究对立起来。当然，基于批判实在论的比较方法反对正统经济学倡导的实证主义，认为这种实证主义方法论归根到底是前提上的先验主义和手段上的经验主义。正如琼·罗宾逊夫人在其《经济哲学》中感慨的："经济学在一瘸一拐中前行，一只脚按照未经检验的假说行进，另一只脚按照不可检验的口号行进。"①

2. 经济危机理论比较研究的主要思想及其方法论地位

在经济思想史中，可以把研究经济危机的各种理论学说划分为三个传统：马克思主义经济学、西方异端经济学派②和西方正统经济学派。因为当代西方正统经济学不认为存在资本主义经济危机，把经济危机事件解释为偏离均衡的经济波动，因此，经济危机理论比较研究主要在马克思主义经济学和当代西方异端经济学派之间进行，把西方正统经济学派作为次要的理论看待。在比较研究中，不仅要坚持"马学为体，西学为用"的原则，③ 而且在"西学为用"方面主要借鉴异端经济学派思想。

之所以强调马克思主义经济学和西方异端经济学派之间的比较研究，是因为它们有着密切的思想渊源关系和方法论共识。批判实在论以马克思的哲学为先驱思想，整合了异端经济学内部诸学派的方法论内核：强调社会经济系统具有结构复杂性及有机整体性、开放性及其蕴含的不确定性；强调社会历史发展具有路径依赖性，而人的创新能动性及其对社会经济结构的创造性转化能力使得社会历史发展具有路径创造性和历史关头的重大转折特征。批判实在论为马克思主义经济学批判和借鉴异端经济学提供了新的方法论视域。④

如何在马克思经济危机理论框架中整合异端经济学思想呢？笔者认为，马克思经济危机理论的"中间层次"和"中介环节"是它们的主要结合点。马克思曾批评李嘉图经济学"跳过必要的中介环节，企图直接证明各种经济范畴相互一致"⑤，导致从抽象到具体的辩证运动陷入了自相矛盾。马克思着力发展一些理论中介，把抽象寓于发展起来的

---

① Robinson J. Economic Philosophy [M]. London: C. A. Watts, 1962: 25.

② 这里主要指西方马克思主义经济学派、新熊彼特学派和后凯恩斯学派，其中，西方马克思主义经济学派主要涉及垄断资本学派、法国调节学派和美国积累的社会结构学派。

③ 程恩富，齐新宇．重建中国经济学的若干基本问题［J］．财经研究，1999（7）．

④ 马国旺．马克思经济学方法论创新探析：批判实在论视域中的异端经济学启示［J］．经济学家，2011（4）．

⑤ 马克思恩格斯全集（第26卷第2册）［M］．北京：人民出版社，1973：181.

具体之中，让不断展开的矛盾推动对象系统的各种内在联系的逻辑发展，最后获得一个完整的理论体系。这是一个从抽象到具体、从分析到综合的理论重构过程。就此而言，进一步丰富和发展马克思经济危机理论的中间层次或中介环节是马克思主义经济危机理论创新研究的重要内容。在这个方面，西方马克思主义经济学派、新熊彼特学派和后凯恩斯学派的经济危机理论是最为重要的思想来源。

根据批判实在论，笔者从四个层次诠释马克思的经济危机理论（详见后文）。马克思主义借鉴异端经济学时，在不同层次应当遵循不同的原则。首先，马克思从商品经济和资本主义生产方式两个层次阐述经济危机理论，在这两个层次上，马克思的经济学原理是研究经济危机的理论基石。其次，为了揭示经济危机如何从可能性转化为现实，需要对一系列中介环节或中间层次进行理论阐述，即引入中间层次的结构、力量和机制。笔者把马克思经济危机理论的逻辑框架诠释为由发展机制、强化机制、调节机制和周期机制四个部分构成（详见第二章），认为新熊彼特学派、后凯恩斯学派和西方马克思主义经济学派能够从中间层次上丰富和发展这四个部分（详见第三至六章）。最后，在对经济危机事件、经济周期和长波等的经验描述和实证研究层次上，马克思主义可以借鉴异端经济学的经验研究方法。这样，经济危机理论比较研究主要发生在马克思主义经济危机理论的中间层次上以及一些经验研究方法上，在这两个层次上拓展马克思主义经济危机理论的“病理学”和“治疗学”。

3. 经济危机理论比较研究的三个维度

马克思的经济危机理论寓于对资本主义生产的总过程分析之中，这是一个从抽象到现实的各种矛盾（或者说是结构、力量和机制）的不断展开、丰富和发展的过程，其中，主要矛盾是资本主义积累始终面临的剩余产品生产及其价值实现（简称剩余价值生产和实现）之间的矛盾，该矛盾从三个维度展开。

从对资本主义生产的总过程分析可以看出，马克思把资本积累视为在一种结构化的系统中的经济活动，他对经济危机发展机制的阐述贯穿着制度结构分析、技术结构分析和货币金融结构分析三条线索。因此，从这三条线索出发，笔者研究和借鉴了美国垄断资本学派、资本积累的社会结构学派和法国调节学派的“制度经济范式”，后凯恩斯经济学派的“货币金融范式”及新熊彼特学派的“技术经济范式”。从上述三种理论范式看，资本积累的矛盾是在一个“三维空间”中展开的：一是反映生产力的技术结构维度；二是反映生产关系的制度结构维度；三是反映虚拟资本的货币金融结构维度。经济危机发展机制是基于这三种结构的历时变迁展开的，如图 1－4 所示。当然，这三种维度的结构变迁不是孤立的，它们是相互影响的一个有机整体。这三种结构变迁为经济危机发展机制研究确立了一个结构的、动态的和综合的理论视角。后文将指出，三维结构变迁主要体现在经济危机理论研究的中间层次上，相关的经济思想史的比较研究也发生在这个层次上。

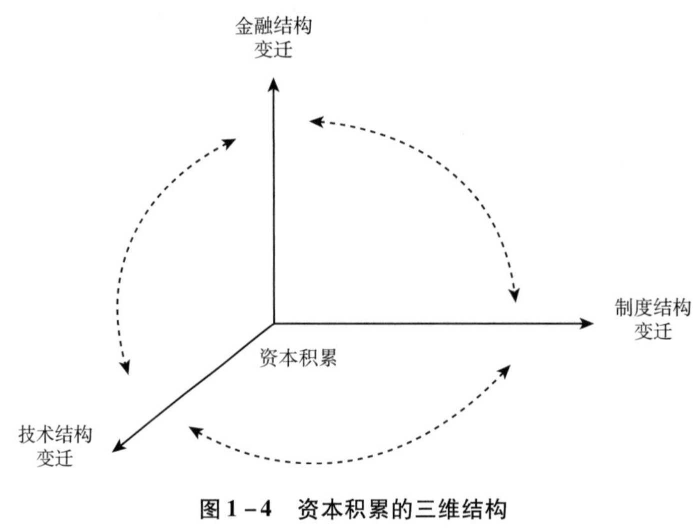

图 1－4　资本积累的三维结构

资料来源：笔者整理。

二、结构突现与马克思主义经济危机理论中间层次创新研究

1. 从结构突现角度构建经济危机理论体系

在构建一个逻辑自洽的马克思经济危机理论分析框架问题上，批判实在论的结构突现论富有建设意义。结构突现论本身受到经典马克思主义经济学方法论的启发。在讨论概念、范畴和理论的逻辑发展时，马克思指出，把抽象寓于发展起来的具体之中，让不断展开的矛盾推动对象系统的各种内在联系的逻辑发展，最后获得一个完整的理论体系。恩格斯在阐述政治经济学批判的历史方式和逻辑方式之间的关系时指出，“既然在历史上也像在它的文献的反映上一样，大体说来，发展也是从最简单的关系进到比较复杂的关系，那么，政治经济学文献的历史发展就提供了批判所能遵循的自然线索，而且，大体说来，经济范畴出现的顺序同它们在逻辑发展中的顺序也是一样的。……逻辑的方式是唯一适用的方式。但是，实际上这种方式无非是历史的方式，不过摆脱了历史的形式以及起扰乱作用的偶然性而已。”① 在这里，马克思、恩格斯都强调了关于概念、范畴的逻辑发展的批判实在论思想，逻辑和历史统一原则的关键在于强调逻辑发展应当遵循前文中已经论述过的现实性原则和本质性原则。当然，“历史常常是跳跃式地和曲折地前进的”，在逻辑发展中不能让许多无关紧要的材料打断思想进程，让研究工作漫无止境。

批判实在论把理论的逻辑发展过程模型化，提出所谓的结构突现论。在前文中已经阐述过，批判实在论把客观实在分为“经验的”和“超验的”两个层次，即使是超

① 马克思恩格斯文集（第 2 卷）［M］．北京：人民出版社，2009：603.

验实在也是由一系列有着不同层次的结构、力量和机制构成的，对经验实在与超验实在之间的关系、超验实在的不同层次之间的关系，它用结构的“突现性”进行解释。突现性是一种生物学类比，“根”（rootedness）及其“突现”（emergence）是这个类比的两个关键概念，用以描述低层次实在和高层次实在之间的生成关系。所谓的“根”是指在一个系统中的那些简单、低级和微观的结构、力量和机制；而“突现”则是从较为简单、低级和微观的结构、力量和机制到较为复杂、高级和宏观的结构、力量和机制的发展过程。由此，我们也可以把事物的发展过程分为“根源层面”和一系列层次不同的“突现层面”。虽然突现层面“扎根于”根源层面并从中派生出来，但突现层面一旦形成便会有其发展的相对独立性或自主性。根源层面和突现层面交互作用，它们在不同层次上支配事物的发生和发展过程。譬如，从原子、分子到细胞、神经细胞，再到思维、社会结构等，在这些不同的科学对象之间构成实体的突现过程。上述思想也被简称为“突现论”。

可以把马克思的叙述方法概括为以下思维过程：分析材料的各种发展形式→探寻这些形式的内在联系→把现实的运动适当地叙述出来。[①] 这个过程也可以用突现论进行诠释。在本体论上，马克思关于商品及商品经济规律的研究揭示了资本主义生产方式最深层的结构、力量和机制；在理论逻辑发展上，相关研究构成马克思经济学的“根”，其中，劳动二重性、商品二重性、等价物、社会必要劳动时间等概念和范畴是“根”的基本内涵。后续的“对更有内容和更复杂的形式的分析”是一个理论突现过程。在《资本论》第一卷第一版序言中，在讨论为何经济学对更有内容和更复杂的形式的分析要比对更抽象的形式的分析成功时，马克思借用了一个生理学比喻，因为“已经发育的身体比身体的细胞容易研究些”。在方法论上这个生理学比喻和突现论是一致的。可以把《资本论》的逻辑体系看作关于经济结构、力量和机制的突现过程的本体论研究，突现过程经历了从封闭系统到开放系统、从抽象分析到具体综合、从简单商品经济分析到资本主义生产的总过程分析。这个突现过程被马克思称为叙述方法。

马克思的经济危机理论同样具有突现的发展过程。可以把经济危机的发生和发展分为四个层次或层面的突现关系：一是经济危机的根源层面，即商品经济层面，主要包括人类社会生产和消费的一般关系、市场供求关系、商品内在的矛盾和价值规律以及其中缊含的经济危机的“最一般的形式”或“抽象形式”；二是资本主义生产方式的基本结构、力量和机制层面，主要包括资本主义生产关系及其内在的基本矛盾、剩余价值生产和实现之间的矛盾、资本积累一般规律等；三是经济危机发展机制的中间环节或中间层面，主要包括在制度结构、技术结构和货币金融结构三个维度上的丰富和发展；四是经济危机的经验实在层面，主要指严重的相对生产过剩、出现流动性需求陷阱、银行大量倒闭和金融恐慌、严重的通货紧缩或膨胀、经济周期和长波、有效需求不足、利润率下

---

① 马克思恩格斯全集（第44卷）[M]．北京：人民出版社，2001：21－22.

降等，这些现象或事件可以被直接经验到或通过统计等方法间接观察到，如图1－5所示，该图是对图1－1的发展。

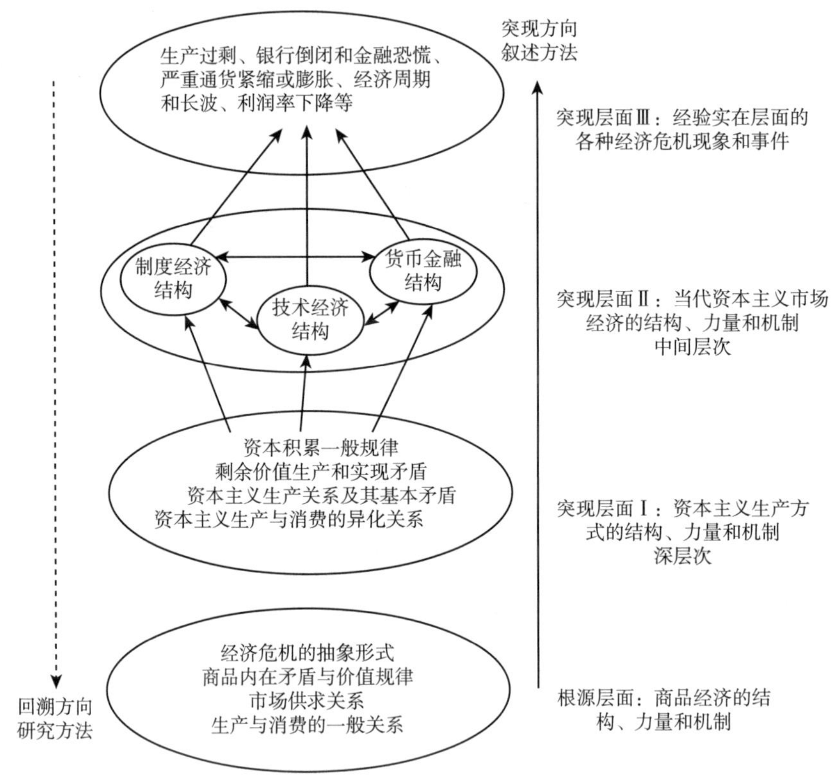

图1－5　结构突现与经济危机理论的分析层次

资料来源：笔者整理。

上述四个层面也可以依次称为根源层面、突现层面Ⅰ、突现层面Ⅱ和突现层面Ⅲ，其中前三个层面属于超验实在，第四个层面为经验实在。

首先，商品范畴是马克思经济学的逻辑起点，也是经济危机理论发展的根源层面的一个范畴，在商品货币经济中蕴含着经济危机的一般可能性或经济危机的抽象形式，它们构成经济危机的根源层面。在商品流通中存在着危机的两种形式上的可能性：一是货币执行流通手段的职能时买和卖的分离；二是货币执行支付手段的职能时价值尺度和价值实现在时间上的互相分离。马克思特别强调这种根源层面上的因素只是经济危机的可能性和抽象形式，“不能说危机的抽象形式就是危机的原因。如果有人要问危机的原因，那么他想知道的就是，为什么危机的抽象形式，危机的可能性的形式会从可能性变为现实性。”① 马克思的论述体现了理解经济危机发生和发展的突现论思路：一是从根源层面揭示其抽象的、形式上的可能性；二是在突现过程中揭示具体的、现实性发生原因。从

① 马克思恩格斯全集（第34卷）［M］. 北京：人民出版社，2008：582－584.

文本角度看，《资本论》的第一卷第一篇关于“商品和货币”的论述揭示了经济危机在根源层面上的结构、力量和机制。

其次，资本主义生产方式的结构、力量和机制属于经济危机的“深层次”原因；而当代资本主义市场经济运行所依赖的制度结构、技术结构和货币金融结构是从资本主义生产方式中进一步突现的结构、力量和机制，体现资本积累内在矛盾在这三个维度上的不断丰富和发展，可以称之为“中间层次”原因。因此，按照抽象的层级，或按照概念、范畴从简单到复杂的突现过程，把它们依次称为深层次的“突现层面Ⅰ”和中间层次的“突现层面Ⅱ”。

再次，在构建马克思经济危机理论体系中，上述四个层面有着不同的经济思想史意义。当我们说坚持马克思经济危机理论基本原理时，主要是针对根源层面和深层次的“突现层面Ⅰ”；当我们说发展马克思经济危机理论时，主要是针对中间层次的“突现层面Ⅱ”，在这个层面借鉴西方马克思主义、新熊彼特学派和后凯恩斯学派的经济思想；当我们批判西方正统经济学中的庸俗性时，主要针对它在经验实在层面上的经验主义和公理—演绎主义。

最后，在本体论上，从经济危机一般可能性和抽象形式到现实的资本主义经济危机的爆发，这是结构、力量和机制的突现过程，是具有创新能动性的社会历史演化过程。遵循突现过程要求马克思所说的叙述方法，即从抽象到具体、从分析到综合、从可能性到现实性的范畴运动过程、逻辑发展过程和科学发现过程。在认识论上，科学研究的基本程序是回溯法或科学抽象，这是从经验实在到超验实在的认识过程，是透过现象揭示事物内在本质、结构、力量和机制的发现过程，遵循这个过程要求马克思所说的研究方法，即从具体到抽象、从综合到分析、从现实性到可能性的研究过程。在图 1－5 中，用向上实线箭头表示本体论的突现方向和叙述方法；用向下虚线箭头表示认识论的回溯过程和分析方法。

2. 创新和发展马克思主义经济危机理论中间层次

突现论强调马克思主义经济危机理论的发展需要经过一些中间环节或中间层次。根据突现论，虽然根源层面和较低层面的结构、力量和机制能够向上解释突现层面的结构、力量和机制，但各个层面的结构、力量和机制都有其相对独立性。因此，就特定经济危机事件而言，处于根源层面或较低层面的结构、力量和机制并不具有解释上的优先权，也不是更有解释力，它们只是使事物发展具有某种趋势性。正如在解释人的身心成长过程时主要依靠生理学和心理学而不是更深层次的物理学和化学一样，我们在解释特定的经济危机事件成因时不能只停留在根源层面和突现层面Ⅰ上，还应当在突现层面Ⅱ上有所创新和发展。

当我们说资本主义生产方式及其基本矛盾决定资本主义经济危机具有历史必然性时，这种必然性还只是一种经济发展趋势，只有当资本积累内在矛盾在更高的突现层面充分展开后，经济危机的必然性或趋势性才能发展为现实性。这就意味着，对特定的、具体的经济危机的研究不能仅仅停留在对资本主义生产关系及其基本矛盾的抽象的认识上，对突现层面Ⅱ的丰富和发展是马克思经济危机理论研究的一个重要的领域。在马克思和恩格斯的思想发展中也能够看到这个理论取向。他们早期一度认为资本主义经济危机会导致社会经济崩溃和阶级斗争白热化，从而迎来工人阶级革命斗争高潮。但1858年的经济危机发展过程使他们深刻认识到，每一次经济危机的原因和发展进程都有其历史独特性，除了根源于资本主义生产方式的基本矛盾外，还受其他一系列具体、历史和偶然的因素影响。因此，在解释经济危机发展机制时，马克思和恩格斯强调唯物主义的历史辩证法，以防止陷入机械论和经济决定论误区。

突现的层次越高，在该层次上的结构、力量和机制就会越复杂，对该层次的理论研究就越要突出分析方法。如前文已经论述的，资本积累的矛盾是在一个“三维空间”中展开的，如图1－4所示，因此，笔者采用分析方法把突现层面Ⅱ或中间层次分解为“制度经济结构”“技术经济结构”和“货币金融结构”三个领域。当然，这种分解只是出于理论研究的需要，它们原本就是一个有机整体，在图1－5中，用双向箭头表示它们之间的有机整体关系。由此确立了在中间层次上发展马克思主义经济危机理论的三个基本“维度”：制度经济理论、技术经济理论和货币金融理论。

通过经济思想史的比较研究，笔者认为，就其理论侧重点、特色和方法而言，马克思主义经济学（其中包括西方马克思主义学派）突出制度经济理论，新熊彼特学派突出技术经济理论，后凯恩斯学派突出货币金融理论，因此分别把它们称为研究经济危机理论的三个基本“范式”：制度经济范式、技术经济范式和货币金融范式。当然，这里只是在分类学和突出理论特色意义上借用了库恩的“范式”术语，排除了他在使用这个术语时所表达的理论对抗含义。事实上，这三种理论体系都涵盖上述三个理论维度，这里所做的归类不过是为了突出它们的理论特色而已，并且它们与马克思经济学有着密切的理论渊源关系和方法论共识。所以，马克思主义经济危机理论中间层次的创新和发展应当结合资本积累结构变迁的三个维度批判和借鉴这三种理论范式。

第二章　回溯马克思经济危机理论的逻辑框架

第一节　回到马克思的文本语境

一、马克思文本语境特征：批判实在论视角

关于马克思的经济危机理论的文献研究方法，西方著名的马克思主义经济学家西蒙·克拉克建议，应当把研究者的表述（exposition）置于对马克思著作的整体解读（interpretation）的语境化（contextualisation）之中，要兼顾表述、解读和语境化三者之间的平衡。[①] 克拉克所说的“语境化”指什么，为何要强调这个问题？在其著作《马克思的危机理论》中，虽然克拉克没有专门阐述这个概念，但他指出马克思的文本语境具有插叙特征且有两个层面：一是马克思对资本主义动力的广泛分析；二是马克思的政治经济学批判。强调文本语境就是强调马克思著作的整体性，研究者也只有在文本语境中才能做到对马克思危机理论的准确解读。为此，克拉克按照相关文本的时间顺序及其历史背景评述马克思的危机理论，以显示文本前后的思想发展过程。如果说克拉克的见解是富有启发性的，那么批判实在论则为这种“语境化”提供方法论依据。下面从批判实在论角度理解马克思论述经济危机的文本语境。

1. 回溯、突现、叙述方法和文本插叙

根据第一章的论述，下面从批判实在论的回溯法理解研究方法，从突现论理解叙述方法，为马克思论述经济危机的“插叙”文本提供诠释学依据。

在科学研究中认识的深化过程既属于认识论问题，也属于本体论问题。马克思对经济危机现象的理论研究有一个不断深化的认识过程，这是一个从浅表、零散到深入、系统的思想发展过程。从本体论角度讲，理论深化是从可经验的现象、事件到超验的结构、力量和机制的回溯过程，或者通常所说的从现象到本质的认识过程。实在的分层性使认识有一个逐渐深化的回溯过程，这是理论深化的本体论含义。在马克思的文本中回

① Simon Clarke. Marx's Theory of Crisis [M]. New York: St. Martin's Press, 1994: 12.

溯过程对应着所谓的研究方法。

马克思没有给我们留下一个系统的经济危机理论文本，相关论述在文本上具有零散和插叙特征。这通常被认为是马克思经济危机理论不成熟的表现。笔者不完全认同这种看法。在回溯过程中，马克思通过分析、综合、归纳、演绎等一系列研究方法揭示资本主义经济内在的结构、力量和机制。但马克思更强调从抽象到具体的叙述方法，甚至可以说叙述方法是贯穿《资本论》逻辑体系的基本方法，譬如第三卷的主要任务就是运用在前两卷中已取得的对资本本质的认识把资本范畴完整地叙述出来，把利润、平均利润、利息、地租归结为剩余价值的一层层的外在表现。从回溯程序上看，和地租、利息等范畴一样经济危机也处于实在的现象层面，对它的回溯研究从属于马克思对资本这个基本范畴的回溯研究，经济危机的根源来自资本主义经济内在结构、力量和机制。从回溯过程或研究方法看，在精力极为有限的情况下一个专门的系统的经济危机理论文本不是马克思迫切需要完成的工作，因此他常常把对经济危机问题的讨论插入对其他问题的研究中。在思想历程中马克思对经济危机作用的认识前后也有很大变化。在马克思经济思想形成的早期，他非常关注经济危机，曾把资本主义经济危机和政治危机联系起来，寄希望于通过全面的经济危机引发无产阶级革命斗争高潮，经过经济危机的“末日审判”建立共产主义制度。但自19世纪60年代初以后，马克思不再把经济危机问题作为其理论研究的核心，代之的是对资本积累的长期趋势问题——资本主义积累一般规律及其历史命运——的关注。经济危机理论研究从属于这个更为宏大的理论主题，经济危机被视为资本主义生产方式及其制度结构所固有的一种趋势——一种批判实在论所说的趋势，是资本主义运行的组成部分。因此，马克思对经济危机问题的阐述经常采取“插叙”的方式，即片段式地插入对其他问题的研究之中，接着以需要在研究信用、世界市场等因素之后才能更好地讨论为由“离开”了经济危机话题。

插叙的另一个原因是服从叙述方法的需要，因为在文本中的相关地方仍以抽象的分析为主，尚不能把经济危机范畴完整地叙述出来，而只能做一些提示性论述。譬如，从叙述方法看，马克思强调必须把世界市场危机看作资产阶级经济一切矛盾的现实综合和强制平衡，所以在涉及世界市场危机问题时，马克思只是提示性地插入一些简短的论述。

在逻辑的行程中，从抽象到具体的理论叙述不是一蹴而就的，需要经过一些中间层次的概念、范畴和理论。为何必须经过一系列中间层次的论述才能实现理论叙述？批判实在论认为，中间层次的论述是有其实在论依据的：从根源层面到现象层面的发展是一个突现过程，在这个过程中存在一系列中间（中介）性的结构、力量和机制。马克思很清楚这一点，他指出“具体之所以具体，因为它是许多规定的综合，因而是多样性的统一”①，批评李嘉图经济学“跳过必要的中介环节，企图直接证明各种经济

① 马克思恩格斯全集（第12卷）[M]. 北京：人民出版社，1962：750－751.

范畴相互一致”。① 在对这些中间层次的概念、范畴和理论的探讨方面，马克思留下了很多富有启发性的思想，譬如关于比例失调、消费不足和一般利润率下降趋势等的论述。

这种片段式论述给我们理解马克思经济危机理论体系留下两个难题。首先，我国老一辈马克思主义经济学家曾就如何理解马克思经济危机理论体系问题有过争论。胡代光、魏埙认为，马克思有完整的自成体系的经济危机理论；而汤在新认为，马克思只是在一般的、最抽象的层面研究经济危机理论，还有待于从抽象上升到具体，并朝着世界市场危机理论方向发展和完善。②③ 从回溯的科学解释程序看，马克思完成了对资本主义经济结构、力量和运行机制的基本论述，从中我们能够认识到经济危机的根源、形式、作用、周期性发作的内在机制，因此马克思有自成体系的经济危机理论。但从叙述方法看，又如汤先生所言，马克思没有把经济危机范畴完整地叙述出来。其次，在马克思文本中是否存在三种经济危机理论：比例失调论、消费不足论和一般利润率下降趋势论，笔者认为不存在这三种危机理论，比例、消费、利润率是中间层次的概念和范畴，只有经过它们才能实现从资本主义生产方式及其基本矛盾到经济危机现象的理论叙述。显然，三种经济危机理论说是对马克思的科学研究程序的一种误解，直接把马克思尚未展开的中间层次论述简化为三种自成体系的经济危机理论。

2. “破”与“立”

科学研究从来都是“破”与“立”的过程。在马克思的文本中，“破”就是对古典经济学尤其是穆勒的庸俗经济学的批判。马克思所说的“庸俗”是指经济研究仅仅停留在经验、现象层面描述“受资本主义生产束缚的资本主义生产承担者的观念、动机等”，只是在外观的经验、现象层面反映资本主义生产，而没有深入事物的本质——资本主义经济内在的结构、力量和机制，因而不能揭示包括经济危机根源在内的资本主义经济运动规律。“立”则是马克思对资本主义经济结构、动力和机制的系统分析，构建新的政治经济学体系。在《政治经济学批判（1857～1858年手稿）》《政治经济学批判（1861～1863年手稿）》《资本论》等重要文本中我们都能够看到“破”和“立”两种水乳交融的语境。

马克思对“生产过剩”“比例失调”“消费不足”和“一般利润率下降”等问题的阐述是在两种语境中进行的。在“破”的语境中，马克思批判了古典经济学和庸俗经济学在这些问题上的错误认识；在“立”的语境中，马克思剖析了在它们背后更深层次的原因。水乳交融的两种语境导致了在马克思主义经济危机理论研究中的一种误解：把马克思对古典经济学关于“比例失调”“消费不足”和“一般利润率下降”的错误认识的批判当作马克思构建了比例失调论、消费不足论和一般利润率下降趋势论三种危机理论。

---

① 马克思恩格斯全集（第26卷第2册）［M］. 北京：人民出版社，1973：181.

② 胡代光，魏埙. 当代西方学者对马克思《资本论》的研究［M］. 北京：中国经济出版社，1990：327－328.

③ 汤在新.《资本论》续篇探索［M］. 北京：中国金融出版社，1995：536－568.

二、重新解读比例失调与经济危机的关系

1. 比例失调的本质及成因

马克思经济学认为存在两种不同类型的比例失调：一是必要劳动与剩余劳动之间的比例失调，这种比例失调根源于资本主义基本矛盾，是资本积累过程的必然结果；二是不同生产部门之间的比例失调，这种比例失调可能起因于市场经济中信息不对称、社会生产的无政府状态等因素。显然，马克思对比例失调范畴的本质的界定是指第一种类型。

古典经济学的经济危机理论只是建立了现象之间的表面联系，不懂得比例失调的第一种类型，因而只是基于第二种类型的比例失调来解释经济危机的发生原因。它认为，比例失调是由信息不对称、生产者错误判断或市场不完善等因素导致的，因此比例失调可以通过市场竞争和价格机制得到纠正。马克思认为，比例关系在本质上是必要劳动和剩余劳动之间的比例关系，这是资本主义生产关系特有的表现形式，资本积累依赖于"必要劳动和剩余劳动之间的正确比例——这个比例归根到底构成一切的基础"①。正确比例是资本主义扩大再生产的基本条件，一旦遭到破坏就会导致生产的普遍过剩，使剩余价值无法实现，最终引发经济危机。

然而，根源于资本主义生产方式的各种"界限"② 使这种比例关系经常遭到破坏，因此比例失调具有内在的必然性。向下或向深层回溯比例失调的原因，如马克思所指出的，现有的比例关系既是资本主义扩大再生产的条件，也是扩大再生产的障碍，因此打破原有比例关系是资本主义积累的必然结果。虽然社会化大生产需要资本在各部门之间按照某种正确比例进行分配，但是为了无限度地追求剩余劳动、超额生产率和超额消费等，资本采用技术创新、增加劳动强度等方式减少必要劳动时间、增加剩余劳动时间，这将打破资本主义再生产过程中最本质的比例关系——必要劳动和剩余劳动之间的比例关系。资本主义生产动机决定资本总是具有超越现有比例关系的发展趋势，以至于"这种平衡的必然性本身就是以不平衡、不协调为前提"。所以"资本既是合乎比例的生产的不断确立，又是这种生产的不断扬弃。现有比例必然会由于剩余价值的创造和生产力的提高而不断被扬弃"。③

2. 比例失调：突现的中间层次

首先，比例失调不是普遍生产过剩和经济危机的最根本原因，根据批判实在论的回溯法或马克思的研究方法，它只是一种浅表原因。前文已经对比例失调的产生原因做了

---

① 马克思恩格斯全集（第30卷）［M］. 北京：人民出版社，1995：437.

② 马克思指出，"资本包含着一种特殊的对生产的限制"，资本的这种内在规定性从四个方面确定了资本主义生产的范围或边界，详见后文关于消费问题的讨论。

③ 马克思恩格斯全集（第46卷上）［M］. 北京：人民出版社，1979：397，398.

回溯分析，概括说，比例失调处于资本主义基本矛盾向上的突现层面，属于中间层次的结构、力量和机制。

其次，比例失调不是普遍生产过剩和经济危机的直接原因。从突现论或叙述方法看，从比例失调到经济危机发生，其间还存在一些中介因素，即进一步突现的中间层次的结构、力量和机制，它们会催化和加剧资本主义基本矛盾，导致经济危机发生。这些因素主要有货币资本游离于资本循环过程之外、投资需求不足和一般利润率下降等。

货币资本游离于资本循环过程之外会成为经济危机的直接原因。资本主义生产目的决定使用价值只有作为资本增值的手段才能被生产出来。生产只是为了赚钱，而非满足社会需要。如果不能获利，资本家宁可什么都不做，以货币形式持有他的资本；如果能够直接从货币金融市场投机中获得更大的收益，货币资本也会游离于产业资本循环之外，即所谓的“脱实向虚”。货币资本游离情形可能是由部分行业或部门的生产过剩引起的，也可能来自货币金融市场本身的结构和运行机制，或二者兼而有之，等等。但无论哪一种原因，这种情形意味着某些商品生产过剩首先表现为货币的短缺——“钱荒”或通货紧缩。“在生产过剩的普遍危机中，矛盾并不是出现在各种生产资本之间，而是出现在产业资本和借贷资本之间，即出现在直接包含在生产过程中的资本和在生产过程以外独立（相对独立）地作为货币出现的资本之间。”[①]“钱荒”或通货紧缩会加剧比例失调，引发货币危机，进而导致经济危机。

追求剩余价值的资本主义生产动机决定，比例失调表现为：必要劳动趋于减少，剩余劳动趋于增加。如马克思指出的，“正确比例——这个比例归根到底构成一切的基础”。比例失调破坏了现有资本主义扩大再生产的基本条件，制约了资本积累，在缺乏新的投资意愿的情形下，资本家攫取的剩余价值——在价值实现之前仍为剩余产品——越多，剩余产品的价值实现困难就会越大，普遍的生产过剩意味着剩余价值生产和实现之间的矛盾达到尖锐化，资本积累陷入中断。这种情形被马尔萨斯和凯恩斯称为有效需求不足（消费不足和投资不足）。这里需要强调的是，有效需求不足的本质是剩余价值生产和实现之间的矛盾，因为剩余价值是在资本家之间实现的（资本家的消费和投资），与工人阶级的工资收入和消费无关，通常只是在经济危机爆发前夕工人阶级才有可能“享受”到一些奢侈品，后文对此还有专门论述。有效需求不足导致剩余价值不能实现，这种情形外在地表现为生产的普遍过剩和经济危机。

比例失调可能导致一般利润率下降，一般利润率下降驱使资本更加热衷于从事金融冒险和投机，最终引发经济危机。比例关系在本质上是必要劳动和剩余劳动的比例关系。马克思指出，由于竞争等因素迫使资本家低于自己商品的价值出售商品，或者说由于竞争等迫使资本家不是为他自己而是为买者实现一部分剩余劳动，这种情形下利润率可能在这一或那一生产部门下降。由于利润率在某个或某些部门的下降属于利润在资本

---

① 马克思恩格斯全集（第46卷上）[M]. 北京：人民出版社，1979：397.

家之间的再分配，因此一般利润率不会因这种情形而下降。只有剩余劳动同必要劳动相比相对减少时一般利润率才会下降，那时，虽然剩余劳动的绝对量会增加，一般利润率却会下降。随着一般利润率下降，资本积累愈发困难，一旦资本积累中断便爆发经济危机。需指出的是，一般利润率下降的原因可以是比例失调，也可以是资本有机构成提高，当然，它们之间也是相关的。这种复杂情形表明：从向下的回溯角度看，作为结果的经济危机是由多因素导致的；从向上的突现角度看，比例失调和其他一些机制共同构成资本主义基本矛盾的突现层面。

三、重新解读消费不足与经济危机的关系

在马克思经济哲学中，“消费”有两个不同层次的含义：一是在唯物史观的抽象层次上的消费，简称一般消费或消费一般，与之对应的是一般生产或生产一般；二是在特定的资本主义生产方式中的消费，即被限制在资本主义生产关系之中并打上资本主义制度烙印的消费。一般性寓于特殊性之中，在关于资本主义经济危机的文本中，马克思是在这两个层次上讨论消费与经济危机的关系。在阐述经济危机与消费一般之间的关系时，马克思认为资本主义制度割裂了生产与消费的一般关系，从而导致经济危机。通过研究工人阶级的消费界限，马克思指出不存在工人阶级消费不足引发经济危机的问题。在马克思主义经济思想史中所谓的“消费不足危机论”在很大程度上混淆了上述两个层面的消费范畴。

1. 资本主义生产关系中的消费、投资与经济危机

在资本逻辑下，“普遍生产过剩……不是对消费来说过多，而是对保持消费和价值增殖之间的正确比例来说过多；对价值增殖来说过多。”① 生产过剩当然更不是由工人阶级消费不足引起的，不存在工人阶级消费不足导致经济危机的理论依据。

马克思指出，“资本包含着一种特殊的对生产的限制。”② 以下四个方面确定了资本主义生产的范围或边界：一是劳动力商品的交换价值被限定在必要劳动的界限内；二是生产力的发展被限定在剩余价值的界限内；三是物质生产被限定在货币的界限内；四是使用价值的生产被限定在交换价值的界限内。③ 资本主义市场经济只能在这四个界限的狭隘空间中发展。

前两个界限决定资本主义消费的性质和范围。第一个界限表明，工人对生活资料的需求只与必要劳动相一致，如果二者一致，那么工人阶级的需求就是“足够的需求”④。只有工资水平被限定在必要劳动的范围之内，从而使剩余劳动的生产成为可能时，工人

① 马克思恩格斯全集（第30卷）［M］. 北京：人民出版社，1995：432－433.
② 马克思恩格斯全集（第30卷）［M］. 北京：人民出版社，1995：396.
③ 马克思恩格斯全集（第30卷）［M］. 北京：人民出版社，1995：396－397.
④ 马克思恩格斯全集（第30卷）［M］. 北京：人民出版社，1995：403.

才会被雇佣。关于这个限制，一些学者把它作为消费不足危机论的依据，这种解读是对马克思文本的误解。在这里，文本的语义并不是想说明人民群众消费力的有限性，而是强调资本主义生产关系确定了工资的界限。马克思批判工人阶级消费不足引发经济危机的说法，因为他认为工人阶级的消费需求与剩余产品的价值实现无关，工人阶级的消费不会涉及剩余产品的一个原子，把工人阶级视为与生产者对应的一般消费者不过是单个资本家的幻觉而已。资本主义生产和消费的内在矛盾关系就此充分地暴露出来了：每一个资本家不仅不会把自己的工人视为商品消费者，而且尽最大可能地限制自己的工人的消费能力——工资水平，因为在单个资本家眼中自己工人消费能力的提高（涨工资）从来都对应着自己的利润损失；但与此同时却把除了自己的工人以外的其余的工人阶级幻想为他的消费者或货币支出者，希望其他资本家的工人能够尽最大可能地消费自己的商品。[①] 因此，每当经济萧条来临，“资本本身就把工人的需求——即作为这种需求的基础的工资的支付——不是看作利益，而是看作损失。”[②]

第一个界限表明资本主义生产关系决定资本主义分配关系，工人阶级的消费能力是以资本主义雇佣关系为基础的，以必要劳动和剩余劳动的比例关系为边界的，通过扩大消费乃至推崇高消费来实现剩余产品的价值，这从来都是资本家阶级内部的事情，不涉及工人阶级群体。不能把生产过剩理解为工人阶级购买力不足，针对蒲鲁东的谬论，马克思批评道，如果我们把生产过剩的原因解释为工人工资水平太低，没有能力购买他们自己生产的产品，这如同只听见钟声响但不知钟声从何而来。[③]

第二个界限确定了资本家的投资进而确定了生产力发展的范围。资本家攫取的剩余价值用于两个方面：一是资本家阶级的生活消费、挥霍和浪费；二是用于资本积累和扩大再生产，即投资。在全部投资中，一部分属于可变资本投资，在一个时间序列中，本期新增的可变资本预付会让工人阶级消费上一期的以生活资料形式存在的剩余产品，可变资本投资发挥剩余价值实现的功能。当然，这种投资的发生是有条件的，那就是工人的活劳动不仅可以补偿预付可变资本部分，而且能够为资本家创造更多的剩余产品。上述过程包含一般意义上的生产和消费关系，但不能仅仅停留在抽象的生产和消费关系上讨论现实的生产和消费矛盾，在资本主义生产关系中工人阶级的消费水平从属于投资水平，而制约投资的又是利润率水平。投资的另一部分属于不变资本，不变资本投资属于资本家之间的商品交换，是实现剩余价值的另一个途径，这种投资同样受制于剩余价值动机和利润率水平。

第一个界限和第二个界限是对立的，而且生产力越是发展，这两个界限之间的矛盾就会越加剧，最终导致某种形式的经济危机。第三个界限和第四个界限指出了在商品经济中的一般矛盾——商品与货币、使用价值与价值、生产与消费之间的矛盾，如上所

①② 马克思恩格斯全集（第30卷）[M]. 北京：人民出版社，1995：403－404.

③ 马克思恩格斯全集（第30卷）[M]. 北京：人民出版社，1995：408.

述，在资本主义经济中这些矛盾会被激化，表现为因货币短缺和信用崩溃而导致的货币危机和经济危机。

2. 不存在马克思文本中的“自相矛盾”问题

马尔萨斯和西斯蒙第反对萨伊定律，认为在资本主义生产中存在有效需求不足的“自相矛盾”问题。马克思在政治经济学批判语境中肯定了他们的理论见解，但也认为他们只看到了“自相矛盾”病态的表象。

基于资本主义生产关系中的生产和消费关系，马克思批判把经济危机说成是由广大民众消费不足导致的观点，即在“第二国际”时期就已经出现的所谓的“消费不足危机论”。他明确地指出，引导资本家从事生产投资的动机不是满足社会消费，而是追逐利润。因此，不是社会需要，而是一定水平的利润率，决定着生产的扩张或收缩。由于存在前述的第二个界限，“资本主义生产不是在需要的满足要求停顿时停顿，而是在利润的生产和实现要求停顿时停顿。”① 资本主义生产关系不仅确定了生产的界限，而且确定了工人阶级消费需求的界限，“对于每一单个资本来说，工人阶级的由生产本身造成的需求表现为‘足够的需求’”。② 只要资本主义基本经济制度没有改变，以必要劳动为界限的工人阶级的消费能力就不会改变，不可能通过提高工人消费能力来化解经济危机。所以，马克思批判工人阶级消费不足危机论。

也有学者认为，马克思并不反对消费不足危机论，否则会割裂生产和消费的关系。在马克思主义经济思想史中，关于马克思是否反对消费不足危机论的问题至今存在争论。争论双方都在极力地诠释下面两句似乎是自相矛盾的文本。

> 引文 1：“一切真正的危机的最根本的原因，总不外乎群众的贫穷和他们的有限的消费，而与此相对比的是，资本主义生产却不顾这种情况力图发展生产力，好像只有社会的绝对的消费能力才是生产力发展的界限。”（《资本论》第三卷，1975 年版，第 548 页）

> 引文 2：“认为危机是由于缺少有支付能力的消费或缺少有支付能力的消费者引起的，这纯粹是同义反复。”（《资本论》第二卷，见《马克思恩格斯全集》第 45 卷，2003 年版，第 456 页）

对此，学界有“更正说”和“误解说”。前者认为，写作时间在后的第二卷中的观点更正了第三卷中的观点；后者认为，《资本论》第二卷和第三卷是马克思在几乎搞清楚所有重大理论问题之后交替写作的著作，不可能在资本主义经济危机根本原因这个重大问题上出现前后理论悖论，所谓的前后矛盾来自我们对文本的“误解”。在 2003 年版的《马克思恩格斯全集》第 46 卷中采纳了“误解说”，将第一个文本修订为：

> “一切现实的危机的最后原因，总是群众的贫穷和他们的消费受到限制，而与

① 马克思恩格斯全集（第 46 卷）［M］. 北京：人民出版社，2003：287.

② 马克思恩格斯全集（第 30 卷）［M］. 北京：人民出版社，1995：403.

此相对比的是，资本主义生产竭力发展生产力，好像只有社会的绝对的消费能力才是生产力发展的界限。”（《资本论》第三卷，见《马克思恩格斯全集》第46卷，2003年版，第548页）

理由是，在德文中“最后的原因”还有“最具体的原因”之意，所以修订后的文本可以被理解为马克思是在阐述经济危机的“现实的”“最具体的”原因，而出自第二卷中的引文可以被理解为马克思是在更抽象层面上阐述经济危机的根源。这两句文本之间是抽象与具体的方法论关系，于是，这两句文本之间的矛盾便从方法论上得到化解。[①]笔者称这种解读为“层次说”。

“层次说”对于我们准确理解马克思的经济危机理论很有启发性。笔者赞同从方法论层次上诠释马克思不同文本之间的逻辑关系，但与刘明远先生的“层次说”有不同之处。他认为，第三卷中的引文处于方法论较为具体的层次上，第二卷中的引文则处于方法论较为抽象的层次上，而笔者的观点正好相反。下面我们从方法论的两个层次——“一般的”和“具体的”或“历史的”——理解生产、消费和经济危机的关系，进而解读前述引文之间的思想关系。

首先，在“一般的”[②]生产和消费关系层次上，或就生产一般与消费一般的关系而言，“生产直接是消费，消费直接是生产”[③]。一方面，消费确立了生产的目的和意义，提出了生产的前提，即消费创造出生产的目的、需要、动机和动力，它们构成生产的前提；另一方面，生产创造出消费的内容，决定消费的方式，以及创造出新的消费需要。因此，生产和消费具有矛盾的同一性。但也必须看到两者之间矛盾的斗争性，作为一个经济过程中的两个不同的环节，生产是逻辑起点，是起着决定性作用的环节，它最终支配着消费活动。所以，生产对消费起决定和支配作用，而消费对生产起反作用。社会经济扩大再生产过程既是生产和消费的矛盾的同一性发展过程，也是斗争性发展过程，是同一性和斗争性的统一。生产和消费之间的矛盾是人类社会存在和发展的基本矛盾。这个矛盾以人类社会生存和发展为宗旨，以一定时期社会生产力发展水平为界限。

其次，在“具体的”或“历史的”生产和消费关系层次上，即在资本主义制度下的生产和消费关系中，生产和消费必须服从前述四个界限，生产和消费的矛盾的同一性和斗争性关系还被赋予资本主义制度规定性，生产和消费的矛盾的斗争性经常因资本主义基本矛盾尖锐而加剧。在古代自然经济中，生产和消费处在一个较低的生产力水平上，消费不足和贫困主要根源于落后的生产力。民众的贫困和财富的两极分化也会导致政治

---

① 刘明远．马克思主义经济危机理论与当代现实［M］．北京：经济科学出版社，2009：155－158.

② 所谓的“一般”“就是经过比较而抽出来的共同点，本身就是有许多组成部分的，分别有不同规定的东西。其中有些属于一切时代，另一些是几个时代共有的，［有些］规定是最新时代和最古时代共有的。”参见马克思，恩格斯．马克思恩格斯全集（第30卷）［M］．北京：人民出版社，1995：26.

③ 马克思恩格斯全集（第30卷）［M］．北京：人民出版社，1995：32.

和经济危机，但这种危机的基本特征恰恰是生产不足，而不是生产的相对过剩。在资本主义制度中，追求剩余价值动机一方面把生产限制在有利可图的界限之内，另一方面不断加剧剩余价值实现的难度。在经济危机时期，剩余产品的价值实现和资本积累发生困难，生产力往往遭受人为破坏，生活性消费因失业大军剧增而锐减，生产性消费因投资低迷而锐减。再生产过程在价值实现环节，或者说面临第三个界限和第四个界限时，一方面表现出生产的相对过剩，另一方面则是“群众的贫穷和他们的消费受到限制”。在这里，生产不是为了满足民众的消费，而是为了赚钱而不得不做的“倒霉的”事，因此，“群众的贫穷和他们的消费受到限制”不是资本家所关心的事情，而只是影响资本家扩大再生产的障碍。生产和消费的同一性遭受资本主义制度的扭曲和破坏：生产和就业服从于剩余价值生产的需要，扩大再生产首先表现为两大部类之间资本家的剩余产品交换并以平衡为条件，工人的消费从属于剩余价值的生产，如同马克思指出的，生产仅仅为资本追逐利润而生产，生产资料不再是生产者扩大社会生活过程的手段。[①] 资本主义生产关系最终会破坏生产和消费的同一性，经济危机是生产和消费的同一性或一般关系被破坏的结果，也是对生产和消费的同一性或一般关系的强制性恢复。因此，从生产和消费的一般关系看，经济危机的根源是无限发展的社会生产力和有局限的工人阶级的消费能力之间的矛盾。

一般寓于具体和特殊之中，在引文1和引文2中，马克思从前述两个层面的辩证统一角度论述消费与经济危机的关系。

引文1首先从“一般的”生产和消费关系层次上指出，资本主义制度破坏了生产和消费的同一性或一般关系，即破坏了人类社会存在和发展所必须满足的生产和“社会需要即社会地发展了的人的需要之间的关系”[②]，破坏了人类社会再生产的基本条件，在资本主义生产方式下这种破坏导致了经济危机。然后马克思又指出，古典经济学家们看不到在资本主义生产关系中消费—生产所具有的制度规定性，只看到“一般的”消费，而看不到“具体的”“历史的”资本主义消费，认为存在一种没有制度内涵的“社会的绝对的消费能力”；只看到“一般的”生产，而看不到“具体的”“历史的”资本主义生产，看不到在利润动机驱使下资本主义生产不顾人民群众的贫困和由此导致的生产—消费同一性遭到破坏而力图发展生产力的情形。资本主义生产和消费所具有的内在矛盾被掩盖于一种假象之下：“好像只有社会的绝对的消费能力才是生产力发展的界限”。正如马克思所说的，马尔萨斯和西斯蒙第只是停留在“自相矛盾”病态的表象上。

引文2是在“具体的”或“历史的”生产和消费关系层次上说的，这里的“消费”语境是指资本主义“具体的”或“历史的”消费。在资本主义生产关系中，不存在一种能够涵盖工人阶级和资本家阶级的“绝对的消费能力”，“社会消费力……是取决于以对

① 马克思恩格斯全集（第46卷）[M]. 北京：人民出版社，2003：278.

② 马克思恩格斯全集（第46卷）[M]. 北京：人民出版社，2003：287.

抗性的分配关系为基础的消费力”①，因为对生活资料的消费能力取决于必要劳动界限，对生产资料的消费能力——资本主义生产——取决于剩余价值和利润率界限。“绝对的消费能力”是生产过剩给人的一种假象，“好像只有社会的绝对的消费能力才是生产力发展的界限”。事实上，当必要劳动确定了工资水平的边界后，消除生产过剩只能依靠资本家的挥霍和资本积累与扩大再生产，因此生产力发展的真正界限是资本自身，是资本主义生产关系内在矛盾。可见，马克思将资本主义制度的内在矛盾作为理解经济危机和工人阶级消费问题的关键。消费不足是普遍生产过剩的同义语，二者是经济危机的一种表象，不是经济危机发生的原因，用消费不足解释经济危机就相当于用消费不足去解释消费不足，因而是同义反复。在引文 2 中，马克思强调要揭示经济危机的现实的、具体的原因。

如此说来，前述引文不仅不存在自相矛盾的问题，而且是相互支撑的。不能把马克思批判消费不足危机论理解为马克思割裂了生产和消费的一般关系。正确的文本语境是：马克思从唯物史观出发阐述了生产和消费的同一性与斗争性，指出在资本主义制度中广大民众的贫困最终会破坏生产和消费的同一性，危及社会再生产；在具体的历史的层面，对消费不足危机论的批判则进一步强调，资本主义消费有其特定的制度规定性，不存在“绝对的消费能力”，不能把经济危机归结为“绝对的消费能力”不足，更不能把这种“绝对的消费能力”不足作为经济危机的直接的、具体的原因。

结合方法论的两个层次，马克思对在资本主义生产关系中消费关系被限制在狭隘的基础上以至于生产和消费的同一性遭到破坏的分析，与其说问题指向经济危机，还不如说指向资本主义积累的一般规律及其决定的资本主义生产方式的长期趋势，因为资本主义生产和消费的同一性的对抗加剧属于资本主义积累的一般规律的基本内涵。经济危机与广大群众的普遍贫困之间不具有必然的、直接的因果关系。在资本主义生产方式的长期发展趋势中，周期性经济危机只是资本积累内在矛盾的最具有戏剧性的表现，“危机永远只是现有矛盾的暂时的暴力的解决，永远只是使已经破坏的平衡得到瞬间恢复的暴力的爆发。”② 在马克思的这句话中，通过经济危机实现的“暴力的解决”和“瞬间恢复”显然不是指消除了广大群众的普遍贫困。

四、重新解读一般利润率下降与经济危机的关系

马克思研究一般利润率趋向下降规律的理论目的是什么？马克思赋予它何种理论地位，是否把它作为经济危机理论的分析基础？马克思主义经济学中流行的“一般利润率下降危机论”是否符合马克思的理论本意？回答这些问题需要回到马克思的文本语境及

① 马克思恩格斯全集（第 46 卷）[M]. 北京：人民出版社，2003：273.

② 马克思恩格斯全集（第 46 卷）[M]. 北京：人民出版社，2003：277.

其方法论。

1. 研究一般利润率趋向下降规律的文本语境

马克思对一般利润率趋向下降规律的研究集中出现在《政治经济学批判（1857～1858年手稿）》《政治经济学批判（1861～1863年手稿）》和恩格斯基于上述手稿整理的《资本论》第三卷中，尤其在《资本论》第三卷第三篇中马克思用三章（第13～15章）的篇幅专题讨论这个问题。在上述文本语境中贯穿着“破”和“立”的主线。以《资本论》第三卷第三篇为例，首先，马克思批判了古典经济学家对该规律的错误理解，揭示了该规律的科学内涵（第13章的标题为“规律本身”）；然后，运用辩证法阐述了规律运行的基本特征（第14～15章）。“立”的更为重要的体现是，如果我们把《资本论》的第三篇与前两篇联系起来，把《资本论》第三卷与前两卷联系起来，从叙述方法看，对一般利润率趋向下降规律的研究是马克思叙述资本范畴和资本积累一般规律的一个理论环节；从回溯法和分析方法看，马克思是从一般利润率趋向下降这个“不言而喻的必然性”[①] 回溯到资本主义基本矛盾、剩余价值规律、资本有机构成不断提高趋势和资本积累一般规律等资本主义最基本的结构、力量和机制。

斯密和李嘉图对利润率随着资本的增长而下降的原因都有专门论述。马克思批判了斯密的“竞争论”和李嘉图的“剩余价值率下降论”。[②] 针对斯密的竞争加剧导致利润率下降的观点，马克思继承了李嘉图对斯密的反驳，即竞争能够推动社会各行业的利润平均化，但不能导致平均化的利润水平具有下降趋势。[③] 马克思认识到一般利润率的长期下降趋势有其固有的内在原因；在逻辑顺序上一般利润率下降规律的作用发生在前，导致竞争的加剧，竞争规律的作用发生在后，在一般利润率的下降过程中起着“落井下石”的加剧作用。李嘉图的错误在于，他不懂得可变资本和不变资本的划分，混淆了剩余价值率和利润率，所以把利润率下降解释为因土壤肥力下降和工资提高所致。[④] 马克思指出，由于不懂得剩余价值原理，不能够正确区分可变资本和不变资本、剩余价值率和利润率等概念与范畴，斯密和李嘉图不能够正确地说明利润的本质、利润平均化的形成机制和一般利润率的科学含义，因此，为何一般利润率趋于下降，古典经济学“从来不能解开这个谜”。[⑤]

在理论批判的基础上，马克思重构了一般利润率的表达式：$\bar{P}=\frac{1}{\frac{C}{V}+1}\times\frac{M}{V}$（其中$\bar{P}$、M、C、V、$\frac{M}{V}$、$\frac{C}{V}$分别代表一般利润率、剩余价值、不变资本、可变资本、剩余价值

① 马克思恩格斯全集（第46卷）[M]. 北京：人民出版社，2003：237.
② 马克思恩格斯全集（第34卷）[M]. 北京：人民出版社，2008：496-497.
③ 马克思恩格斯全集（第31卷）[M]. 北京：人民出版社，1998：152.
④ 马克思恩格斯全集（第34卷）[M]. 北京：人民出版社，2008：481-491.
⑤ 马克思恩格斯全集（第46卷）[M]. 北京：人民出版社，2003：238.

率、社会资本平均有机构成)。这个表达式至少有以下三个重要的经济学含义。首先，它不过是“劳动的社会生产力日益发展在资本主义生产方式下所特有的表现”。[①] 由于劳动生产率的提高表现为社会资本的平均有机构成不断提高，所以随着资本主义生产力的发展，社会总资本的有机构成有不断提高的趋势，因此“在劳动剥削程度不变甚至提高时，剩余价值率会表现为一个不断下降的一般利润率”。因此，一般利润率日益下降的趋势“已不再是什么谜了”。其次，“利润率下降，不是因为对工人的剥削少了，而是因为所使用的劳动同所使用的资本相比少了”[②]，一般利润率的下降不排斥利润的绝对量或剩余价值的绝对量的增加，事实上，如果没有利润的绝对量的增加，资本积累就不可能继续下去。最后，一般利润率趋向下降的规律蕴含着在资本主义生产关系中的更深层次的矛盾，一般利润率的下降和利润的绝对量的增加只是这种内在矛盾的一种浅显的表现形式，从蕴含在这个规律中的资本有机构成不断提高趋势、相对过剩人口增加趋势和资本积累的一般规律，我们能够看到资本主义生产关系与生产力发展之间的矛盾，以及这个矛盾在生产和消费关系上的反映——“生产力越发展，它就越和消费关系的狭隘基础发生冲突”。[③]

通过这个表达式，马克思回溯到剩余价值率和资本有机构成，并进一步回溯到资本积累的一般规律和资本主义基本矛盾。从社会生产力发展角度看，资本有机构成提高趋势及其导致的一般利润率下降趋势是社会进步的结果，但在资本主义生产关系中表现为人口相对过剩、生产过剩、资本过剩和贬值，“大量分散的小资本被迫走上冒险的道路：投机、信用欺诈、股票投机、危机”，所以“资本主义生产的真正限制是资本自身”。[④]

2. 一般利润率下降危机论的方法论质疑

一般利润率下降危机论兴起于20世纪70年代，2008年美国金融危机的爆发再次将国内外马克思主义经济危机理论研究的注意力吸引到对一般利润率下降危机论的实证研究上。[⑤⑥⑦] 根据一般利润率趋向下降规律在马克思理论体系中的地位及马克思研究该规律的基本方法，笔者认为一般利润率下降危机论并不符合马克思的文本含义。

对一般利润率趋向下降规律的论述是马克思研究经济危机的一个中间层次理论，这种理论地位赋予一般利润率趋向下降规律和经济危机之间复杂的理论关系。在总体结构上，《资本论》从第三卷到第一卷是马克思按照研究方法从具体到抽象、从现象到本质和从复杂到简单的逻辑过程，是马克思分析所占有的材料的“各种发展形式，探寻这些

① 马克思恩格斯全集（第46卷）［M］. 北京：人民出版社，2003：238.

② 马克思恩格斯全集（第46卷）［M］. 北京：人民出版社，2003：274.

③ 马克思恩格斯全集（第46卷）［M］. 北京：人民出版社，2003：273.

④ 马克思恩格斯全集（第46卷）［M］. 北京：人民出版社，2003：278－279.

⑤ 谢富胜，李安，朱安东. 马克思主义危机理论和1975～2008年美国经济的利润率［J］. 中国社会科学，2010（5）.

⑥ 安德鲁·克莱曼. 大失败：资本主义生产大衰退的根本原因［M］. 北京：中央编译出版社，2013.

⑦ Sergio Cámara Izquierdo. The Cyclical Decline of the Profit Rate as the Cause of Crises in the United States［J］. Review of Radical Political Economics，2013，45（4）：463－471.

形式的内在联系”[①] 的研究过程。这个“倒叙”过程被批判实在论称为回溯法。从研究方法和回溯法看，一般利润率趋向下降规律是一个“不言而喻的必然性”，是一种经济现象，如果不回溯到资本主义基本矛盾、剩余价值规律、资本有机构成提高趋势和资本积累一般规律等资本主义最基本的结构、力量和机制，就不可能真正认识资本主义经济危机的本质和揭示隐藏在经济危机事件背后的一般驱动力量和传导机制。反过来，《资本论》从第一卷到第三卷还是马克思按照叙述方法从抽象到具体、从本质到现象和从简单到复杂的逻辑过程，是批判实在论所说的从封闭系统到开放系统的理论重构过程。在这个过程中马克思完成了对资本范畴和资本主义生产的总过程的理论叙述。从叙述方法和理论重构看，经济危机是比一般利润率趋向下降规律更外在、更浅表的“资本主义生产的总过程”中的现象或事件，是资本主义各种互相对抗的因素之间的冲突周期性的表现形式，既是一切矛盾充分展开的结果，又是一切矛盾的现实综合和强制平衡。因此，在一般利润率趋向下降规律和经济危机之间存在“垂直的”因果关系和相应的一些中间层次或中介环节。根据马克思的相关论述，这些中间层次或中介环节主要有竞争、资本的积聚和集中趋势、资本有机构成提高趋势以及资本投机、冒险和欺诈等。这种本体论特征使得从一般利润率趋向下降规律到经济危机之间的理论解释呈现网状的逻辑结构，一般利润率趋向下降规律只是解释经济危机发生的间接的原因之一，甚至这种原因只是一种理论可能性。

从辩证法看，在分析一般利润率趋向下降的规律时，马克思强调了两个因素：二重性的规律和起反作用的各种原因。所谓的二重性的规律，是指一般利润率的下降和利润的绝对量或剩余价值的绝对量的增加是由同一些生产规律和积累规律导致的，“同一些规律，使社会资本的绝对利润量日益增加，使它的利润率日益下降”，它们既引起利润率下降，又延缓这种下降。[②] 马克思讨论二重性的规律不仅仅想从一般利润率趋向下降规律回溯到资本主义积累的绝对的、一般的规律，他还试图说明一般利润率的下降不排斥利润的绝对量或剩余劳动的绝对量的增加、资本积累的绝对量的增加以及社会资本所推动和所剥削的劳动的绝对量的增加。马克思用一章的篇幅（《资本论》第三卷第14章）专门论述了起反作用的各种原因：劳动剥削程度的提高、工资被压低到劳动力的价值以下、不变资本各要素变得便宜、相对人口过剩、对外贸易和股份资本的增加等。相关研究充分体现了辩证法思想，强调运用辩证法理解一般利润率的下降趋势。

马克思反对机械地理解一般利润率下降趋势，认为引起一般利润率下降的同一些规律会产生反作用力；在规律运行的过程中还存在一系列起反作用的因素，它们不同程度地阻碍、延缓和抵消了下降的力量。驱使下降的各种力量和阻碍下降的各种反作用力之间的关系是复杂的，作用力和反作用力都会受到特定的历史条件、技术结构、货币金融

① 马克思恩格斯全集（第44卷）[M]. 北京：人民出版社，2001：23.

② 马克思恩格斯全集（第46卷）[M]. 北京：人民出版社，2003：243-244，276.

结构和制度结构的影响而被放大或抑制。在长期中，作用力是矛盾的主要方面，反作用力只是起着阻碍和减弱的作用，否则，这个趋势将不复存在；但在短期中，作用力和反作用力之间的更为复杂的此消彼长的关系使一般利润率的变化呈现波动形态。所以，马克思“把一般利润率的下降叫作趋向下降”，强调“这个规律只是作为一种趋势发生作用；它的作用，只有在一定情况下，并且经过一个长的时期，才会清楚地显示出来。”①因此，在理论研究中，难题不是如何解释一般利润率的下降趋势，而是解释在特定时期究竟是什么因素导致这种下降趋势变得相当缓慢甚至呈现短期上升趋势。

在马克思的文本中，他十分小心地区分了“趋势”和“规律”的不同含义，只有资本主义积累的一般规律才是“绝对的、一般的规律”②，而一般利润率趋向下降的规律不过是在资本主义生产方式下的一个“不言而喻的必然性”，是生产力发展“所特有的表现”，是一个有待解释的复杂的“因变量”或经济现象，而不是用于解释其他现象（如经济危机）的“自变量”；是一个本身充满辩证法的趋势，而不是绝对的、具有决定论意义的经济定律。因此，马克思不是像李嘉图和马尔萨斯那样用一般利润率下降规律宿命论地、机械地推导出“世界末日而为此发出悲鸣”或“提出一些同样颇有特色的安慰理由”③，而是由此回溯到资本积累的一般规律，进而研究资本主义历史命运这个宏大的主题。至于经济危机问题，它从属于这个宏大的主题。马克思把经济危机定位在资本积累条件的破坏和积累过程的暂时中断。在资本主义积累一般规律和资本主义历史命运这个主题下，经济危机与一般利润率下降趋势都属于资本主义积累一般规律的突现层面，有着复杂的“垂直的”和“水平的”本体论关系。因此，我们不能机械地从一般利润率下降趋势推导出资本主义经济危机，即使一般利润率下降具有诱发经济危机的作用，也必须详细分析参与这个过程的起反作用和催化作用的其他因素。

第二节　马克思经济危机理论的逻辑框架新诠释

前文的方法论和文本研究表明，马克思的经济危机理论具有鲜明的矛盾论和突现论特征。矛盾论指，经济危机既是资本主义经济一切矛盾充分展开的结果，又是一切矛盾的现实综合和强制平衡。突现论指，经济危机理论既是对资本积累的内在矛盾从本质到现象的理论叙述过程，也是资本积累的结构、力量和机制的突现过程。本节从这两个视角诠释马克思经济危机理论的逻辑框架。资本积累的内在矛盾贯穿着四种机制：矛盾的发展机制（或动力机制）、矛盾的强化机制、矛盾的调节机制和矛盾的周期机制，它们在突现的过程中不断得到丰富和发展，如图 2－1 所示。这四种机制构成马克思经济危

---

① 马克思恩格斯全集（第46卷）[M]. 北京：人民出版社，2003：258，266.

② 马克思恩格斯全集（第44卷）[M]. 北京：人民出版社，2001：742.

③ 马克思恩格斯全集（第32卷）[M]. 北京：人民出版社，1998：451.

机理论的基本框架。

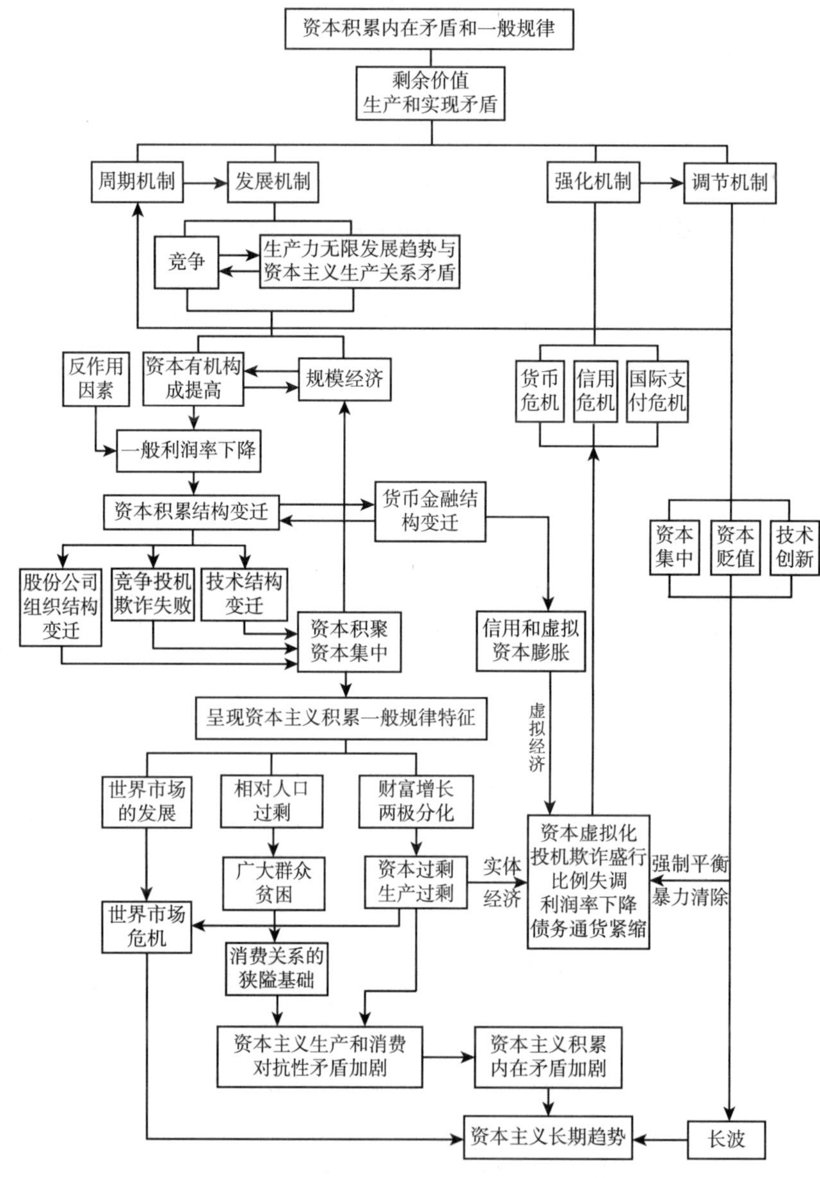

图 2－1　经济危机理论的逻辑框架

资料来源：笔者整理。

一、矛盾的发展机制

1. 竞争机制：资本积累内在矛盾的对立统一形式

资本主义积累的内在矛盾表现在两个方面：一方面，追求剩余价值的动机使资本主义生产方式具有无限发展生产力的趋势；另一方面，生产力的发展被限制在有利可图的界限之内，被限制在资本主义生产关系的界限之内。其结果是，资本积累的动机是获得更多利润，但追逐利润的扩大再生产又使资本逐渐丧失了实现利润的条件。于是，在剩余价值的生产与实现之间发生了对抗性矛盾，以至于生产力越发展，剩余产品的价值实现就越困难。这个矛盾的斗争性和同一性的展开表现为资本主义竞争。“资本的内在规律，资本的趋势只有在竞争中——在资本对资本的作用中——才能得到实现……竞争使资本的内在规律得到贯彻，使这些规律对于个别资本成为强制规律。”①

如果说竞争是资本积累内在矛盾展开的形式，那么这种展开过程就是批判实在论所说的“突现”过程。我们可以在不同的层面理解竞争机制及其作用。首先，在资本主义生产力和生产关系层面——资本主义矛盾运动的根源的、抽象的层面——讨论竞争机制的作用。在这里，竞争机制主要是由两个因素的交互作用构成的：一是资本积累使生产力具有无限发展趋势，竞争压力始终把无限发展生产力的趋势强加到每一个资本家身上；二是资本主义生产关系把生产力的发展限制在剩余价值的界限内，把资本积累限制在狭隘的范围之内，把消费关系限制在狭隘基础上。如图 2－1 所示，箭头从生存竞争指向生产力无限发展趋势与资本主义生产关系矛盾。因此，资本之间始终进行着激烈的生存竞争。在资本主义生产方式中，生存竞争是资本主义经济内在矛盾的展开形式和不可或缺的解决手段。其次，在经济危机发展机制的突现的、具体的层面理解竞争机制及其作用，譬如促使利润率平均化的竞争机制、资本集中过程中的竞争杠杆、一般利润率下降导致的竞争加剧，等等。在图 2－1 中，资本有机构成提高趋势、规模经济、利润率下降趋势、资本投机和金融欺诈、资本积聚和集中趋势等突现机制都是通过竞争机制实现的。

2. 资本积累的结构变迁及资本积聚和集中趋势

基于生存竞争机制的资本主义生产力发展的最直接后果有两个。一是资本的技术构成和资本有机构成具有不断提高趋势。从资本的技术构成看，劳动生产率不断提高，其本质是由“活劳动”驱使的“死劳动”的数量越来越大；从资本价值构成上看，不变资本与可变资本之比不断上升。马克思认为资本主义生产的发展规律就在于此。② 二是资本追求生产规模的日益扩张。生产规模的扩张既是资本积累的结果，也是建立在机器大工业基础上的规模经济的需要，同时，规模经济也是排挤竞争对手的最好手段。技术创新、资本有机构成提高和规模经济之间也是相互促进的关系。熊彼特曾在《资本主义、社会主义和民主》中把大企业视为创新主体，新熊彼特学派的经验研究也表明，不仅技术创新的研发投入依赖于一定的经济实力，而且创新能否取得预期收益同样取决于规模经济。这些研究印证了马克思的技术创新、资本积聚和集中理论。

---

① 马克思恩格斯全集（第 31 卷）［M］. 北京：人民出版社，1998：152.
② 马克思恩格斯全集（第 32 卷）［M］. 北京：人民出版社，1998：453.

马克思经济思想的深邃之处在于他把资本主义生产方式当作一系列矛盾的综合体看待。在个别资本追求技术创新、规模扩张和由此产生超额垄断利润的过程中，伴随技术扩散和社会总资本有机构成的提高，一般利润率趋向于下降，基于技术创新的超额垄断利润也趋向于消失。虽然存在其他一些起反作用的因素，譬如剥削率提高，原材料、机器设备等固定资本随技术创新而发生贬值等，这些因素在一定程度上阻止利润率大幅度地下降，但是资本有机构成提高趋势更具有长期性。由此产生的一般利润率的下降效应不可能被起反作用因素的上升效应完全抵消。虽然个别资本或个别部门的短期利润率可能呈波动上升态势，但社会总资本的一般利润率则趋向于下降。

很多学者急于此时提出经济危机的发生机制，即提出一般利润率下降危机论。其实不然。从突现论和矛盾论角度看，从一般利润率下降到经济危机之间还有一些突现的中间层次或中介环节，它们的出现是资本积累内在矛盾充分展开的结果，也只有通过它们才能够完整地看到经济危机的发展过程。

前文已经论述过竞争和一般利润率下降之间的关系：不是资本之间的竞争导致一般利润率的下降，而是一般利润率下降导致资本竞争加剧。① 竞争不是一般利润率下降趋势的原因，它只是在利润率出现下降趋势后“不断地压低一切工业部门的利润率，即平均利润率”。② 不仅如此，我们还可以进一步认识到：一般利润率下降会通过加剧资本主义生存竞争的途径推动资本积累发生结构性变化。资本积累的结构变迁有三个“突现维度”：制度结构变迁、技术结构变迁和货币金融结构变迁。我们把前两个合并为实体经济领域的“突现维度”，把第三个作为虚拟经济领域的“突现维度”，在图 2-1 中分别用向下箭头和向右箭头表示。在实体经济领域，竞争压力使单个资本朝着以下三个方面发展：技术创新、竞争和投机失败后的资本兼并及建立在资本主义信用制度基础上的组织结构创新。这三个方面都使资本具有积聚和集中的发展趋势。

首先，相对剩余价值生产是建立在技术进步基础上的，而且超额垄断利润的获取也是以技术创新为条件的，因此，技术创新是实现资本积聚的主要途径。就此而言，资本主义积累过程是技术结构变迁过程。在这个过程中，资本有机构成提高、产品创新和工艺创新、精神磨损等成为研究技术结构变迁的关键因素。资本主义积累的技术结构变迁是马克思经济学与新熊彼特经济学派结合最为密切的领域，本书第五章专门讨论新熊彼特经济学派在这个方面对马克思经济危机理论的贡献。

其次，竞争以及资本因其天生的投机、冒险所导致的失败是资本集中的一个途径。马克思把竞争视为资本集中的最强有力的杠杆之一。③ 在《资本论》第三卷中，在讨论资本集中问题时马克思区分了大资本和小资本在竞争中的不同经济行为特征。竞争往往导致大资本和小资本做出不同的选择。因为大资本能够获得更多的商业信用和银行信用

① 马克思恩格斯全集（第46卷）[M]．北京：人民出版社，2003：285.
② 马克思恩格斯全集（第31卷）[M]．北京：人民出版社，1998：152.
③ 马克思恩格斯全集（第46卷）[M]．北京：人民出版社，2003：722.

以及其他资源，所以它们能够通过技术创新进行资本积聚；而大量分散的小资本没有能力与大资本竞争这些资源，被迫走上冒险的道路：投机、信用欺诈、股票投机等。[①] 小资本投机冒险活动会直接促成经济危机。[②] 即使没有引发经济危机，小资本投机冒险失败后被大资本兼并，这也是资本集中的重要途径之一。

最后，资本主义信用制度是促成资本集中的另一个强有力的杠杆。信用制度和股份制度使社会财富不仅被极少数人所占有，而且使这部分少数人越来越具有投机、冒险和欺诈的性质，交易所的赌博活动支配着财富的运动和转移，"在这种赌博中，小鱼为鲨鱼所吞掉，羊为交易所的狼所吞掉"。[③] 股份公司的出现是资本主义积累的制度结构变迁的重要标志之一，马克思从三个方面阐述了其历史意义：第一，它是资本主义生产方式在资本主义界限之内的自我扬弃，"造成转到一种新生产方式的过渡形式"；第二，它用新的组织结构形态发展了"财富作为社会财富的性质和作为私人财富的性质之间的对立"，从而导致更大程度的生产过剩和资本投机，因为它把有弹性的再生产过程强化到极限，并且再生产出了一整套投机和欺诈活动，"成为最纯粹最巨大的赌博欺诈制度"；第三，自由资本主义将趋向于垄断资本主义和国家垄断资本主义，因为"它在一定部门中造成了垄断，因而引起国家的干涉"。[④]

资本的积聚和集中趋势推动着个别资本生产规模的不断扩张。生产规模扩张的效应有两个方面：一方面，规模经济让资本家获得更多的利润；另一方面，它不断提高资本有机构成，使一般利润率趋向下降。因此，一般利润率下降趋势与资本积聚和集中之间互为因果关系，一般利润率下降由资本积聚和集中的前提变成了结果。在驱使资本积聚和集中的过程中存在下面正反馈的累积循环因果关系：资本有机构成提高→一般利润率下降→竞争加剧→资本积累的社会结构发生变化→资本积聚和资本集中得到强化→发生报酬递增和规模经济现象→资本有机构成进一步提高→一般利润率进一步下降→……资本积聚和集中趋势进一步增强。

3. 资本积累一般规律及其三个主要社会经济后果

从叙述方法看，马克思在《资本论》第一卷中揭示了资本主义积累的一般规律，到第三卷才完成相关叙述工作。从突现论看，这个叙述过程也是资本积累内在矛盾和一般规律从深层的结构、力量和机制向浅表的突现过程，当资本积聚和集中达到一定程度之后，资本主义积累的一般规律的三个主要社会经济后果便显现出来了。一是社会资本和财富的集中程度不断增长，社会财富分配两极分化趋势和阶级对立关系不断加剧；二是相对人口过剩压力加剧；三是资本积累内在矛盾的空间化驱动世界市场的发展。下面进一步讨论这三个社会经济后果。

---

① 马克思恩格斯全集（第 46 卷）［M］. 北京：人民出版社，2003：288.
② 马克思恩格斯全集（第 32 卷）［M］. 北京：人民出版社，1998：460.
③ 马克思恩格斯全集（第 46 卷）［M］. 北京：人民出版社，2003：498.
④ 马克思恩格斯全集（第 46 卷）［M］. 北京：人民出版社，2003：497－500.

首先，资本和劳动的矛盾加剧，表现为“双重过剩”。一方面，表现为相对人口过剩——失业的工人人口，这是一支服从于资本的产业后备军，是资本主义制度得以存在和发展的基本条件。另一方面，资本权力和财富的增长日益集中在为数不多的大资本家手中，财富的集中不仅造成社会财富分配的两极分化和阶级对立，而且造成了资本过剩——“失业的”资本。在《资本论》第三卷中，马克思从利润率趋向下降规律的“内部矛盾的展开”角度进一步阐释了“双重过剩”问题。资本过剩在形式上表现为，假如有一笔新增资本，虽然它带来了利润的绝对量的增加，但导致利润率下降，以至于增加的利润量不能够弥补利润率下降带来的利润量损失。① 由于商品资本是资本的形态之一，所以在内容上，资本过剩表现为生产资料和生活资料的生产过剩。② 资本过剩就是商品生产过剩，反过来，商品过剩主要通过资本过剩表现出来。资本过剩或商品生产过剩具有一般性和绝对性，因为个别资本不可能驾驭反映经济规律内在要求的“全部生产的联系”，整个资本家阶级也不可能形成一种“集体的理性”，从而使资本主义生产过程“服从于他们的共同的控制”。③ 在这里，经济危机的可能性被指向了资本主义扩大再生产的比例失调问题。

其次，资本主义消费关系被限制在狭隘的基础上，人民群众消费缩小到只能在相当狭小的界限以内变动的最低限度，生产和消费的对抗性矛盾加剧。前文已经指出，资本主义积累的一般规律导致财富和收入分配的两极分化和广大群众的普遍贫困，这会破坏了生产和消费的同一性或一般关系，生产力越是发展，生产与消费的矛盾越是尖锐。④ 资本主义制度制约了人类社会再生产的基本条件。须指出的是，不能就此提出“消费不足危机论”，因为广大群众的普遍贫困和经济危机之间不具有必然的、直接的因果关系。资本主义生产和消费的同一性遭到破坏属于资本主义积累的一般规律的基本内涵，它不是直接导致经济危机，而是促使资本主义生产方式的长期趋势得以更清晰地显现出来。在这个长期发展趋势中，周期性经济危机只是资本积累内在矛盾的最具有戏剧性的表现，“危机永远只是现有矛盾的暂时的暴力的解决，永远只是使已经破坏的平衡得到瞬间恢复的暴力的爆发。”⑤ 必须在长期趋势中理解经济危机的根源、直接原因及其作用。其根源是资本积累内在矛盾；由目前层次向上回溯的各个中间层次或中介环节构成经济危机的不同层次的原因；其作用在于使资本积累内在矛盾尖锐化，加速长期趋势的发展。

最后，资本主义积累的一般规律最终表现为世界市场危机。“创造世界市场的趋势已经直接包含在资本的概念本身中，任何界限都表现为必须克服的限制。”⑥ 因此，世界

---

① 马克思恩格斯全集（第46卷）[M]. 北京：人民出版社，2003：279.

② 马克思恩格斯全集（第46卷）[M]. 北京：人民出版社，2003：284－285.

③ 马克思恩格斯全集（第46卷）[M]. 北京：人民出版社，2003：286.

④ 马克思恩格斯全集（第46卷）[M]. 北京：人民出版社，2003：273.

⑤ 马克思恩格斯全集（第46卷）[M]. 北京：人民出版社，2003：277.

⑥ 马克思恩格斯全集（第30卷）[M]. 北京：人民出版社，1995：388.

市场危机是资本主义积累内在矛盾在空间维度上的必然表现。在《资本论》第一卷第七篇中，这也是第一卷的最后一篇，马克思把殖民主义视为资本积累过程的一部分。当资本的生产过剩或商品的生产过剩无法通过扩大民族国家内需来解决时，资本就要求市场必须扩大，通过扩大生产的外部范围的办法解决资本积累的内部矛盾，这是驱动世界市场在广度和深度上得以发展的动力之源。面对世界市场，一个民族国家的再生产过程不再取决于其内部的“相互适应的等价物的生产”，而是取决于世界市场有多大能力去吸收这些等价物，取决于世界市场扩张的广度和深度。[①] 因此，积极地开拓世界市场，单个资本或某个资本主义国家能够改变其再生产条件。然而，世界市场只是暂时缓和生产过剩的矛盾，而且市场越是扩张，由此导致的再生产比例失调和经济危机的可能性也越大，这是因为世界市场“只会把矛盾推入更广的范围，为这些矛盾开辟更广阔的活动场所”。[②] 由于世界市场危机理论仅仅是《资本论》“六册结构”的写作计划，相关思想也只是零散地穿插在其他研究之中，按照马克思留下的理论线索，借鉴大卫·哈维等学者的研究成果[③]，笔者认为世界市场发展和世界市场危机是资本积累一般规律的具体表现形式。资本主义积累始终都是与殖民主义联系在一起的，世界市场危机既不是经济危机在空间范围上的扩大，也不是经济危机发展到某种新的阶段，而是资本主义积累一般规律的最直接、最现实的表现形式之一。世界市场危机是马克思叙述资本范畴的“最后一公里”，资本主义从来都是世界性的，资本主义经济危机也从来都是世界性的，只是我们在理论研究方法上先从一个封闭系统的民族国家经济危机入手，暂时撇开了世界市场危机。因此，在图 2－1 中，箭头从资本过剩和生产过剩指向世界市场危机，这里所涉及的逻辑过程几乎还是一个理论空白。尽管如此，前文对经济危机与资本主义长期趋势之间关系的分析在这里依然是适用的。

4. 资本主义积累的货币金融结构变迁与经济危机

在《资本论》第三卷第五篇中，虽然马克思的分析主题是剩余价值的分配问题，但这些研究也展现出一个重要思想：资本积累的内在矛盾推动货币金融体系发生结构变迁。货币金融结构变迁是资本积累结构变迁的维度之一，在图 2－1 中用向右箭头表示。它主要表现为信用和虚拟资本的膨胀过程及产业资本的金融化过程。经济史表明，经济危机既可能直接在实体经济领域中爆发，也可能直接表现为货币金融危机，然后引发实体经济危机。今天，随着垄断资本金融化程度加深，货币金融结构变迁越来越成为经济危机发展机制中的一个更为显著的“突现维度”。

经济史表明，在资本主义商业信用基础上，货币经历了从贵金属到商业货币和银行券再到现代主权货币的演化过程。在最近的一个世纪中，货币结构经历了急剧的变革。

① 马克思恩格斯全集（第 48 卷）［M］. 北京：人民出版社，1985：147.

② 马克思恩格斯全集（第 45 卷）［M］. 北京：人民出版社，2003：525.

③ 哈维认为，资本主义国家曾经历了“空间修复”（spatialfix）的过程，将资本积累的内在矛盾及其导致的阶级矛盾转嫁到国外市场。参见：大卫·哈维．资本社会的 17 个矛盾［M］. 北京：中信出版社，2016：164.

自二十世纪二三十年代金本位制崩溃后世界经济进入了现代主权货币时代，此后的主权货币又经历了两个重要的演化阶段：二十世纪四十年代到七十年代的布雷顿森林体系（以美元为中心的国际货币体系或美元本位制）；当代美元霸权和多元化国际货币体系并存的格局。货币形态和货币体系结构的演变也使得资本主义积累和再生产方式发生变革，这个变革集中反映在金融领域。在经济思想史中，能够敏锐地反映金融结构变革的，除了希法亭的金融资本理论外，后凯恩斯学派的现代主权货币理论和明斯基的金融脆弱性理论当属于其中的佼佼者，相关内容留待后续章节作专门研究。这里需要指出的是，在货币金融结构变迁的本质问题上，虽然马克思生活在金本位制的年代，但他的货币金融理论已经前瞻性地触及现代主权货币和“华尔街经济”，并为相关研究奠定了科学的理论基础。

从货币作为价值尺度和交易媒介看，从金银条块到贵金属铸币再到国家主权货币，这个发展过程是货币从价值实体到价值符号的演化结果。譬如，作为主权货币形式之一的金铸币产生于货币作为流通手段的职能。在流通过程中，金的名称和实体、名义含量和实际含量发生分离，作为流通手段的金也偏离了它所充当的价格标准，不再是与商品价值相对应的真正的一般等价物。当铸币能够成为它的法定金属含量的象征后，人们不断地扩大寄托“象征”的物的材质范围，譬如扩大到银乃至更为普通和廉价的铜、铁和锡等金属，用记号货币或象征货币来代替金，以执行货币的职能。[①] 譬如，用银记号和铜记号充当金的替身，而且它们的“金属含量是由法律任意规定的”，“与价值完全无关”。[②] 于是，在商品交换和货币循环过程中，货币职能的重要性吞噬了货币物质的重要性，单有货币的象征存在就足够了，因此货币逐渐走向了一个符号化或象征化的历史过程。[③] 在经济史中，古代铸币就是一种主权货币。在今天，国家主权货币——纸币——彻底脱掉了金属外衣，成为纯粹的金的符号或货币符号，成为现代货币的主要形式。

从货币作为支付手段看，马克思同样清晰地指出了现代主权货币产生的历史和逻辑依据：现代主权货币是由中央银行和商业银行构成的金融系统创造银行货币或信用货币的基础货币。银行货币或信用货币起源于货币作为支付手段的职能，体现着经济主体之间的债权—债务关系。随着资本主义商业信用的扩大，货币作为支付手段的职能也在扩大并取得了它特有的各种存在形式。在发达的资本主义商业活动中，几乎所有的交易领域都为这些形式所占据，它们把金银铸币排挤到小额贸易领域中。[④] 无论货币的形态如何被符号化，货币作为价值尺度的本质不会改变，一旦在资本积累过程中货币的价值尺度本质受到干扰，经济体将以暴力的方式重新恢复货币的本质。虽然信用货币排挤了货币并篡夺了它的位置，但是在信用面临崩溃之际，一切现实的财富都会急迫地要求转化

---

① 马克思恩格斯全集（第44卷）［M］. 北京：人民出版社，2001：148.
② 马克思恩格斯全集（第44卷）［M］. 北京：人民出版社，2001：149.
③ 马克思恩格斯全集（第44卷）［M］. 北京：人民出版社，2001：152.
④ 马克思恩格斯全集（第44卷）［M］. 北京：人民出版社，2001：163－164.

为金银，资本主义生产终究不能够突破对财富及其运动的这个“金属的限制”，当它一次次试图“突破这个物质的同时又是幻想的限制”的时候，一次次被碰得头破血流。[①]今天，虽然金本位制早已崩溃，货币体系结构演变得极为复杂，货币本质及其价值尺度职能被其符号化和各种货币现象所掩盖，但货币本质及其价值尺度职能依然作为最深层的结构、力量和机制而存在着，这就是无论虚拟资本或虚拟经济如何发展和膨胀，它终究要以产业资本或实体经济发展为基础。正因为如此，资本积累的“金融化”或“虚拟化”往往成为货币金融危机的原因，而货币金融危机又成为经济危机的直接导火索。

现代银行业和金融市场的发展是以信用货币和虚拟资本的发展为基础的，在这个纸券的世界里，“一切都以颠倒的形式表现出来”[②]。它在本质和功能上完全不同于古老的钱庄[③]，因为信用货币（或现代主权货币）本质上是发行银行（或国家）的负债，体现一种债权债务关系，并且这种债权债务关系内生于信用供求关系（或国家财政收支）。在现代银行系统中，货币资本的最大部分纯粹是虚拟的，全部存款和绝大多数准备金也是虚拟的。[④]

现代银行业和金融市场的虚拟资本发展会带来三个方面的后果。第一，资本主义扩大再生产趋向于过度积累、生产过剩和比例失调。它们不顾市场界限，将具有弹性的资本主义积累和扩大再生产强化到极限，使产业资本的再生产能力达到极度紧张的状态。[⑤]一旦生产力被商业信用拉伸到极点，资本主义积累和扩大再生产便进入了生产过剩时期，有大量的商品卖不出去，有大量的固定资本闲置不用。第二，资本主义货币金融体系具有“天生”的结构脆弱性。由于信用扩张是以再生产的扩大为基础的，因此，只要出现生产过剩或停滞，信用就会收缩或停止。信用收缩或信用扩张的突然停止会导致人们全面而激烈地追逐银行券——现有的支付手段，结果是银行券“将会在人们最需要它的那一天从流通中消失了”。[⑥] 当只有现金支付才有效时，信用危机和货币危机显然就已经迫在眉睫了。第三，金融兼并是实现资本集中的主要渠道。金融兼并是通过资本投机、冒险和欺诈活动实现的，最终，在鲨鱼吞掉小鱼、交易所的狼吞掉羊的金融赌博中实现了资本的集中。[⑦] 需要指出的是，对新技术、新产品和新产业的投机、冒险从来都是资本投机、冒险和欺诈的重要领域，当然，这在客观上也为技术创新提供融资来源。正如前文已经指出的，资本主义信用制度和股份公司制度，金融投机、冒险和欺诈的失败以及技术创新是资本加速积聚和集中的重要途径，而这些途径与货币金融结构变迁密不可分，资本的金融化和虚拟化对资本积累结构变迁中的实体经济因素产生深刻影响，

① 马克思恩格斯全集（第46卷）［M］. 北京：人民出版社，2003：650.
② 马克思恩格斯全集（第46卷）［M］. 北京：人民出版社，2003：555.
③ 对钱庄来说，贵金属货币是外生于信贷过程的财富或金融资产，贷款资产和货币资产不可能同时增加或减少。
④ 马克思恩格斯全集（第46卷）［M］. 北京：人民出版社，2003：532－534.
⑤ 马克思恩格斯全集（第46卷）［M］. 北京：人民出版社，2003：546.
⑥ 马克思恩格斯全集（第46卷）［M］. 北京：人民出版社，2003：598
⑦ 马克思恩格斯全集（第46卷）［M］. 北京：人民出版社，2003：498.

在图 2－1 中，货币金融结构变迁对实体经济的影响用向左箭头表示。

上述关于经济危机发展机制的研究试图表达三个基本思想。第一，经济危机是资本积累内在矛盾发展的结果，而内在矛盾的发展是一种结构、力量和机制的突现过程。因此，不能把经济危机简化为某个主导因素的变化结果。就此而言，马克思主义经济学界的三个主要危机理论——再生产比例失调危机论、消费不足危机论和一般利润率下降危机论——都存在简化论缺陷。在文本中，马克思的确从再生产比例失调、消费不足和一般利润率下降角度讨论经济危机问题，但不能因此把马克思的经济危机理论归结为上述三种发生机制。譬如，马克思从来没有明确地说过利润率下降是经济危机的直接原因。他认为，由于存在相对人口过剩、劳动生产率提高、生产部门多样化、信用制度和股份公司的发展、资本家的需要和致富欲望的增长、固定资本的大量投资等因素，“尽管利润率下降，积累的欲望和能力仍然会增加”。① 所以，不能够直接从一般利润率趋向下降必然得到经济危机的结论。相对于资本主义积累的结构变迁、资本积累一般规律等更深层次原因，一般利润率下降只是解释经济危机的较为浅表的原因之一。

第二，经济危机是资本主义积累内在矛盾发展的结果。在实体经济领域中，经济危机表现为生产过剩或资本过剩、利润率下降、投资需求不足等现象；在货币金融领域通常表现为通货紧缩，金融投机、冒险和欺诈盛行等现象。在这里，我们没有把这些因素视为经济危机的原因，而是作为经济危机各种可能的表象或结果，强调它们属于经济危机的现象层次，是待解释变量，在其背后存在着更为深层和复杂的结构、力量和机制，用它们解释经济危机不过是从现象到现象罢了。

第三，今天，随着垄断资本金融化或虚拟化程度加深，经济危机似乎主要表现为货币金融危机。当然，我们也必须认识到，虽然货币金融领域有独自发生危机的可能性，但一场货币金融危机之所以能够演变为大规模的席卷全球的经济危机，必定有其实体经济根源。信用危机、货币危机和金融危机的背后是实体经济的结构性危机，实体经济危机“归根到底是整个危机的基础。”②

二、矛盾的强化机制

马克思在很多地方都提示性地指出，对经济危机具体过程的研究必须考虑到竞争、货币、信用、国际经济关系等因素，但他对这些因素的阐述一直没能充分地展开。我们尝试性地把这些因素看作经济危机的强化机制。资本主义经济危机的必然性除了来自上述的发展机制外，还来自资本积累固有的对自身矛盾的强化机制。下面主要围绕货币危机、信用危机和国际支付危机三个因素阐述经济危机的强化机制。

---

① 马克思恩格斯全集（第46卷）［M］. 北京：人民出版社，2003：295.

② 马克思恩格斯全集（第46卷）［M］. 北京：人民出版社，2003：555.

1. 货币危机

我们把货币危机视为构成经济危机强化机制的一个因素。马克思在讨论危机的一般的、抽象的可能性时就指出，由于货币执行价值尺度和支付手段这两种职能在时间上是分离的，以至于商品生产和交换本身就蕴含着经济危机的可能性。如果某种商品在这两个时刻之间发生贬值，则销售该商品的货币收入不足以清偿此前的债务，与该债务相关的其他一系列交易也都不能结算。这种情形会导致一系列交易因为在某些环节上发生支付困难而被打断。最初，可能只是个别企业不能在一定的、事先规定的期限内清偿债务，但这种债务违约很快就会发生连锁反应，形成普遍的债务违约，由此发生货币危机。① 在经济危机发展机制中，生产过剩和商品滞销导致资本循环过程不能正常进行，因此发生了所谓的“钱荒”现象。当“钱荒”演变为债务—通货紧缩性货币危机时，社会经济扩大再生产过程必将中断，由此爆发经济危机。

在普遍生产过剩期间，“向货币的转化，交换价值本身，是生产的界限”② 的原则更为显著。生产是为了赚钱而非满足社会需要，如果不能获利，资本家宁可什么都不做，以货币形式持有他的资本，这导致资本循环过程中断。因此，在商品生产过剩期间，经济活动首先表现为货币短缺，每个企业借钱都不是为了投资，而只是为了结清所欠的债务。③ 这种通货紧缩状态中断了资本循环过程，激化了资本积累的固有矛盾，直接引发经济危机。由于看不到货币危机的本质，蒲鲁东幻想要人为地创造出更多的货币，马克思详细地批驳了这种谬误。货币成为强化生产过剩的因素不是因为资本家获得了剩余价值（占有了一部分货币），或资本家需要获得的货币资本必须超过其投入的货币资本，以至于货币短缺。马克思认为并不存在这样的问题，因为“要使这个增大的价值实现，只须使它在流通中找到等价物”④；生产的扩张也会要求流通手段供给的不断增长。

这种通货紧缩状态近似于凯恩斯的流动性陷阱情形，不同的是，凯恩斯的流动性陷阱理论只停留在货币金融市场表面，没有深入产业资本循环过程中揭示流动性陷阱的发生机制，而是把它归结为经济人的流动性偏好。由于不懂得马克思的产业资本循环理论，凯恩斯主义对扩张性货币政策的理解自然也是肤浅的，是在重复蒲鲁东的幻想。在经济实践中，扩张性货币政策之所以发挥作用，是因为它在财政政策的配合下一定程度上缓和了生产过剩矛盾，恢复了产业资本利润率，进而缓和了资本循环障碍——货币资本退出循环，使再生产得以进行。

2. 信用危机

构成经济危机强化机制的第二个因素是资本主义信用危机。当信用体系——促成资本主义生产过剩和商业过度投机的主要杠杆——把资本主义扩大再生产的边界延伸到了

① 马克思恩格斯全集（第 34 卷）［M］. 北京：人民出版社，2008：583.

② 马克思恩格斯全集（第 30 卷）［M］. 北京：人民出版社，1995：396.

③ 马克思恩格斯全集（第 46 卷）［M］. 北京：人民出版社，2003：580.

④ 马克思恩格斯全集（第 48 卷）［M］. 北京：人民出版社，1985：195.

它的极限时，虽然解决了个别资本的循环和剩余价值实现问题，但它不可能为所有资本创造一个并不存在的商品等价物。①

在资本投机、冒险和欺诈活动的驱使下，资本主义商业信用和银行信用开始膨胀起来，它会使商品价格高于价值，尤其使金融资产（虚拟资本）的价格开始飙升。资本主义商业和银行信用掩盖了相对生产过剩趋势，虽然商品生产已经发生相对过剩，市场供求出现失衡，但是在资本主义商业信用和银行信用的支持和掩盖下，厂商仍能够按照原来价格继续生产或扩大再生产。此时，建立在复杂的信用链条基础上的债务结构已处于极度脆弱之际，任何一个偶然的历史事件都有可能从外部刺破这个膨胀到极限的信用“气球”，导致货币金融体系发生结构性崩溃。在信用体系面临崩溃之际，“货币会突然作为唯一的支付手段和真正的价值存在，绝对地同商品相对立”②。当货币执行支付手段职能的时候，信用危机就会发展为货币危机，“危机一旦爆发，问题就只是支付手段了”③。货币短缺或“钱荒”会直接中断绝大多数资本的循环，进而中断社会总资本的再生产和流通，使局部经济危机发展为世界市场危机。

资本主义商业信用和银行信用构筑了一套货币金融体系，通过这个体系，资本积聚和集中得到加速，资本主义积累内在矛盾得到暂时性缓和。但资本主义信用和货币金融体系具有内在的结构脆弱性和发生系统性崩溃的可能性，从而构成经济危机强化机制的一个重要因素。

3. 国际支付危机

构成强化机制的第三个因素是国际支付危机。我们都知道，世界市场危机理论属于《资本论》六册结构计划中没有展开的部分。在现有的文本中，关于世界市场危机问题，马克思在很多地方只是提示性地提及或插入简短的论述，相比较而言，在《资本论》第三卷中马克思对1857年美国经济危机问题的研究属于比较集中的阐述。下面主要结合这个文本阐述经济危机的强化机制。

马克思在概念上区分了国际经济关系中的支付差额和贸易差额及其对经济危机的影响。支付差额是一个必须在规定时期内完成清算的贸易差额，“危机所做的，是把支付差额和贸易差额之间的差别压缩在一个短时间内”。④ 这个观点对于理解当代国际金融危机依然具有深刻的理论启示。

马克思详细地描述了由国际支付危机引发的世界市场危机的传导过程。1857年美国经济危机迅速导致尚处在繁荣之际的英国的黄金的大量流出，究其原因主要有三个。第一，在此之前，美国铁路发展引发的投机狂潮极大地刺激了英国的建设铁路所需的生产设备和原材料的生产扩张（黄金流出以购买原材料），当美国发生经济危机时，英国商

① 马克思恩格斯全集（第46卷）[M]. 北京：人民出版社，2003：11.
② 马克思恩格斯全集（第46卷）[M]. 北京：人民出版社，2003：584.
③ 马克思恩格斯全集（第46卷）[M]. 北京：人民出版社，2003：598.
④ 马克思恩格斯全集（第46卷）[M]. 北京：人民出版社，2003：585.

品尤其上述商品在美国滞销，英国主要工业部门出现生产相对过剩，出口商随即发生支付困难；而与此同时，英国仍需要从美国等国外进口粮食和原材料等，以维持生产和生活需求。第二，英国是世界货币金融中心，不仅向国外提供大量的信用，而且英国国内信用环境较好，由此节约出来的黄金长期流到国外。第三，在美国发生经济危机后，针对美国企业破产或出售所拥有的英国资产，英国投机商乘机用黄金购买（此时只有黄金才具有支付能力）。所以，美国经济危机很快引发英国的支付危机，导致英国信用体系面临崩溃，迫使英国商人出售海外资产进行债务清偿，于是商品价格狂跌。在这种情况下，英国的货币危机引发其经济危机，英国经济危机随即引发美国投机商购买英国资产，于是黄金又开始回流到英国。至此，信用危机、货币危机和国际支付危机形成一股合力。于是，马克思总结道：当世界市场危机发生后，对每个国家来说，支付差额都是逆差，并且按照支付的序列，支付差额或逆差“总是像排炮一样”在相关国家依次爆发，于是所有的国家同时发生出口过剩和进口过剩，或者说是生产过剩和贸易过剩，发生物价上涨和信用过度膨胀，最终所有国家依次陷入信用崩溃和货币金融危机。①

国际支付逆差直接威胁到一个国家银行体系的枢纽——贵金属准备。于是，马克思做了一个极为形象的比喻：在货币金融危机爆发前夕，一个在数量上微不足道的黄金的流出足以成为压垮一个国家信用制度和银行制度的一根羽毛。②

三、矛盾的调节机制

经济危机本身就是“以暴力方式恢复已经独立化的因素之间的统一”③。经济危机是“暴力”清除资本积累障碍、“强制”恢复资本主义再生产的调节机制，是资本主义积累体系所固有的强制性平衡机制。④ 具体的暴力方式主要有资本集中、技术创新和资本贬值。我们把第一个称为“制度修复”，把后两个称为“技术修复”。

1. 制度修复：资本趋向于集中

在前文中已经指出，资本趋向于集中有两个主要途径：一是通过资本主义信用建立股份制公司；二是小的分散的资本在投机、冒险和欺诈失败后遭到兼并。通常在经济危机前夕，资本在这两个途径上都表现得十分活跃，在资本的投机、冒险和欺诈盛行时期，甚至股份制也成为资本欺诈的方式。经济危机提供了大资本消灭小资本的历史“良机”。在经济危机中，通过大资本吃掉小资本的兼并活动，资本实现了集中并在整个行业中趋向于垄断。卡特尔或托拉斯的基本功能就是谋求在行业内实现统一的定价，分配产量，以试图消灭产品和产能的相对过剩，暂时缓和市场竞争，达到恢复再生产的必要

① 马克思恩格斯全集（第46卷）［M］．北京：人民出版社，2003：557.
② 马克思恩格斯全集（第46卷）［M］．北京：人民出版社，2003：647－648.
③ 马克思恩格斯全集（第34卷）［M］．北京：人民出版社，2008：582.
④ 马克思恩格斯全集（第46卷）［M］．北京：人民出版社，2003：277.

的平衡关系和一般利润率水平。在恩格斯的晚年，这种情形已经很普遍了，所以在《资本论》第三卷第二十七章“信用在资本主义生产中的作用”中，恩格斯加入了一大段关于卡特尔和托拉斯的评述。在这里，恩格斯揭示了产生垄断资本主义的根本原因：生产过剩、价格下跌和利润下降甚至完全消失。[①] 恩格斯指出，在大工业生产领域中，产量能够迅速增加，而销售市场的扩大却是缓慢的，以至于市场需要花费几年时间才能吸收大工业在几个月中就能够生产出来的产品。制度修复是构成资本积累的制度结构变迁的重要内容。

2. 技术修复：技术创新与资本贬值

在讨论一般利润率趋向下降规律的“内部矛盾的展开”时，马克思把生产力的发展作为阻止利润率下降趋势的最关键的反作用因素。生产力的发展表现为劳动生产率提高和必要劳动时间缩短，这会提高剩余价值率；不仅如此，那些技术先进的更富有竞争力的优秀企业还能够获得超额垄断利润。因此，技术进步提升剩余价值率，阻止一般利润率的下降。技术进步尤其是重大的技术革命必然导致资本的快速的精神磨损或资本贬值，甚至发生用新技术“武装”起来的资本对旧技术资本的“创造性毁灭”[②]。

技术创新（产品创新和工艺创新）及其引发的固定资本贬值有助于淘汰落后资本和过剩产能，降低资本有机构成，从而使利润率得到恢复，使再生产关系趋向平衡。因此，经济危机是“靠牺牲已经生产出来的生产力来发展劳动生产力”[③] 的重要机制。从这个意义上说，门斯（Mensch，1979）的“技术创新萧条说”[④]（参见第五章的相关分析）——经济危机会激发技术创新乃至技术革命——是有一定合理性的，为技术创新充当经济危机调节机制提供了理论诠释。经济危机有可能起着对资本主义基本矛盾进行一次强制性的“技术修复”的作用，尽管不能从根本上消除它。

当我们把经济危机作为资本主义积累内在矛盾的调节机制时，在短期里该机制成为马克思文本中的资本主义经济周期机制的一部分，在长期里该机制成为长波机制的一部分。所以，在图 2－1 中，调节机制的一个方向指向周期机制，另一个方向指向长波和资本主义长期趋势。在后文第四部分和第五部分中不再论述调节机制的周期效应。

四、矛盾的周期性机制

马克思在政治经济学批判语境中指出信用、货币和工资等因素不是经济危机呈现周期性爆发的原因。从表面上看，虽然经济周期与经济危机与信用的膨胀和收缩过程有密

---

① 马克思恩格斯全集（第 46 卷）［M］．北京：人民出版社，2003：496.

② 这里借用熊彼特的创造性毁灭术语是符合马克思经济思想的。第五章在讨论新熊彼特学派经济危机理论对马克思经济危机理论贡献时，也是基于二者的这种思想渊源关系展开的。

③ 马克思恩格斯全集（第 46 卷）［M］．北京：人民出版社，2003：278.

④ Mensch，Gerhard. Stalemate in Technology：Innovations Overcome the Depression［M］. Cambridge，MA：Ballinger Publication Company，1979.

切的关系，但是信用的膨胀和收缩过程只是经济周期与经济危机的结果，而不是原因。[①]下面我们着重考察固定资本更新、相对人口过剩等因素在经济危机周期性发作中的作用，以揭示经济危机的周期性机制。除此之外，我们还吸纳了缪尔达尔的累积循环效应，把它作为解释周期性机制的一种理论补充。

1. 固定资本更新的周期效应

固定资本更新是发生周期性经济危机的物质基础。固定资本投资具有三个基本经济特征：一是因技术进步尤其是技术革命而不可避免地发生精神磨损；二是因其特定的技术性能或使用价值而难以在各个生产部门之间进行自由流动；三是固定资产投资具有长期性、非连续性和非均匀性特征，即使购买固定资产的交易可以一次性完成，企业的货币资本积累仍需要一个较长时间的准备期。考虑到这些特征，马克思在研究资本流通过程时把固定资本更新视为经济周期的物质基础。考虑到破产、损坏和技术革新等因素的影响，马克思确立了大约为期 10 年的更新周期。[②]

在马克思主义经济学研究中，我们曾经教条式地理解了相关文本，没有看到 10 年周期说是马克思基于他那个时代的科学技术水平而论的，而且他和恩格斯都表示精确计算具体的周期是十分困难的事情；另外，我们也忽视了这个周期长度在马克思的理论研究中的工具意义，马克思不过是为再生产周期理论研究确定一个时长范围，从而方便在时间维度上考察再生产过程，因此“问题不在于确切的数字”。在今天看来，理解相关文本的关键不在于周期的时间长度，而在于强调周期的存在性并把固定资本更新作为再生产周期或经济危机周期的发动因素，在于揭示经济危机在经济周期中的功能。[③] 正如马克思在转天[④]回复恩格斯的信中所说的，从大工业直接的物质先决条件中寻找决定再生产周期的因素是一个极其重要的研究任务。[⑤] 在后来的研究中，马克思高度关注固定资本因技术进步尤其技术革命而不可避免的精神磨损问题，看到技术进步和精神磨损会进一步缩短此前所说的平均为 10 年的更新周期。

关于固定资本更新周期的研究，马克思在预付资本的总周转框架中确立了它与经济危机周期之间的逻辑联系。由于固定资本投资是非连续和非均匀的，加之在市场竞争条件下固定资本投资是无政府行为，所以在社会总资本周转中出现的固定资本投资高潮往往会打乱各个生产部门之间的已有的比例关系。资本主义信用的杠杆作用会让固定资本投资在更大的规模上进行，以至于使再生产比例关系遭到更严重的破坏。而且，固定资本投资高潮往往会刺激金融投机、冒险和欺诈，譬如历史上曾经发生的“运河热”“铁

---

① 马克思恩格斯全集（第 44 卷）[M]. 北京：人民出版社，2001：730.

② 马克思恩格斯全集（第 31 卷）[M]. 北京：人民出版社，1998：117.

③ 马克思恩格斯全集（第 45 卷）[M]. 北京：人民出版社，2003：207.

④ 马克思写信给恩格斯，请他结合当时英国工业发展情况估算机器设备更新的周期时长。恩格斯从多个方面综合估算出机器设备更新的周期时长并于 1858 年 3 月 4 日写信告诉了马克思。1858 年 3 月 5 日，马克思回信表示感谢，接受了恩格斯的估算结论。

⑤ 马克思恩格斯全集（第 29 卷）[M]. 北京：人民出版社，1972：281－283.

路热”“互联网泡沫”等。金融投机和冒险的失败又引发债务链条崩溃，一旦发生大规模针对固定资本的债务清偿问题，债务—通货紧缩和货币危机就迫在眉睫了。上述因素加剧了生产过剩和剩余价值实现的困难，最终引发经济危机。由于经济危机会成为大规模新投资的起点，所以一场经济危机在某种程度上又会成为下一个经济周期的新的物质基础。①

2. 相对过剩人口的杠杆效应

相对过剩人口是产生经济危机周期机制的另一个重要因素。相对过剩人口是资本积累的结果，由它提供的一支可被支配的、绝对服从于资本的产业后备军“反过来又成为资本主义积累的杠杆”。② 马克思用“杠杆”类比相对过剩人口在资本积累的扩张和收缩过程中的作用。这个“杠杆”的扩张机制是：资本积累→劳动生产力发展→大量社会财富膨胀起来并转换为追加资本→信用扩张、技术和基础设施改善→资本的突然膨胀力增加→新旧生产部门的迅速扩张→对劳动力的需求急剧增加→从劳动力蓄水池中汲取相对过剩人口。这个“杠杆”的收缩机制是：生产相对过剩→剩余价值实现困难、信用收缩→生产部门收缩→对劳动力的需求急剧下降→相对过剩人口流回到劳动力蓄水池。

可见，上述链条的形成是建立在始终存在着一支庞大的产业后备军基础上的。在资本积累扩张和经济活跃期间，资本能够把潜在的过剩人口迅速转化为现实的劳动力，能够从劳动力蓄水池中大量“抽取”相对过剩人口。反之，在资本积累收缩和经济萧条期间，相对过剩的人口又回到其本来的“潜在的”“停滞的”状态。可想而知，没有工人的增加，生产规模不可能发生跳跃式的膨胀。所以，马克思认为相对过剩人口是周期性机制的不可或缺的因素，是产生经济周期的制度基础。③

3. 累积循环效应

信用杠杆和相对过剩人口杠杆合并在一起会使经济危机产生缪尔达尔（Gunnar Myrdal）所说的累积循环因果关系和累积循环效应。④ 累积循环因果关系被用来描述一个动态的社会经济演化过程。它认为一个社会经济因素发生变化会引起另一个社会经济因素发生变化，后者的发展变化又反过来促进前者的发展变化，从而形成累积性的循环发展趋势。这种情形又被新熊彼特学派称为“路径依赖”现象。

在相对过剩人口和资本主义信用基础上，生产规模的突然膨胀最终导致以经济危机的方式突然收缩；随后，经济危机又以暴力的、强制的手段清除阻碍资本积累的障碍，恢复资本主义扩大再生产条件。受累积循环效应的影响，“结果又会成为原因，于是不断地再生产出自身条件的整个过程的阶段变换就采取周期性的形式。”⑤ 随着越来越多的

① 马克思恩格斯全集（第45卷）[M]. 北京：人民出版社，2003：207.
② 马克思恩格斯全集（第46卷）[M]. 北京：人民出版社，2003：728.
③ 马克思恩格斯全集（第44卷）[M]. 北京：人民出版社，2001：729.
④ Gunnar Myrdal. Economic Theory and Underdeveloped Regions [M]. New York: Harper & Row, 1971.
⑤ 马克思恩格斯全集（第44卷）[M]. 北京：人民出版社，2001：730.

工业国家卷入世界市场的竞争“赛场”，世界市场便呈现繁荣和危机的交替过程。

五、经济危机理论的长波分析视角

到目前为止，对经济周期和经济危机的讨论都是基于马克思文本中的 10 年左右的经济周期和经济危机，如果把经济周期和经济危机置于资本主义长期历史趋势理论视野中考察，借鉴当代长波理论是十分必要的。

1. 经济周期与经济长波的关系

在理论形式上，经济长波也是一种经济周期，通常认为由周期性的长波上升和下降组成。对它的认识可以追溯到 20 世纪初的海尔德伦和康德拉季耶夫的相关研究以及熊彼特的创新周期思想。受历史局限，马克思没有看到资本主义经济长波现象，恩格斯在其晚年也只是看到“周期的持续时间拖长了”[①]。虽然长波理论起源于马克思主义经济学研究[②]，但在相当长的时期里一些马克思主义学者尤其苏联版本的马克思主义经济学拒绝承认和研究经济长波，因为从这里得不出资本主义必然灭亡的结论。在这种理论背景下曼德尔被称为马克思主义经济长波理论的重要复兴者。

今天，虽然经济长波理论越来越受到国内外马克思主义经济学界的高度重视，但很少有学者讨论经济长波与传统的经济危机周期之间的机制关系。

关于二者之间的关系，虽然马克思受历史局限无法讨论这个问题，但给我们留下了进行相关研究的宝贵方法——辩证法。马克思阐述了这种辩证法思想：伴随着资本积累的下降，那些促使资本积累下降的各种原因也会随之消失，在资本与劳动力之间会再度恢复平衡。资本主义生产过程拥有方向完全相反的两种机制、力量和趋势：一是破坏再生产平衡关系的机制、力量和趋势；二是恢复再生产平衡关系的机制、力量和趋势。前者最终导致经济危机；后者则自行排除由资本主义再生产暂时造成的障碍[③]，使经济走向复苏。譬如，在阐述一般利润率趋向下降规律的内部矛盾的展开时，马克思列举了一系列起反作用的因素，它们在特定的时空条件下具有阻止一般利润率下降的反作用，于是“互相对抗的因素同时发生互相对抗的作用”，从而使一般利润率趋向下降规律表现为一种历史性趋势；作为解决矛盾的暴力方式，经济危机使已经破坏的平衡得到瞬间的强制性恢复。[④] 相关论述充满鲜活的辩证法思想。

值得注意的是，马克思不仅阐述了相互对抗的因素之间的辩证关系，而且强调应在

---

① 恩格斯在《资本论》第三卷的一个注脚中做了类似于对长波下降阶段的理论解释。参见：马克思恩格斯全集（第 46 卷）[M]．北京：人民出版社，2003：554.

② 早在 1913 年荷兰的马克思主义学者范・海尔德伦就借用“涨潮”和“落潮”的比喻第一次对长波现象进行系统描述和解释。参见：约翰・伊特韦尔等．新帕尔格雷夫经济学大辞典［M］．北京：经济科学出版社，1996：260.

③ 马克思恩格斯全集（第 44 卷）[M]．北京：人民出版社，2001：715.

④ 马克思恩格斯全集（第 46 卷）[M]．北京：人民出版社，2003：277.

不同的时间尺度中理解它们的辩证关系。他对一般利润率下降问题的研究就是最典型的“时间辩证法”分析。马克思区分了一般利润率的“周期性下降”和一般利润率的“长期趋向下降”，认为二者是由不同的因素主导的。马克思把危机前夕和危机期间的一般利润率下降归因于剩余价值生产和实现之间的矛盾，这个矛盾会被周期性地激化，从而导致所谓的经济危机周期；把利润率的长期下降趋势归因于资本有机构成的提高。

之所以要在不同的时间尺度中考察各种因素之间的辩证关系是因为，一些因素能够在短期产生影响力，譬如工人工资上升直接导致成本上升，进而导致利润率下降；而另一些因素需要经过一系列复杂的传导过程因而经过一个较长的时间后才能发挥作用，譬如技术进步导致资本技术构成提高和资本有机构成提高，进而导致一般利润率下降，或技术革命导致因精神磨损带来的固定资本贬值，成为降低资本有机构成和阻止一般利润率下降的因素。再者，一些因素的影响力存在的时间较短，譬如货币、信用、金融等因素；而另一些因素的影响力存在的时间则很长，譬如制度、技术等因素。这就要求在不同的时间尺度下更为具体地考察互相对抗的因素之间的辩证关系。

马克思文本中的经济周期和经济危机、曼德尔描述的经济长波和长波萧条是贯穿资本积累的各个因素在不同时间尺度下的辩证关系的特定的表现形式。资本主义基本矛盾的激化与暴力解决不仅使资本主义积累过程呈现出收缩和扩张的周期交替特征，而且在时间维度上，这种收缩和扩张的周期既呈现出马克思所观察到的10年左右的周期特征，也呈现出康德拉季耶夫所说的长波特征。[①] 因此，对马克思经济危机理论的研究不能只局限于10年左右的经济周期，经济长波理论是理解马克思经济周期和经济危机理论的另一个视角。

2. 经济长波理论的马克思主义综合

今天，关于经济长波问题的研究主要有三种理论：新熊彼特学派的技术创新长波理论、曼德尔[②]的一般利润率波动长波理论和美国积累社会结构学派的制度变迁长波理论。在这三种长波理论的著述中有很多互相引证、借鉴和理论互动的地方。譬如，曼德尔在《资本主义发展的长波》中引证了大卫·戈登的名著《慢慢滑行道上的升与降》的数据和观点；曼德尔的长波理论也经常出现在积累的社会结构学派的理论评析中；曼德尔的长波理论和积累的社会结构学派的长波理论都把新熊彼特学派的技术创新思想作为重要的理论基础。虽然它们有着不同的理论视角和理论基础，但其理论诉求是近似的。另外，它们都与马克思经济学有着不同程度的思想渊源关系。因此，笔者认为进行长波理

① 当然，还有其他时间长度的经济周期，譬如库兹涅茨的中长周期等，受篇幅所限，这里不涉及对它们的讨论。

② 欧内斯特·曼德尔（Ernest Mandel）是20世纪下半叶西方最重要的马克思主义经济学家之一，著有《晚期资本主义》（1972年）、《资本主义发展的长波》（1980年）等。他在这些著作阐述了马克思主义经济长波理论，因此被视为马克思主义经济长波理论的复兴者。曼德尔还是一位十分活跃的政治活动家和革命鼓动家，长期担任世界托洛茨基主义运动的长期领导人（第四国际书记处书记）。参见：曼德尔．晚期资本主义［M］．马清文译．哈尔滨：黑龙江人民出版社，1983：149，153－154．曼德尔．资本主义发展的长波——一个马克思主义的解释［M］．赵春明译．北京：北京师范大学出版社，1993．

论的马克思主义综合是有一定经济思想基础的。

首先，曼德尔的长波理论属于当代西方马克思主义经济学范畴。在西方马克思主义经济学界，曼德尔被公认为是极富创造性的马克思主义经济学家，他试图把马克思关于资本主义生产方式的一般运动规律与 20 世纪资本主义具体发展历史结合起来，这种理论尝试集中表现在他的经济长波理论中。他认为，马克思关于资本主义运动规律的理论逻辑能够很好地解释在 10 年左右的经济周期中的一般利润率波动现象，但无法解释经济史中类似于 1848 年之后、1893 年之后和 1948 年之后出现的一般利润率和经济增长速度长期高涨现象。他把这几次超乎寻常的长期高涨归因于一系列“超经济因素”的关键性作用，譬如，殖民扩张、战争、新技术革命、阶级斗争等。这些因素极大地改变了“资本主义生产方式赖以生存的社会与地理环境”，从而激发了资本主义增长的活力。因此，曼德尔没有接受康德拉季耶夫长周期理论，他认为资本主义经济体不存在一种内在的机制，通过这个机制，经济体能够自动地实现长期扩张和长期停滞的周而复始的转换。他强调，不管上一个萧条长波的持久性和严重性如何，我们都不能把新的扩张长波的出现视为上一个萧条长波的自发的、内生的、机械的和自主的发展结果。①

曼德尔认为，产生扩张长波和停滞长波的经济结构、力量和机制是不同的或不对称的，从扩张长波向萧条长波的转变是由经济体内生的因素导致的，反过来则是由诸如环境条件、劳动组织、世界市场的霸权地位和技术革命等外生的因素导致的。他试图把内在的经济规律和外在的环境条件变化结合起来，赋予经济长波运动以具体的、历史的特征。尽管他反复强调外因是通过内因（资本有机构成、剩余价值率、资本周转速度等）起作用的，极力地把长波分析纳入马克思经济学的概念、范畴、理论框架和哲学方法论中，但这种“非对称论”还是遭到一些马克思主义学者的质疑。如何解释长波转折过程的内生性仍然是今天曼德尔长波理论研究未能很好解决的问题。

其次，美国积累社会结构学派是西方马克思主义的一个分支，它的主要代表人物有大卫·M. 戈登（David M. Gordon）、大卫·科茨（David M. Kotz）、特伦斯·麦克唐纳（Terrence McDonough）等。它的最大的理论特点就是把资本主义积累所依赖的制度结构因素及其变迁过程引入长波分析之中。其基本思想是，资本主义经济增长不仅仅表现在价格、产量、就业、投资、消费、贸易等方面的数量变化，它还反映着“资本积累的社会结构”的变迁。所谓“资本积累的社会结构”，是指支撑资本积累过程的一套制度系统，它是由一系列社会关系构成的，主要涉及劳动与资本之间的阶级斗争关系、资本与资本之间的市场竞争关系、个别资本的私人利益与社会集体利益之间的博弈关系、工人之间的岗位竞争关系、确立国际市场基本原则的国际经济关系等。这些关系构成资本积累的社会结构的最重要的子系统。这套制度系统不是一成不变的，随着资本积累的内在

① 欧内斯特·曼德尔．资本主义发展的长波——一个马克思主义的解释［M］．赵春明译．北京：北京师范大学出版社，1993：17，48.

矛盾的加剧和外部条件的变化，这套制度系统呈现出生命周期特征，经历从形成、发展到成熟、衰落并最终走向瓦解的发展过程，并最终被一个新的制度系统所取代。当然，上述所说的生命周期过程和制度结构变迁是在资本主义生产关系内的制度变迁。由此，该学派把制度因素引入长波分析之中，认为资本积累的社会结构的生命周期过程是形成长波的根源。这种理论框架在一定程度上解决了曼德尔长波理论对转折点的外生依赖问题。

最后，新熊彼特学派长波理论有借鉴马克思主义制度分析的理论特征。多西（G. Dosi）、弗里曼（C. Freeman）等学者认为，技术创新的发生和扩散不仅是在一个系统中进行的，而且是路径依赖的，他们把这种情形称为“技术轨道”。技术轨道思想试图突破传统熊彼特学派的狭隘的技术研究领域，把技术创新问题置于更为广阔的理论视野之中，这种理论诉求在佩蕾丝（Carlota Perez）的“技术经济范式”中得到升华。她把新熊彼特学派的技术创新范畴和具有马克思主义经济学特征的金融资本范畴结合起来，以这两个最为关键的理论范畴为基础构建了一个解释资本主义经济社会演化路径的理论模型。该模型认为，每次技术革命浪潮都提供了一套相互关联的、同类型的、通用的技术标准和组织原则，从而使整个生产体系得到更新。这些标准和原则被概括为技术经济范式，它主要由技术标准、创新思维模式、市场行为指南、社会常识、惯例和规则、企业组织和管理规则、社会政治经济体制等构成。技术经济范式的核心思想有三点：一是技术革命巨浪是涉及科学技术、经济结构、社会制度的系统性变革过程，它使生产、分配、交换和消费以及社会生活发生质变，传统的长波理论只是把长波分析限定于狭义的经济系统内，用所谓的内生性因素解释经济增长和其他宏观经济变量的涨落规律，以至于理论视野过于狭隘；二是认识到“长波并非经济周期，而是广泛得多的系统现象，其中社会和制度因素起到了关键作用，它们起初抵抗、后来又促进了每次技术革命的潜力的发挥。”①；三是生产资本与金融资本之间的不断的耦合和背离关系是推动技术经济范式先后经历爆发阶段、狂热阶段、协同阶段和成熟阶段的内在动力。技术经济范式理论与马克思主义经济危机理论的思想关系主要体现在以下两个方面：一是借鉴了马克思关于生产资本与货币资本关系、生产资本和虚拟资本关系的经济思想；二是借鉴了马克思主义制度经济学分析，认识到技术经济范式变迁、经济危机和长波都是资本主义制度系统内在张力酝酿和爆发的结果。

上述分析表明，这三种长波理论有着密切的思想渊源和近似的理论诉求，它们把资本主义体系的动力学视为资本积累在技术、经济和制度三个领域中的变迁的正反馈或负反馈过程。它们也都与马克思经济学有着密切的思想渊源关系。在第一章中我们提出了经济结构的“突现”思想，如果把“结构突现”过程置于一个较长的历史时空看，结构变迁才是经济长波运动的实质。因此，通过对上述长波理论（不仅仅局限于上述理论）

---

① 卡萝塔·佩蕾丝．技术革命与金融资本［M］．田方萌等译．北京：中国人民大学出版社，2007：69.

的综合，我们能够从经济长波视角丰富和发展马克思主义经济危机理论，相关研究将构成本书第三至第六章的主要内容。

我们认为，马克思对经济危机发展机制的分析贯穿着制度、技术和金融三条线索。因此，第三章、第四章和第五章分别从这三条线索出发，研究和借鉴了积累的社会结构学派和法国调节学派的“制度经济范式”、后凯恩斯经济学的“货币金融范式”及新熊彼特学派的“技术经济范式”。基于上述三种范式研究，我们认为资本积累的经济结构变迁是在一个“三维空间”中展开的：一是生产力维度上的技术结构，由此形成技术经济范式；二是生产关系维度上的制度结构，由此形成制度经济范式；三是虚拟资本维度上的货币金融结构，由此形成货币金融范式。为此，对三种经济危机理论范式的比较研究构成第三章、第四章和第五章的主要内容；在对三个基本“维度”或“范式”综合的基础上，第六章构建了关于经济危机发展机制的马克思主义结构分析框架。

第三章　制度经济范式：西方马克思主义经济危机理论

第一章从三个维度概括资本主义积累的结构变迁，其中包括生产关系维度上的制度结构变迁，并指出马克思主义经济学突出对这种结构变迁的研究，因此被冠以“制度经济范式”。按照学术惯例，马克思主义经济学分为中国马克思主义和西方或国外马克思主义，西方马克思主义经济学还可以分为七个影响较大的分支学派。① 由于第二章已经专门讨论了马克思的经济危机理论，本章仅阐述西方马克思主义经济危机理论，且受篇幅限制，主要涉及美国垄断资本学派、美国积累的社会结构学派和法国调节学派，对其他分支学派的经济危机理论略有涉及，主要是引用个别学者的研究成果。本章分三节，依次阐述它们的经济危机理论。

第一节　垄断资本学派经济危机理论

在20世纪初，马克思预测的资本集中趋势已经有了十分典型的发展。巴兰（Baran P. A.）、斯威齐（Sweezy P. M.）敏锐地注意到了上述资本主义制度结构变迁的新现象，在其《垄断资本：论美国的经济和社会秩序》一书中以“经济剩余”的生产和吸收的矛盾关系分析为主要线索，阐述了“巨型公司”形成和发展的历史必然性。自20世纪60年代中期以来，以巴兰、斯威齐、马格多夫（Magdoff H.）等为代表的西方马克思主义经济学家被称为“垄断资本学派”（monopoly capital school）。由于斯威齐、马格多夫、福斯特（Foster J. B.）等人长期担任《每月评论》期刊的主编和每月评论出版社主要负责人，相关研究成果在该期刊或出版社发表，所以垄断资本学派又被称为“每月评论派”（monthly review school）。垄断资本学派强调从经济剩余生产和实现的内在矛盾、垄断资本金融化和全球化困境、社会财富和收入分配两极分化、全球经济发展不平衡四个方面揭示本轮经济危机的原因、发展机制和实现形式，并提出相应的经济复苏政策。它的基本理论逻辑是：垄断资本主义无法克服经济剩余的生产和实现矛盾→资本主义经济

① 张宇，孟捷，卢荻．高级政治经济学［M］．北京：中国人民大学出版社，2006.

长期停滞→垄断资本走向金融化和全球化→在带来短暂的虚假繁荣之后陷入困境→社会财富和收入分配两极分化、全球经济发展不平衡→2008 年美国金融危机。

一、垄断资本主义制度的二律背反

在剩余产品生产及其价值实现问题上，垄断资本主义虽然通过制度创新缓和了自由竞争时代的资本主义基本矛盾，但不可能从根本上加以清除，而且国家干预政策又制造出新的矛盾。因此，巴兰、斯威齐指出，垄断资本主义是一个自相矛盾的制度。

1. 垄断资本学派：关于资本积累的制度结构变迁理论

马克思、列宁、希法亭、凯恩斯和凡勃仑等是垄断资本学派最重要的理论先驱。[①]把它归入制度经济范式是因为从经济思想史渊源看，马克思和凡勃仑的经济思想奠定了该学派的制度分析的理论基础。它试图把马克思经济学、凡勃仑的老制度主义经济学和凯恩斯的宏观经济学综合起来，以一个新的理论视角诠释马克思主义经济学中的基本范畴，譬如资本积累、剩余产品和一般利润率趋向下降的规律等；揭示“二战”之后资本主义积累内在矛盾发展的新趋势和经济增长困境。

垄断资本学派的制度分析以经济剩余为逻辑主线。巴兰把经济剩余区分为实际经济剩余和潜在经济剩余，这种区分有些类似于哈罗德对实际增长率和自然增长率的区分。不同的是，哈罗德的这两个概念建立在新古典经济学的均衡分析基础上，而巴兰的这两个概念以制度分析为基础。巴兰认为，潜在的经济剩余体现着社会结构的深刻变化。[②] 垄断资本学派不再遵循新古典经济学的市场结构理论，而是认为“垄断资本主义是由巨型公司所组成的一种制度”[③]，这种制度的出现在于化解“经济剩余”的生产和吸收的矛盾。在分析“经济剩余”的基础上，它还得出了一些与传统的马克思主义经济学相左的结论。譬如，斯威齐宣称，在垄断资本主义时代，一般利润率趋向下降的规律已经为“经济剩余增长规律”所取代，资本主义周期性经济危机已经转变为长期经济停滞等。垄断资本学派的基本思想究竟是对马克思主义经济学原理的背离还是创新和发展，在国内外马克思主义经济学界是存在争议的。笔者从方法论中间层次看待这个问题，认为垄断资本学派在资本积累的制度结构变迁维度拓展了马克思主义经济危机理论（对此，第六章还有进一步分析）。

笔者认为，马克思和恩格斯主要生活在资本主义自由竞争时代，受时代的局限性，他们只是前瞻性地触及垄断资本主义的一些端倪。列宁的研究侧重于他那个时代最为突出的帝国主义对外扩张的战争主题。他们都没有看到当代资本主义发展的新特征尤其是

---

① 除马克思经济学和凯恩斯经济学外，凡勃仑的《企业论》、希法亭的《金融资本》和列宁的《帝国主义论》也都为该学派提供先驱思想，这里不展开说明。

② 保罗·巴兰. 增长的政治经济学［M］. 蔡中兴等译. 北京：商务印书馆，2014：113 - 114.

③ 保罗·巴兰，保罗·斯威齐. 垄断资本——论美国的经济和社会秩序［M］. 南开大学政治经济学系译. 北京：商务印书馆，1977：55.

国家的宏观经济管理体制创新。自罗斯福新政之后，凯恩斯主义国家干预政策逐渐在西方主要资本主义国家流行开来并兴盛20多年，出现所谓的“黄金时代”。它的社会经济改良效果有两个方面：一方面，它在一定程度上暂时缓和了资本主义积累的基本矛盾；另一方面，扩张性的财政和货币政策导致严重的财政赤字和通货膨胀，这又加剧了资本主义基本矛盾或制造出了新的矛盾——资本主义经济“滞胀”。垄断资本学派抓住了当时资本主义发展的“脉搏”。在借鉴凯恩斯经济学原理基础上，以经济剩余的产生和吸收为理论主线解释资本主义经济停滞趋势和垄断资本金融化等问题。虽然马克思主义经济学界对这些研究褒贬不一，但必须承认它对当代资本主义垄断趋势、停滞趋势和金融化趋势的研究的确站在这个时代的理论高点，事实证明它对这三大趋势的研究具有理论前瞻性和启发性。从马克思主义经济学需要在中间层次上丰富和发展看，垄断资本学派为我们提供了宝贵的理论素材。

2. 经济剩余与垄断资本主义的内在矛盾

“经济剩余”（economic surplus）概念最早出现在巴兰的《增长的政治经济学》（1957年）中，“在垄断资本主义条件下剩余的产生和吸收”成为后来由巴兰、斯威齐合著的《垄断资本》（1966年）[①] 中的主题。针对人们经常在字面上把“经济剩余”理解为剩余产品或企业利润的问题，在《增长的政治经济学》重印本（1962年）的前言中，巴兰指出，不能把经济剩余与统计上可以看得到的利润等同起来，如果这种等同是合理的，那就不需要引进“经济剩余”这个词。通常所说的利润只是经济剩余的一部分，就如同海上冰山可见到的那一部分，其余的部分隐藏在肉眼见不到的水下。[②] 垄断资本学派主张经济剩余具有不断增长的趋势，在后来众多的理论评析中，这种观点一直遭受诟病。笔者认为，这在很大程度上与批评者对“经济剩余”含义的误解有关。因此，准确理解经济剩余的内涵和外延以及它在实证研究中的统计口径，对于理解垄断资本学派的核心思想至关重要。

简单地说，经济剩余就是一个社会所生产的产品与生产它的成本之间的差额，即从总产品中扣除必要产品或必要成本之后的余额。[③] 这里，总产品是一个经济体在一定时期里生产的物品和服务总量；而必要产品由三部分构成：生产者在正常生活水平上的消费、对所使用的资本品的折旧和对消耗的材料的补偿。类似于哈罗德区分实际增长率和自然增长率，巴兰区分了“实际经济剩余”和“潜在经济剩余”。从潜在经济剩余看，“在现实的垄断资本主义经济中，产品和生产成本之间的差额只有一部分作为利润表现出来。”[④]

① 保罗·巴兰，保罗·斯威齐．垄断资本——论美国的经济和社会秩序［M］．南开大学政治经济学系译．北京：商务印书馆，1977：13.

② 保罗·巴兰．增长的政治经济学［M］．蔡中兴等译．北京：商务印书馆，2014：15.

③ 保罗·巴兰，保罗·斯威齐．垄断资本——论美国的经济和社会秩序［M］．南开大学政治经济学系译．北京：商务印书馆，1977：14－15.

④ 保罗·巴兰，保罗·斯威齐．垄断资本——论美国的经济和社会秩序［M］．南开大学政治经济学系译．北京：商务印书馆，1977：77.

巴兰、斯威齐认为，垄断资本主义经济剩余有上升的历史趋势。导致这个趋势的原因有两个。首先，在进入垄断资本主义之后，垄断资本更侧重于相对剩余价值生产，从技术创新优势中攫取超额利润，走内涵型增长方式，从而促进生产力的绝对增长。伴随着劳动生产率的不断提高，工人阶级不仅生产出维持自身劳动力再生产的必要产品，还为垄断资本创造出大量的剩余产品。然而，资本主义生产关系决定着资本主义消费关系必然是狭隘的，这导致工人阶级的消费能力远远落后于其创造的生产力。这个观点是符合马克思理论的。其次，作为一种制度创新，巨型公司主导市场的生产、销售以及原材料供应和技术创新，它们瓜分市场份额，分配制定价格的权力，这些具有准干预特征的制度安排以有计划的生产能力过剩取代自由竞争时代的相对生产过剩。不仅如此，罗斯福新政和凯恩斯主义政策的实施标志着国家垄断资本主义的形成。国家的宏观调控政策在一定程度上克服了市场总供给的盲目性和无政府状态，缓和了资本之间的过度竞争，从而阻止一般利润率的下降。总之，当主要发达国家进入国家垄断资本主义之后，垄断资本从技术创新和制度创新两个方面获得巨大的经济剩余，如图 3－1 所示，自罗斯福新政以来，经济剩余占国民收入百分比一直呈上升趋势，其中受美国卷入“二战”的影响，1940～1945 年最为典型。

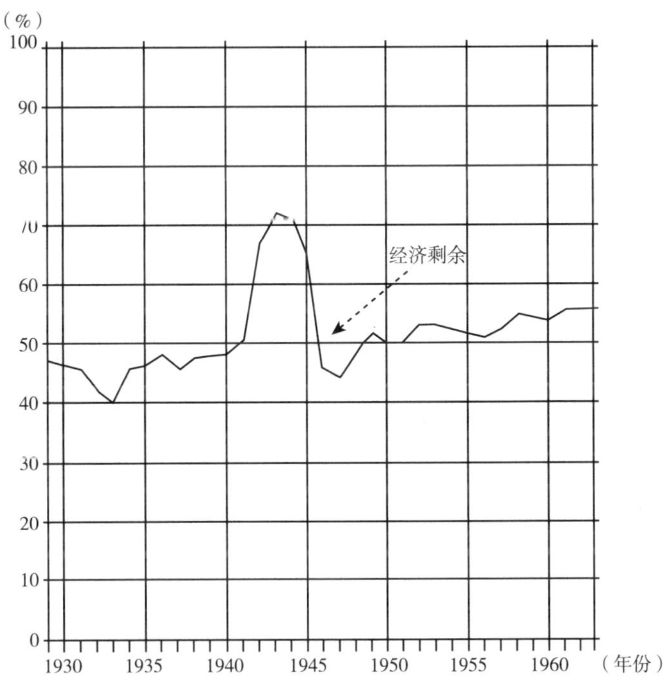

图 3－1 美国经济剩余占国民收入百分比

资料来源：转引自《垄断资本》。保罗·巴兰，保罗·斯威齐．垄断资本——论美国的经济和社会秩序［M］．南开大学政治经济学系译．北京：商务印书馆，1977：358.

然而，垄断资本主义也不得不面对一个新的困难：如何吸收和利用这个巨大的经济剩余，或者说如何能够让这些剩余进入资本再生产的循环之中。现实的情形往往是：在生产方面，投资机会越来越小，产能过剩越来越严重；在消费方面，财富和收入分配两极分化，占总人口比例极小的高收入群体占有社会总财富的比例最高能够达到40% ~ 50%①，导致广大民众的消费能力不足。在这种情形下，即使资本家阶级挥霍无度，也不足以完全吸收经济剩余。于是，巴兰、斯威齐认为，垄断资本主义是一个自相矛盾的制度，一方面它在极力创造越来越多的经济剩余，另一方面又无法创造吸收经济剩余的投资和消费，这种制度悖论导致垄断资本主义的长期趋势必然是经济停滞或经济萧条。②

在垄断资本主义时代，资本积累能否顺利进行、经济增长能否实现，关键在于能否充分利用潜在经济剩余。巴兰认为，潜在经济剩余的使用主要表现在三个方面：一是社会高收入阶层（包括一些中产阶级）的高消费；二是通过大量的非生产性工人来消耗剩余产品；三是由生产结构不合理导致产品浪费。公司对非生产性工人的工资支付被认为是经营过程中的必要开支，被视为一般管理费用的一部分，因此这部分支出通常是由产品价格来弥补的。由于非生产性工人的生活费用并不来自公司的利润，而是被转嫁到产品的购买者身上，因此，增加非生产性劳动和非生产性支出成为垄断资本吸收经济剩余的重要途径之一。于是，下面这些方面成为垄断资本主义吸收经济剩余的主要途径：增加资本家的挥霍浪费；增加商品广告、包装等非生产性费用支出；增加政府行政管理支出；增加社会公共福利支出；维持国防军备的巨额支出，甚至是发动对外战争。其中，非生产性支出的大量增加成为垄断资本主义带来的社会变革的重要经济特征之一，导致这个特征的“真正的根源则在于资本主义企业结构方面的深远变化和与其紧密相关的分配的转换，以及对经济剩余的使用方式”。③

3. 垄断资本主义经济停滞论

20世纪末，斯威齐曾把经济停滞趋势作为当代资本主义发展的三大趋势之一。④ 其实他的这种观点早在50年前就已经形成了。1947年3月27日，由瓦西里·里昂惕夫担任主持人，斯威齐和熊彼特在哈佛大学礼堂就资本主义的未来发展问题进行了一场在经济思想史中具有深远影响的学术辩论会。当时斯威齐就指出，积累是资本主义发展的首要因素，但其发展动力正在减弱。这个系统缺乏一种调节投资和消费关系的有效机制，既不会按照资本家希望的积累方式调整投资，也没有理由认为如果投资不足，资本家就会转向消费。因此，资本主义经济已经失去了发展的引擎，在没有外部（例如战争等）刺激的情况下资本主义经济将趋向于长期停滞。20年后，在他与巴兰合著的《垄断资本》（1966年）中，垄断资本主义经济停滞理论得到系统性的阐述：经济增长越来越依

---

① 譬如，根据皮凯蒂的《二十一世纪资本论》，20世纪30年代和21世纪初期，前1%和前10%的高收入家庭收入占总收入的45%和50%。虽然这两个比值在20世纪50~70年代最低，但也都在30%~35%。

② 保罗·巴兰，保罗·斯威齐．垄断资本——论美国的经济和社会秩序［M］．南开大学政治经济系译．北京：商务印书馆，1977：105－106.

③ 保罗·巴兰．增长的政治经济学［M］．蔡中兴等译．北京：商务印书馆，2014：183.

④ 资本主义发展的三大趋势指资本主义垄断力量的增长趋势、经济停滞趋势和资本积累的金融化趋势，参见：Paul M. Sweezy. More (or Less) on Globalization［J］. Monthly Review, 1997, 49 (4).

赖于外部因素的刺激，譬如政府支出增加（特别是军备支出）、促销方面支出以及金融扩张等因素对经济剩余的吸收。

"在垄断资本主义条件下，技术改进以及资本损失的费用——资本主义制度下经济剩余的两种重要利用形式——被大大降低了"；而且，尽管垄断资本主义能够通过增加非生产性支出以抵销一部分生产性工人消费支出的减少，但是，即使是"在充分就业的状况下，这种增加并不能大到足以有效地减少可能用于投资的大量的经济剩余，也不能大到能够创造大量的投资机会"。[①] 所以，巴兰、斯威齐指出，"实现剩余价值的问题在今天的确比在马克思的时代更为严重。真实的情况似乎是：除了在战争中以及与战争有关的繁荣时期，停滞现在是美国经济的正常状态。"[②]

可以把垄断资本主义经济停滞理论概括为以下三点：一是垄断资本主义具有无法有效吸收经济剩余的制度困境，因此经济增长具有长期停滞趋势；二是经济增长动力主要来自历史的、偶然的外部因素的刺激；三是经济增长的长期停滞趋势不排除存在短期波动性增长情形。

按照这种思路，垄断资本学派诠释了"二战"之后的资本主义经济尤其美国经济发展路径。它把"二战"之后所谓的资本主义黄金时代主要"归功于"以下特定的历史因素：(1) 战争期间消费者流动性的增强；(2) 美国第二波汽车工业发展浪潮（包括州际公路系统的建设）；(3) 世界进入了以大规模开采石油为基础的廉价能源时期；(4) 受战争蹂躏的欧洲和日本进行战后经济重建；(5) 应对亚洲两次局部战争（朝鲜战争和越南战争）和"冷战"的军备开支；(6)"二战"摧毁了英、法、德、日等国家的经济竞争力和政治影响力，此后美国进入了一段无与伦比的超级霸权时期。历史发展到 20 世纪 70 年代中期，随着上述经济增长的外部条件逐渐减弱或消失，美国经济陷入"滞胀"局面并将"滞胀"传导到整个资本主义经济体系中。

资本主义停滞理论不排除在某个历史时期会出现强劲经济增长的可能性，这与上述所说的外部环境刺激能够带来暂时经济繁荣的观点是一致的。但经济停滞是资本主义经济发展的"常态"，而强劲增长是特殊历史因素的结果。经济停滞不是生产力发展停滞，它恰恰是以技术革命和不断提高的生产力为基础的，正是在垄断资本主义条件下生产力发展和经济剩余无法吸收之间的矛盾导致了经济增长停滞。这个结论有力地抨击了主流新古典经济学的基本观点：资本主义经济增长存在一种自然率，经济周期是由国家干预或工会等外部力量干扰了市场机制的正常运行导致的，是凯恩斯主义惹的祸；经济停滞是由于过度积累导致的增长趋势放缓；只要去管制，实行新自由主义，市场机制就会驱使经济体恢复到均衡的增长路径。

自 19 世纪末以来，在垄断资本的统治下，多余的生产力或经济剩余被"滞留"下来，

---

① 保罗·巴兰．增长的政治经济学［M］．蔡中兴等译．北京：商务印书馆，2014：172，185－186．

② 保罗·巴兰，保罗·斯威齐．垄断资本——论美国的经济和社会秩序［M］．南开大学政治经济学系译．北京：商务印书馆，1977：78．

经济停滞成为垄断资本主义的常态，能够暂时打破这种常态的只能是技术革命的“创造性毁灭”、战争的摧毁和经济危机的强制性平衡。回顾历史，垄断资本学派的观点在一定程度上能够解释以下重大历史事件之间的关联：自19世纪末以来积累的巨大的经济剩余→20世纪30年代的大萧条→“二战”对经济剩余的摧毁→战后经济复苏和资本主义黄金时代→资本主义经济滞胀→20世纪70年代的计算机信息技术革命、新自由主义兴起和垄断资本的金融化→2008年国际金融危机和后金融危机时代全球经济复苏乏力。

二、经济危机的制度修复：金融化和新自由主义

垄断资本学派长期以来一直关注资本积累的金融化和新自由主义，把它们作为21世纪资本主义发展的两个重要特征，探讨它们与经济增长停滞趋势的内在关系。这种理论取向使它早在2002年就“盯上”了美国房地产泡沫的膨胀问题，相关研究已经预测到不久将会爆发一场毁灭性的金融危机。借鉴垄断资本学派的相关研究，可以把资本积累的金融化和新自由主义视为对垄断资本主义内在矛盾及其经济危机趋势的一种制度修复。

1. 经济停滞推动垄断资本积累的金融化

新自由主义和垄断资本积累的金融化问题受到当代西方非主流经济学界的高度重视。[①] 追溯起来，这两个问题最早来自斯威齐和马格多夫等学者的研究，并在福斯特的研究中得到强调和发展。

早在《垄断资本》中巴兰、斯威齐就已经初步论述了资本积累的金融化问题，因为他们已经看到垄断资本主义正在以非生产性的、寄生性的金融资本扩张来吸收经济剩余。金融化不仅让垄断资本攫取了高额金融利润，而且推动公司兼并和重组，加强了垄断资本的集中趋势。这些因素促使资本积累的金融化成为最近30多年垄断资本发展的新特征。在1987年的一篇文章中，斯威齐和马格多夫认为，随着工资增长缓慢，甚至是根本不增长，且投资机会不足以吸收公司所产生的所有的利润（实际的和潜在的），于是债务的发行和不断创造新的金融投机对象便成为保持支出增长的必要条件。在和平时期除了空前的军备建设外，经济增长几乎完全来自“金融爆炸”。因此，垄断资本积累的金融化成为当代资本主义发展的三大趋势之一（另外两个趋势是垄断力量的增长和经济停滞）。

福斯特等学者继续探讨马格多夫和斯威齐在其晚年尚未来得及展开的垄断资本积累金融化议题。在由约翰·西顿（John F. Sitton, 2010）主编的《当代马克思：选集与近期争鸣》（*Marx Today: Selected Works and Recent Debates*）中，福斯特和麦克切斯尼阐述了垄断金融资本积累的内在矛盾问题。[②] 相关分析的理论基础仍然是由巴兰和斯威齐开

---

① 在后文中将会看到，后凯恩斯经济学派、积累的社会结构学派和法国调节学派等西方非主流经济学派对这个问题都提出了各自的理论见解。

② Foster J. B., Robert W. McChesney. Monopoly-Finance Capital and the Paradox of Accumulation [M]. //John F. Sitton. Marx Today: Selected Works and Recent Debates. New York: Palgrave Macmillan, 2010: 185-200.

创的关于资本主义经济剩余的生产和吸收的制度性矛盾理论。基本观点是，掌握大量经济剩余的垄断资本家的投资或资本积累受到广大民众的相对贫困的限制，最终经济增长因生产能力过剩和新的投资需求不足而陷入长期停滞状态。

福斯特等学者对垄断资本积累金融化的动力机制做了更为详细的论述。在资本主义市场经济中存在两种价格体系：一种是针对产品或商品的价格体系；另一种是针对金融资产的价格体系。在自由竞争资本主义时代，它们尚能保持某种平衡，进而使资本积累同一过程中的两个方面——生产资本积累和货币资本积累保持某种平衡。进入垄断资本主义时代，为了让经济体吸收大量的经济剩余，垄断资本把缺乏投资机会的过剩资本注入金融市场，通过刺激金融投机和操纵金融资产价格攫取巨额金融利润。"金融化"使货币资本积累独立于生产资本积累，脱离了生产资本运动周期，成为独立的积累过程，即出现所谓的经济运行"脱实向虚"。归根到底，"金融化"是经济剩余的价值实现困难不断加剧资本积累内在矛盾的结果。

为了攫取金融利润，名目繁多的、复杂的金融衍生工具、期权、证券化等各种金融创新活动应运而生。在高债务杠杆率的支撑下，由债务链条构成的金融结构变得越来越复杂，金融创新和衍生工具的欺诈性质也被金融工程复杂的技术手段巧妙地掩盖起来。金融市场似乎是一个完全可以脱离实体经济的自我增值的体系，它暂时让资本满足了不再从事生产这种"倒霉"事情的愿望。垄断资本积累金融化的确取得了饮鸩止渴的短期效果。随着金融、保险、证券、房地产等行业的投机性扩张，这些部门不仅为资产投机带来丰厚利润，而且通过服务业尤其是金融业吸纳了大量的劳动力，并产生了金融资产价格上涨的财富效应。财富效应不仅刺激了富人对奢侈品的消费和相关的投资增长，而且资产价格膨胀带来的财富收入还刺激了普通民众举债投机和消费。这样，在美国金融市场形成了债务积累和资产泡沫膨胀相互促进的泡沫经济发展机制：债务积累推动资产价格上涨，资产价格上涨反过来引诱再投机和私人债务积累。

当然，由华尔街主导的垄断资本积累的金融化不可能真正解决经济停滞问题。[①] 它虽然让垄断资本攫取了巨额的金融利润，但也创造出了庞大的金融债务，"培育"出了更多的庞氏融资主体。譬如，1995 ~ 2007 年，金融利润膨胀了 3 倍之多，与之对应的是，1970 年美国家庭和商业的债务总和相当于美国 GDP 的 110%，到 2007 年这个数字上升到 293%。这必然是一个金融泡沫不断膨胀和最终破灭的交替过程，譬如 1970 ~ 2008 年，世界经济发生了 15 起程度不同的金融崩溃事件。

总之，从斯威齐到福斯特，他们都强调以下的因果关系：正是 20 世纪 70 年代以来的经济停滞导致了垄断资本积累的金融化，而不是反过来。[②] 可以说，垄断资本的金融化是资本主义试图摆脱经济停滞的一种制度"创新"，因为伴随着金融部门的扩张，与

① Foster J. B., Robert W. McChesney. The Endless Crisis: How Monopoly-Finance Capital Produces Stagnation and Upheaval from the USA to China [M]. New York: Monthly Review Press, 2012.

② Foster J. B.. The Financialization of Accumulation [J]. Monthly Review, 2010, 62 (5).

之相关的商业性地产行业、通信和办公设备制造业及金融服务业等逐渐兴起。从美国最近30年的经济史看，这些行业的兴起拉动了就业增长，有效地吸收了经济剩余，从而在一定程度上成为暂时抵消资本主义经济长期停滞的历史趋势的反作用力。

2. 垄断金融资本内在矛盾推动新自由主义兴起

20世纪80年代以来，资本主义经济世界似乎出现一种自相矛盾的现象：一方面是垄断力量的不断增长；另一方面是新自由主义的兴起。二者并行不悖。

垄断力量的不断增长是当代资本主义经济发展的三大趋势之一。美国和世界经济的相关数据表明，在最近的20多年中资本的集中趋势是在加强而非减弱。如果说利润集中度是衡量市场垄断程度的一个重要指标，那么下面从两个角度考察垄断资本的发展程度。图3－2描述了美国200家最大企业的利润总和占美国总利润的百分比的变动趋势。可以看到，这个比值在1950年仅为13%，到1975年达到28%，其中20世纪50～60年代是美国垄断资本的急速发展时期。此后美国垄断资本并没有因新自由主义兴起而有显著下降，就在新自由主义兴起之初的1980～1995年，这一比例也徘徊在24%～26%，此后一路上扬，在2006年一度超过30%。从世界范围看，世界500强企业的年收入总和占世界年总收入的比重也是相当高的，2004～2008年，这个比重的5年平均值在40%以上。其中，仅属于在美国和加拿大经营业务的世界500强企业的年总收入一直呈上升趋势，2002年它们的收入占世界年总收入接近38%，在遭受2008年金融危机的冲击后，这个比重有所下降，但仍占到32%。图3－3表明垄断资本力量不仅在世界范围内逐渐增强，而且资本集中发生的地理空间是在美国。

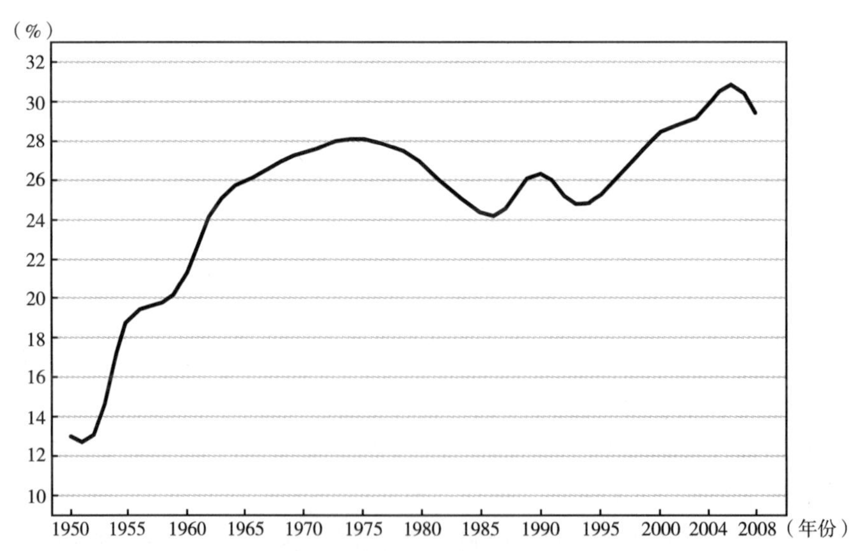

图3－2 美国200家最大企业年利润总和占美国总利润百分比

资料来源：Foster J. B.，Robert W. McChesney，R. Jamil Jonna. Monopoly and Competition in Twenty-First Century Capitalism［J］. Monthly Review，2011，62（11）.

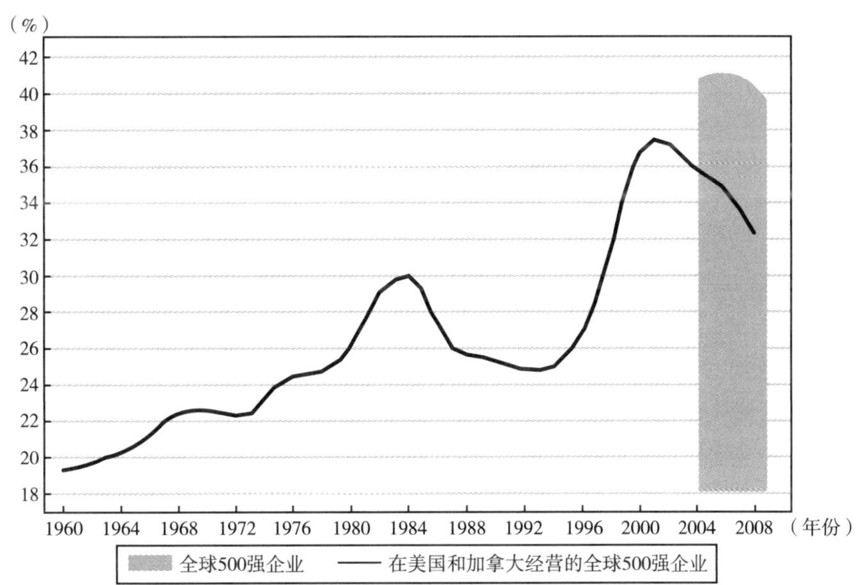

图3-3 全球500强企业年总收入占世界年总收入（GDP）百分比

注：曲线表示在美国和加拿大经营业务的世界500强企业的年总收入占世界年总收入百分比，阴影部分表示2004~2008年全球500强企业年总收入占世界年总收入百分比。

资料来源：Foster J. B., Robert W. McChesney, R. Jamil Jonna. Monopoly and Competition in Twenty-First Century Capitalism [J]. Monthly Review, 2011, 62 (11).

新自由主义经济政策的动机和宗旨是把垄断资本从凯恩斯主义国家干预的束缚中“解放”出来，以最大限度地满足其全球金融投机本性。这些“解放”主要涉及对国家福利、商业监管、工会、反垄断、对外国投资的控制等诸多领域的政策调整。新自由主义也逐渐促使国际贸易和投资政策的一系列调整。新自由主义经济政策的核心思想被概括为所谓的“华盛顿共识”，其后果与其说是促进了市场竞争，莫不如说是加剧了大垄断金融资本或跨国公司对全球市场的垄断，而且这种垄断的加剧是通过在金融市场中的兼并途径实现的，这就进一步解释了为何垄断资本会推动金融市场发展。由此，在新自由主义与垄断资本扩张、资本积累的金融化之间形成一种互为依托、相互反哺的制度运行机制。

新自由主义是对垄断资本主义内在矛盾的一种“制度修复”行为。虽然这种“修复”鼓吹新自由主义经济学及其意识形态，但新自由主义只是在意识形态上“复活”了一度被凯恩斯主义“革命”的自由放任思想，它不可能阻止资本集中的历史发展趋势。新自由主义的本质是：一方面，大垄断金融资本希望拥有能够最大限度地满足其金融投机本性的自由放任的经济环境；另一方面，又极力地追求资本的集中，形成全球规模的大垄断金融资本。正是看到这种情形，福斯特等学者指出垄断金融资本发展和新自由主义意识形态是当代资本主义积累中的一种悖论。[①]

① 福斯特，武锡申．垄断金融资本、积累悖论与新自由主义本质［J］．国外理论动态，2010（1）．

第二节　积累的社会结构学派经济危机理论

从马克思主义劳资关系和劳动控制过程出发，戈登等学者开创了美国积累的社会结构学派。[①] 笔者认为，所谓的“积累的社会结构”（social structures of accumulation，SSA）的兴起和瓦解，其核心思想是关于资本积累的制度结构变迁过程，可以通过分析 SSA 的演进过程揭示经济周期、经济危机和经济长波的形成机制。周期性经济危机和长波萧条是支持资本积累的特定社会结构遭到系统性破坏的结果。自 20 世纪 80 年代以来，美国资本积累的社会结构从凯恩斯主义模式转向新自由主义模式，它逐渐导致美国劳资关系恶化、私人资本与社会利益关系紧张[②]、产业资本与金融资本结构失衡，最终促使现有的资本积累的社会结构走向衰落和瓦解，因此本轮经济危机是新自由主义 SSA 的危机。本节分三部分，首先借鉴 SSA 学派的理论框架与核心思想，然后从制度结构变迁角度分析周期性经济危机和长波萧条的产生原因与发展机制，最后从美国积累的社会结构的“三化”角度阐述导致 2008 年金融危机的结构性原因。

一、积累的社会结构学派的理论框架与核心思想

从理论渊源看，积累的社会结构学派以马克思主义、后凯恩斯主义和美国老制度主义等为思想先驱，强调把劳动控制系统（劳动组织结构）、劳资阶级斗争关系、资本竞争方式等制度因素作为解释一般利润率变化趋势和经济增长的重要变量，试图从 SSA 的变迁揭示经济从繁荣到萧条的周期性更替的内在动力和传导机制。相关理论集中反映在大卫·戈登（David M. Gordon）、鲍尔斯（Samuel Bowles）、韦斯科普夫（Thomas E. Weisskopf）、爱德华兹（Richard Edwards）、里奇（Michael Reich）等学者对美国“二战”之后的经济繁荣和 20 世纪 70 年代之后的经济停滞的原因的研究中。1978 年，戈登在《危机中的美国资本主义》一书中阐述了 SSA 理论并把研究的空间范围仅限于美国，称之为“美国的资本积累的社会结构”。90 年代之后该理论被用来解释欧洲、日本等国家和地区的发展情形，在 2008 年美国金融危机爆发前后，该学派出版了两部论文集，它

① Gordon D. M.，Edwards R.，Reich M. Segmented Work，Divided Workers：The Historical Transformation of Labor in the United States [M]. New York：Cambridge University Press，1982.

② 主要指大幅削减社会福利、社会保障和公共基础设施投资；跨国公司的全球扩张、巨额利润和美国国内的去工业化及高失业率。

们反映了该学派的最新理论进展。①②

1. SSA 的主要构成和理论分析框架

该学派认为，资本主义积累是通过资本控制劳动的某种制度系统得以维系的，在这个制度系统中劳资之间的阶级斗争关系和劳动者之间的岗位竞争关系是最为关键的两个制度子系统。除此之外，资本主义积累还依赖资本竞争关系、资本与社会关系等其他制度及相关的意识形态等。从长期看，资本积累过程不只是单纯的资本量变，它还会导致制度结构的变化，这种变化反过来又会影响到一般利润率、资本积累速度和经济增长效果。按照这种逻辑，“二战”之后美国经济发展之所以能够进入“黄金时代”依赖于一种新的 SSA 的构建，它主要涉及以下七个方面。

第一，在资本积累过程中建立了较为和谐的劳资关系。以泰勒制、鞭策制、反工会政策等为代表的传统的资本控制劳动者的强制方式逐渐让位于以工资集体议价为核心的劳资谈判制度，集体协议中含有经过协商的岗位设置和资历规定，员工只要努力工作就可以获得职位的提升和薪资的增加。相关制度既缓和了劳资矛盾，提高了工人的实际收入水平，极大地激励了工人的劳动投入，又增加了劳动强度，提高了劳动生产效率，最终提高了剩余价值率和利润率。在劳动控制过程中，虽然这种劳资协议限制了公司在工作分配上的自由度，迫使资本向劳动者做出了某种妥协和让步，尤其是允许工人通过集体谈判分享因劳动生产率提高带来的收益，但它的确为公司节约了高额的绩效监督成本。更为关键的是，所谓的“和谐”的劳资关系并没有让资方丧失对劳方和劳动过程的主导权和最终控制权，因为劳资协议对工会权利、工会会员资格、罢工条件等都有严格的限制，尤其是公司拥有开除工人的最后“杀手锏”。不管怎样说，这样的劳资协议仍然是一种历史进步。在该协议下劳方放弃了对企业的生产流程的管理控制诉求，把相关权利移交给资方，以此换得更高的实际工资和失业保险。

SSA 学派对和谐的劳资关系的重要性的理论分析基础主要是凯恩斯经济学。从凯恩斯主义宏观经济学角度看，和谐的劳资关系也是实现资本主义经济增长的关键因素。如果资方强势，劳方弱势，实际工资会低于劳动生产率并呈下降趋势。按照凯恩斯主义有效需求原理，工人购买力不足会导致最终产品需求缩减，进而阻止新的投资机会产生，从而发生消费需求不足危机。反之，劳方强势会使实际工资高于劳动生产率，利润会因实际工资上升而被“挤压”，这会加重一般利润率下降趋势，抑制新的投资。因此，和谐的劳资关系的核心是在工资和利润之间维持一种平衡关系，不仅使利润率维持在一个满意水平上，而且使大众消费需求维持在社会必要的水平上，从而实现总需求和总供给的均衡。相关分析也符合马克思关于生产一般和消费一般的同一性思想，当然，也必须看到，资本主义的生

---

① David M. Kotz, Terrence McDonough, Michael R. Reich. Social Structures of Accumulation: The Political Economy of Growth and Crisis [M]. New York: Cambridge University Press, 1994.

② Terrence McDonough, Michael Reich, David M. Kotz. Contemporary Capitalism and Its Crises: Social Structure of Accumulation Theory for the 21st Century [C]. New York: Cambridge University Press, 2010: 132 - 138.

产和消费关系有其具体的历史的规律性，工人阶级的消费能力被限制在必要劳动范围内，不可能超越必要劳动和剩余劳动的比例关系。尽管如此，构建和谐的劳资关系的改良主义政策在一定程度上缓和了资本主义生产和消费的矛盾的对抗程度，通过提高劳动生产率和剩余价值率阻止一般利润率下降，缓解资本积累的内在矛盾。

第二，建立了资本之间较为缓和的竞争关系。在美国国内的主要工业领域中，寡头市场是这一时期的市场竞争的主要特征，寡头市场有助于缓和市场竞争，尤其是避免对资本伤害巨大的价格竞争。在国际市场方面，由于英、法、德、日等发达国家的工业基础遭受第二次世界大战的严重破坏，它们需要相当长时间的战后恢复和重建，在这一时期，它们难以对美国企业构成严重的竞争威胁。

第三，建立了劳动者之间较为缓和的竞争关系。劳资之间签订长期雇佣合同、工资集体谈判制度和工会争取劳动保护的斗争等在很大程度上避免了工人之间的低工资竞争，降低了劳动力市场中的岗位竞争程度。

第四，建立了资本与社会公众的和谐关系，充分发挥政府的经济职能作用。这种和谐关系主要表现在三个方面：一是政府通过相关法律（譬如 1946 年美国颁布的《就业法》）和宏观经济政策将失业率保持在相对较低的或政治上可以为社会公众所接受的水平上；二是通过政府采购方式对企业进行补贴以促进企业的盈利能力，并通过大规模的基础设施建设来降低企业的运营成本；三是通过国家福利和国家社会保障体系，资本向社会大众提供覆盖广泛的养老保险、医疗保险和其他国家福利，以换取社会公众对公司追求利润最大化行为的认可。这在一定程度上将劳动力再生产社会化，并为低收入家庭提供“兜底”的社会保障，譬如 1935 年的《社会保障法》就是由国家主导的构建资本与社会公众和谐关系的一个典范。社会保障体系和国家福利在一定程度上缓和了阶级矛盾，有助于维持总需求和总供给的平衡。

第五，以华尔街国际金融中心和布雷顿森林体系为基础，建立了有利于美国资本积累的货币金融制度，即 SSA 的货币金融体系（Financial SSA，FSSA）。FSSA 有力地支撑了美国实体经济的发展，主要体现在以下方面：大规模生产技术的广泛应用、寡头垄断对价格和工资水平的控制、基于汽车和住宅所有权的社会消费规范、支撑收入维持计划、公共部门投资的长期预算赤字以及从美国到其他国家的大规模资本转移等。在国际经济关系上，布雷顿森林体系奠定了以美元霸权为基础的国际金融体系，它把美元确立为国际储备货币并建立起固定汇率体系，这在战后初期有助于建立一个稳定的国际金融环境以促进国际贸易增长、国际资本流动和改善战后的国际投资环境。①

第六，建立了以美国霸权为核心的“和平”的世界新秩序。政治和经济上的霸权地位使得美国主权货币成为世界货币，美国因此获得了货币资本的创造能力，而这个能力成为其获得廉价的国外原材料和进行海外资本扩张的货币金融基础。

---

① 维克托·D. 利皮特. 资本主义［M］. 刘小雪等译. 北京：中国社会科学出版社，2012：62.

第七，凯恩斯主义成为资本主义世界的主流意识形态，国家干预取代了传统的自由放任。凯恩斯主义从经济学原理和社会价值观等方面阐释了国家垄断资本主义的必要性、可行性和政策措施，站在意识形态高度巩固和发展上述六个制度子系统。

SSA 学派把“二战”之后一段时期的资本主义经济繁荣归功于成功的制度安排：资本主义积累在劳资之间、资本之间、劳动之间、资本与社会之间构建起某种程度的“和谐”关系，并辅之以必要的货币金融制度、国际政治经济秩序和意识形态。这些制度安排极大地缓和了美国资本主义积累的内在矛盾。因此，这七个方面构成“二战”之后美国 SSA 的主要子系统，如图 3－4 所示。由于这种 SSA 类型具有典型的凯恩斯主义特征，所以被称为“凯恩斯主义的 SSA”。科茨等学者认为，“二战”之后至今，美国的 SSA 以 20 世纪 80 年代为时间界线先后经历了凯恩斯主义类型和新自由主义类型（后文对此有专门论述）。当然，对这两种类型的划分不是绝对的，从世界范围看，一些国家只是近似于其中一种类型。

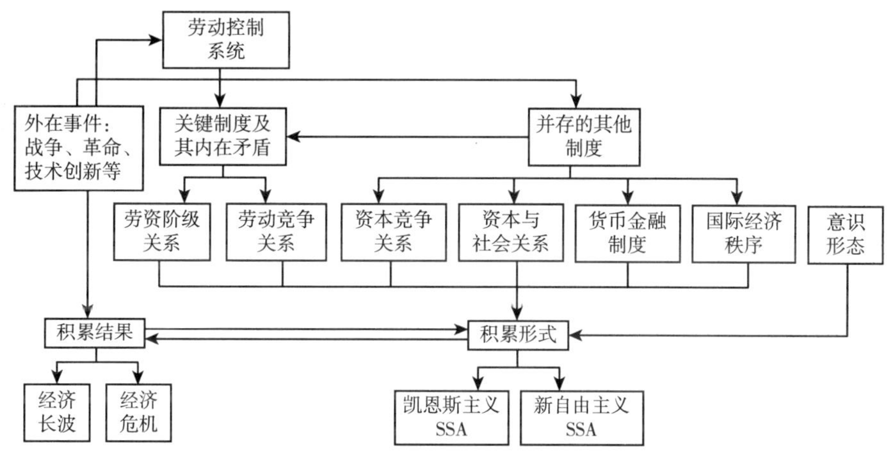

图 3－4　积累的社会结构学派的理论框架

资料来源：笔者整理。

总之，该学派用资本主义制度内在矛盾运动解释某种资本主义积累结构类型的兴起和瓦解，进而解释资本积累的两个关键结果：经济危机和经济长波。戈登等学者指出，SSA 在形式和内容上都不是一成不变的，它具有周期性瓦解和重构的历史变迁特征，这种周期性特征使经济增长呈现“过山车”般的上升和下降，这就是所谓的经济长波。[①] 在长波上升和下降阶段对应着不同类型的再生产周期，经济危机也因此呈现不同的发展特征。关于当代 SSA 的具体形式以及经济长波和经济危机问题，后文有专门论述。

基于上述分析，该学派的分析框架可以用图 3－4 来描述，并具有以下五个方面的理论特征。第一，把 SSA 视为结构复杂的制度系统，主要由劳资矛盾关系、资本之间竞争关

① David M. Gordon, Richard Edwards, Michael Reich. Segmented Work, Divided Workers: The Historical Transformation of Labor in the United States [M]. New York: Cambridge University Press, 1982.

系、工人之间竞争关系、资本与社会关系、货币金融制度、国际经济秩序和意识形态七个子系统构成。它试图从制度经济范式出发阐释资本积累的结构突现过程，揭示出推动资本主义经济在繁荣和萧条之间周期交替的基本结构、动力和机制。第二，强调劳动和资本之间的阶级斗争关系是构成SSA的最为关键的一个子系统，一种适宜的SSA意味着在劳动和资本之间实现了暂时性的阶级妥协①，这是支撑资本积累的最为关键的制度基础。第三，强调SSA的结构整体性，这里主要是指该学派借鉴了阿尔都塞的“超越决定”论，参见第一章的方法论分析。第四，强调SSA的多样性。由于资本主义劳动控制系统的模式不是唯一的和一成不变的，因此SSA在历史上和地域上呈现多样性，可以用SSA的多样性解释资本主义发展中的阶段性和多样性。第五，重视战争、阶级斗争、社会政治运动和技术创新等所谓的“外生”因素在特定历史关头对SSA的形成和发展的影响，从而突出制度结构演进中的超越决定、路径依赖和路径创造特征。它没有像主流经济学那样把战争、革命、阶级斗争和技术创新等因素简单地视为外生的、偶然的历史事件，视为对经济结构的外生“冲击”因素，而是认为这些因素既是制度演化的发动力量，也是制度演化的结果。

2. SSA与经济长波和经济危机

正如在前文中已经阐述的，SSA是由一个内在复杂的制度系统和它的各种外部条件相互作用而形成的。构成SSA的制度、惯例、规则和习俗的变化很缓慢，因此，SSA的形成、发展和瓦解是一个长期的历史过程。这意味着某种SSA无论在发展阶段还是在崩溃阶段都会经历一个较长的历史过程。长期性的另一个原因来自在SSA中的复杂的利益博弈关系。每一种制度结构都有它的既得利益者，既得利益集团会极力地捍卫现有的制度和规则，千方百计地阻挠制度变革。利益受损者和新兴的利益集团虽然极力地破坏现有的制度规则和构建新的SSA，但这个任务需要花费很长时间才能完成。因此，某种适宜的SSA能够存在一个较长的历史时期，并在此期间形成良好的利润率预期，促进资本积累和经济增长，于是经济进入了长波上升的繁荣阶段；反之，经济会陷入长波下降的停滞阶段。由此可见，长波升降不过是在SSA变迁过程中所呈现的不同的经济现象，其本质力量来自SSA的形成、发展和瓦解的历史演进过程。

总之，与SSA的兴衰过程对应的是经济增长与停滞、长期繁荣与频繁危机的交替的发展过程。在一种SSA趋向瓦解的过程中，资本会探索和重构新的SSA，于是经济体再度经历增长与停滞的交替的演化过程。经济危机可能在长波上升阶段发生，也可能在长波下降阶段发生。一般说来，与长波上升阶段相比，长波下降阶段的经济危机的规模、范围和破坏程度较大，持续时间较长。这是因为在长波下降阶段，曾经促进资本积累的制度结构遭到了破坏，正在走向瓦解，这会促使资本积累的内在矛盾激化，经济危机趋势增强，经济长期停滞特征显著。

---

① Victor D. Lippit. Class Struggles and the Reinvention of American Capitalism in the Second Half of the Twentieth Century [J]. Review of Radical Political Economics, 2004, 36 (3).

3. 新自由主义 SSA 的基本特征

按照戈登等学者的早期观点，SSA 是一种能够促进资本积累和经济增长的制度体系。然而，自 20 世纪 80 年代以来美国新自由主义虽然将利润率从资本主义经济“滞胀”中恢复过来，但始终没有创造显著的经济增长。这一历史事实向 SSA 学派提出一个理论难题：如何界定新自由主义本质，它是一种新的 SSA，还是“二战”之后美国凯恩斯主义 SSA 的下降时期或瓦解阶段？科茨等学者主张把新自由主义视作一种新的 SSA，主要有以下三个理由。

首先，与某种 SSA 的形成和发展高度相关的是资本追求利润最大化活动。SSA 理论所强调的是某种制度结构能否为利润最大化和资本积累提供稳定的制度基础。从这个逻辑上讲，稳定的制度基础只是促进投资和增长的必要条件，SSA 和快速的经济增长之间不存在必然联系。资本家的首要目标是获得利润最大化，一种制度结构只有适合资本家追求利润最大化，才能获得资本家阶级的支持。的确，某种 SSA 会通过构建稳定的劳资关系为资本积累创造条件进而产生较高的经济增长（譬如“二战”之后美国的 SSA），但是提高积累速度并非资本家的核心利益，没有理由认为某种 SSA 必将促进积累速度的提升。从经济运行的结果上看，较高的资本积累速度有助于保证资本主义政治稳定性，因为较高资本积累带来就业、真实产出和实际工资的增加，进而缓和以劳资关系为核心的一系列社会矛盾。但政治稳定和经济增长不是资本家的目标，在资本主义竞争中，资本家不可能把这种阶级利益或阶级理性置于其利益博弈的核心地位。资本家更注重短期利润，驱动资本运行的是如何创造更多的利润以及如何从投资中获得短期更大的回报率，而不是资产阶级的集体理性——经济增长。因此，SSA 与经济增长的关系是，快速经济增长需要适宜的 SSA，但并不意味着所有的 SSA 都必然会促进经济增长。于是，在科茨等学者重构的 SSA 理论中经济增长不再是考察 SSA 的基本标准，在新的理论框架中新自由主义是一种新的 SSA。

其次，SSA 的核心是劳资关系。新自由主义政策瓦解工会组织，削弱工会力量，加剧劳动力市场竞争，从而瓦解了凯恩斯主义相对和谐的劳资关系。

最后，新自由主义具备前文提到的 SSA 的全部构成要件，它具有以下制度特点：瓦解工会组织，削弱工会力量，加剧劳资矛盾；增强工人之间的岗位竞争；对经济活动放松管制，鼓吹自由竞争；私有化；金融业去管制，促进资本积累的虚拟化或金融化；大幅度削减凯恩斯主义时期的公共建设项目；将市场竞争延伸到社会保障及其他社会领域；在意识形态上“复兴”以前被凯恩斯主义批判的自由放任思想。因此，新自由主义不是此前凯恩斯主义 SSA 的延续，而是一种新的 SSA。

经济史也表明，在 20 世纪 80 年代之后，虽然新自由主义政策没有让美国实现持续的经济增长，但它极大地提高了在财富与收入分配中的利润占比，使一般利润率（尤其是金融资本利润率）保持在一个较高的水平上，从而加剧了财富和收入分配的两极分化（据统计，美国最富有的 1% 人口拥有国家财富的 16.78%）。在这种制度结构中，资本家阶级尤其是垄断金融资本家阶级是既得利益者，他们是新自由主义 SSA 的捍卫者；虽然工人阶级、其他社会阶层乃至产业资本家是利益受损者，但他们进行利益博弈所依赖的社会组织和制度（譬如工会、社会保障体系、金融市场等）已被新自由主义政策侵蚀或分化。新自由主义强化了资本对广大劳动者的控制力、增强了金融资本对产业资本的控制力，从而构建起有利于大垄断金融资本利益的制度环境。

新自由主义 SSA 的主要特征表现在资本积累模式的自由化、金融化和全球化三个方面。SSA 学派对“金融化”的研究主要借鉴了垄断资本学派的观点，相关内容在前文中已有表述，这里不再重复了，下面以美国为例重点阐述另外两个特征。

“自由化”集中体现在新自由主义政策或所谓的“华盛顿共识”上。新自由主义政策的推行导致美国 SSA 发生了重大变化。下面从劳资之间的阶级斗争关系、资本之间的竞争关系、劳动者之间的就业竞争关系、私人资本与社会之间的利益博弈关系四个方面分析自 20 世纪 80 年代之后美国 SSA 的自由化特征。在劳动与资本的阶级斗争关系方面，本土企业通过极力取消长期劳动合同、大量雇用临时工、降低劳动与社会保障水平等更加灵活的雇佣策略，千方百计地降低工资成本；跨国公司通过“外包”和外国直接投资（FDI）等离岸生产策略，在海外获得更为廉价的劳动力资源。这两项措施有力地瓦解和打击了工会组织，使资方在劳资谈判中获得了绝对优势。劳资之间力量对比的严重失衡导致实际工资增长率长期低于劳动生产率增长率，处于停滞状态，而利润在国民收入分配中所占比例较高且长期处于增长状态。在资本之间的市场竞争关系方面，新自由主义政策导致资本之间出现过度竞争现象。[①] 资本之间过度竞争的一个重要后果是，不仅金融部门相对于实体部门的重要性得到提升，而且越来越失去监管，经济加速“脱实向虚”地发展，资本积累的货币金融结构趋向不稳定和脆弱化（相关问题将在第四章中做详细论述）。由新自由主义推动的经济全球化也极力瓦解美国和外国的工会组织，削弱工会在工资谈判中的影响力，加剧了美国劳动者之间的就业岗位竞争。在资本追逐的私人利益与社会集体利益关系方面，新自由主义倡导“小政府”“去管制”等政策，相关政策导致金融垄断资本对社会各阶层（包括产业资本）的掠夺、调节国民收入再分配的财政税收制度失灵、劳动力市场失去应有的监管、劳动与社会保障水平下降、社会财富和收入分配两极分化加剧等社会问题。

随着跨国公司在全球建立生产系统和新自由主义政策成为西方尤其美国的主流意识形态，美国 SSA 突显全球化特征，主要反映在以下五个方面。[②③④]

第一，随着跨国公司的兴起，资本与资本之间的市场竞争关系已经完全超越了一个民族国家的界限。跨国公司和新自由主义分别从物质层面和意识形态层面清除妨碍商品、资本与货币自由流动的民族国家的制度限制。建立在信息和通信技术革命基础上的

① 罗伯特·布伦纳. 全球动荡的经济学［M］. 郑吉伟译. 北京：中国人民大学出版社，2012.

② Terrence McDonough, Michael Reich, David M. Kotz. Contemporary Capitalism and Its Crises: Social Structure of Accumulation Theory for the 21st Century [M]. New York: Cambridge University Press, 2010: 168 - 191.

③ Robinson, William I. A Theory of Global Capitalism: Production, Class, and State in a Transnational World [M]. Maryland: Johns Hopkins University Press, 2004.

④ David M. Kotz. Globalization and Neoliberalism [J]. Rethinking Marxism, 2002, 14 (2): 64 - 79.

国际金融体系、现代运输和物流系统也极大地降低了跨国公司建立世界市场的融资、生产和管理成本。

第二，在劳动与资本之间的阶级斗争关系方面，跨国公司在全球范围建立劳动分工和劳动控制系统。它按照全球资源分布和全球价值链结构，在全球范围分解其生产过程，实现全球化生产分工，从而把相关生产环节部署在利润最大化的地方。通过这些方式，跨国公司把劳动与资本之间的矛盾转化为国际工人阶级之间的矛盾，一方面瓦解了各个民族国家内部的工人阶级，使其利益“碎片化”；另一方面加剧了各个民族国家工人阶级之间的工作岗位竞争，加剧了国际劳工之间的对抗。最终，跨国公司在世界范围有效地削弱了工人阶级的组织基础和阶级斗争能力。

第三，在跨国资本与民族国家之间的利益博弈方面，国家权力逐渐转移到跨国公司的代理人手中，他们控制了中央银行、金融系统、财政部和外交部等国家决策权力的“制高点”，按照跨国资本家阶级的利益诉求调整美国的产业结构。[①]

第四，在国际经济秩序方面，借助世界贸易组织、区域经济共同体、货币区等，美国新自由主义 SSA 建立了有利于资本积累的全球组织体系，通过左右经济全球化的发展方向实现自身的利益最大化。

第五，新自由主义 SSA 的全球化有其完整的意识形态，即所谓的“华盛顿共识”。

但“全球化”的后果也是多方面的。它让美国跨国公司攫取巨额利润的同时也让美国陷入“去工业化”和就业增长停滞困境；不仅加剧美国经济结构失衡，而且加剧美国与其他国家的经济关系失衡；不仅加剧美国的财富和收入分配的两极分化，而且加剧它与发展中国家的贫富差距。这些因素导致新自由主义 SSA 的未来充满不确定性。

二、对长波运动中经济危机发展机制的制度分析

1. SSA 变迁与长波中的经济危机：历史考察

在《分割的劳动和分化的工人》中，戈登等学者认为，随着技术进步和生产力水平的提高，劳资之间的阶级斗争会促使资本对劳动的控制系统发生变化，变化的核心是重新规范劳资关系和资本竞争关系。

依据资本对劳动的控制系统的类型，戈登、华莱士和布雷迪等学者把资本积累的社会结构的演化过程分为四个历史阶段：“无产阶级化”“同质化”“分割化”和“空间化”。[②][③] 对应着这四个历史阶段的是资本对劳动的控制系统的四种类型：一是在资本主义

---

① 威廉·I. 罗宾逊. 全球资本主义论［M］. 高明秀译. 北京：社会科学文献出版社，2009：56－68.

② David M. Gordon, Richard Edwards, Michael Reich. Segmented Work, Divided Workers: The Historical Transformation of Labor in the United States［M］. New York: Cambridge University Press, 1982: 12.

③ Terrence McDonough, Michael Reich, David M. Kotz. Contemporary Capitalism and Its Crises: Social Structure of Accumulation Theory for the 21st Century［M］. New York: Cambridge University Press, 2010: 132－138.

发展早期，资本家以直接监督工人劳动的方式控制劳动过程；二是从19世纪70年代至20世纪30年代，资本家以技术控制的方式控制劳动过程；三是20世纪30~70年代，资本家以官僚机构控制的方式控制劳动过程；四是20世纪70年代至今，资本家以技术专家控制的方式控制劳动过程。这四种类型都经历一个从探索、巩固到衰退、瓦解的历史过程，下面主要介绍后三个阶段的SSA类型及其间发生的主要经济危机，如表3-1所示。

表3-1　SSA的历史演进阶段与经济危机

SSA的历史演进阶段	无产阶级化	同质化	分割化	空间化	后金融危机时代
历史时期	劳动控制系统				
	资本家直接监督	技术控制	官僚机构控制	技术专家控制	
18世纪90年代至19世纪20年代					
19世纪20年代至40年代中期	探索（完成工业革命）				
19世纪40~70年代	巩固				
19世纪70年代至90年代后期	衰退（从自由竞争时代进入垄断时代）	探索（泰勒主义兴起）			
19世纪90年代后期至“一战”		巩固			
“一战”至“二战”		衰退（1929~1933年大萧条）	探索（凯恩斯主义兴起）		
“二战”至20世纪70年代初期			巩固		
20世纪70~80年代			衰退（20世纪70年代经济滞胀）	探索（新自由主义兴起）	
20世纪90年代至2008年				巩固（全球化和金融化）	
2008年至今				衰退（2008年全球金融危机）	探索

资料来源：参考麦克唐纳等学者的研究，修改并加以扩展。参见：Terrence McDonough，Michael Reich，David M. Kotz. Contemporary Capitalism and Its Crises：Social Structure of Accumulation Theory for the 21st Century［M］. New York：Cambridge University Press，2010：129.

所谓的“同质化”就是依据生产工艺上的分工把工人配置在机械化的流水线上，工人的劳动失去了特质性，不再依赖工人特定的工艺知识，变成了工艺流水线上能够随时被替换掉的标准的零部件。最初，因为“同质化”节约了监督成本，使劳动过程也变得较为“客观”和“合理”，所以这种劳动控制系统曾具有提高劳动生产率、缓和劳资紧张关系的作用。[①] 在这种劳动控制系统中，一方面，资本对劳动的剥削程度加剧了，这使得劳资关系趋向恶化，劳动生产率趋向下降；另一方面，工人阶级的自觉意识得到增强，工会组织得到发展，这极大地增强了工人阶级的反抗能力。到20世纪30年代，这种劳动控制系统走向衰落和瓦解，无力支撑资本主义积累过程。20世纪30年代的“大萧条”是“同质化”瓦解的结果。[②]

“分割化”就是对劳动大军进行“分割和征服”，其核心思想是按照职业、行业、种族、性别和能力等标准把工人归属于主要部门和次要部门，工人面对不同的劳资关系，获得不同的工资水平和发展机遇。在主要部门，企业为大垄断资本所控制，建立了工会与垄断资本之间的劳资谈判制度，赋予劳动者一方较大的权力，劳资关系较为和谐，工作岗位较为稳定，工资水平较高，晋升机会较多，劳资争议较少而且能够得到较为公平的解决。但在次要部门，情况较为糟糕，不仅工资福利水平较低，而且工人遭受专制式管理，劳资关系较为紧张。虽然劳动力市场分割制度在一定程度上“缓和”了劳资矛盾，通过职业安全保障换取工人的忠诚，但长期劳动合同、工资议价等制度安排降低了劳动力供给的灵活性，实际工资增长率超过劳动生产率增长率，导致利润份额下降，妨碍了资本积累过程，经济因此陷入“利润挤压型”危机[③]。这是20世纪70年代资本主义经济滞胀的主要原因。[④][⑤]

“空间化”是资本主义经济全球化的结果，它从以下四个方面影响资本对劳动的控制过程。

一是强化对劳动力市场的分割。工作岗位被划分为创新性职业和常规化操作职业。前者主要从事分析、设计和管理，有较高的工资水平和较好的职业保障，能够成为长期雇员；后者主要是程序化的操作工，成为常规化操作的数据登录人员和机器看管者，是随时被裁减的临时工。这种基于技术和能力的劳动力市场分割瓦解了工人阶级和工会组织，使资方获得了对劳方的绝对优势。

二是增强劳动力市场的供给弹性。供给弹性的增强主要表现在两个方面。第一，企业按照劳动力市场状况灵活地调整工资水平，实现工资调整的灵活性；第二，企业取消长期合同和职业保障，热衷于雇用临时工，按照劳动力需求随时调整雇佣人数，从而增

① Kotz, David M., McDonough, Terrence, Reich, Michael R. Social Structures of Accumulation: The Political Economy of Growth and Crisis [M]. New York: Cambridge University Press, 1994: 110.

② Gordon, David M., Edwards, Richard, Reich, Michael R. Segmented Work, Divided Workers: The Historical Transformation of Labor in the United States [M]. New York: Cambridge University Press, 1982: 229-235.

③ Goldstein, Jonathan P., Hillard, Michael G. Heterodox Macroeconomics: Keynes, Marx and Globalization [M]. New York: Routledge, 2009.

④ Kotz, David M., McDonough, Terrence, Reich, Michael R. Social Structures of Accumulation: The Political Economy of Growth and Crisis [M]. New York: Cambridge University Press, 1994: 18.

⑤ Gordon, David M., Edwards, Richard, Reich, Michael R. Segmented Work, Divided Workers: The Historical Transformation of Labor in the United States [M]. New York: Cambridge University Press, 1982: 215-227, 336-339.

强了劳动力供求关系的灵活性。随着劳动力市场的供给弹性的增强，工人之间的就业竞争加剧，这有助于加强资本对劳动的控制力度。①②

三是借助计算机信息与通信技术建立“水平化”的组织管理模式。水平化的管理网络改变了官僚机构控制系统的僵化性和信息不对称性，允许工人参与管理，在一定程度上提高了工人的劳动积极性，缓和了劳资矛盾。

四是通过生产“外包”“至精至简”组织模式和“及时生产”系统等，“空间化”使资方在劳资工资谈判中具有优势地位，并在海外实现工资套利；“空间化”还将国内劳资阶级矛盾转化为各个国家工人阶级之间的就业机会竞争，通过加剧国际劳工之间的矛盾在世界范围内有效地削弱了工人阶级的反抗能力。

2. SSA 变迁与长波中的经济危机：逻辑分析

长波及长波中的经济危机都是一种经济现象，SSA 理论试图从制度分析角度回溯长波和经济危机背后的深层次原因。概括地说，SSA 与经济长波和经济危机的逻辑关系主要有以下两点。第一，长波中的上升或下降趋势取决于投资，投资取决于预期利润率，而预期利润率取决于 SSA 促进资本主义扩大再生产的制度效力。第二，在长波上升和下降阶段都会发生经济危机，但在上升阶段，由于 SSA 具有恢复再生产能力，所以经济危机具有周期性调整功能；反之，在下降阶段，经济危机具有周期性恶化功能。

一种新兴的 SSA 会促进资本主义扩大再生产，使利润、投资和增长整体上呈现上升趋势，从而形成经济长波的上升阶段。戈登把长波上升阶段称为再生产周期（reproductive cycle），这是因为经济活力的下降能够通过 SSA 的调节而被阻止和纠正。在这一时期，尽管存在短期波动，但从整体上看 SSA 是促进扩大再生产的，赋予经济体较强的自我调节和纠正能力。反过来，当一种 SSA 的内在矛盾尖锐并趋于瓦解时，资本主义扩大再生产就会失去制度结构的支撑，表现为预期利润率悲观，增长停滞，失业率居高不下，从而形成经济长波的下降阶段。戈登把长波下降阶段称为非再生产周期（nonreproductive cycle），这是因为这一时期的 SSA 已经丧失了阻止经济下行和恢复再生产的调节能力，经济体陷入长期停滞，在虚假繁荣和随之而来的金融崩溃或经济危机之间徘徊。

戈登借鉴卡莱茨基的利润率方程和凯恩斯的有效需求原理，从 SSA 的发展过程阐释长波及长波过程中的经济危机的形成机制，其数理推导如下。③

令 $r=\frac{\Pi}{K_0}$；$s_r=\frac{\Pi}{Y}$；$y_u=\frac{Y}{K_u}$；$k^*=\frac{K_u}{K_0}$

其中，利润率（r）为公司所获利润（Π）与公司所用资本的价值（K_0）之比；s_r表示

① Gordon, David M. Fat and Mean: The Corporate Squeeze of Working Americans and the Myth of Managerial “Downsizing” [M]. New York: Free Press, 1996.

② Rosenberg, Samuel. American Economic Development Since 1945: Growth, Decline and Rejuvenation [M]. Basingstoke: Macmillan Press, 2003.

③ David M. Gordon, Thomas E. Weisskopf, Samuel Bowles. Long Swings and the Nonreproductive Cycle [J]. American Economic Review, 1983, 73 (2): 152－157.

公司利润（Π）占其创造新价值（Y）的份额；y_u表示新价值（Y）与所费资本或生产成本（K_u）之比；k^*表示所费资本量（K_u）与所用资本量（K_0）之比（相当于产能利用率或设备利用率）。

于是有利润率恒等式方程：

$$r \equiv s_r y_u k^* \tag{3.1}$$

从宏观经济上看，假定只有资本家和工人两个阶级参与国民收入分配，把国民收入视为1，则总利润在国民收入中所占份额为1减去工资收入在国民收入中的份额。于是，可以把微观企业的$s_r = \frac{\Pi}{Y}$修改为宏观国民收入分配方程：

$$s_r \equiv 1 - \frac{\frac{w}{p}}{qe} \tag{3.2}$$

$\frac{\frac{w}{p}}{qe}$为在单位时间的产出中实际劳动成本所占的份额，简称为“单位产出劳动成本”。其中，w为名义工资，$\frac{w}{p}$是扣除通货膨胀因素（p）后的实际工资水平，在这里$\frac{w}{p}$的本意指产品工资；q为单位时间劳动产出量，e为单位时间劳动投入量，qe为单位时间劳动产出。

若r_e为资本家的预期利润率，对它的判断将取决于$s_r y_u k^*$的值，于是可以得到方程：

$$r_e = s_r y_u k^* \tag{3.3}$$

方程（3.2）和方程（3.3）表明，经过一次周期下降阶段之后，如果经济能够恢复预期利润率，则在s_r、y_u和k^*三个因素中至少有一个因素必须发力。

首先，可以通过提高s_r来恢复预期利润率r_e。根据方程（3.2），提高资本收入在国民收入中的份额无外乎是通过降低$\frac{w}{p}$或提高qe，或二者同时进行，达到降低$\frac{\frac{w}{p}}{qe}$的目的。$\frac{w}{p}$能否降低取决于资本对劳动力的控制情况和产业后备军规模。这两个因素既可以是独立的，也可以是相互作用的。如果资本取得了对劳动力的绝对控制能力，则$\frac{w}{p}$趋于下降，这有望恢复s_r；如果产业后备军规模庞大，工人之间的就业岗位竞争会加剧，这也会导致$\frac{w}{p}$趋于下降，从而恢复s_r。在经济周期处于下降阶段时，资本对劳动力的控制力增强和产业后备军规模扩大一般是相互促进的关系，因为庞大的产业后备军会加剧工人之间的岗位竞争，削弱工人在劳资谈判中的博弈能力，这些有助于加强资本对劳动力的控制。

但事实上$\frac{\frac{w}{p}}{qe}$的变动远比上述讨论的更为复杂。譬如，$\frac{w}{p}$和 qe 可以同向变动，究竟是什么因素驱使它们同向变动且二者比值是上升还是下降，这需要在经济周期的实证研究中具体分析。另外，$\frac{w}{p}$的下降能否通过在名义工资不变情形下提高价格水平来实现？对此戈登没有进行更详细研究。在经济史中，在 20 世纪 70 年代资本主义经济“滞胀”期间的确出现经济下行和通货膨胀并存情形，但一般说来在经济下行时期往往表现为通货紧缩。

qe 的提高涉及 q 和 e 两个因素。q 的提高可以通过技术创新以增强劳动强度、提高劳动生产率来实现，也可以通过市场竞争消灭一部分低效率的企业来实现。在短期内，企业难以获得技术创新，在这种情形下劳动强度和劳动生产率的提高往往是通过强化资本对劳动的控制实现的，当然这种途径也是有极限的。通过市场的淘汰性竞争消灭低效率企业，这往往成为在周期下降阶段提高 q 的重要途径。e 的值反映就业率，它取决于宏观总需求，在经济周期下降阶段，e 往往呈下降趋势。显然，在周期下降阶段，qe 的提高主要依赖于 SSA 理论中所说的劳资关系和劳动者关系所处的各种情形。

其次，通过提高y_u恢复预期利润率。在周期下降阶段，Y 呈下降趋势，y_u的提高只能通过降低所费资本或生产成本（K_u）来实现。在现实中，通过市场竞争机制消灭落后企业和节约现存企业的所费资本是降低K_u的主要途径。

最后，通过提高产能利用率或设备利用率（k^*）来恢复预期利润率。K^*的提高也主要是通过市场竞争机制淘汰落后产能实现的，因此，k^*的提高往往和较高的企业破产率联系在一起。

总之，s_r的提高或$\frac{\frac{w}{p}}{qe}$的降低主要涉及劳资之间的阶级斗争关系和由此派生出的劳动者之间的就业竞争关系，y_u和k^*的提高主要涉及资本之间的竞争关系。正因为如此，SSA 是解释预期利润率能否得到恢复的关键因素。如前文已经阐述的，SSA 对预期利润率的综合影响主要表现为它在产品市场、劳动力市场、劳动过程、国际市场和政府管理中发挥重要的制度调节作用。

可见，所谓的再生产周期就是在一个周期下降阶段，SSA 发挥了制度稳定器功能，很快恢复了市场秩序和预期利润率；而非再生产周期就是某种 SSA 已经丧失了稳定经济和恢复预期利润率的制度能力。因此，再生产周期对应着一种新的 SSA 的形成和发展阶段；非再生产周期对应着一种 SSA 的衰落和瓦解阶段。两种周期分别对应着两种经济危机类型：对应着再生产周期的是一般的周期性经济衰退或危机，这是商业周期的正常结果；对应着非再生产周期的是制度性的结构性的经济危机，它表明现有的制度系统已经无法有效地支持资本主义积累过程。SSA 学派把后一种周期性经济危机视为长波下降阶段，认为 20 世纪 30 年代的“大萧条”和 2008 年美国金融危机属于这种类型的经济危机。[①] 它还认为，一旦经济体陷入这种类型的周期性经济危机，它能否摆脱非再生产周期，迈向长波上升，并非取决于市场机制及其自由放任程度，而是依赖于 SSA 能否实现创新发展和系统转型。

结合上述分析，笔者用图 3－5 描述 SSA 的性质、效力与经济长波、周期性经济危机的关系。

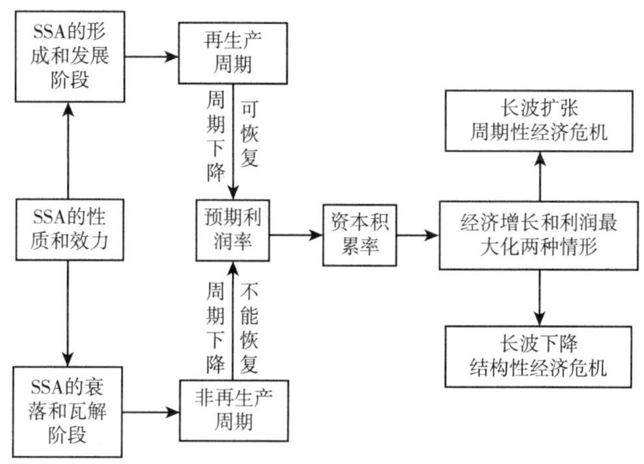

图 3－5　经济长波和经济危机的生成机制

通过经济史实证研究，上述理论逻辑得到了验证。实证研究表明，$\frac{\frac{w}{p}}{qe}$的变动有一定的规则性：从一个经济周期的峰值年份到谷值年份有时呈现上升趋势，有时呈现下降趋势。戈登用这两种趋势界定再生产周期的性质：把$\frac{\frac{w}{p}}{qe}$呈现上升趋势的这一段时间称为“非再生产周期”，即在周期下降过程中预期利润率s_r具有不可恢复趋势；反之，称为“再生产周期”，虽然处于周期下降过程，但是预期利润率s_r具有可恢复趋势。戈登考察了 1890～1981 年经济周期和$\frac{\frac{w}{p}}{qe}$之间的关系，把近百年时间划分为 3 个非再生产周期（长波下降阶段）和 2 个再生产周期（长波上升阶段），如表 3－2 所示。

① Kotz, David M. The Current Economic Crisis in the United States: A Crisis of Over-investment [J]. Review of Radical Political Economics, 2013, 45 (3): 284－294.

表 3-2　　周期下降的平均影响

长波阶段	非再生产周期	周期下降次数	经济危机	单位产出劳动成本	失业率（%）
下降	1890~1897 年	3	1892~1899 年	2.54	5.9
	1926~1937 年	2	1929~1933 年	0.56	12.0
	1969~1981 年	3	1973~1979 年	0.22	2.3
	非再生产周期平均值			1.18	6.1
长波阶段	再生产周期	周期下降次数	经济繁荣	实际单位劳动成本	失业率（%）
上升	1899~1925 年	7	1899~1929 年	-3.91	1.3
	1937~1962 年	6	1937~1973 年	-1.02	1.6
	再生产周期平均值			-2.58	1.4

资料来源：根据戈登等学者的研究成果加以整理，参见 David M. Gordon, Thomas E. Weisskopf, Samuel Bowles. Long Swings and the Nonreproductive Cycle [J]. American Economic Review, 1983, 73 (2): 155-156.

在长波下降阶段，$\frac{\frac{w}{p}}{qe}$呈现上升趋势，即变动均为正值，平均值为 1.18，这表明 SSA 丧失了恢复预期利润率的能力；相反，在长波扩张阶段，$\frac{\frac{w}{p}}{qe}$呈现下降趋势，即变动均为负值，平均值为 -2.58，这表明 SSA 具有恢复预期利润率的能力。

三、美国积累的社会结构的“三化”与本轮结构性危机

前文已经论述了美国新自由主义 SSA 的“三化”特征：自由化、全球化和金融化。“三化”带来三个方面的社会经济后果：一是实际工资增长长期停滞、财富和收入分配两极分化加剧，这导致消费支出长期建立在家庭债务累积的基础上；二是金融冒险、投机和欺诈活动盛行，资本积累的金融结构的脆弱性加剧；三是美国的“去工业化”政策以及跨国公司的“外包”和 FDI 等离岸生产活动虽然让跨国公司攫取了巨额的垄断利润，但使美国经济更加依赖于货币金融霸权，资本积累的虚拟化程度增大，国际收支结构严重失衡。这些因素构成 2008 年美国金融危机的直接原因。

1. “自由化”与 2008 年经济危机

SSA 学派认为，2008 年经济危机是新自由主义政策的必然结果。① 新自由主义导致美国长期以来实际工资增长率相对于劳动生产率增长率而言处于停滞或下降状态、社会财富和收入分配两极分化趋势加剧，这种情形最终导致美国消费支出增长过分依赖于家庭债务积累。图 3-6（a）表明，1979~2007 年，平均实际工资（薪金）增长率低于劳

① Lippit, Victor D. The Neoliberal Era and the Financial Crisis in the Light of SSA Theory [J]. Review of Radical Political Economics, 2014, 46 (2): 141-161.

动生产率增长率0.8%。其中，1979～1990年是新自由主义兴起之际，压低实际工资成为当时摆脱资本主义经济滞胀的主要政策之一，所以实际工资（薪金）增长率低于劳动生产率增长率0.8%；此后，在1990～2000年二者之间的差距缩小到0.5%；但在2008年金融危机爆发前的2000～2007年，二者之间的差距又扩大到1.3%。在这种情形下通过什么途径拉动美国广大民众的家庭消费支出？图3－6（b）显示，美国消费支出长期建立在家庭债务累积的基础之上。1980～2007年，美国家庭负债占个人可支配收入比率一直处于快速攀升状态，其中2000～2007年增长速度最快，2007年达到128.8%。

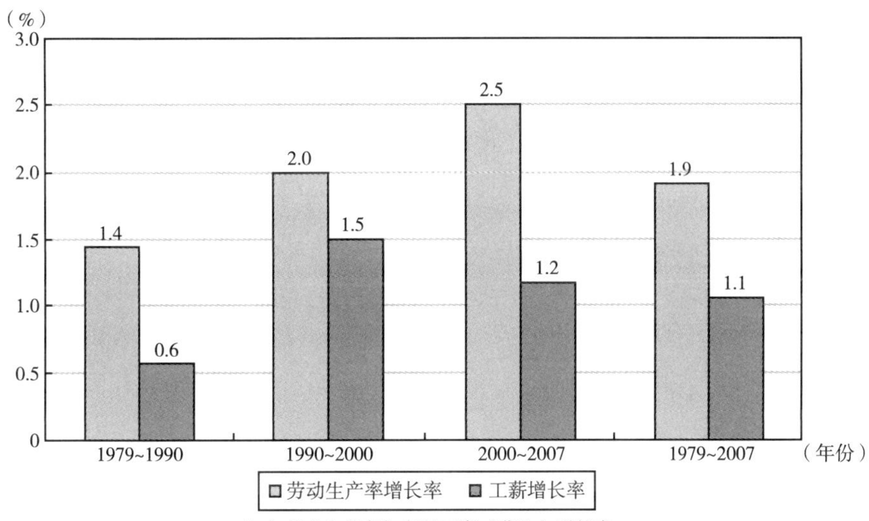

（a）劳动生产率与实际工资（薪金）增长率

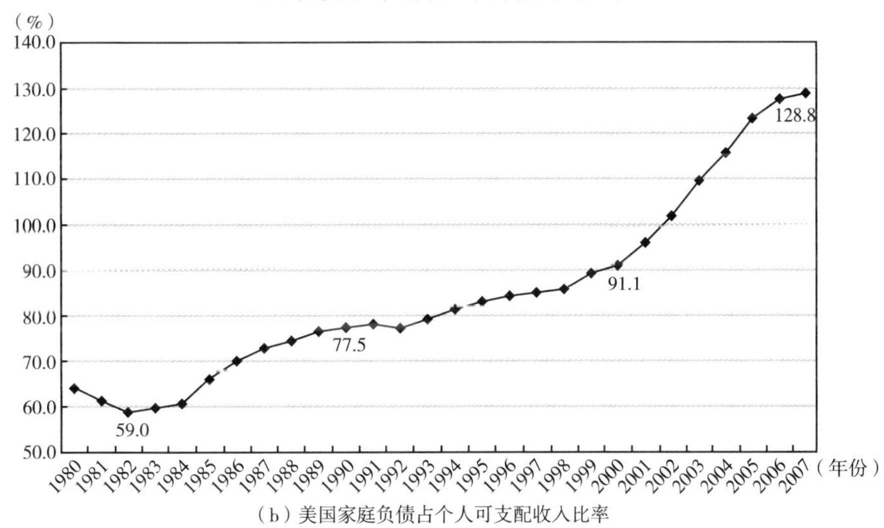

（b）美国家庭负债占个人可支配收入比率

图3－6　美国工资停滞与家庭负债

资料来源：Kotz, David M. The Financial and Economic Crisis of 2008: A Systemic Crisis of Neoliberal Capitalism [J]. Review of Radical Political Economics, 2009, 41 (3): 309, 314.

显然，这是一种不可持续的增长路径。从凯恩斯主义角度看，实际工资增长停滞、社会财富和收入分配两极分化以及家庭债台高筑最终导致有效需求不足；从马克思主义角度看，这些因素破坏了资本积累所依赖的资本主义生产和消费的同一性的最低要求，加剧了资本主义生产和消费之间的对抗性矛盾，导致美国产业资本的利润率加速下降，最终导致产业资本积累率下降和金融资本的扩张。因此，2008 年美国金融危机来自 SSA 的“自由化”。

基于上述分析，科茨（Kotz，2009）认为，在新自由主义时期发生的经济危机与在凯恩斯主义时期发生的经济危机具有不同的结构性特征。① 在凯恩斯主义时期的经济危机的发展机制是：20 世纪 50～60 年代的经济扩张推动了就业需求的增加，这会提高工会在劳资谈判中的集体议价能力；工会议价能力的增强导致实际工资增长率高于平均劳动生产率增长率，在国民收入分配中利润占国民收入的份额下降，一般利润率下降；一般利润率下降引发“利润挤压型经济危机”。而 2008 年美国经济危机则与 SSA 的“自由化”有关。新自由主义政策导致金融市场因失去应有的规制而金融投机盛行、劳资关系因工会组织瓦解和工会集体议价能力削弱而恶化，SSA 朝着有利于垄断金融资本一方发展，它在消除利润挤压型经济危机的同时也孕育着新的经济危机。SSA 的“自由化”逐渐导致家庭债务积累、过度投资和资产泡沫膨胀，这三个因素相互作用，最终促成了 2008 年美国金融危机。

首先，家庭债务积累破坏了资本主义扩大再生产的基本条件。家庭债务积累是劳资关系恶化和“金融化”的结果。如图 3－6（b）所显示的，在新自由主义时期美国普通家庭的债务积累急剧增长。导致这种情形的原因有两个：一是在新自由主义时期实际工资增长停滞甚至下降；二是在金融自由化情形下广大民众通过获得消费信贷和住房信贷被纳入资本积累的金融化，工薪收入成为金融资本掠夺对象。家庭债务积累动摇了新自由主义 SSA 的核心。

其次，新自由主义的本质是垄断，是垄断资本主义的当代表现形式，它不是把资本主义恢复到自由资本主义时代，而是加剧了寡头垄断公司之间的过度竞争。这种竞争通常导致垄断资本的过度投资或过度生产，因为寡头企业试图通过生产能力的过度扩张和提高市场占有份额在竞争中获得优势地位。过度投资引发产能利用率下降和产业利润率下降，进而引发经济危机。

最后，资产泡沫破裂成为金融危机的直接原因。在美国财富和收入分配的两极分化及资本账户顺差的情形下，美国金融市场出现规模庞大的投机基金。巨额金融资本极力寻求高回报率的投资机会，当基金投机远远超出了生产性投资范围后，金融投机的结果必然是推高资产价格，引发资产价格的投机性上涨和资产泡沫膨胀。“自由化”为金融

① Kotz，David M. The Financial and Economic Crisis of 2008：A Systemic Crisis of Neoliberal Capitalism［J］. Review of Radical Political Economics，2009，41（3）：305－317.

投机创造制度条件。在经济扩张期间，资产泡沫膨胀刺激投资需求，导致生产能力扩张；在衰退来临之际，实体经济的产能过剩和利润率下降让金融投机难以为继，最终资产泡沫破裂引发金融危机。

2. “全球化”与2008年经济危机

20世纪70年代初期，资本主义生产在技术、组织和市场等方面发生了熊彼特所说的技术革命浪潮，主要表现在以下三个方面：一是生产任务被模块化，不同的模块可以在全球不同的地点完成，实现生产劳动的全球性分工和整合；二是建立了全球的高效而廉价的物流系统和信息通信系统；三是建立了多种类型的区域经济协议。这些新发展打破了原有生产的空间局限性，使资本主义生产能够按照利润最大化标准在全球迁移和布局。

麦克唐纳和科茨等学者（McDonough，Kotz et al.，2010）认为，由新自由主义推动的全球化以计算机通信技术为基础构建了新的资本对劳动过程的控制系统，在这个系统中资本积累突破了传统的民族国家界限，创造了更为灵活的雇佣关系，在全球攫取廉价的劳动力。因此，“全球化”成为跨国垄断资本增加利润和资本积累的重要途径，成为新自由主义SSA的基本特征。[①] 它在以下五个方面促进利润形成。第一，资本更有能力强化对劳动过程的控制，增强了资本在劳资谈判中的优势地位，这不仅让企业节约了因提高社会福利和改善工作条件而产生的成本，而且导致实际工资增长长期停滞甚至下降。第二，新自由主义给予资本逐利行为更大的自由，允许资本逃避追逐利润所造成的许多社会成本。第三，通过税收改革把税收负担从资本方面转移到劳动者和其他社会组织方面。第四，通过私有化、解除管制和政府退出部分公共服务领域的新自由主义市场化政策，几乎所有的领域都向资本逐利行为开放。第五，建立了商品、服务和资本自由流动的世界市场，实现了资本积累的规模经济和专业化。图3－7表明，自20世纪80年代初以来，一般利润率在美、德、法、英等国家逐渐上升，“全球化”在恢复利润率和促进资本积累方面成为新自由主义SSA的主要支柱之一。

资本积累的全球化对发达国家的劳资关系和劳动力市场产生深远影响。[②] 在全球化浪潮中，跨国资本通过FDI从全球获得廉价的劳动力资源。生产的“离岸”和“外包”措施不仅极大地规避了发达国家的各项劳工保护法律，而且为资本主义扩大再生产积蓄了大量的产业后备军，有效地打击了本国工会组织，增强了资本对劳动的控制力，改变了传统的劳资谈判规则。因此，“全球化”增强了美欧等发达国家的劳动力市场的“灵活性”[③]：企业能够按照劳动力市场供求状况灵活地调整工资水平；企业采取灵活的雇用

① Terrence McDonough，Michael Reich，David M. Kotz. Contemporary Capitalism and Its Crises：Social Structure of Accumulation Theory for the 21st Century［M］. New York：Cambridge University Press，2010：93－118.

② Smith J. Imperialism in the Twenty-First Century：Globalization，Super-Exploitation，and Capitalism's Final Crisis［M］. New York：Monthly Review Press，2016：133－166，187－223.

③ Gordon D. M. Fat and Mean：The Corporate Squeeze of Working Americans and the Myth of Managerial “Downsizing”［M］. New York：Free Press，1996.

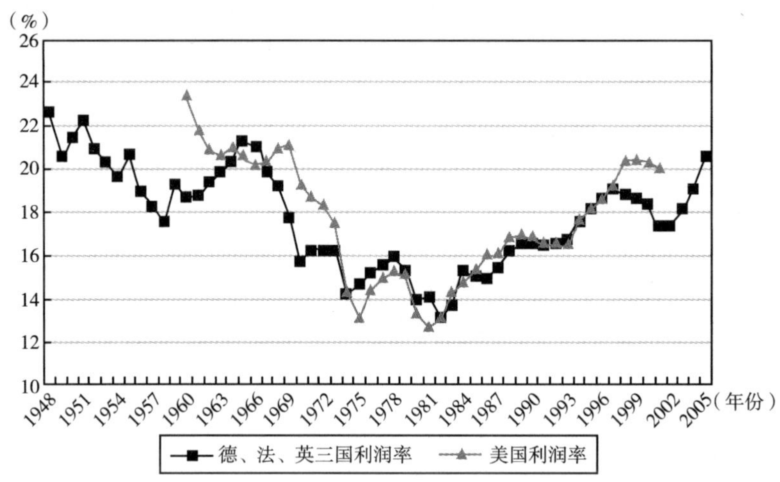

图3-7 美国与欧洲三国的利润率比较

资料来源：Terrence McDonough，Michael Reich，David M. Kotz. Contemporary Capitalism and Its Crises：Social Structure of Accumulation Theory for the 21st Century［M］. New York：Cambridge University Press，2010：110.

关系（临时工等方式），能够按照劳动力需求灵活地调整雇佣人数。总之，“全球化”导致劳资关系严重失衡，资本以对劳动者的高压方式维持劳资关系的“稳定性”。

“全球化”在促进资本积累的同时也在激化各种社会矛盾，产生制度瓦解的离心力。① 相关矛盾主要表现在以下四个方面。第一，“全球化”导致发达国家内部实际工资增长停滞，政府从许多公共服务领域中退出，社会福利和公共基础设施建设项目被大幅度削减，这些因素导致有效需求不足，美国居民消费过度依赖于不可持续的家庭负债。第二，导致社会财富和收入分配的两极分化加剧，中产阶级大幅度萎缩，普通民众生活条件恶化，不安全感倍增。这些因素必然激化其他社会矛盾，降低社会的稳定性。第三，主要发达国家的经济周期更具有同步性，这使得某个国家的经济危机迅速蔓延至全球，演变为全球经济危机。第四，全球经济与贸易结构失衡，发达国家和发展中国家的两极分化加剧。这些因素加剧了新自由主义 SSA 各个子系统的内在矛盾，使其趋向瓦解和崩溃。

3. “金融化”与本轮经济危机

自 20 世纪 80 年代中期以后，金融自由化和金融创新改变了公司治理模式与宏观经济政策，形成了以高级经理人（CEO）和金融家联盟为核心的金融导向型积累制度。在这个制度安排下，公司合并和借贷融资收购成为流行的投资模式，金融利润成为垄断资本主要的利润来源。根据 2007 年《美国总统经济报告》，1979 ~ 2005 年，美国金融业利润从 403 亿美元增加到 3890 亿美元，金融利润占 GDP 比重从 1.8% 上升到 3.6%。金融导向型积累制度是美国 SSA 的“金融化”的本质所在，它主要表现在三个方面：一是相

① Rosenberg S. American Economic Development Since 1945：Growth，Decline and Rejuvenation［M］. Basingstoke：Macmillan Press，2003.

对于实体部门金融部门的重要性更为突出；二是社会财富与国民收入更多地从实体部门转移到金融部门；三是实际工资增长停滞，财富与收入分配两极分化。①② 基于这三个方面，在美国形成了以华尔街垄断金融资本积累为核心的虚拟资本循环系统，家庭债务高杠杆、贸易结构失衡和资产泡沫膨胀是支撑该系统的三个主要支柱。奥哈拉和科茨等学者从上述三个方面和三个支柱出发揭示新自由主义时代经济危机的形成机制并较为准确地预测到了 2008 年美国金融危机的发生。③④

首先，工薪家庭建立在高债务杠杆基础上的消费和住房投资成为美国系统性金融风险的主要来源。金融机构向普通工薪家庭提供各种类型的超出其偿还能力的抵押贷款，以满足其消费和住房投资，把普通家庭的工薪收入纳入虚拟资本循环系统，使其成为金融资本的掠夺对象。长期以来，由于实际工资增长率处于停滞状态，工薪收入现金流不足以支撑家庭高债务杠杆，因此很多普通工薪家庭必然陷入明斯基所说的庞氏融资困境中。⑤

其次，华尔街金融霸权和美元货币霸权成为美国国际经济结构失衡的根源。金融霸权和货币霸权使美国能够用资本账户盈余弥补贸易账户赤字，从而长期维持国际收支平衡。在国际经济关系中，唯有美国能够凭借其金融优势长期保持这种畸形的国际收支格局。在这种格局下，那些贸易顺差国只能用所赚得的美元购买美国国债，这会导致三个正反馈效应：一是促使美国发行更多的国债，以满足贸易顺差国对美国国债购买需求；二是通过国债销售，不断地让顺差国家的美元收入回流到美国资本市场和金融系统，这种回流机制确保了美元币值稳定、联邦基金利率稳定和汇率稳定，同时让华尔街获得廉价的金融资本；三是不断通过资本账户盈余弥补经常账户亏损，实现美国国际收支总量平衡。可见，美国贸易赤字和国际经济结构失衡成为支撑华尔街虚拟资本循环系统的不可或缺的一个条件，成为导致本轮金融危机的国际经济条件。⑥⑦

最后，资产泡沫膨胀加剧美国金融结构的脆弱性。美国家庭债务高杠杆、贸易顺差国的巨额收入流回华尔街以及金融创新等因素在美国金融市场催生了巨大的资产泡沫。资产泡沫膨胀产生巨大的财富效应，这种财富效应进一步加大家庭消费支出和住房投资

---

① Palley T. I. Financialization：What It Is and Why It Matters［J］. The Levy Economics Institute（http：//www. levy. org/），Working Paper，2007，No. 525.

② Wisman J. D. Wage Stagnation，Rising Inequality and the Financial Crisis of 2008［J］. Cambridge Journal of Economics，2013，37（4）：921 –945.

③ O'Hara，Phillip Anthony. A New Financial Social Structure of Accumulation in the United States for Long Wave Upswing?［J］. Review of Radical Political Economics，2002（34）：295 –301.

④ Kotz D. M. The Financial and Economic Crisis of 2008：A Systemic Crisis of Neoliberal Capitalism［J］. Review of Radical Political Economics，2009，41（3）：305 –317.

⑤ O'Hara，Philip Anthony. Marx，Veblen and Contemporary Institutional Political Economy：Principles and Unstable Dynamics of Capitalism［M］. Cheltenham：Elgar，2000.

⑥ Lucarelli D. B. Financialization and GlobalImbalances：Prelude to Crisis［J］. Review of Radical Political Economics，2012，44（4）：429 –447.

⑦ Liang Y. Global Imbalances and Financial Crisis：Financial Globalization as a Common Cause［J］. Journal of Economic Issues，2012，46（2）：353 –362.

的债务杠杆，增强企业的利润率预期，刺激企业的过度投资。美国金融系统朝着庞氏融资结构方向发展。

总之，“金融化”试图通过“金融修复”①② 解决资本积累的内在矛盾。这种金融修复只能带来暂时的、虚假的繁荣，使货币金融系统更加不稳定，最终酿成2008年金融危机。

第三节　法国调节学派的经济危机理论

法国调节学派起源于20世纪七八十年代阿格列塔（Michel Aglietta，1979）、利比兹（Alain Lipietz，1985，1987）、布瓦耶（Robert Boyer，1988，1990）、杰索普（Bob Jessop，2001）等法国学者对福特制的形成、本质、发展和衰退等一系列问题的研究。相关研究的历史背景是资本主义面临经济滞胀危机和美国等发达资本主义国家从福特主义向新自由主义转型，因此经济危机理论是该学派的重要研究内容。它认为，当社会经济结构的主要制度组织处于不匹配状态时经济体会产生五种危机类型；自20世纪80年代以来，资本主义积累体制逐渐从福特主义积累体制转向金融主导型积累体制。本轮危机源自金融主导型积累体制的潜力消耗殆尽和全球经济结构失衡。本节分三部分，首先，介绍该学派的理论框架与核心思想；其次，阐述它对经济危机的层次、类型和级别的制度分析；最后，结合它的基本原理阐述本轮经济危机的类型和原因。

一、法国调节学派的理论框架与核心思想

法国调节学派的理论分析框架主要由积累体制、制度诸形式、调节模式、发展模式等要素构成。在这个理论体系中，积累体制是最深层、最抽象的理论范畴；制度诸形式指一系列制度尤其是基本经济制度，它们是资本积累赖以实现的基本条件或制度保障；调节模式和发展模式是积累体制与基本制度的表现形式，是积累体制的“上层建筑”。

1. 资本主义积累体制及其历史形态

按照利比兹（Alain Lipietz）的界定，积累体制（regime of accumulation）是用来描述社会生产中消费和积累之间的长期稳定关系的一个概念，体现在规范、习惯、法律和规章制度之中，反映了一种再生产图示。③ 因此，积累体制是维持生产和消费相互平衡、满足经济增长条件的一系列规则的复合体。这些规则反映了生产条件（劳动生产率、产

① Kotz D. M. Contradictions of Economic Growth in the Neoliberal Era：Accumulation and Crisis in the Contemporary U. S. Economy［J］. Review of Radical Political Economics，2008，40（2）：174－188.

② Moseley F. The U. S. Economic Crisis：From a Profitability Crisis to an Overindebtedness Crisis［J］. Review of Radical Political Economics，2013，45（4）：472－477.

③ Alain Lipietz. Mirages and Miracles：Crisis in Global Fordism［M］. London：Verso，1987：14.

业关系、集约化程度）和社会利用产品条件（生活消费、生产投资、政府支出和国际贸易）之间的关系，其中最为重要的是在总支出中决定消费与投资比例的规则和在总收入中决定工资与利润比例的规则，它们决定资本主义积累能否顺利进行。布瓦耶（Robert Boyer）把构成积累体制的规则概括为五个方面：一是生产的组织方式以及工人与生产工具关系；二是奠定企业管理原则基础的资本价格稳定的时间范围；三是保证社会不同阶级或群体得以再生产和发展的价值分配关系；四是与生产能力发展趋势对应的社会需求构成；五是与非资本主义经济结构的关系。[①] 显然，他们在阐述积累体制时强调资本主义扩大再生产的基本特征及生产和消费之间的一般关系。

布瓦耶把资本主义扩大再生产的基本特征分为两种类型：外延型增长和内涵型增长。所谓的外延型是指资本积累主要依靠劳动时间和劳动力投入增加来实现，是一种投资驱动型增长，近似于今天我们说的粗放经营；而内涵型则是指资本积累主要依靠劳动生产率提高来实现，类似于集约化经营。考虑到生产和消费关系后，内涵型积累体制还可以分为两种情形：有大量生产但不伴随大众大量消费情形；有大量生产并伴随大众大量消费情形，大众消费成为经济增长的重要引擎。从大众消费与资本主义发展的关系看，在资本主义早期历史中，消费并没有被整合于资本主义经济增长之中，消费被整合于资本主义经济增长之中是“二战”之后的事情。结合生产的主要特征以及消费和生产之间的关系，布瓦耶把 18 世纪以来的资本主义积累体制分为四种类型：一是消费没有被整合于资本主义增长的外延型积累体制，与之对应的是 18 ~ 19 世纪的英国经济，典型代表是英国维多利亚时代的经济繁荣；二是消费没有被整合于资本主义经济增长的内涵型积累体制，与之对应的是 19 世纪美国经济，典型代表是泰勒制；三是消费被高度整合于资本主义经济增长的内涵型积累体制，与之对应的是 1945 年之后的经济与合作发展组织（OECD）经济，这一时期又被称为福特主义时期；四是消费被高度整合于资本主义经济增长的金融主导型积累体制，典型代表是 20 世纪 80 年代以来的美国新自由主义。如表 3 -3 所示，从①到④是一个历史演变过程。下面重点说明后两种类型。

表 3 -3　　理论上和历史中的四种积累体制

积累特征	再生产主要特征	
消费特征	外延型	内涵型
消费根本不被整合于资本主义	18 世纪和 19 世纪早期的英国经济，如英国维多利亚时代的繁荣①	19 世纪美国经济，如泰勒制②
消费被高度整合于资本主义	20 世纪 70 年代之后的美国金融主导型增长体制④	1945 年之后的 OECD 经济，如福特制③

资料来源：根据 Robert Boyer（1990）及相关资料整理。主要参见 Robert Boyer. The Regulation School：A Critical Introduction［M］. New York：Columbia University Press，1990：xvi.

① Robert Boyer. The Regulation School：A Critical Introduction［M］. New York：Columbia University Press，1990：35.

揭示福特主义积累体制的本质、运行机制及其在资本主义发展史中的意义是调节学派理论研究的初衷。福特制的积累体制是围绕劳动生产率增长、实际工资提高、消费需求扩张、生产和市场的规模效应等因素构建出来的一套规则系统或经济运行机制。这套系统的关键条件是建立稳定的劳资关系和确保实际工资增长，其动力之源是劳动生产率不断提高。20 世纪 70 年代之后，福特制在美国逐渐瓦解，资本主义经济增长转向了金融主导型积累体制（finance-led growth regime）①：股票、住房等资产价格上升和金融衍生品创新成为经济增长的动力之源；在金融泡沫不断膨胀情况下，虽然实际工资增长停滞，但工薪家庭依靠金融资产收益和家庭债务杠杆仍能够进行高消费。

2. 资本积累的制度诸形式和调节模式

调节学派把制度诸形式（institutional forms）概括为以下五个制度子系统。一是资本主义劳资关系制度（核心是工资制度），主要涉及生产劳动过程中的组织管理和技能等级制度、劳资谈判和工资议价制度、劳动与社会保障制度等，这些制度直接影响劳动力的生产和再生产，因此是制度体系中最为关键的子系统。在上述四种积累体制中存在着四种不同类型的工资制度：普遍存在于 19 世纪的竞争性工资制度，在其中劳动者的消费不是资本主义生产的一部分；20 世纪上半叶流行的泰勒主义工资制度，泰勒制的劳动组织有利于大规模生产，但对工人阶级生活水平的影响很小；40 ~ 70 年代的福特主义工资制度，它把生产与消费紧密地联系在一起；80 年代至今的弹性生产与弹性工资制度。二是资本主义货币金融制度，主要涉及货币当局的金融管理制度和货币创造制度、金融机构和实体产业的关系、股票和基金市场的直接融资机制和管理制度、国际金融体系等。三是竞争形式，主要涉及企业、地区和国家之间的竞争市场类型，以及各种纵向和横向一体化形式对竞争的影响。四是国家的组织形式和允许国家干预经济活动的程度及相关制度安排，主要涉及财政政策、货币金融政策和产业政策等。五是国际政治经济制度，主要涉及国际贸易、跨国投资和国际资本流动等规则或制度等。这五个制度子系统涉及经济、政治和社会三个领域，既涵盖了马克思所强调的阶级关系，也涵盖了凯恩斯主义所强调的政府与市场关系。它们成为揭示在特定时空中资本积累体制运行机制的主要解释变量。

上述五个方面的制度形式对私人和国家的经济行为具有强制和引导作用，从而使某种积累体制得以运行。因此，利比兹把积累体制赖以运行的制度诸形式称为调节模式（mode of regulation）②。调节模式是维持和引导积累体制的一套程序和行为，它不仅指上述制度诸形式，还包括组织形式、规则和习俗等。可见，调节模式并非指狭义的“规制”或“管制”模式，而是基于制度、组织、规则的一种系统论思想，它试图通过研究系统的各个部分在某些条件下交互作用从而产生某些有序的动态来揭示资本主义再生产

① Robert Boyer. Is a Finance-led Growth Regime a Viable Alternative to Fordism? A Preliminary Analysis [J]. Economy and Society, 2000, 29 (1): 116 – 120.

② Alain Lipietz. Mirages and Miracles: Crisis in Global Fordism [M]. London: Verso, 1987: 33.

的条件和历史变迁规律。调节学派按照竞争形式和国家体制区分出两类调节模式：竞争性的和垄断性的调节模式，垄断模式又被分为私人垄断和国家垄断两种形式。根据积累体制和调节模式的相互作用关系，调节学派把经济增长置于若干个资本主义发展阶段中考察：19 世纪的经济增长属于竞争性调节模式和粗放式积累体制的综合产物；“二战”之后的发达国家经济空前扩张是国家垄断资本主义调节模式与大众消费的集约式积累体制的综合产物，参见前面的表 3－3。

就积累体制和调节模式之间的逻辑关系而言，前者是资本积累的基本运行机制，具有相对普遍性和稳定性；后者是资本积累的制度载体和运行条件，具有鲜明的时空特色或者时空多样性。积累体制是通过调节模式得以实现的，积累体制和某种特定的调节模式的结合被称为发展模式（mode of development），只要基础制度形式能够有效调节积累过程，发展模式就会产生长期经济增长动力。表 3－4 描述了 20 世纪初至今积累体制和调节模式的主要类型和发展阶段。从中可以看到，新的积累体制的出现是旧的调节模式发生危机的根源：以泰勒制为标志的内涵型积累体制的出现导致传统的自由竞争模式发生危机，新自由主义积累体制的出现导致国家干预模式危机。2008 年全球金融危机标志着金融主导型积累体制趋向终结，该积累体制的崩溃究竟是由什么新的积累体制导致的，这个问题还有待于深入研究。

表 3－4　　20 世纪积累体制和调节模式发展阶段

体制危机	1914 年之前	1918～1939 年	1945～1973 年	1974～1991 年	1991～2008 年	2008 年至今
积累体制	外延型（粗放型）	新兴的内涵型（泰勒制）	集约型（福特制）	新自由主义（弹性制）	金融主导型（金融化）	有待研究
调节模式及其危机	自由竞争模式	自由竞争模式危机	国家垄断资本主义	国家垄断资本主义危机（福特制—凯恩斯主义危机）	股东主导型公司治理结构	2008 年金融危机、资本主义结构性危机

资料来源：根据 Bob Jessop（2001）和 Robert Boyer（1990）启示及相关资料整理，不考虑第一次世界大战和第二次世界大战全面爆发时期。参见 Bob Jessop. The Parisian Regulation School［C］. Edward Elgar Publishing Ltd，2001：443－470；Robert Boyer. The Regulation School：A Critical Introduction［M］. New York：Columbia University Press，1990：130－131.

3. “黄金时代”：福特主义的积累体制和调节模式

调节学派认为，福特主义的积累体制和调节模式创造了“二战”之后所谓的资本主义“黄金时代”。

建立福特主义积累体制的两个标志性事件是福特汽车公司在 1913 年春天引进生产流水线和 1914 年初实行 5 美元日工资制。这两个标志性事件象征着福特主义建立了大规模生产和大规模消费之间的良性循环增长机制。大规模生产体现在基于机械化、自动化和标准化的流水线作业及其带来的规模经济效益。流水线的引进使劳动生产率在一年时间里提高了约 70%，高工资效应不仅消除了此前困扰福特公司的高劳动更替率，而且掩盖了高劳动强度。大规模消费建立在实际工资增长与劳动生产率挂钩基础上。

在微观和宏观层面，福特主义积累体制建立了这样一种良性的累积因果关系：机械化、标准化的工艺流水线能够大幅度增加劳动强度，使劳动生产率大幅度提高；当实际工资同劳动生产率一起提高后，在工人购买力增加基础上形成了大众大量消费的需求市场；消费需求扩张满足了规模经济发展的需要，这又反过来促进集约化投资增长和大规模生产，促进技术创新和就业；在制造业中伴随规模经济发展、资本密度增加和技术创新，劳动生产率又进一步得到提升。

福特主义积累体制形成了与之配套的调节模式，概括地说，体现在以下五个方面。第一，在以工资制度为核心的劳资关系方面，虽然 OECD 国家采取不尽相同的制度形式，但都包括以下三个方面：一是在给定的产业、行业和领域中实行工资集体协议，阻止厂商竞相削减工资水平和福利待遇的逐底竞争；二是国家按照购买力水平建立最低工资制度并周期性地逐渐提高；三是建立强制性的劳动与社会保障制度。① 这种工资制度往往依赖于劳资双方所签订的长期雇佣合同，在一定程度上把生产的决定权和分配的决定权分开了；这种工资制度还促进了工会组织的扩张和工会的劳资谈判能力的增强。“二战”之后，发达资本主义国家在工资制度、雇佣合同、社会福利、工会组织等方面进行了一系列制度安排，它们成为福特主义调节模式的最重要组成部分。阿格列塔认为，作为福特主义最为关键的部分，这些制度安排发挥了“熨平”经济周期的作用：工资的集体协议确保实际工资增长，进而使消费需求有了制度保障，大企业不是依据当前销售量波动而是按照未来需求增长的预期确定产能和产量。因此，这些制度安排具有反周期的稳定器作用，维持了发达国家的需求稳定。②

第二，在货币金融制度方面，国家强有力地介入货币金融系统。货币不再是金银，而是现代主权货币，即国家负债；商业银行在中央银行监管下通过信用扩张进行货币供给，中央银行的最后贷款人功能确保商业银行在金融危机时刻拥有必要的流动性；控制利率，避免其大幅度波动。③ 这些制度安排改变了银行和工业企业的关系，有利于企业把生产从一个行业转移到另一个行业并在衰退行业中维持价格的相对稳定。同时，银行能够借助现代金融手段或金融创新有效地进行大规模的信用扩张，推动实体经济的发展。这在一定程度上体现了熊彼特在《经济发展理论》中所描述的企业家和银行家之间相互配合的创新融资活动。

第三，在竞争形式方面，因为福特主义调节模式建立在国家垄断资本主义基础上，所以它的一些制度安排有助于缓和资本之间的竞争程度，在产品市场上建立相对稳定的寡头组织，譬如纵向一体化的大型公司在市场竞争中居于主导地位。

第四，在国家介入经济活动方面，福特主义或凯恩斯主义采取积极的财政政策、货

① Alain Lipietz. Mirages and Miracles: Crisis in Global Fordism [M]. London: Verso, 1987: 37.

②③ Aglietta, M. Capitalism at the Turn of the Century: Regulation Theory and the Challenge of Social Change [J]. New Left Review, 1998 (232): 41 - 90.

币政策和产业政策，扩大基础设施建设，构建国家层面的劳动与社会保障体系。

第五，在国际经济关系方面，在世界银行和国际货币基金组织基础上构建了一个稳定的国际货币金融系统，使国际贸易、跨国投资和国际资本流动在一定的规则和制度下有序发展。这里的核心制度是指布雷顿森林体系和关贸总协定。

利比兹认为，福特主义的积累体制和调节模式带来以下两个后果，它们促成了“黄金时代”的形成。① 一是在第一部类中的技术构成和它的生产率同步提高。较高的劳动生产率带来机器设备产量的迅速增加，资本品的价值发生贬值，于是资本技术构成提高产生了对资本有机构成提高的抵消效应，该效应阻止了资本有机构成提高的历史趋势。二是工资收入者的消费和第二部类的劳动生产率同步提高。虽然实际工资增长会制约剥削率的提高，但有助于阻止资本主义扩大再生产陷入消费需求不足危机，从这个方面阻止或延缓了利润率下降趋势。日本名古屋大学的山田锐夫教授通过图 3 - 8 描绘了“黄金时代”的福特主义宏观经济循环路线。在这个图示中，最为关键的因素是劳资双方达成阶级妥协，表现为实际工资与劳动生产率之间保持联动，由此带来大规模生产和大规模消费。

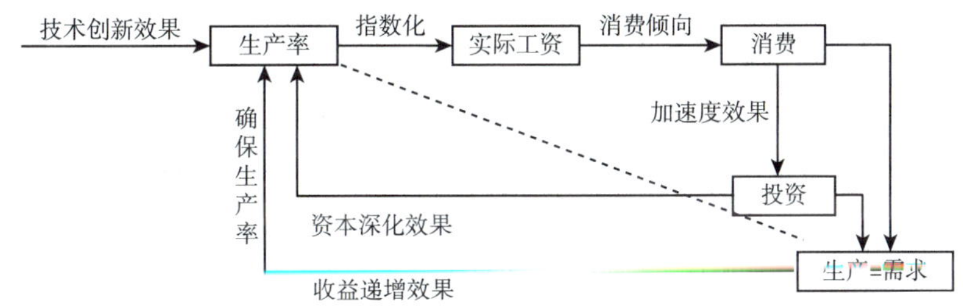

图 3 - 8　福特主义的宏观经济循环路线

资料来源：吕守军．法国调节学派理论与马克思主义经济学创新［M］．上海：上海人民出版社，2015：62.

二、关于经济危机层次、类型和程度的制度分析

1. 经济危机的层次和类型

调节学派认为，经济危机不仅发生于不同的社会经济层面，而且即使属于同一层面上的危机也具有不同的类型。布瓦耶把经济危机分为三个层面和五种类型。②

首先是最低层次的经济危机。资本主义再生产过程会经常受到自然灾害、气候变动、社会革命、战争或重大政治运动等因素的影响，它们破坏再生产的条件，引发经济危机。调节学派把这类经济危机称为单纯的外部扰动型危机，因为经济增长、物价和就

① Alain Lipietz. Mirages and Miracles: Crisis in Global Fordism [M]. London: Verso, 1987: 36 - 37.

② Robert Boyer. The Regulation School: A Critical Introduction [M]. New York: Columbia University Press, 1990: 48.

业水平、国际收支等发生大幅度收缩是由外部因素导致的，虽然因此爆发经济危机，但积累体制和调节模式仍能够正常运行，随着外部干扰因素的逐渐消失，资本主义再生产过程又恢复到正常状态。

其次是中间层次的经济危机，这是调节学派重点研究的危机问题。它认为，调节模式和积累体制都是发展和演变的，二者之间并非总能够相互适应，它们的不同步和不匹配会中断再生产过程，导致经济危机发生。可以把中间层次的经济危机分为三种类型。一是周期性经济危机，这类危机发生于某个时期的主导的调节模式内部，起因于经济扩张过程中内生的各种张力和失衡，譬如有效需求不足、部门发展不平衡、工资和利润之间分配关系不合理、价格扭曲等。这种危机的一个重要特征是主导的调节模式依然很健全，仍具有足够的“调节”潜力，因此再生产过程呈现停滞和增长、萧条和复苏、危机和繁荣的转换与交替发展。二是调节模式或调节体系的危机。当主导的调节模式因制度陈旧、滞后于社会经济发展要求时，调节模式便陷入系统性“失控”状态，不能有效地通过相应的制度和机制去支撑积累体制、消除外部冲击的不利影响。[①] 制度诸形式（劳资关系、货币金融制度、竞争形式、国家体制和国际经济关系）中的任何一个子系统发生障碍或失控都会引发经济危机，20 世纪 30 年代的大萧条属于这类危机。三是发展模式或积累体制的危机。这种危机根源于：旧的积累体制已经不能维持应有的利润率水平；技术革命或重大技术创新破坏了原有积累体制并引起制度诸形式发生剧烈的变化；各种政治经济力量围绕新的“游戏规则”展开斗争，无法形成能够促使经济复苏的制度均衡。

最后是主导的生产模式危机。这种经济危机意味着资本主义生产方式走向灭亡，因此布瓦耶把这种危机称为“终极危机”（final crisis）。

调节学派关于经济危机的三个层面和五种类型的分析有助于我们深化对经济危机根源的认识，避免把不同类型的经济危机混为一谈，譬如把某些短期的外生扰动性危机说成是资本主义走向灭亡的终极危机，或把内生的中间层次危机归咎于外生因素的冲击。

2. 根据制度变迁判断经济危机的级别

调节学派根据主要制度形式的涉及程度把经济危机分为“小危机”和“大危机”。[②] 图 3 -9 描述了经济危机的层次和类型，其中制度诸形式是理论分析的关键。由于外部扰动型危机和周期性经济危机不会破坏现存的积累体制和调节模式，经济体能够很快消除外部冲击的不利影响或消除由特定经济关系导致的张力和扭曲，而不至于引发制度形式的变革，所以这类经济危机被称为“小经济危机”或“次要经济危机”（minor crisis）。当然，小经济危机也会逐渐侵蚀制度诸形式，导致调节模式和积累体制之间的矛盾逐渐加深。

---

① Robert Boyer. The Regulation School: A Critical Introduction [M]. New York: Columbia University Press, 1990: 52 -53.

② Alain Lipietz. Mirages and Miracles: Crisis in Global Fordism [M]. London: Verso, 1987: 34.

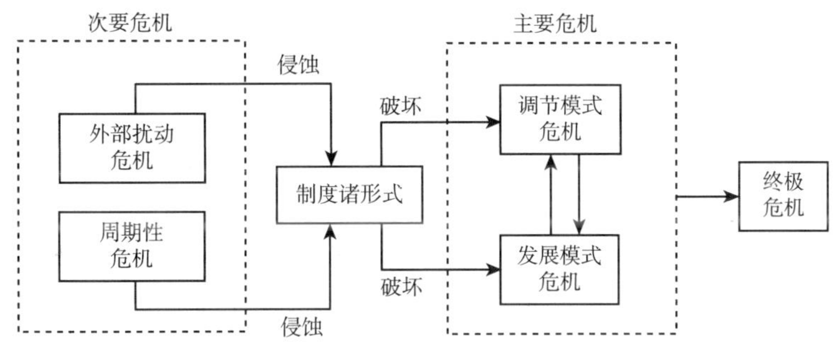

图 3 – 9　经济危机的层次和类型

资料来源：笔者整理。

由于调节模式危机和发展模式危机的基本特征是主导的制度形式尤其是劳资关系制度遭到破坏或崩溃，以至于资本主义再生产的基本条件失去了制度保障，所以这类危机被称为“大经济危机”或“主要经济危机”（major crisis）。大经济危机的爆发或者因为新兴的积累体制受到旧的调节模式的阻碍，譬如 20 世纪 30 年代的大萧条是一种调节模式危机，其原因是新出现的集约型积累体制和传统的竞争性调节模式不匹配；或者因为相对于现行的主导的调节模式而言，现行的积累体制的潜力已经耗尽，譬如 19 世纪末的经济危机和 20 世纪 70 年代的经济危机。面对这类深层的系统性的制度危机，凯恩斯主义逆经济周期的宏观调控政策失灵了。

三、当代资本主义经济危机：从福特制危机到金融主导型危机

1. 福特制发展模式的危机

资本主义经济运行依赖一套内在连贯一致的社会调解机制——调节模式，调节模式促使资本积累与生产力发展相适应。但是调节模式做到这一点是有条件的：首先，它依赖于内部规则的稳定性；其次，它依赖于各个利益集团之间的制度化的妥协关系，无论是契约上的还是法律上的，这种妥协关系都会减少不确定性。在福特制运行二三十年之后，随着新技术革命爆发、新自由主义兴起（金融化和全球化）及其他外部条件的变化，福特制陷入制度僵化和机制扭曲的困境，因为这些因素逐渐改变了福特制的劳资关系制度、工资制度、国家财政制度以及国家管理社会经济活动的方式等。阿格列塔（Aglietta，2015）从新技术革命、经济全球化、集体工资协议弱化、弹性就业、金融自由化等方面阐述福特制瓦解的原因。①

建立在新技术革命基础上的经济全球化实现了资本在全球范围内的劳动分工，逐步动摇了福特制调节模式中的劳动关系，促成新自由主义积累体制的兴起。跨国公司通过

① Aglietta M. A Theory of Capitalist Regulation：The US Experience ［M］. London and New York：Verso，2015［1979］：412 –428.

国际价值链在全球配置资源、组织生产和销售产品，为了工资套利、靠近原材料和销售市场以节约成本，跨国公司把大量生产活动通过离岸生产和外包转移到海外。这导致发达国家的国内制造业比重下降，福特制所依赖的规模经济效应、劳动生产率提高和实际工资增长关系难以维系。资料显示，在福特主义调节模式盛行时期（1948～1966年），美国私人企业劳动生产率的年增长速度为3.2%，工人实际可支配收入的年增长速度为2.1%；而在1966～1973年，上述指标均大幅度下降，分别为2.3%和0.8%。

随着计算机和信息技术革命的兴起，在发达国家中的产业和部门有朝阳产业和夕阳产业、主要部门和次要部门的技术性划分，与之对应的是劳动力市场的技术性分割。在夕阳产业和次要部门的劳动力市场中雇佣关系的灵活弹性增强，加之离岸生产和外包导致的就业岗位的减少，极大地削弱了工会力量，使福特主义劳资关系制度、工资集体协议制度及各个利益集团之间的协商制度遭到破坏。

劳资关系恶化、劳动生产率下降、实际工资水平增长停滞、利润率下降、市场竞争加剧等使福特制所依赖的大规模生产和大规模消费的联动机制趋于崩溃，福特制积累体制和调节模式的潜力已经耗尽了。因此，调节学派认为，20世纪70年代的资本主义经济滞胀发端于石油价格上涨的“小危机”，真正根源则是福特制的积累体制和调节模式崩溃的“大危机”。

2. 金融主导型发展模式危机

20世纪80年代以后，美国的资本主义积累体制逐渐从福特制转向金融主导型积累体制，这是以大垄断金融资本利益为中心的积累体制，具有以下三个方面特征。

首先，大垄断金融资本拥有对产业资本的支配权和社会资源的控制权，资本积累体制和调节模式直接服从于金融垄断资本的增值需要。在这种积累体制下，资产泡沫膨胀（股价、金融衍生品和住房价格的飙升）成为金融利润的主要来源，正如马克思所说的，它试图摆脱物质生产的中间环节——为了赚钱而必须干的“倒霉事”①，直接从虚拟资本运动中攫取金融利润。其次，采取债务积累式的经济增长模式。长期以来，它以美国家庭债务积累、国家债务积累和巨额贸易逆差（对应着资本账户盈余）来推动美国金融资产价格的上升，以资产泡沫膨胀的财富效应推动社会总需求的增长。大众消费的基础不再依赖实际工资增长与劳动生产率增长的联系机制，而是家庭债务积累和资产泡沫的财富效应。最后，新自由主义宣扬“华盛顿共识”，通过建立全球化的资本积累体制，垄断资本积累超越了民族国家的界限。

在这种积累体制和调节模式下，美国民众的工薪收入、大众消费、财政赤字、贸易赤字等都服从于垄断资本金融增值的需要，这不仅暴露出垄断金融资本的贪婪性和掠夺性，也加大了美国金融结构的脆弱性。建立在高债务杠杆基础上的信用扩张和失去监管的金融投机最终酿成了2008年美国金融危机。

---

① 马克思恩格斯全集（第45卷）[M]. 北京：人民出版社，2003：67－68.

第四章　货币金融范式论：后凯恩斯学派经济危机理论

自20世纪初金本位制崩溃尤其布雷顿森林体系崩溃后，资本积累的货币金融结构发生了重大变化，主要表现在以下三个方面：一是西方发达国家资本积累体制从自由竞争资本主义发展为私人垄断资本主义，又从国家调节的垄断资本主义进入金融化全球化的垄断资本主义①；二是货币从金本位制发展为现代主权货币，信用货币（或银行货币）创造机制也从金本位制发展为主权货币本位制；三是虚拟资本与产业资本之间呈现严重的结构失衡。这些变化意味着马克思所揭示的资本虚拟化达到了空前的高度。后凯恩斯学派对当代资本主义货币金融体系的新发展和新特征有独到的理论见解，本章围绕货币供给、利率决定、资本积累金融化、新自由主义等关键问题阐述后凯恩斯学派的货币金融范式，批判和借鉴相关研究以丰富马克思主义货币金融危机理论。本章分三节，第一节阐述现代信用货币和主权货币的本质、创造方式和循环过程，在这个基础上阐述了现代货币体系的金字塔结构与货币危机的发生机制。第二节阐述明斯基的“华尔街资本主义”思想、金融结构趋于脆弱和不稳定的发展机制。第三节探讨美国经济的双重“增长悖论”和金融修复问题，双重“增长悖论”和金融修复失败是产生2008年美国金融危机的直接原因。

第一节　现代货币结构与货币危机的发生机制

后凯恩斯货币理论由两部分构成：一是现代信用货币理论；二是现代主权货币理论。本节重点阐述这两种货币的本质、创造方式和循环过程，它们构成现代货币体系的金字塔结构，金字塔结构的脆弱性是产生货币危机的根源。

一、后凯恩斯货币理论的思想渊源及其新发展

虽然货币是市场经济中的一个司空见惯的东西，但在经济思想史中“货币是什么”

① 高峰．金融化全球化的垄断资本主义与全球性金融—经济危机［J］．国外理论动态，2011（12）．

绝非一个不言而喻的问题。当代各种货币理论都直接或间接地来自三种理论体系：马克思主义经济学、主流新古典经济学和后凯恩斯经济学。为了更好地阐述后凯恩斯货币理论的主要特征，下面首先介绍主流新古典经济学的“交易成本说”，以突出后凯恩斯货币理论与新古典主义之间的差异性；其次阐述后凯恩斯货币理论的主要思想来源及其理论宗旨。关于后凯恩斯货币理论与马克思货币理论的关系问题将在第六章研究。

1. 主流新古典学派的货币论

“货币是什么”的问题让当代西方主流货币金融学家们感到尴尬，他们承认“并不存在一个单一而且精确的货币或货币供给的定义，即便对于经济学家来说，也是如此”。主流经济学不得不回避货币本质问题，只是从功能角度把货币比喻为市场交易活动的“润滑剂”。[①] 这个比喻可以追溯到门格尔关于货币本质的“交易成本说”。门格尔把货币的性质定位在交易媒介上，即为了改变物物交换的低效率，降低交易成本，货币便在市场交换中诞生了；而且无须借助任何法律约束，“看不见的手”——交易者不断降低交易成本的努力——最终使得货币体系收敛成单一货币。

主流新古典经济学没有对货币的性质及其创造机制给予应有的理论关注，这是因为在瓦尔拉斯一般均衡框架中，货币是外生的，它仅仅代表一种交换比率。一般均衡分析假定存在完全竞争、完全信息和完全知识，有一个“拍卖商”为所有商品宣布一组相对价格向量，拍卖商可以选择任何一种商品作为记账单位或价格单位。根据这种记账单位，把相对价格转变为名义价格。囿于交易经济学的理论局限性，主流新古典经济学的货币理论主要是围绕货币需求与利率决定问题展开的，货币供给问题几乎没有被纳入理论分析视野中。

主流新古典经济学回避货币供给理论研究，它只是假定货币供给是外生给定的，关于货币本质是什么以及货币如何被创造出来等货币供给问题通过比喻、假设等修辞方法避而不谈，或给予外生供给假设。这样，在货币供给外生假设下，货币理论被简化为货币需求理论，用可贷资金供给关系解释实际利率的决定，其中可贷资金的供给来源于真实因素，例如实际产出、社会的自愿储蓄和新增货币，可贷资金的需求取决于投资资金需求和窖藏需求。弗里德曼创建了现代货币主义学派，他的研究也只是试图证明货币流通速度和货币需求函数具有稳定性及“单一规则”具有可行性。当有人追问他货币是如何进入实际经济中时，他只好诙谐地说是“从直升机上撒下的物品”。[②]

2. 后凯恩斯货币理论思想渊源及理论宗旨

后凯恩斯货币理论可以追溯到凯恩斯的货币理论、克纳普（Knapp，G. F.）的国家货币理论乃至更早的托马斯·图克等的银行学派思想。

凯恩斯构建的从计算货币到货币本体诸形式的货币谱系理论是后凯恩斯货币理论的

---

① 米什金．货币金融学［M］．李扬等译．北京：中国人民大学出版社，1998：47，48.

② 丁冰．现代西方经济学说［M］．北京：中国经济出版社，1995：121.

重要思想来源。在《货币论》开篇中凯恩斯首先界定了“计算货币”和“货币”的含义及其关系：“计算货币（money of account）是表示债务、物价与一般购买力的货币”；“计算货币是表征和名义（description or title），货币则是相应于这种表征的实物（money thing）。”① “description or title”通常被译为“表征和名义”，被理解为符号或称号。基于这种翻译和理解，在中译本序言中刘涤源先生指出，凯恩斯“不从货币本体去引出货币符号，而从货币符号去引出货币本体。这是对货币发展历史的严重歪曲”。② 因此，凯恩斯的货币论被归属于名目主义。笔者认为对上述翻译和解读还有值得商榷的地方。

首先，不能把计算货币等同于符号货币。笔者认为，凯恩斯的“计算货币”的本意是对商品内在价值或生产成本的描述或说明（description）③，即对债务、物价与一般购买力的描述，其含义近似于马克思所说的价值尺度以及货币的支付职能。凯恩斯区分“计算货币”和“货币”意在区分“货币本体”——价值尺度、流通手段和支付手段——与“货币物”。通览全书，凯恩斯之所以引出计算货币这个概念就是为了反驳新古典经济学把货币理解为交易媒介和符号货币。由于缺乏科学的劳动价值论，凯恩斯不可能深入研究作为价值尺度的“计算货币”的客观存在性问题，不可能揭示货币的本质，而只能停留在现象层面强调计算货币的价值描述功能和支付功能，然后转向对货币分类学研究。

其次，凯恩斯强调货币形态的形成和发展具有漫长的历史演化过程，在演化过程中发生了计算货币与货币物的分离、货币物的多样化和符号化。最初，计算货币与货币物是统一的，统一体就是商品货币，所以凯恩斯把商品货币作为货币诸形式之一。对货币形态的历史发展过程，虽然凯恩斯在理论阐述上篇幅不多，但提供了较为丰富的货币史资料。

最后，阐述“计算货币”并不是凯恩斯研究货币的主要任务，其目的在于从这个概念引出作为计算货币载体的“货币本体”（money proper）④，即我们在经济生活中司空见惯的典型的或代表性的货币形式（representative money）⑤，然后对货币形式进行分类研究，最后讨论在金本位制崩溃之后的资本主义货币金融结构。

---

① 上述中文翻译引自：凯恩斯．货币论［M］．蔡谦等译．北京：商务印书馆，1997：5。对应的英文单词引自 John Maynard Keynes. A Treatise on Money：The Pure Theory of Money. in The Collected Writings of John Maynard Keynes（Volume V）［M］. Cambridge and New York：Cambridge University Press，2013［1971］：3。

② 引自《货币论》的中译本序言，页码为序言中的页码。凯恩斯．货币论［M］．蔡谦等译．北京：商务印书馆，1997：14－15.

③ 这样理解并不是说凯恩斯接受了马克思的商品货币理论。

④ 蔡谦等把 money proper 译为“正式货币”和“纸币”（《货币论》，1997 年，第 10 页）。李春荣、尚妍等把它译为“严格货币”（《凯恩斯文集（中卷：货币论）》，1999 年，第 7 页）。笔者认为这两种翻译不准确甚至是错误的。

⑤ John Maynard Keynes. A Treatise on Money：The Pure Theory of Money. in The Collected Writings of John Maynard Keynes（Volume V）［M］. Cambridge and New York：Cambridge University Press，2013［1971］：5－6. 在中译本中，蔡谦等译为“表征货币”。李春荣、尚妍等译为“符号货币”，参见凯恩斯．凯恩斯文集（中卷：货币论）［M］．北京：改革出版社，1999：5. 这两种翻译都意在从纯粹的符号上理解“计算货币”的含义。笔者认为这种理解并不符合凯恩斯的本意。

基于计算货币，凯恩斯进行货币分类学研究。在“货币本体”的选择上国家拥有绝对的权威，“现在，一切文明国家的货币无可争辩地都是国定货币。”① 于是，凯恩斯探讨了“国定货币”或“主权货币”（state money）的起源，还罗列了一系列“国定货币”历史证据。另外，在债务清偿过程中，由于债务支付证券（acknowledgments of debt）可以非常有用地代替货币本身，充当货币，于是，由计算货币派生出“银行货币”（bank money），“银行货币就是以计算货币表示的私人债务支付证券”。这样，银行货币和国定货币成为凯恩斯货币分类学中的两个基本形态。在它们的基础上，凯恩斯进一步划分出四种货币形式：商品货币、管理货币（managed money）、不兑换纸币和银行货币，其中银行货币不是“货币本体”（money proper），而是债务支付证券，如图4－1所示。

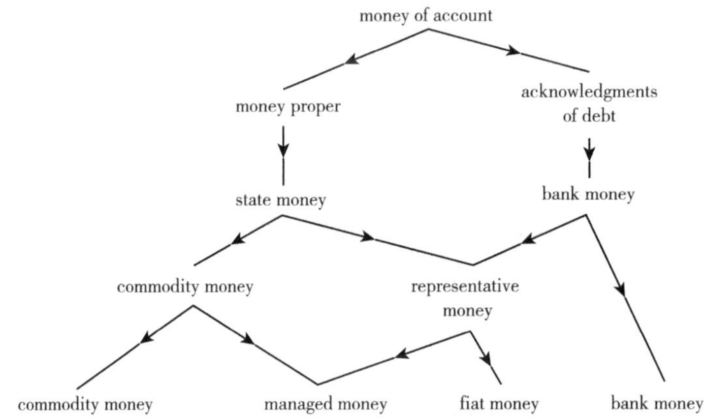

图4－1　凯恩斯的货币谱系（从计算货币到货币本体诸形式）

注：在蔡谦等翻译的《货币论》中，把图中的“money proper”翻译为“纸币”，疑似错误，所以本图直接采用英文原图，并在正文论述中给出了对应的翻译。

资料来源：John Maynard Keynes. A Treatise on Money：The Pure Theory of Money，in The Collected Writings of John Maynard Keynes（Volume V）［M］. Cambridge and New York：Cambridge University Press，2013［1971］：8.

基于上述分析，凯恩斯指出了现代货币金融结构的两个基本特征。一是国家货币和银行货币的总和构成流通中的货币总量。现代银行体系是由中央银行和会员银行（商业银行）构成的组织结构，在这个系统中，国家货币分别由公众、会员银行和中央银行持有。中央银行和会员银行持有的国家货币构成银行体系的准备金，会员银行用这种准备金作为保证吸收存款。存款成为公众持有的银行信用货币（简称银行货币）。于是，准备金、银行货币和公众持有的国家货币成为“流通货币”（current money）的总量。② 二是在英美等货币银行业发达的国家，90%以上的“流通货币”都是银行货币③，国家货币则成为基础货币或高能货币。

① 凯恩斯．货币论［M］．蔡谦等译．北京：商务印书馆，1997：6.
② 凯恩斯．货币论［M］．蔡谦等译．北京：商务印书馆，1997：11.
③ 凯恩斯．货币论［M］．蔡谦等译．北京：商务印书馆，1997：29.

综上所述，虽然凯恩斯的货币论没有科学地揭示货币本质，但不能简单地把它归入名目主义或符号货币论之列。凯恩斯对货币诸形式的分类学研究是符合资本主义经济发展客观事实的，对国家货币和银行货币的起源、性质和功能的研究具有重要的理论启示。更为重要的是，我们应当从这些先驱思想中看到他试图批判和超越主流新古典经济学的理论动机。这个理论动机和宗旨一直贯穿着后凯恩斯货币理论的发展方向。

后凯恩斯货币理论的另一个思想来源是克纳普（Georg Friedrich Knapp）的“货币国定说”（chartalism）。[①] 其实凯恩斯的“国家货币”概念也是借鉴了克纳普的思想。1924年，德国新历史学派经济学家克纳普出版了《货币的国家学说》一书，他认为无论货币表现为某种商品（包括金银贵金属）还是不可兑换性纸币（fiat money），它都是国家基于税务清偿和债务结算目的而创造出来的。国定货币说是与商品货币说或货币金属论对立的一种货币理论。根据这种理论，法币或不可兑换性纸币是一种金融资产，是国家无须偿付的债务，国家法令规定它的价值并把它作为债务和税务的结算手段。[②] 在经济思想史中，国家货币说甚至可以追溯到尼古拉斯·巴本（Nicholas Barbon）和托马斯·图克（Thomas Tooke）等人的论述，这里不再论述。后凯恩斯学者在创新发展国家货币思想的过程中还吸纳了勒纳（1947）的功能财政思想。

虽然国家货币在金本位制时代甚至更早就已经存在，但金本位制的崩溃使国家货币理论的重要性得到突显，这是克纳普和凯恩斯专门研究国家货币的经济史背景。布雷顿森林体系崩溃后，美元的主权货币和世界货币的双重身份成为理解当代国际经济关系复杂问题的关键因素，于是国家货币理论成为后凯恩斯学派货币金融理论的思想来源。

3. 后凯恩斯货币理论新发展

在凯恩斯、克纳普等对国家货币和银行货币论述的基础上，后凯恩斯学派提出了特色更为鲜明的、内容更为丰富的“现代信用货币理论”和“现代主权货币理论”，构建了一个不同于主流新古典经济学的逻辑自洽的货币理论。

现代信用货币理论系统地研究了银行货币供给的内生过程。它认为货币制度有一个从商品货币到信用货币的历史演化过程，最初，货币由实物商品或贵重金属构成，随着资本主义货币银行业的发展，非金融部门在银行中的存款（银行的负债）成为主要的交易媒介，它的表现形式就是银行信用货币（简称信用货币或银行货币）。[③] 信用货币与商品货币的主要区别在于：前者是发行银行的负债，是一种债权债务关系，它内生地由信用需求决定，其数量反映信用扩张程度；相反，商品货币的供给完全在信贷过程之外，其数量代表着财富数量而不是信用数量。因此，后凯恩斯学派强调现代资本主义货币金

---

① John Maynard Keynes. A Treatise on Money: The Pure Theory of Money, in The Collected Writings of John Maynard Keynes (Volume V) [M]. Cambridge and New York: Cambridge University Press, 2013 [1971]: 4.

② Knapp, Georg Friedrich. The State Theory of Money [M]. Mansfield Centre, CT: Martino Fine Books, 2013 [1924].

③ Chick, V. The Evolution of the Banking System and the Theory of Saving, Investment and Interest [A]. in Arestis, P., Dow, S. On Money, Method, and Keynes: Selected Essays [C]. London: Macmillan, 1992.

融结构是建立在银行货币或信用货币基础上的，如果对货币的理解仍停留在商品货币形式上，我们就很难解释现代货币金融体系的运作机制。[①②]

现代主权货币理论（sovereign currency theory）以布雷顿森林体系崩溃后的国际货币金融体系为背景，发展了克纳普和凯恩斯的国定货币论。瑞（Wray, L. R.）和古德哈特（Goodhart, Charles A. E.）等认为，主权货币是由主权国家确立的一种记账货币，是国家强制本国国民支付税收的形式。政府首先创造一种记账货币[③]，然后用它征税，正是纳税义务确保了民众对这种记账货币的需求。因为能够用它纳税，主权货币被民众广泛接受，成为交易媒介和债务清算工具。[④⑤⑥] 其数量——基础货币数量——由国家决定。

二、现代信用货币理论

长期以来，围绕银行信用货币（简称信用货币或银行货币）的创造、循环和灭失过程等问题，在后凯恩斯信用货币供给理论内部存在两种不同的研究方法：水平主义方法和结构主义方法。[⑦] 它们的基本观点是一致的：都认为银行贷款是创造信用货币的主要途径，这是一个从贷款指向存款的因果关系方向；都主张信用货币供给具有内生性，认为利率是一种货币现象。分歧的实质是它们从两个不同侧面揭示信用货币供给的复杂性，相对于水平主义方法，结构主义方法更强调信贷市场中的风险递增和流动性偏好等因素的作用。下面首先在一个纯粹透支经济模型中分析信用货币的创造和循环过程，然后分别从货币供给和需求两个方面研究这两种方法，最后探讨这两种方法的综合问题。

1. 信用货币创造和循环的纯理论分析

下面构造一个纯粹透支经济模型，假定只有企业、居民和银行系统三个经济主体，其中，银行系统是金融中介，它的基本职能是为企业生产融资。因为企业之间的产品交换属于中间产品交换，假定这部分交易所需的货币可以相互抵消，即不考虑这部分货币量，则银行向企业的贷款最终转化为企业的货币利润和家庭的货币收入（工资），这个

① Moore, B. J. Horizontalists and Verticalists: the Macroeconomics of Credit Money [M]. Cambridge: Cambridge University Press, 1988: 3-19.

② King, John E. The Elgar Companion to Post Keynesian Economics [M]. Cheltenham, UK and Northampton, MA, USA: Edward Elgar, 2003: 117-121.

③ 它的载体可以是金属的、纸质的或其他材质的，这其实不是问题的关键。

④ Wray, L. R. What is Money [A]. in J. Smithin. What is Money? [C]. London: Routledge, 2000.

⑤ Wray, L. R. Modern Money Theory: A Primer on Macroeconomics for Sovereign Monetary Systems [M]. London, New York: Palgrave Macmillan, 2015.

⑥ Goodhart, Charles A. E. Two Approaches to Money [M]. Cambridge, Mass: MIT Press, 1998.

⑦ Pollin, R. Two Theories of Money Supply Endogeneity: Some Empirical Evidence [J]. Journal of Post Keynesian Economics, 1991, 13 (3): 366-394.

信用货币的创造过程如图 4－2 中实线箭头所示。从银行创造信用货币的角度看，企业偿还银行贷款是信用货币向银行回流和灭失的过程，如图 4－2 中虚线箭头所示。图中企业和家庭在银行中的存款也用虚线箭头表示，虽然存款不等于信用货币的灭失，但存款意味着信用货币已经脱离了市场经济活动，它仅以一种债权债务关系的形式而存在，表现为在银行资产负债表上与贷款对立的等量的负债。

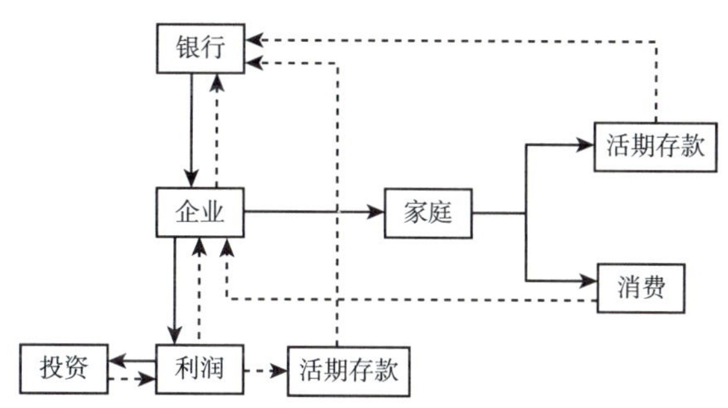

图 4－2 信用货币的创造与循环

首先，把企业的纯收入抽象为工资和利润两部分[①]，银行货币以工资和利润的形式构成工人和资本家的收入。如果工人将全部工资用于购买消费品，则作为工资的货币将流回企业，在企业用它偿还银行贷款后这部分银行货币就灭失了。图 4－2 中用实线箭头表示从银行贷款到企业生产、到家庭消费的生产融资过程和货币创造过程；用虚线箭头表示从工人消费到企业收到货款，再到偿还银行贷款的回流过程。如果工人按照某种边际储蓄倾向把部分工资收入转化为家庭的银行存款，则家庭的银行存款对应着企业未能实现的销售货款，进而对应着企业不能偿还的贷款。经过一轮生产融资周期之后，企业暂时不能偿还的贷款和家庭存款分别构成银行资产负债表的资产和负债，二者保持同向、同量地变动。在长期里，如果不考虑家庭对货币的谨慎需求和家庭用于跨期消费的储蓄等因素，家庭的银行存款最终会以家庭消费支出的形式流回企业，成为企业的销售收入，当企业用它偿还贷款后这部分银行货币就此灭失了。

其次，把利润分为资本家消费、追加投资和储蓄三部分。作为消费的那部分利润转变为企业的货款收入，企业用它来偿还相应的贷款，这部分货币因此流回银行而灭失，这种情形与对家庭的分析一致。作为追加投资的那部分利润属于未偿还的贷款，它会在下一生产周期中创造新的利润，当企业用新利润偿还上一生产周期中的追加投资后，这部分贷款或银行货币就灭失了，如图 4－2 中的虚线箭头所示。当然，企业还可以向银行申请新的贷款作为扩大再生产的追加投资，其货币创造意义同上所述。如果企业把一部分利润存入银行，则这部分利润成为不能偿还的贷款，其后果类似于家庭储蓄。

---

① 为了简化分析，这里假定把家庭分为工人和资本家两个阶级，他们的收入分别对应着工资和利润；假定银行系统的工资和利润为零，因为抽象银行经营收入不影响相关分析。

在银行资产负债表中，作为银行资产的贷款总额等于作为银行负债的存款总额。

2. 水平主义方法

（1）信用货币供给。

“水平主义”（horizontalism）方法的术语来自20世纪80年代卡尔多（Kaldor，N.，1982，1988）[①②] 和摩尔（Moore，B. J.，1988）等人对内生的信用货币供给问题研究。他们认为在一个“利率—货币供给”的坐标系中，货币供给曲线呈水平状态。[③] 水平主义方法因此而得名，卡尔多、摩尔等学者也被称为“水平主义者”（horizontalist）。下面通过回答四个方面问题阐述水平主义方法的基本原理。

第一，关于信用货币创造的性质问题，水平主义方法认为银行向客户提供的贷款是信用货币创造的源泉，即信用货币经济运行的逻辑起点是银行的信用贷款，没有贷款何来存款。水平主义方法通常构建一个纯粹的信用货币经济模型来阐述信用货币创造的性质及其循环过程：首先，企业要想扩大再生产就必须不断地从银行获得融资以补充对信用货币的需求；其次，银行的基本职能是向企业出售贷款，就这个职能而言，它和一般生产性企业一样追求利润最大化，在既定利率水平下，银行会完全适应企业的信贷需求；最后，在企业偿还贷款后，信用货币就此灭失。[④] 在这个模型中，信用货币的创造过程是：银行首先创造贷款（信用扩张），然后产生客户的银行存款，最后才是银行寻找储备金（基础货币）。这个模型的经济学含义是：一个国家的信用货币供给不是依赖于总的储蓄量，而是依赖于货币需求，是由货币需求内生驱动的，货币供给不仅不能独立于货币需求而存在，而且总是等于货币需求。在因果关系上，水平主义观点与主流经济学教科书中所说的银行存款多倍地派生出存款的乘数理论完全相反。

基于贷款创造存款、存款创造准备金的因果关系，水平主义方法提出了货币除数原理。假定M、B、d和k_m分别表示信用货币供给量、基础货币量、货币除数和货币乘数。一方面银行贷款创造了存款进而创造了信用货币供给量M，另一方面贷款也创造了银行的准备金需求，满足银行系统准备金需求的方式只能是中央银行的准备金贷款，因为银行之间的隔夜拆借不会增加银行系统的准备金总量。因此，当银行系统创造信用货币M的同时，它也获得了准备金B，B的量取决于M的量。于是有：$B = dM$，$d = B/M$。仅从数学表达式看，d的倒数就是k_m，似乎这种表达式与主流经济学中的货币乘数表达式（$M = k_mB$）没有什么区别。但从经济学含义看，dM在等式右边，这表明B是M的函数，即有$B = f(M)$，存在着从M到B的因果关系，银行系统会按照d向中央银行寻求

① Kaldor N. The Scourge of Monetarism [M]. Oxford: Oxford University Press, 1982.

② Kaldor N. & J. Trevithick. A Keynesian Perspective on Money [A]. in Sawyer, M. C. Post-Keynesian Economics [C]. Aldershot: Edward Elgar, 1988: 101 -119.

③ Moore B. J. Horizontalists and Verticalists: the Macroeconomics of Credit Money [M]. Cambridge: Cambridge University Press, 1988: xi.

④ Moore B. J. Shaking the Invisible Hand: Complexity, Endogenous Money and Exogenous Interest Rates [M]. Basingstoke: Palgrave Macmillan, 2006.

B；相反，在货币乘数表达式中 B 是既定的、外生的，M 主要取决于乘数大小。由于考虑到央行具有最后贷款人角色，所以与货币乘数相比，货币除数更能够体现基础货币供给和信用货币供给的内生性。

第二，关于信用货币循环过程的特征问题，根据“卡尔多—特里维斯科回流机制”(Kaldor-Trevithick reflux mechanism)①，水平主义方法认为，信用货币的循环是一个内在于生产融资的“自生自灭”的过程。由于信用货币是由银行贷款创造的，所以在银行客户最终偿还了银行贷款之后，这部分信用货币就会自动灭失。信用货币不同于商品货币或贵金属货币，不会在循环中发生贮藏现象。人们的过度存款会自动灭失，货币存量绝不会超过人们愿意持有的量，因此不会出现货币供给过剩的可能性。虽然该机制所描述的信用货币循环过程特征是基于一个纯粹的信用货币经济模型而言的，但它揭示了信用货币循环过程的关键特征。在现实情形中，的确存在着货币贮藏和过度存款现象，但这些现象并不能推翻水平主义方法，基于水平主义方法的结构主义方法能够很好地解释这些现象（后文有专门阐述）。

第三，关于信用货币体系的结构问题，水平主义方法认为，中央银行或货币当局处于信用货币体系的“金字塔”的顶端，是为货币体系提供流动性的主要机构，它的最基本职能是“最后贷款人”。为了确保社会经济的流动性需要尤其是金融系统的稳定性，它不可避免地要依照最后贷款人的角色去适应银行对储备的需求。② 中央银行“最后贷款人”角色意味着高能货币或准备金的供给也是内生的，是由需求决定的因变量，因为这种角色决定央行无法按照其意愿直接决定货币供给数量，否则将违背其最后贷款人功能。央行只能进行准备金价格管理（调控基准利率）而不能进行准备金数量管理，这个结论与弗里德曼的“单一货币规则”的货币主义政策完全相反。在金融系统风险居高，银行流动性枯竭之际，中央银行不可能冒着银行系统偿付能力丧失、面临挤兑而崩溃的风险关闭“贴现窗口”，作为信用经济的中枢神经系统，它必须履行自己的“最后贷款人”职能。如果央行在这个危机时刻拒绝向银行系统提供储备，其后果必将是加速金融危机的爆发。

第四，关于利率的性质和中央银行的货币政策选择问题，水平主义方法认为，利率是由中央银行决定的外生变量，而货币供给量则是由货币市场需求决定的内生变量，在现行的利率水平下，信用货币供给具有无限的利率弹性，因此在货币政策工具选择上，应当选择利率工具而不是货币供应量，即选择价格控制政策（控制利率水平），而不是数量控制政策（控制准备金数量）。③从信用货币创造的性质及其循环流动过程看，无论

①③　Kaldor N. & J. Trevithick. A Keynesian Perspective on Money [A]. in Sawyer, M. C. Post-Keynesian Economics [C]. Aldershot: Edward Elgar, 1988: 101 – 119.

②　Moore B. J. Horizontalists and Verticalists: the Macroeconomics of Credit Money [M]. Cambridge: Cambridge University Press, 1988.

何时，真正独立的变量不是货币供给量，而是被中央银行控制的利率。① 在宏观调控政策导向上，中央银行难以控制货币供给数量，假如中央银行想影响货币供给量，它所能做的只是调整基础货币供给的条件——基础利率。②

第五，关于信用货币供给的驱动力问题，水平主义方法认为，归根到底，货币供给量随工资水平波动而波动，二者具有因果关系。③ 这个结论的背景是20世纪70年代美国的通货膨胀，理论基础是后凯恩斯学派的“成本加成价格理论”和“工资成本加成的通货膨胀模型”。④ 水平主义方法认为，企业之间针对生产资料的信用货币需求可以相互抵消，于是把信用货币需求简化为企业对工资的融资需求这个单一因素，进而把当时的通货膨胀归咎于工资水平居高不下。这种简化论是不对的，它没有看到资本主义信用扩张和资本循环的复杂关系，没有看到针对不变资本的信用扩张是导致通货膨胀的更为关键的因素。

参考冯塔纳（Fontana G.）的研究，图4－3通过四个象限的传导关系描述了水平主义货币供给机制。⑤

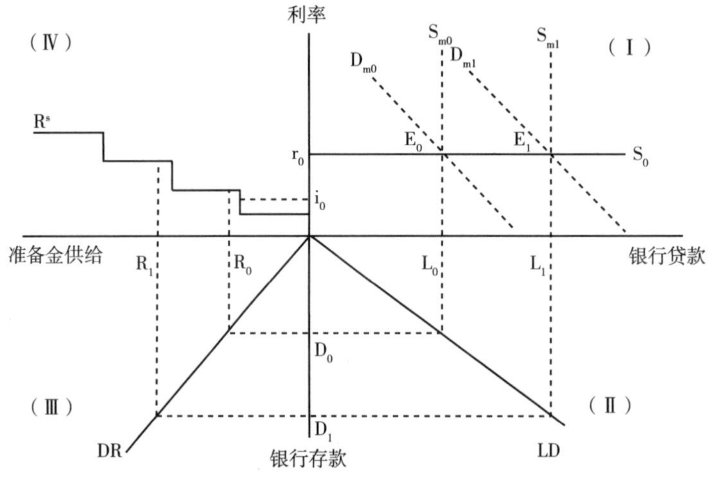

图4－3 水平主义货币供给曲线

资料来源：参见 Harcourt G. C.，Kriesler，Peter. The Oxford Handbook of Post-Keynesian Economics（Vol. 1）［Z］. Oxford，New York：Oxford University Press，2013：191. 有修改。

---

① Moore B. J. Money Supply Endogeneity：Reserve Price Setting or Reserve Quantity Setting?［J］. Journal of Post Keynesian Economics，1991，13（3）：404－413.

② Kaldor N. The Scourge of Monetarism［M］. Oxford：Oxford University Press，1982.

③ Moore B. J. Unpacking the Post Keynesian Black Box：Bank Lending and the Money Supply［A］. in Sawyer，M. C. Post-Keynesian Economics［C］. Aldershot：Edward Elgar，1988：120－139.

④ Lee F. S. Post Keynesian Price Theory［M］. Cambridge：Cambridge University Press，1998.

⑤ Harcourt G. C.，Kriesler，Peter. The Oxford Handbook of Post-Keynesian Economics（Vol. 1）［M］. Oxford，New York：Oxford University Press，2013：191.

第Ⅰ象限描述了信用货币供给的信贷市场。在信贷市场中，假定银行按照利率水平r_0向企业提供贷款，由此形成货币供给曲线S_0；再假定最初的货币需求曲线是D_{m0}，则有均衡点E_0，此时贷款量或货币供给量为L_0，货币供给曲线为S_{m0}。这个过程充分体现水平主义方法所强调的贷款创造货币供给的原理。

第Ⅱ象限表示贷款决定存款，通过贷款创造存款曲线LD和L_0，可以得到存款D_0。

第Ⅲ象限表示存款创造准备金，通过存款创造准备金曲线DR和D_0，可以得到准备金R_0。

第Ⅳ象限描述了准备金市场的结构性特征。准备金的供给是一个阶梯递增函数，其中每一个水平段都表示：当中央银行确定某种货币政策后，它会针对不同的贷款利率水平，譬如r_0，表现出对准备金需求的适应行为，这是典型的准备金价格管理行为，而非数量管理行为。从一个较长的连续过程看，准备金供给曲线R^s从右向左逐步递增，这表明中央银行对银行准备金需求的反应函数具有不完全弹性，准备金市场上呈现利率随需求增长而增长的结构主义特征。在中央银行的实际操作中，假定i_0是中央银行向银行提供准备金贷款的基准利率，那么，可以把r_0看作对i_0按照某种比率（α）进行成本加成的结果，即有$r_0 = \alpha(1 + i_0)$。至此，我们能够看到，在r_0或i_0水平上，面对贷款L_0，中央银行的准备金供给为R_0。

基于上述分析，假如货币需求增加到D_{m1}，在其他条件不变的情况下，银行仍会按照利率水平r_0向企业提供贷款L_1，均衡点为E_1，此时，货币供给量是S_{m1}。连接均衡点E_0和E_1后形成一条货币供给曲线S_0。可以看到，在金融环境尤其是基准利率i_0和α不变的情况下，货币供给曲线是一条水平线。卡尔多、摩尔等水平主义者和明斯基都认为，面对严重的货币金融恐慌，中央银行必须担负银行系统的“最后贷款人”角色，在这种特定情形下，准备金市场的结构性特征将被弱化，表现为更显著的适应性特征，准备金供给曲线变得更富有弹性。

（2）信用货币需求。

水平主义方法认为，无论是弗里德曼的新货币数量论还是凯恩斯主义的流动性偏好理论，它们都是以外生货币供给为背景讨论货币需求问题。摩尔认为，凯恩斯在《通论》中把利率界定为由货币供求关系决定的变量，否定了传统主流经济学用可贷资金理论解释利率的形成机制，这在货币需求理论方面有思想创新，但关于货币的供给机制问题仍是个理论黑箱。对于理解信用货币的性质及其循环过程而言，“流动性偏好”毫无用途。摩尔甚至认为，仅就货币供求关系问题而言，与《货币论》（凯恩斯，1930年）中的理论创新相比，《通论》是一个理论退步，因为《通论》从外生的货币供给和内生的货币需求（理论流动性偏好理论）角度讨论利率形成机制。①

---

① Moore B. J. Horizontalists and Verticalists: the Macroeconomics of Credit Money [M]. Cambridge: Cambridge University Press, 1988: 195 - 199.

关于利率的决定问题，水平主义方法不是首先从凯恩斯的流动性偏好出发进行研究，而是主要借鉴新李嘉图学派的“习惯利率”概念，认为利率是货币当局在一定的政策目标和约束条件下按照习惯和惯例确定的独立的外生变量，因此利率的决定具有历史的、习惯性的特征。银行可以在一个合理区间内制定习惯利率：首先，银行贷款的正常利率不应当低于再生产价格的增长率，否则投机者会借此套利；其次，利率不能高于经济利润率，否则所有的剩余价值都会被食利者或金融资本攫取。借鉴“习惯利率”论，水平主义方法把利率决定视为货币市场中的一种惯例行为。在这个过程中，中央银行如同价格领导者，商业银行如同价格追随者，它们通过对基础利率的加成方法制定市场利率。关于利率在宏观经济运行中的作用问题，水平主义认为，利率主要是影响收入分配的变量，它对产出和就业的影响是通过有效需求效应实现的。因此，水平主义方法一方面反对货币主义所宣称的“自然利率论”以及它在宏观经济运行中的机制作用，譬如它与“自然增长率”和“自然失业率”的关系等；另一方面也反对主流凯恩斯主义在“IS－LM 模型”中关于利率形成机制的分析。①②

3. 结构主义方法

（1）信用货币供给。

在信用货币创造的性质方面，结构主义方法也坚持从贷款到存款的因果关系，这与水平主义方法是一样的。但它认为水平主义方法过于极端，因为货币供给具有不完全适应货币需求的特征。流动性短缺会引发金融创新，并导致金融体系的组织结构发生创新性改变。在这种情况下，中央银行并不是像水平主义方法所宣称的那样能完全独立地控制利率。在利率—货币供给坐标系中，货币供给曲线向右上方倾斜。这种结构主义方法主要来自罗西斯（Rousseas，1998）③、波林（Pollin，1991；1997）④⑤ 及阿瑞斯蒂斯和豪威尔斯（Arestis & Howells，1999）⑥、罗森和罗西（Rochon L. P.，and S. Rossi.，2003）⑦、道（Dow S. C.，1996；2006）⑧⑨ 等后凯恩斯学者的研究成果。

---

① Lavoie M. Endogenous Money: Accommodationist [A]. in Arestis, P., Sawyer, M. A Handbook of Alternative Monetary Economics [C]. Cheltenham: Edward Elgar, 2006: 17－34.

② Lavoie M. Foundations of Post-Keynesian Economic Analysis [M]. Aldershot, Hants: Edward Elgar, 1992: 193－196.

③ Rousseas S. Post Keynesian Monetary Economics [M]. Basingstoke: Macmillan, 1998.

④ Pollin R. Money Supply Endogeneity: What Are the Questions and Why Do They Matter? [A]. in G. Deleplace and E. J. Nell. Money in Motion: The Post Keynesian and Circulation Approaches [C]. London: Macmillan, 1996: 490－515.

⑤ Pollin R. Two Theories of Money Supply Endogeneity: Some Empirical Evidence [J]. Journal of Post Keynesian Economics, 1991, 13 (3): 366－394.

⑥ Arestis P., and M. Sawyer. A Handbook of Alternative Monetary Economics [C]. Cheltenham: Edward Elgar, 2006.

⑦ Rochon L. P. and S. Rossi. Modern Theories of Money: The Nature and Role of Money in Capitalist Economies [M]. Cheltanham: Edward Elgar, 2003.

⑧ Dow S. C. Horizontalism: a Critique [J]. Cambridge Journal of Economics, 1996 (20): 501－505.

⑨ Dow S. C. Endogenous Money: Structuralist [A]. in P. Arestis and M. Sawyer. A Handbook of Alternative Monetary Economics [C]. Cheltenham: Edward Elgar, 2006: 35－51.

结构主义方法强调货币流通速度的变化、金融机构的金融创新以及流动性偏好等因素的作用。假如中央银行保持货币供给量不变，不去适应货币需求的增加，则随着利率的上升货币流通速度会提高。然而，货币流通速度的提高和金融创新只能在一定程度上弥补货币供给不足的缺口，因此货币供给与利率之间存在正向关系。① 具体表现为：信用货币供给曲线不再是一条向右延伸的水平线，而是向右上方逐步提升的阶梯曲线，即货币供给是一个阶梯函数，它表明金融系统中的某些结构性因素（货币流通速度提高和金融创新）导致信用货币供给与利率之间存在同向变动关系。

道（Dow S. C.）把银行风险评估和信贷配给因素引入对货币供给的分析中，指出银行并不完全是数量的接受者。首先，信用货币供给量及利率是由借贷双方的风险状态决定的。从银行角度看，根据不确定性和风险递增原理，随着贷款量的增加，银行会提高利率，即提高对基准利率的加成额度。银行对风险大小的判断以及对基准利率的加成额度决定信用货币的供给量。银行觉察到的风险越大，加成额度就越大，货币供给就越缺乏弹性。由于贷款风险的增加，利率加成将随着信用货币供给量的增加而增加。因此，在利率—货币供求量坐标系中，信用货币供给是一条在基准利率的水平线基础上逐渐向右上方倾斜的曲线。有效的供给曲线并不是水平的那部分，而是向上倾斜的那部分。从企业角度看，根据不确定性和风险递增原理，企业把贷款需求视为投资风险的减函数，因此在利率—货币供求量坐标系中，贷款需求或货币需求是一条相对于利率的向右下方倾斜的曲线。货币供给曲线和需求曲线的交点决定均衡的利率水平和供求量。在经济衰退时期，由于银行预期企业违约风险较高，银行对基准利率的加成额度会提高，而企业的预期投资回报率会较低，因而货币供求量也较低；在极端情况下，银行会确定一个信贷供给上限，此时信用货币供给曲线会是垂直的。其次，银行会实行信贷配给。在以下两种情况下会出现系统性的信贷配给：一是在经济周期的低迷时期，这一时期具有较高的风险和流动性偏好；二是银行面对特定的一群借款者时，如小企业，因信誉不足小企业往往存在着严重的信用缺口。②

关于信用货币在循环过程中的“灭失”问题，虽然结构主义方法在一定程度上接受了水平主义方法的回流机制，但认为该回流机制的作用不是绝对的和广泛的。它认为作为一种价格机制，利率的变化在货币循环中也是实现货币供求均衡的主要力量，当公众存款超过了银行对存款的需求后会导致利率发生变化，利率变化会进一步使贷款与存款一致。③ 波林进一步指出，中央银行并不能够完全控制利率水平。中央银行对非借入储备（nonbor-

① 斯蒂芬·罗西斯．后凯恩斯主义货币经济学［M］．余永定等译．北京：中国社会科学出版社，1991：105－107.

② Dow S. C. Horizontalism：a Critique［J］．Cambridge Journal of Economics，1996（20）：501－505.

③ Arestis P.，P. Howells. The Supply of Credit Money and the Demand for Deposits：A Reply［J］．Cambridge Journal of Economics，1999（23）：115－119.

rowed reserves)① 的控制行为会导致金融创新——银行系统的创新性负债管理，金融创新为银行系统创造超额准备金，从而在一定程度上缓解银行面临的贷款利率上升的压力。就此而言，金融创新也影响利率的决定。当然，金融创新的作用是有限的，当货币金融市场不能够产生足够的储备金供给时，银行将被迫收回贷款或出卖资产以满足其储备需求，并停止新的信用扩张。这种信用收缩往往是导致货币金融危机的重要原因。②

在图 4-3 的基础上，图 4-4 描述了结构主义方法的货币供给曲线。该图表明，结构主义方法遵循贷款创造存款、存款创造准备金的因果关系原理，但也在两个方面修改了水平主义方法。

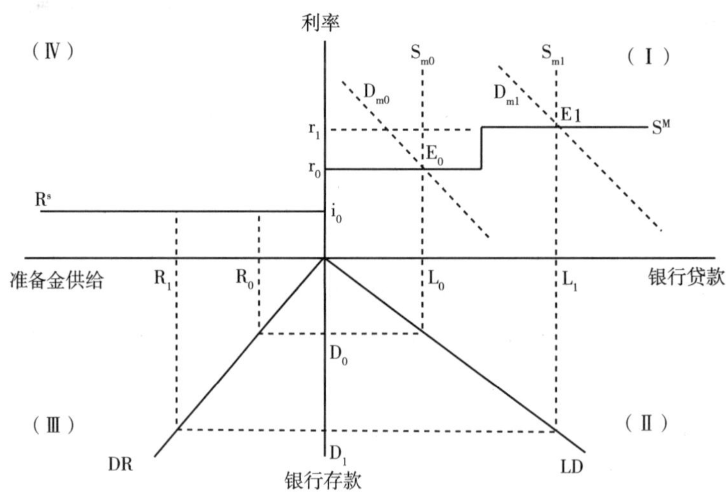

图 4-4　结构主义货币供给曲线

资料来源：参见 Harcourt G. C.，Kriesler Peter. The Oxford Handbook of Post-Keynesian Economics (Vol. 1) [Z]. Oxford，New York：Oxford University Press，2013：191. 有修改。

首先，在第Ⅰ象限中，即在信贷市场中，银行贷款是银行及其客户的流动性比率的函数。如明斯基的金融脆弱性理论和卡莱茨基的风险递增理论所指出的，在经济扩张期间，随着信贷量尤其高风险的未偿还贷款增加，企业债务杠杆率提高，整个经济系统的流动性水平发生了普遍下降。在接近经济周期峰值时，一些银行开始感受到金融系统的脆弱性，并对资产负债表的流动性不足感到担忧。在这种情况下，银行不仅会提高信贷申请的条件，而且会按照风险递增原则提高贷款利率，即从 r_0 提高到 r_1。可以把 r_0 和 r_1 看作对中央银行基准利率 i_0 的加成，加成的依据就是风险递增程度。这样，银行尽可能把贷款发放给信誉良好的企业，以此提高银行系统防范金融风险的能力。在这种情况下，贷款的供应（L）表现为一个阶梯函数，货币供给也因此表现为一条阶梯递增曲线。

① 非借入储备是商业银行的总储备减去通过再贴现窗口已向美联储借入的储备，它是美联储实施货币政策的工具之一。受货币主义影响，美联储相信用非借入储备作为管理货币的政策工具能够准确地控制货币流通量。

② Pollin R. Two Theories of Money Supply Endogeneity：Some Empirical Evidence [J]. Journal of Post Keynesian Economics，1991，13 (3)：366-394.

贷款供给曲线的高度取决于银行设定的利率，在阶梯中某一段水平线的长度表示银行保持贷款供给价格不变的时间长度，这个长度取决于银行对金融风险状况的敏感性和预期，显然，如果银行敏感性强或预期悲观，则水平线较短且不断跃升。

基于上述分析，在图 4-4 中，假如货币需求从 D_{m0} 增加到 D_{m1}，随着信贷规模的扩张、企业债务杠杆率提高，经济体流动性大幅度下降。在这种情况下，若货币需求曲线是 D_{m1}，货币供给曲线是 S_{m1}，均衡点为 E_1，则银行将按照较高的利率水平 r_1 向企业提供贷款 L_1，这也是均衡的货币供给量。从均衡点 E_0 到 E_1 形成一条阶梯上升的货币供给曲线 S^M。可以看到，货币金融结构的脆弱化使银行对贷款需求不再具有完全适应性特征，这是对水平主义方法的第一个修改。

其次，在第Ⅳ象限中，即在准备金市场中，结构主义方法认为，中央银行对准备金供应具有完全弹性或具有完全适应性特征。这意味着央行执行单一的货币价格政策，即保持基准利率（i_0）不变，这是对水平主义方法的第二个修改。

不难看出，结构主义方法的修改没有推翻水平主义方法的基本思想。在水平主义方法的基础上，结构主义方法还关注到货币流通速度、流动性偏好、金融创新等结构性因素的作用，因此强调在信贷市场中银行对企业贷款需求的不完全适应性特征；认为中央银行采取的是单一货币价格管理政策并肩负最后贷款人角色，所以在准备金市场中中央银行对准备金需求具有完全适应性特征。

（2）信用货币需求。

结构主义方法认为，在货币需求问题上，新古典综合派只强调凯恩斯的流动性偏好因素，而水平主义方法则夸大了银行对信用需求的适应性。[①] 结构主义方法综合流量分析方法和存量分析方法，认为货币流量供给曲线（S_m）是由银行贷款流量决定的，其斜率是由利率和银行流动性偏好共同决定的；货币流量需求曲线（D_m）则是由企业和家庭的流动性偏好决定的。随着流量的供求关系变化，流量的供求曲线的均衡点向右方连续移动的轨迹线构成货币存量的供给曲线（S^M）。如果不考虑风险递增因素，货币存量的供给曲线的变化趋势可以是水平的，如图 4-5 所示。[②③]

4. 两种方法的综合

水平主义方法和结构主义方法从不同角度揭示信用货币的供给、需求和循环的机制及特征。它们既具有内在的一致性，又在某些具体分析细节上存在分歧，于是一些后凯恩斯学者从多个角度综合了这两种方法。

佩雷（Palley T. I.）和拉沃（Lavoie M.）认为，两种方法的分歧是非本质上的，主

---

① Cottrell Allin. Post Keynesian Monetary Economics: A Critical Survey [J]. Cambridge Journal of Economics, 1994 (18): 587-605.

② Arestis P. & P. Howells. Theoretical Reflection on Endogenous Money: The Problem with Convenience Lending [J]. Cambridge Journal of Economics, 1996 (20): 541-543.

③ Arestis P., M. Sawyer. A Handbook of Alternative Monetary Economics [M]. Cheltenham: Edward Elgar, 2006.

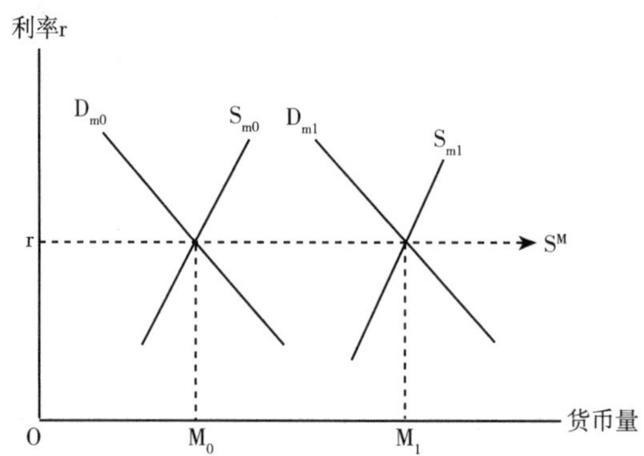

图4-5　货币供求的存量与流量分析

资料来源：笔者整理。

要源于它们有各自的理论侧重点。水平主义方法忽视对货币需求的必要分析，这导致它简单地认为只要银行满足贷款需求，这些贷款必定会转化为货币供给；而结构主义方法强调银行贷款的边际风险随着贷款量的增加而递增，强调流动性偏好和金融创新等因素的作用，这些因素导致银行采用对基准利率加成方法提高贷款利率，从而导致企业获得贷款的边际成本递增。它们之间的分歧会通过引入某些政策工具而降低。例如，假定央行将基准利率作为政策工具，当银行贷款增加到一定水平时，央行就提高基准利率。于是，静态的货币供给曲线是水平的，而动态的货币供给曲线是向右上方倾斜的。面对商业银行贷款的增加和金融系统风险的加大，中央银行是否必须适应？对这个问题，佩雷提出了一个折中的看法。在正常情况下，即贷款需求的移动较小时，中央银行能够拒绝并确实拒绝了对储备需求增加的完全适应；但在不正常情况下，即流动性短缺非常严重或风险正在威胁着整个金融系统时，中央银行必须要完全适应对储备需求的增加。当然，“正常”与“不正常”情况的区分是相对的，对它们的判断涉及货币管理体制的特征，如储备体制的松紧特征等。①②

流动性是经济中的时间问题。③④ 冯塔纳（Fontana G.）认为，两种方法采用不同的时间框架，这是导致分歧的主要原因。他区分了货币在时间上的二重性：存量货币和流量货币。作为支付手段，货币通常是收入和支出流量；但作为一种财富的贮藏手段，它又是存量，是资产组合中的金融资产。两种方法的分歧实际上是如何综合货币的这两种

---

① Palley T. I. The Endogenous Money Supply: Consensus and Disagreement [J]. Journal of Post Keynesian Economics, 1991 (13): 397-400.

② Lavoie M. Horizontalism, Structuralism, Liquidity Preference and the Principle of Increasing Risk [J]. Scottish Journal of Political Economy, 1996, 43 (3): 275-300.

③ Hicks J. Time in Economics [A]. in Hicks, J. Money, Interest and Wages: Collected Essays on Economic Theory (Vol. 2) [C]. Oxford: Basil Blackwell, 1982 [1976]: 288.

④ 希克斯关于经济学中的时间问题分析构成冯塔纳综合两种方法的理论基础。参见 Fontana G. Hicks on Monetary Theory and History: Money as Endogenous Money [J]. Cambridge Journal of Economics, 2004, 28 (1): 73-88. Fontana G. Money, Uncertainty and Time [M]. Abington: Routledge, 2009.

复杂功能的问题，于是他建议在一个时间序列中考察这两种方法之间的关系，譬如把水平主义方法视为在单一时期（a single period）中的静态分析。[①][②][③]

三、现代主权货币理论

1. 基础货币的创造过程

现代主权货币理论认为，主权货币或基础货币是由主权国家确立的一种计算货币或债务清算单位，是国家强制本国国民支付税收的形式，对它的需求是由税收驱动的。虽然主权货币又被称为法定货币，甚至很多国家颁布了法定货币法，明文规定国民必须接受它，但确保一国国民对主权货币需求的原因既不是它对贵金属的可兑换性[④]，也不是来自法定货币法的威慑力，而是强制国民必须履行的纳税义务。国家首先创造一种计算货币[⑤]，然后用它征税，任何有纳税义务的人都可以用主权货币来清偿这个义务。被国家指定为纳税工具是主权货币的最基本功能，这成为其被广泛接受的原因，因为能够用它来纳税，所以当人们用它来购买商品（服务）和清偿债务时它被广泛接受，因此成为流通手段和支付手段。这就是瑞（Wray，L. R.）和古德哈特（Goodhart，Charles A. E.）等学者所说的“税收驱动货币”原理，征税足以确保绝大多数债务、资产和价格都可以以主权货币为单位进行计价和结算，确保了国民对主权货币的需求。[⑥][⑦][⑧] 由于认为主权货币的需求来自税收，这种观点又被称为“税收货币论”。

在阐述现代货币理论关于基础货币的垂直创造过程原理时，研究方法采取先从一个封闭经济系统入手，抽象其他因素，以最直接的方式讨论基础货币的创造过程，然后再在一个开放经济系统中讨论基础货币的创造过程。

下面假定存在一个封闭经济系统：只有政府部门（财政部和中央银行）、私人部门（是相对于政府部门而言的，是对包括家庭和企业在内的经济主体的统称）和商业银行系统，暂时先不考虑国际经济关系。通常，基础货币是国家在获得税收之前就通过财政赤字方式先行创造出来了，因为无论在逻辑上还是在经验上，只有国家事先创造出了主

---

① Fontana G. Post Keynesian Approaches to Endogenous Money：A Time Framework Explanation ［J］. Review of Political Economy，2003，15（3）：291－314.

② Fontana G. Rethinking Endogenous Money：a Constructive Interpretation of the Debate Between Horizontalists and Structuralists ［J］. Metroeconomica，2004，55（4）：367－385.

③ Fontana G.，and M. Setterfield. Macroeconomics，Endogenous Money and the Contemporary Financial Crisis：A Teaching Model ［J］. International Journal of Pluralism and Economic Education，2009，1（1）：130－47.

④ 事实上，对金银贵金属的不可兑换性是主权货币的基本特征。

⑤ 它的载体可以是金属的、纸质的或其他材质的，这其实不是问题的关键。

⑥ Wray L. R. Modern Money Theory：A Primer on Macroeconomics for Sovereign Monetary Systems ［M］. London，New York：Palgrave Macmillan，2015：48－51.

⑦ Wray L. R. What is Money ［A］. in J. Smithin. What is Money? ［C］. London：Routledge，2000.

⑧ Goodhart，Charles A. E. Two Approaches to Money ［M］. Cambridge，Mass：MIT Press，1998.

权货币，国民才能够用它来纳税。这个顺序表明，国家通过赤字性财政支出把主权货币创造出来并作为纳税工具使之获得刚性需求，因此从原理上讲，赤字性财政支出必须要先于税收才能符合逻辑。下面以美元主权货币创造为例进行分析，这里把美国财政部和美联储统称为政府部门。当美国财政部开出支票并通过间接的方式存入美联储后，美联储就会在资产方持有美国国债（财政部借据），而在负债方持有准备金。这种操作只是在账户层面上进行，在未出现提现或者结算之前，并不需要真的印制美钞，只要有记账过程即可。当财政部以自己开出的借据作为负债，从美联储借入准备金并在市场上购买商品和劳务时（财政支出），主权货币（基础货币）便被创造出来并被注入经济体中。私人部门通过向政府出售商品和劳务而获得货币收入，再将之用于纳税、消费、储蓄、投资等。私人部门愿意持有更多的货币，因为主权货币除了纳税功能外，它也充当市场交易中的价值记账单位（价值符号）、流通手段、支付手段、贮藏手段。

上述说法会遭到一些人的批驳，批驳的理由是美联储在制度设计上独立于美国政府，它与财政部的关系受到一系列复杂而严格的法律规范制约，其中有规定禁止美联储直接从财政部手中购买国债以及直接向财政部贷款。但正如 L. R. 瑞等学者对美联储与财政部协助关系的技术细节的研究所显示的那样，[①] 这些复杂的法律关系并不妨碍它们成为美元创造的主体，不过是为赤字财政创造美元设定一个法律程序而已。[②]

税收导致基础货币灭失。理论上说，国家的税收额只能小于或等于财政支出额，税收小于支出的差额——财政赤字——将转化为私人部门的正的净货币收入或正的净金融资产。如果税收额与支出额刚好相等，则财政部通过美联储向市场中注入的基础货币将全部被收回，即基础货币全部回流和灭失，此时私人部门的净金融资产为零。可见，财政支出和税收成为基础货币垂直创造过程中的两个关键环节，并由此形成主权货币的创造、需求和灭失的循环过程。

国家垂直创造基础货币的过程如图 4 - 6 所示。图中实线表示货币的创造，虚线表示货币的灭失。财政部通过其在央行的账户进行支出，向私人部门购买商品和劳务，在私人部门获得基础货币后用于纳税的货币流回财政部，最终流回到其在央行的账户上，这部分货币灭失了。在财政赤字的情形下，国家创造的一部分基础货币转化为私人部门的净金融资产，持有的形式为现金持有（现金漏出）和银行存款。其中，存入银行的那部分基础货币进一步转化为银行系统的信用货币。

在实践中，上述过程非常复杂，下面仍以美国为例进行说明。通常，美国财政部的税收分为两部分：一部分税收被税收机构直接转移回财政部在美联储的账户，形成存款账户；另一部分成为财政部在留存机构和投资机构 TT&L 账户（Treasury Tax and Loan Account,

---

① Wray L. R. Modern Money Theory: A Primer on Macroeconomics for Sovereign Monetary Systems [M]. London, New York: Palgrave Macmillan, 2015: 90 - 102.

② 贾根良，何增平. 为什么中央银行独立是伪命题？——基于现代货币理论和经济思想史的反思 [J]. 政治经济学评论，2018 (2): 53 - 68.

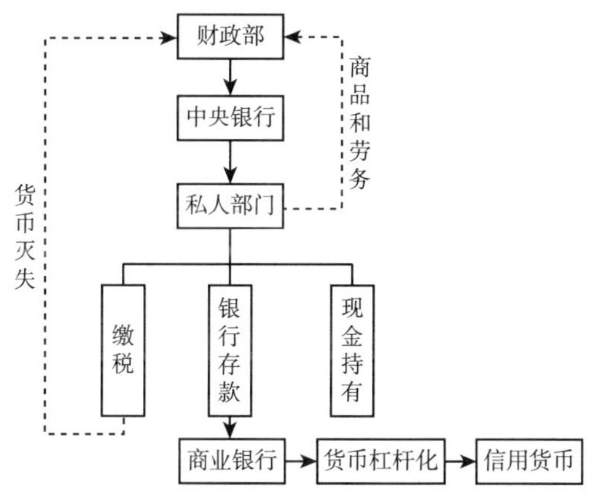

图 4-6　基础货币的创造

财政部税收和贷款账户）中的存款，财政部不能以该存款直接开出支票，而是需要在支出前先将这些存款转回财政部在美联储的账户上。按照相关法律规定，财政部支出时只能从其在美联储的账户中提款。当存款账户不足时[①]，由于美联储被禁止直接从财政部手中购买国债券（少数特殊情况除外）以及直接向财政部贷款，所以财政部只能进行前文已经讨论过的赤字支出或通过发行国债为支出融资。前者是基础货币的创造过程，后者是基础货币的回流和灭失过程。下面分别介绍这两种支出方式与基础货币创造的关系。

如果政府直接通过赤字支出购买商品和服务，在这个过程中，政府、银行和私人部门的资产负债表的变动情况如表 4-1、表 4-2 和表 4-3 所示，表中"+"和"-"分别表示数量的增加和减少。可以看到，政府赤字支出创造了私人部门的正的净金融资产。这是基础货币从国家（财政部和央行）到私人部门的"垂直"的创造过程。如果不考虑信用货币的创造过程，在这里银行系统仅被视为一个中介。

表 4-1　政府资产负债表

资产	负债
+办公用品	准备金

表 4-2　私营银行资产负债表

资产	负债
+准备金	活期存款

表 4-3　非银行私营部门资产负债表

资产	负债
-办公用品	
+活期存款	

① 通常情况下，为形成私人部门储蓄，财政部在美联储账户中的存款往往不足以满足支出。

如果银行持有的储蓄超过了其意愿的储蓄，这会导致利率变动。为了维护利率政策目标，政府通过出售债券以吸纳这部分储蓄。政府发售债券，银行购买债券，政府和银行的资产负债表变化如表4－4和表4－5所示。

表4－4　政府资产负债表

资产	负债
＋办公用品	－准备金
	债券

表4－5　私营银行资产负债表

资产	负债
－准备金	＋活期存款
＋债券	

上述方式使部分净金融资产最终以国债券的形式呈现而非银行储蓄。对于非银行私人部门而言，总资产并未改变，但却从一笔实物资产（商品和劳务）转换成一笔金融资产（国债券）。这个过程表明，国债只是用于管理利率，而不是为政府的支出融资。“我们应将国债券销售视为在已经支出或借出货币和准备金后发生的行为”。[①] 仍以美国为例，当银行发现自己持有的准备金超过其愿意持有的数量时，会将其多余部分提供给联邦基金隔夜拆借市场，由此导致联邦基金利率下降，低于美联储目标，此时美联储将通过公开市场业务出售国债以吸纳多余的准备金，由此国债将从美联储的资产负债表转入银行部门；反之，当银行发现自己持有的准备金低于其愿意持有的数量时，它必须在联邦基金隔夜拆借市场借入准备金，由此导致联邦基金利率上升，高于美联储目标，此时美联储将通过公开市场业务回购国债，从而向银行系统注入准备金。由此国债券将从银行部门的资产负债表转入美联储。上述过程的根本目的在于，通过调节私人部门和银行系统持有的现金与国债券的组合比例，维持某种利率政策。

下面在一个开放经济系统中讨论基础货币的创造过程。基于前文分析，在由政府部门和私人部门构成的封闭经济系统中，按照国民收入会计恒等式方法，两部门之间有如下总量关系：

政府部门结余＝本国私人部门结余，或者，

政府部门结余＋本国私人部门结余＝0

这两个表达式遵循的是会计收支相等的原则，每一项金融资产都有一项与之等值的、可以相互抵销的金融负债。两部门的收支结余之和等于零意味着，假如有一个部门是预算赤字，那么另一个部门必定是预算盈余，它们不可能都是赤字或都是盈余。这也

① Wray L. R. Modern Money Theory: A Primer on Macroeconomics for Sovereign Monetary Systems [M]. London, New York: Palgrave Macmillan, 2015: 19.

意味着，国家财政赤字为私人部门提供正的金融资产净额；反之，国家财政盈余会导致私人部门支出赤字。

基于上述方法，在一个开放经济系统中，即在引入外国部门（对外国政府和外国私人部门的统称）后，三部门之间有如下总量关系：

本国政府部门结余 = 本国私人部门结余 + 外国部门结余，或者，

本国政府部门结余 + 本国私人部门结余 + 外国部门结余 = 0

其中，外国部门结余也是本国贸易经常账户结余的相反数，或本国资本账户收支结余。三个部门的收支结余之和等于零意味着，假如有一个部门是预算赤字，那么在另外两个部门中至少有一个部门是预算盈余，它们不可能都是赤字或都是盈余。

下面以美国20世纪90年代以来的情形为例说明上述关系。在图4-7中，A、B、C和D四条垂线表示美国财政收支发生转折的四个年份。其中，AB区间表示财政赤字呈下降趋势，但正是在这个区间中私人部门亏损增加，经常账户赤字呈增加趋势（或外国部门收入呈增加趋势）。在BC区间，财政赤字呈上升趋势，但私人部门亏损下降，经常账户赤字呈增加趋势。在CD区间，财政赤字呈下降趋势，私人部门亏损再次增加，经常账户赤字呈增加趋势。在D之后，即在2008年金融危机爆发之后，财政赤字呈上升趋势，而私人部门亏损下降，经常账户赤字也在下降。这就印证了上述三个部门之间的收支关系。

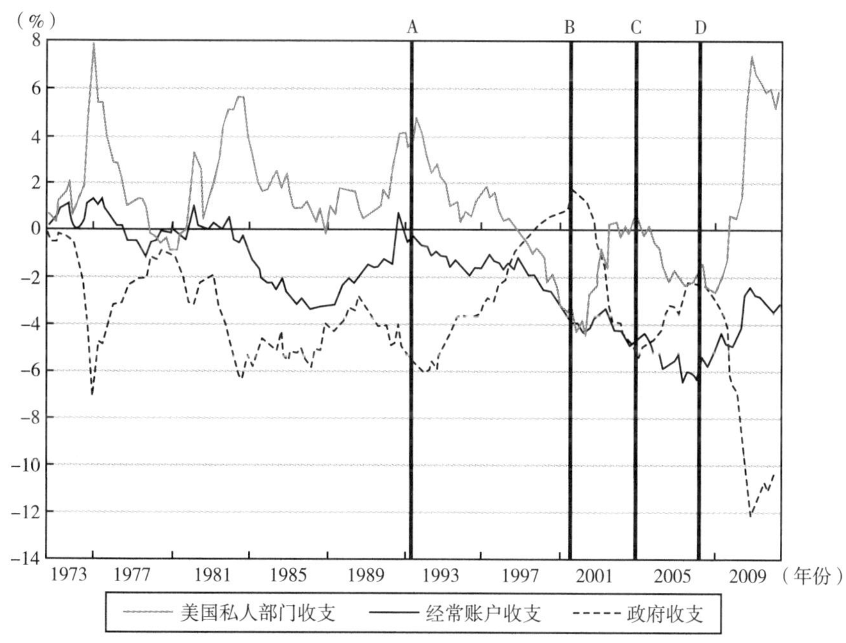

图4-7　美国政府、私人部门和经常账户之间的收支关系

注：纵轴百分率表示美国政府收支、私人部门收支和经常账户收支占美国GDP的百分率。

资料来源：Barry Z. Cynamon, Steven Fazzari, Mark Setterfield. After the Great Recession: The Struggle for Economic Recovery and Growth [M]. Cambridge University Press; Reprint, 2013: 197.

2. 对财政政策和货币政策的新诠释

首先，关于财政赤字和国债的基本性质、功能及二者之间的关系，现代主权货币理论认为，国家通过财政部和中央银行相互配合进行的财政赤字支出是现代主权货币或基础货币供给的唯一来源。这意味着我们必须重新理解财政收支平衡问题。在这种透支经济中，财政收支面临两难困境：一方面，国家财政赤字是私人部门获得金融资产的渠道，如果政府不进行赤字支出，私人部门将无法获得金融资产，无法实现储蓄和金融财富积累；另一方面，财政赤字通常被民众（尤其是主流经济学家）误解为政府挥霍、浪费的结果，政府因此承受巨大的社会舆论压力，而且巨额财政赤字也会导致主权货币币值不稳定。

财政部与央行合作发行国债，其通常目的是调控隔夜拆借利率，维护基准利率水平的稳定，而不是为政府的支出融资。事实上，在现代主权货币经济体系中，政府支出无须通过国债融资方式实现，这一点甚为重要。在金本位制时代，这种情形是不可思议的，因为在金本位制时代，金银贵金属才是真正的货币，银行信用货币之所以能够成为支付手段，归根到底是它与金银贵金属之间所具有的可兑换性及由此产生的普遍社会信用，金融危机归根到底是这种可兑换性的丧失。在金本位制时代，政府税收在先，支出在后，发行国债的目的就是为财政赤字融资——从私人部门筹集货币。理论上，在政府支出之前，即在创造主权货币之前，它也无法发行国债券，因为银行和其他私人部门没有购买国债券的货币。因此，从政策工具角度看，政府发行国债券是为了回笼货币，减少金融系统中的超额准备金；而政府购买国债券是为了向货币市场注入准备金。因此，政府对国债券的出售和回购分别对应着基础货币的灭失与创造，成为调节货币供求关系和管理利率的重要工具。

其次，关于税收的性质和功能，现代主权货币理论强调三个基本观点。第一，税收制度是驱动主权货币的需求和循环的基本制度，税收政策的目的不是针对政府的财政收入，而是针对私人部门对主权货币的需求，货币需求量至少与应缴纳的税款相等（否则，私人部门没有可以纳税的主权货币）；税收过程也是货币灭失过程。第二，国家财政支出创造货币供给，它不依赖于税收，在逻辑顺序上只有政府先行财政支出，私人部门才能获得货币并纳税。第三，国家建立主权货币体系的目的是让资源向公共部门（代表社会集体利益）流动，通过增加税收促使私人部门向社会提供更多的劳动、资源和产品。

最后，关于中央银行货币政策的独立性，现代主权货币理论认为，依据主权货币的创造机制及其充当“最后贷款人”的角色，中央银行无法直接控制主权货币或基础货币供给量，不具有执行货币政策的独立性。这个观点与前文所论述的信用货币理论的结论是一致的。

下面以美国应对2008年金融危机的“量化宽松”和“扭曲操作”为典型案例说明如何通过财政政策和货币政策进行基础货币创造和利率管理。面对突如其来的金融危机，实现金融稳定和经济刺激计划需要大量的流动性资金，于是美联储开展了多轮量化宽松操作，其间还穿插了一系列扭曲操作。

量化宽松的本质是美联储增加基础货币供给、向市场注入大量流动性的一种货币干预方式。具体措施是，美联储购买数千亿美元的国库券，从而向银行系统注入准备金以弥补此前银行购买国库券消耗的准备金，在资产负债表操作上表现为把银行在美联储储蓄账户里的资金（国债）转移到活期账户（准备金）中以实现向市场注入流动性的政策目的。该方式能够增加市场对长期债券的需求，从而降低长期利率，鼓励支出和借贷。在金融危机爆发后，美国进行了四轮量化宽松操作。第一轮量化宽松政策以危机救助为主要目标，譬如，2008 年 11 月，美联储宣布购买 6000 亿美元的房地产抵押债券；2009 年 3 月，美联储进一步扩大资产的购买规模，购买 1.25 万亿美元的房地产抵押债券，2000 亿美元机构债券和 3000 亿美元长期国债。所注入的流动资金逐渐稳定了雷曼兄弟公司破产后的恐慌的金融市场。从第二轮量化宽松开始，主要政策目标已经转变为刺激经济而非稳定金融市场。与量化宽松配合的是扭曲操作：通过卖短债、买长债，既提高市场对长期债券的需求，从而降低长期利率，又不会因此而增加基础货币总量。

量化宽松和扭曲操作政策把长期利率维持在一个较低的水平，从而促使房地产、股票和其他风险类资产价格回升，逐步恢复了投资者的信心，避免了更多企业的倒闭，降低了失业率。资产价格上涨也提高了家庭财富水平，提高了家庭消费信心。[①] 通过量化宽松政策与扭曲操作的结合使用，在垂直创造主权货币的同时又将创造出的一部分货币“锁”在美联储的资产负债表中，避免发生通货膨胀。

四、信用货币和主权货币的关系

1. 货币供给：从主权货币到杠杆化的信用货币

主权货币是国家通过财政赤字支出创造的基础货币或高能货币，它经历了从政府部门（财政部和央行）到非银行私人部门（家庭和企业）的“向下”的创造过程。通常，政府部门购买商品和劳务以及央行购买黄金、外汇和银行资产等都是主权货币创造的重要途径。而税收则使主权货币“自下而上”地从私人部门流回政府部门，这是主权货币灭失的过程，由此导致主权货币供给量减少。财政赤字意味着“向下”的流量大于“向上”的流量，这两种流量净差额的积累构成经济体中的基础货币存量。

信用货币则是对主权货币的一种“杠杆化”操作，其本质是一种以主权货币为基础货币的金融杠杆货币。主权货币构成银行系统的准备金，即由传统的金本位制转变为现代主权货币本位制。当银行系统发生准备金不足且不能得到新的准备金贷款时，银行将

① 王健．量化宽松或给美国带来通胀风险［J/OL］．新浪专栏，2014－10－07，http：//finance. sina. com. cn/zl/usstock/20141007/152920474928. shtml.

被迫出卖资产，这会导致银行系统进而整个经济体发生债务通货紧缩。在这种情形下，只有央行履行最后贷款人职能或政府进行必要的赤字支出，才有可能避免经济体发生债务通货紧缩性金融危机。可见，主权货币借助银行系统的"杠杆效应"创造了信用货币，使经济体拥有数量庞大的广义货币。显然，信用货币是银行系统创造的"杠杆货币"，它与财政赤字密不可分，存在如下逻辑链条：财政赤字→主权货币创造→信用货币创造。

现代货币体系因此呈现一种"金字塔"结构。在塔顶是主权货币或基础货币，信用货币或银行货币建立在对主权货币的杠杆效应基础上，处于金字塔的下方，成为私人部门普遍接受的债务结算工具。

2. 信用货币理论和主权货币理论的区别与联系

在货币创造过程、货币供求关系机制、利率决定机制、财政与货币政策等方面，信用货币理论和主权货币理论的基本思想是相互支撑的，但也各有其理论侧重点。

首先，两种理论的研究对象不同。在货币的供给及其循环机制问题上，信用货币理论（水平主义方法和结构主义方法）主要关注银行系统内部的运行机制，它以主权货币为本位，虽然把主权货币——基础货币的供给视为内生性的，但没有深入研究它的创造过程和循环机制。它强调从贷款到存款、从货币需求到货币供给的因果关系；银行会按照除数原理寻求准备金，因此中央银行不能控制基础货币供给量，只能通过利率管理政策来调节货币数量。主权货币理论强调基础货币创造过程中的财政因素，财政政策决定基础货币供给量，税收和国债发行的结果是基础货币存量减少。①

其次，它们理解货币本质的基本原理是一致的，都将货币的性质视为建立在契约基础上的一种债权—债务关系。这种理论来自明斯基（Minsky H. P.）和英格汉姆（Ingham G.）的观点。他们认为，当一方愿意发行债务而另一方愿意持有该债务时，这种债务在债权人看来是一种资产，而在债务人看来是一种负债，货币不过是用资产负债表记录这种社会关系时的记账单位。"货币不仅产生于融资过程，而且经济活动中存在很多类型的货币：人人都能创造货币，只不过不同经济主体所创造的货币的可接受程度不同。"② 可以把货币看作经济主体之间的一种信用—债务关系，无论作为交易媒介或结算工具的货币材料具有怎样的物质属性。③ 基于上述见解，主权货币理论认为，在本质上主权货币代表人们在社会经济活动中创造的债务关系，即政府部门和私人部门之间的债务关系。和其他经济主体所创造的债务相比，政府的负债成为普遍被承认的购买力形式

① Rochon Louis-Philippe, Matias Vernengo. State Money and the Real World: Chartalism and Its Discontents [J]. Journal of Post Keynesian Economics, 2003, 26 (1): 57 -67.

② Minsky H. P. Stabilizing an Unstable Economy [M]. New York: McGraw-Hill Professional Publishing, 2008 [1986]: 255.

③ Ingham G. Babylonian Madness: On the Historical and Sociological Origins of Money [A]. in J. Smithin. What is Money? [C]. London: Routledge, 2000.

和广泛被接受的债务偿还方式。① 因此，主权货币与金银条块有着本质区别。信用货币理论同样把杠杆化的银行货币视为一种债权—债务关系，因为信用货币的创造完全建立在银行与其客户的债务关系基础上。

第二节　金融结构脆弱性与金融危机发生机制

本节以明斯基的相关研究成果为主要理论材料诠释后凯恩斯货币金融范式，揭示金融危机的发展机制。明斯基把现代资本主义经济称为“华尔街资本主义”，并基于凯恩斯的不确定性思想和卡莱茨基的风险递增原理，认为华尔街资本主义的金融结构具有内在的脆弱性。为此，本节分三个部分：首先阐述华尔街资本主义的经济特征；其次在不确定性和风险递增原理基础上阐述投资的金融理论和周期的投资理论；最后阐述金融不稳定性假说及当代“基金管理资本主义”的经济危机趋势。

一、华尔街资本主义论

明斯基把凯恩斯强调的不确定性和货币非中性经济哲学思想贯彻到对资本主义金融系统的研究中。他认为，主流新古典经济学的“乡村集市交易范式”无法解释资本主义货币金融结构的本质、运行机制及其内在的脆弱化趋势。② 华尔街是世界货币与金融活动的中心和象征，因此他把以货币金融为中枢神经系统的现代资本主义称为“华尔街资本主义”，用现金流分析方法描绘了一幅充满不确定性和货币非中性的资本主义经济活动的画卷。

1. 从不确定性哲学到货币金融分析

明斯基强调从货币金融角度研究经济系统的内在结构及其发展规律，这种理论特征根源于凯恩斯的“不确定性”哲学及充分体现不确定性的“货币非中性”思想。

凯恩斯对“不确定性”的解释是：一种无法通过概率量化的不确定性，是弗兰克·奈特（Knight F. H.）所说的“根本的不确定性”（fundamental uncertainty）③，是一种关

---

① Wray L. R. Money and Credit in Capitalist Economies: the Endogenous Money Approach [M]. Aldershot and Brookfield: Edward Elgar, 1990: 14.

② Dequech David. Institutions in the Economy and Some Institutions of Mainstream Economics: From the Late 1970s to the 2008 Financial and Economic Crisis [J]. Journal of Post Keynesian Economics, 2018, 41 (3): 478-506.

③ 弗兰克·奈特在《风险、不确定性和利润》中对“风险”和“不确定性”做了辨析。风险在概率分布上是可知的，其数量是可确定、可测量的，其范围是封闭的。与之相反，“根本的不确定性”则没有已知的概率分布，其数量是不可确定、不可测量的，其存在的边界是开放的，易受到潜在意外和新事物的影响。参见：弗兰克·奈特. 风险、不确定性和利润 [M]. 王宇，王文玉译. 北京：中国人民大学出版社，2005.

于未来的“无知”。[①] 因此，凯恩斯认为，人们的经济预期通常是依赖惯例、经验、天赋、技能、理智和判断力，甚至是直觉和印象。这显然不同于新古典经济学所做的理性经济人假设。明斯基认为，这种根本的不确定性经济哲学是凯恩斯的《通论》的灵魂，是理解凯恩斯的投资（投机）理论和货币金融理论的方法论基础。这种解读是有文献依据的，在《通论》的第12章第VII节和稍后于1937年发表的经典论文《就业通论》[②]中，凯恩斯明确地强调要用“动物精神”和传统、惯例等因素来分析投资决策和货币金融市场中的经济行为。因为缺乏其他任何指导，人们只能依赖传统、惯例和经验等知识，依靠这些在主流新古典经济学中被视为非理性的因素进行预期，“在实践中默默地遵循着一条原则：按成规办事。……按成规行事的办法就会使我们的经济保持相当的连续性和稳定性”。[③] 在解读凯恩斯的《通论》时，明斯基认为，“失去了不确定性的凯恩斯，就像失去了王子地位的哈姆雷特一样”。[④] 他在《约翰·梅纳德·凯恩斯》[⑤] 中认为，主流凯恩斯主义对《通论》的理解是不全面和不准确的，它虽然关注到投资波动、有效需求不足、非充分就业均衡等核心问题，但忽视了凯恩斯研究这些问题的深层的经济学方法论，从而使主流凯恩斯主义向新古典经济学回归，以至于无法继承和发展凯恩斯的货币金融分析视角。他将《通论》的主要思想概括为关于产出的投资理论和关于投资的金融理论，独具匠心地丰富和发展了凯恩斯的货币金融学。

在经济活动中不确定性特征最为突出的是金融系统，所以明斯基倾其毕生精力研究资本主义金融系统的结构脆弱性和不稳定性问题。在凯恩斯《通论》的基础上，他把资本主义再生产过程置于投机金融活动背景中考察，重新诠释生产、消费、投资、产出、就业和价格的关系。在他的理论视域中，现代资本主义是由各种货币金融力量支配的经济系统，华尔街是世界货币与投机金融交易的中心和象征，因此他把以货币金融为中枢神经系统的现代资本主义称为“华尔街资本主义”。[⑥]

“华尔街资本主义”术语旨在突出在投资决策和经济周期波动中各种货币金融因素所起的关键性作用。它认为主流新古典经济理论把货币作为经济活动的“面纱”，这是一种建立在以物易物基础上的“乡村集市范式”，这种范式不能反映现代资本主义经济系统的本质特征。华尔街资本主义的中枢神经系统是复杂的货币金融结构，这是由各种现金流和相互依存的资产负债表构成的债务融资系统。[⑦]

---

① 凯恩斯. 就业、利息和货币通论［M］. 宋韵声译. 北京：华夏出版社，2005：118.

② Keynes J. M. The General Theory of Employment［J］. Economic Journal, 1937,（51）：209 - 223.

③ 凯恩斯. 就业、利息和货币通论［M］. 宋韵声译. 北京：华夏出版社，2005：125，117 - 118.

④ Minsky H. P. John Maynard Keynes［M］. New York：McGraw-Hill Professional Publishing, 2008［1975］：55.

⑤ 该书于1975年出版，在美国金融危机爆发之后于2008年再版。国内被翻译为《凯恩斯〈通论〉新释》，参见：张慧卉. 凯恩斯《通论》新释［M］. 北京：清华大学出版社，2009.

⑥ Minsky H. P. Stabilizing an Unstable Economy［M］. New York：McGraw-Hill Professional Publishing, 2008［1986］, 100.

⑦ Minsky H. P. John Maynard Keynes［M］. New York：McGraw-Hill Professional Publishing, 2008［1975］：70.

2. 强调现金流分析方法

华尔街资本主义活动的基本内容是金融投机和负债融资，由此构成了一个基于各种债务融资关系的金融结构。在这里，现金或货币是一种特殊的金融资产，虽然持有它不会像持有政府债券、股票等那样获得预期的现金流收入，但完全的流动性使它成为最安全的金融资产，在交易和债务清算中“货币唯一的独特的功能就是可以直接用它进行支付”，“在一个以货币计价的私人债务的世界里，现金是实现支付承诺的安全资产。”① 在华尔街资本主义经济中，现金或货币绝不仅仅是一种支付手段，它还与金融投机息息相关，因为持有一定数量货币的机会成本是拥有相应价值的债券的收益。因此，如何合理安排货币和其他金融资产的组合成为金融投机者最为关切的问题之一。基于现金或货币的各种支付需求、债务融资关系、资产组合结构等成为华尔街资本主义经济运行中的决定性因素。因此，出于对债务融资系统的研究需要，明斯基高度重视现金流分析方法。

明斯基的研究对象是一个以银行等金融机构为核心，以家庭、企业、政府等为主要参与主体的金融系统，这是一个由各种债务融资关系构成的金融结构，连接它们的是各种复杂的现金流关系。现金流的渠道能否保持流入、流出的畅通无阻是关乎资本主义经济能否正常运行的首要因素。② 根据交易的性质，他把现金流分为三种类型：收入现金流、资产负债表现金流和资产组合现金流。③ 首先，在企业的生产投入和产品销售过程中，围绕劳动力的工资和薪金及其他要素收入、税收和利润等，发生收入现金流。货币是在一个收入现金流的循环中运行的。其次，基于经济主体之间的债务融资合同会发生本金、利息、红利和租金等现金流，这种情形被称为资产负债表现金流。金融工具的存续期越短，资产负债表现金流就越多。在金融实践中，还可以把这种现金流再分为三种不同类型：有确定日期的现金流、日期不确定的现金流和偶然发生的现金流。最后，经济主体经常根据金融市场行情和自身的投融资需要不断调整其资产组合构成，资本和金融资产的不断交易也会产生现金流，譬如企业为了再融资需要出售有担保的债务，或者为债务清算需要出售富余的资产，等等。

在一个经济体中，三种现金流——收入现金流、资产负债表现金流、资产组合现金流之间的相对比重决定该经济体的金融结构的稳定性。譬如，一个主要用收入现金流履行债务承诺的金融结构会有较强的防范金融危机的免疫能力，而一个广泛使用资产组合现金流来履行资产负债表中的债务承诺的金融结构存在潜在的金融脆弱性，更容易爆发金融危机。④ 这是因为当经济主体需要交易或面临债务清偿而持有的现金不足以支付时，

① Minsky H. P. John Maynard Keynes [M]. New York: McGraw-Hill Professional Publishing, 2008 [1975]: 69, 71.

② Minsky H. P. Induced Investment and Business Cycles [M]. Cheltenham: Elgar, 2004 [1954].

③ Minsky H. P. Stabilizing an Unstable Economy [M]. New York: McGraw-Hill Professional Publishing, 2008 [1986]: 223.

④ Miller Richard A. Minsky's Financial Instability Hypothesis and the Role of Equity: the Accounting Behind Hedge, Speculative, and Ponzi Finance [J]. Journal of Post Keynesian Economics, 2018, 41 (1): 126 - 138.

将被迫出售政府债券等其他一些金融资产，以解决流动性短缺问题，即发生“为了维持头寸而出售头寸”[①] 的现象。这相当于上述提到的通过调整资产组合结构获得现金流入，以满足亟需的现金流出。如果这种情况在经济主体中普遍存在，它将会逐渐改变大部分经济主体的资产负债表性质，从而引发债务违约的多米诺骨牌效应。债务违约的连锁反应会直接导致金融危机的爆发。

二、金融的投资理论和金融周期的投资理论

与主流凯恩斯主义的投资理论和周期理论不同，明斯基从金融角度揭示资本主义投资和经济周期的本质特征，致力于构建货币金融视角中的投资理论（financial theory of investment）和金融周期视角中的投资理论（investment theory of the cycle）[②]。

1. 货币金融视角中的投资理论

资本主义投资主要是从外部获得资金的债务融资过程，随着外部债务融资的投资增长，经济主体的金融结构的脆弱性会逐渐增加，这是明斯基的金融的投资理论的基本思想。该理论模型建立在卡莱茨基的风险递增和利润决定原理以及明斯基对企业融资途径的划分基础之上。

在思想渊源上，金融的投资理论除了受凯恩斯的不确定性哲学影响外，还受到卡莱茨基的风险递增原理（principle of increasing risk）和利润决定理论的启发。[③] 卡莱茨基（Kalecki，1937）认为，随着企业债务融资的增加，借贷双方的边际风险都会递增。主要原因有以下两点。第一，如果商业冒险最终未能成功，那么企业家的投资越多，他的财富状况就越危险。第二，企业存在着非流动性风险，投资越大，这种非流动性风险就越高，一旦某种具体的资本资产被急于出售以换取流动性货币时，企业往往会因此而蒙受损失。在这种情况下，企业不得不以高于市场利率的资本价格去借贷。因此，决定企业投资量的基本规则是投资的边际效率等于边际风险与利率之和。[④]

基于风险递增原理，明斯基在阐述资本资产的需求函数时指出，经济主体愿意支付的资产价格取决于需要从外部获得融资资金的数量，因为更多的负债融资会使借款人面临更高的破产风险。因此，明斯基把借款人风险纳入需求函数之中。卡莱茨基利润决定理论又被称为卡莱茨基关系（Kalecki relation）。根据简化的卡莱茨基利润决定方程，总

① Minsky H. P. The Financial Instability Hypothesis: The Limits of Capitalism [Z]. The Levy Economics Institute of Bard College, Working Paper, 1993, No. 93.

② Minsky H. P. John Maynard Keynes [M]. New York: McGraw-Hill Professional Publishing, 2008 [1975]: xiv.

③ 卡莱茨基是后凯恩斯经济学派的重要先驱之一，本章第一节在讨论信用货币供给函数时已经涉及这个原理。该理论同样对明斯基经济思想的形成产生重要影响。参见拙著《后凯恩斯经济学研究》（天津社会科学院出版社，2012）。

④ Kalecki M. The Principle of Increasing Risk [J]. Economica, 1937, 4 (16): 440 -447.

利润等于总投资。① 明斯基发现，的确如卡莱茨基理论所预测的那样，资本资产的支出增加会提高企业的收入流，投资高涨会产生比预期更高的销售收入和利润，这进而刺激企业疯狂地增加投资赌注，从而使投机性繁荣失控。

除借鉴卡莱茨基的风险递增和利润决定理论，明斯基还区分了经济活动中存在的两套价格体系和三种融资渠道。

所谓的两套价格体系，一套是当前产出（消费品和资本品）的价格体系，另一套是资本资产的价格体系。它们分别对应着产品市场供求关系和资本市场（或金融市场）供求关系，二者具有不同的运行机制。当前产出的价格取决于产品的供求关系，其中供给价格取决于货币工资水平、劳动生产率以及技术等因素，需求价格取决于市场需求。因为资本品（或资本资产）是当前产出的一部分，所以各种资本品的供给价格是当前产出价格的一个子集，而资本品的需求价格取决于投资的预期现金流或准租金量。② 所以，资本资产的市场价格虽然与产品市场价格有关，但它的价格形成机制还取决于利润预期和利率等金融变量。

在分析投资的有效需求生成机制时，除了考虑上述资本资产的价格因素外，还必须考虑实现投资扩张的资金来源渠道。一般说来，企业投资有三种不同的融资渠道。一是在企业经营中暂时闲置的现金或等价于现金的资产，譬如政府债券、商业票据等。二是扣除税收和红利的总利润，这种资金来源被称为企业内部融资。三是向银行或其他金融中介借款，或通过发行企业债券、出售股权等方式获得资金，这种资金来源被称为企业外部融资。外部融资是企业扩大再生产所依赖的最主要资金来源，投资风险递增主要与这个渠道有关，因此，这是投资理论重点关注的领域。

基于上述分析，明斯基把借贷双方的融资风险递增因素引入资本资产的供给函数和需求函数中，运用传统的供求关系原理构建了一个投资决策模型。下面首先介绍资本资产的供给价格和需求价格的形成机制，然后分析它们之间的相互作用关系及其对投资的决定。

设企业的资本资产的供给价格为 P_I，它主要由资本品的购买价格和融资成本两部分组成。为了简化分析，这里假定资本品的购买价格完全取决于当前产出的价格体系，不受投资水平的影响。当然，这只是出于简化目的而作的假设，事实上在经济繁荣时期资本品供给一般会出现紧张状态，这时购买价格会因投资水平的增加而上升。融资成本由显成本（或会计成本）和隐成本两部分构成。隐成本的最主要部分是“贷款人风险”，即随着借款人投资水平的上升，贷款人会觉察到对其增加贷款的风险也在增加。该风险存在于借贷双方签署的融资合同中，它要求随着负债—总资产比率的提高，或承诺现金

① Kalecki M. Selected Essays on the Dynamics of the Capitalist Economy (1933 ~ 1970) [M]. Cambridge, UK: Cambridge University Press, 1971.

② Minsky H. P. Stabilizing an Unstable Economy [M]. New York: McGraw-Hill Professional Publishing, 2008 [1986]: 200 - 201.

流—总的预期现金流比率的提高，债务合同中的现金流也必须增加，从而补偿这种风险，以提高贷款人的安全边际。当投资资金完全来自企业内部融资时，不存在贷款人风险，这时资本资产的供给价格主要由当前产出价格水平决定，因此在“投资成本—投资量”坐标系中，投资的供给曲线是一条成本不变的水平线。当企业开始求助于外部融资并达到一定数量之后，资本资产的供给价格等于当前产出价格加上基于贷款人风险的资本化部分。这时，投资的供给曲线开始逐渐向右上方倾斜。

资本资产的需求价格（P_k）主要来自资产价格体系，其主要决定因素是预期利润的贴现值或准租金值，以及“借款人风险”。当企业投资完全来自其内部融资时，因为不存在借款人风险，所以投资的需求曲线是一条平行于横坐标的水平线，而且高于投资的供给曲线，二者的差额是利润。一旦企业投资扩张开始求助于外部融资并达到一定数量之后，就会发生借款人风险。借款人风险发生的原因是，无论是通过出售多余的金融资产、发行新股还是向银行申请抵押贷款，债务现金流是确定的，但未来的预期收益是不确定的，借款人的风险都会随着外部融资的增加而增加。外部融资的投资越多，融资的安全边际就会越低，投资的需求价格中就必须包括一个补偿借款人风险的数额，投资所需的外部融资越多，借款人的支付承诺就越高，这会使得投资的需求价格下降。换句话说，只有价格降低，企业才愿意进一步增加融资。这时，投资的需求曲线开始逐渐向右下方倾斜。外部融资加大借款人风险，降低企业债务安全边际，以至于资本资产的需求价格也随着降低，这是投资的需求价格曲线先呈水平状，然后向右下方折弯的主要原因。

图 4 - 8 是对明斯基的比较静态分析模型的一种简化。①② 图中，P_k和 P_i分别是资本资产的需求价格和供给价格，如果企业用于内部融资的现金流为 Q_N，基于内部融资的投资为 I_i，则有 $Q_N = P_i \times I_i$，Q_N可以用一条等轴双曲线来表示。可以看到，当企业进行内部融资时，投资的供给曲线就是资本品的价格水平线，一旦实际投资超过内部融资投资 I_i，发生贷款人风险时，投资的供给曲线开始向右上方倾斜。同理，当企业进行内部融资时，投资的需求曲线就是资本资产的价格水平线（由预期利润的贴现值决定），一旦实际投资超过内部融资投资 I_i，发生借款人风险时，投资的需求曲线开始向右下方倾斜。另外，当资本资产的需求价格高于供给价格时，投资才会发生，只有这样才有利润可言。图 4 - 8 中，实际发生的投资水平取决于投资的需求曲线和供给曲线的交点 E 处，均衡的投资量为 I_E，在这里实现了借款人风险和贷款人风险的均衡状态。

借款人和贷款人的风险预期的变化以及借款人的商业信誉会改变投资需求线和供给线的形状与位置。首先，借贷双方的乐观预期和借款人良好的商业信誉会提高双方的安全边际，降低基于贷款人风险和借款人风险的资本化部分。随着外部融资的增加，投资

① Minsky H. P. Stabilizing an Unstable Economy [M]. New York: McGraw-Hill Professional Publishing, 2008 [1986].

② Minsky H. P. John Maynard Keynes [M]. New York: McGraw-Hill Professional Publishing, 2008 [1975].

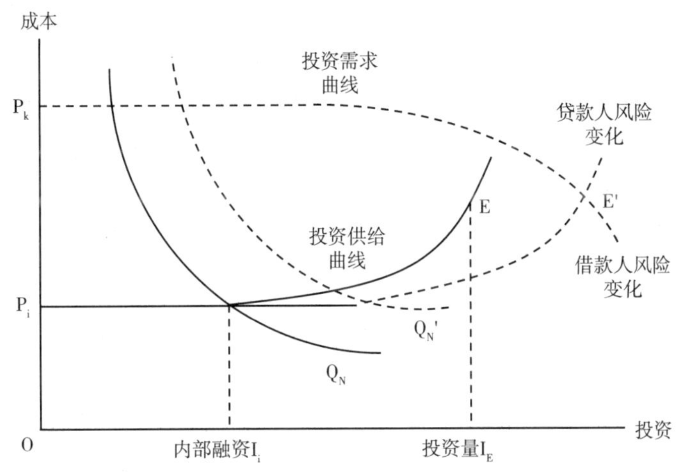

图 4－8 对投资的货币金融分析

资料来源：参见 Minsky H. P. Stabilizing an Unstable Economy [M]. New York: McGraw-Hill Professional Publishing, 2008 [1986]: 216. 有修改。

的供给曲线向右上方缓慢上升，图中用向右上方倾斜的虚线表示；如果实际的准租金高于预期，那么高于预期的那部分利润会提高 P_K，投资的需求曲线因此会向上移动，图中用向右下方倾斜的虚线表示。由于借贷双方都有较好的安全边际预期，供求双方在 E′点实现新的均衡，此时企业外部融资量会有显著增加。相反，在彼此悲观预期的影响下，投资的需求和供给曲线将朝着相反的方向运动，均衡的外部融资量将会减少。其次，如果企业用于内部融资的现金流增加，则 Q_N会向右平移到 $Q_{N'}$位置，使实际投资需求对外部融资的依赖降低，改善企业的资产负债表结构，这对于提高企业的商业信誉和增强借贷双方的乐观预期都有帮助。这样，明斯基通过引入“借款人风险”和“贷款人风险”因素把根本的不确定性原理与投资的货币金融分析联系在一起，构建了一个投资的金融理论。

2. 金融周期视角中的投资理论

在明斯基之前，经济学家们已经认识到投资波动是在某种类型的经济周期中进行的，譬如马克思从固定资本更新周期角度解释投资波动，熊彼特从技术革命周期角度解释投资波动，等等。明斯基则认为，严重的投资波动根源于资本主义金融周期，因此一直致力于从金融周期角度发展他的投资理论。

在一个根本的不确定性条件下，企业的债务融资结构、外部融资环境和融资成本以及凯恩斯所说的“动物精神”等因素是决定投资水平的重要因素。在经济繁荣时期，借贷双方都有良好的利润预期和较低的安全边际需要，这有助于企业通过外部融资方式增加投资。尽管企业的杠杆率较高，但只要生产经营顺利，就能增加利润。一些企业通过高杠杆获得成功的示范效应会鼓励更多的企业采取更大的杠杆率，这会导致企业的资本资产的折现能力普遍下降。随着资本资产的流动性下降，风险递增问题加剧。由于债务融资关系错综复杂，如果一个债务人违约，那么就会发生债务违约的多米诺骨牌效应，因为一个债权人极有可能同时又是另一个债权人的债务人。由此发生债务—通货紧缩性金融危机。金融危机具有明斯基所说的“金融简化”功能，即在危机或萧条时期，所有债务都将被“抹去”。这将改善在危机中幸存下来的企业的资产负债表。危机过后，在“代际遗忘”和“动物精神”的作用下投资再度活跃起来，经济进入复苏阶段。

明斯基借鉴乘数—加速数方法阐述金融周期性的投资波动问题。乘数—加速数方法是20世纪50年代中期主流凯恩斯主义的经济周期分析方法，明斯基将金融变量引入其中，发现市场利率、企业资产负债表与加速数系数存在反向变动关系，即它们反向影响加速数。当市场利率上升或企业资产负债表恶化时，企业的债务融资需求和银行的贷款意愿都会降低，这会导致投资下降，进而导致加速数下降。在本章第一节讨论结构主义方法时已经指出，提高市场利率是贷款人应对风险递增的一种措施，它会抑制借贷双方的投融资意愿。在资产负债表中，现金流与其他资产比率下降或债务与收入流比率下降会增加企业的违约风险，从而抑制企业的借款意愿。明斯基从货币金融角度揭示了加速数系数的逆周期性，正是这种逆周期性使投资波动呈现经济周期特征。所以，明斯基认为：“经济周期不仅是一种实物现象，而且也是一种货币现象。”① 虽然明斯基的分析富有启发性，但终究属于对主流凯恩斯主义理论的补充或发展。20世纪80年代中期，晚年的明斯基试图超越主流凯恩斯主义，建构纯粹的金融周期理论，譬如在《稳定不稳定的经济》（1986）中，明斯基构建了著名的“金融不稳定性假说”，用以揭示金融结构脆弱性的发展机制，这是其货币金融范式发展中的一个里程碑性的成果。很遗憾，这种原创性研究只是“一种未竟之路”。②

三、金融不稳定性假说与基金管理资本主义金融危机

1. 金融不稳定性假说

在《稳定不稳定的经济》（1986）中，明斯基从融资的债务支付承诺特征出发研究金融结构的稳定性问题，认为融资活动类型及其债务支付承诺特征的历时变化是导致经济在不同时期有不同表现的最主要原因。债务融资活动会产生由合同规定的支付承诺。随着时间的推移，在金融结构中债务层级和债务关系会变得非常复杂，债务人用于债务支付的预期现金流能否满足合同约定的支付承诺，这是决定金融结构是否稳健的关键因素。

明斯基认为，构成金融结构的关键因素是复杂的债务融资关系及其支付承诺，连接各个经济主体的正是各种现金流关系。只有现金流保持畅通，资本主义经济机体才能正

① Minsky H. P. Induced Investment and Business Cycles [M]. Cheltenham: Edward Elgar, 2004: 222.

② 李黎力. 明斯基经济思想研究 [M]. 北京：商务印书馆，2018：181，184.

常运行。为此，他用三种类型的现金流所占的比重衡量一种金融结构的稳定性程度，认为债务人普遍用收入现金流履行债务支付承诺的金融结构会有较强的抵御金融风险的能力；相反，如果债务人普遍使用资产组合现金流来履行债务支付承诺，这种“拆东墙补西墙”的做法必然会使金融结构趋于脆弱性，更容易诱发金融危机。基于上述思想，明斯基按照预期现金流的未来表现把金融主体①的财务状况分为对冲融资、投机融资和庞氏融资三种类型。②

金融主体在对冲融资中能够以足够的收入现金流来履行债务支付承诺，这是一种较为保险的融资类型。如果没有发生不可抗拒的外生因素，这种财务状况一般不会出现支付困难。风险厌恶的家庭以及低债务融资杠杆率的非金融类企业处于此种状态，它们对资产负债表现金流和资产组合现金流有较高的要求，这类经济主体一般不会拥有大量的即期债务和或有债务。在投机性融资中，金融主体从投资中所获得的收入现金流相当于经营开支和利息支付所需资金，不能够偿还到期的本金债务。收入现金流小于相应的支付承诺使金融主体在某个时期面临收入现金流不足的困境，这会迫使它以再融资方式偿还到期的债务。投机性融资往往采取利用短期融资方式来为长期头寸融资。因此，投机性融资者是一种高债务杠杆的金融主体。在庞氏融资中，不仅金融主体的现金流支付承诺超过资产产生的预期现金流收入，而且融资成本超过全部的预期收入。金融主体借新债还旧债，靠债务滚动方式来履行支付承诺，完全失去了偿债能力。

三种融资主体的现金流结构和安全边际有很大差异。首先，对冲融资的安全边际很高。在其收入现金流中，预期现金流的收支余额（流入减去流出）始终为一个正数；在资产负债表中，在资产一方拥有一些备用的现金和流动性资产，在负债一方以长期债务为主，短期债务较少，资产与负债之间的时期搭配一致；能够通过资产组合获得现金流。因此，这类融资的债务偿付能力较强。其次，庞氏融资的安全边际最低。在其收入现金流中，预期流入长期小于流出，全部收入不足以支付债务本金和利息；在资产负债表中，在资产一方缺乏备用现金和流动性资产，在负债一方无可靠的融资来源，通常以短期债务为主，在某个时期内通过再融资和债务滚动方式维持资产负债表免遭崩溃；不能够通过资产组合获得现金流。因此，这类融资丧失了债务偿付能力。最后，投机融资的安全边际介于上述两者之间。在其收入现金流中，短期内的预期现金流的收支余额是一个负数，收入只能支付利息，不足以偿还债务本金；在资产负债表中，在资产一方拥有较高比例的备用现金和少量的流动性资产，因为金融工具的存续期限越短，就越需要更多的现金，在负债一方以短期债务为主，长期债务较少，资产与负债之间的时期搭配无法做到一致；能够通过资产组合获得一定数量的现金流。因此，在短期这类融资主体仍拥有债务偿付能力。

所以，一旦金融市场出现某些不利的变化，譬如在利率方面或金融制度方面，则这

---

① 除银行等金融机构外，还包括家庭、企业、政府等金融活动参与者。

② Minsky H. P. Stabilizing an Unstable Economy［M］. New York：McGraw-Hill Professional Publishing，2008［1986］：230－232.

些变化对它们的影响是大不一样的。对不利变化最为敏感的是庞氏融资和投机性融资，因为这些不利因素收缩了它们的“生存约束”，甚至直接导致庞氏融资的债务崩溃。相反，对冲融资主体对金融市场的发展变化具有较强的适应性。

在特定的金融环境下，一个企业的财务状况有可能在这三种融资情形中变换。譬如，一个投机性融资主体在获得足够的收入后会转变为一个对冲性融资主体；相反，一个对冲性融资主体在收入不足的情形下会演变成一个投机性融资主体，甚至恶化为一个庞氏融资主体。

基于上述分类，在综合欧文·费希尔的“债务—通货紧缩”理论、卡莱茨基的风险递增原理和凯恩斯的不确定性理论的基础上，明斯基提出了著名的金融不稳定性假说（financial instability hypothesis）。①② 该假说从金融结构趋于脆弱性的动力机制和金融危机的发生根源两个方面阐述经济系统的演化过程。

在某个时期，三类现金流所占的相对比重和三类融资所占的相对比重决定了一个经济体的金融结构的稳健程度。当经济由稳定的增长转变为一种投机性繁荣时，金融结构的不稳定性就会逐渐生成。这是因为，“作为对经济成功运行的反应，企业和金融中介机构的可接受的合意负债结构发生了变化”。③ 在经济运行良好的时期尤其是繁荣时期，借贷双方都会低估外部融资风险，调低安全边际。随着投资扩张和繁荣的到来，基于债务融资支付承诺的生存约束变得更为宽松，这会刺激企业采用杠杆操作增加短期利润，企业的债务杠杆率随之增加。“不断的成功导致人们忘乎所以，忽视了失败的可能性。……这会使人们对未来经济的乐观预期不断膨胀，进而使不断用短期融资来增加长期头寸的做法成为一种常态。”④ 在经济稳定扩张阶段，当贷款人风险和借款人风险都被轻率而又异乎寻常地低估时，通过增加杠杆率来增加利润成为最流行的、最快捷的投机收益方式。然而，在一个充满不确定性的经济世界中，随着时间的流逝，一个原本稳健的金融结构也会变得日益脆弱起来。可以从两个方面理解产生变化的动力传导机制。第一，资本资产的生产周期较长，而华尔街复杂的金融活动是在私人所有权支配下和短期投机动机驱使下进行的，一旦出现系统性的支付困难并由此产生普遍的悲观预期，杠杆率便会迅速下降，整个金融系统的借贷能力迅速下降。这会导致投资项目数量减少，再融资的可能性下降，长期预期悲观，进而导致产出和就业下降，有效需求不足，经济由扩张转向收缩。第二，在经济扩张阶段，增加债务融资是增加利润的重要途径，于是在

① Minsky H. P. The Financial Instability Hypothesis [Z]. The Jerome Levy Economics Institute, Working Paper, 1992, May, No. 74.

② Minsky H. P. Stabilizing an Unstable Economy [M]. New York: McGraw-Hill Professional Publishing, 2008 [1986]: 238, 242.

③ Minsky H. P. Stabilizing an Unstable Economy [M]. New York: McGraw-Hill Professional Publishing, 2008 [1986]: 193.

④ Minsky H. P. Stabilizing an Unstable Economy [M]. New York: McGraw-Hill Professional Publishing, 2008 [1986]: 237.

投资和利润之间、资产价格和债务之间形成一种正反馈效应，即一种“偏差放大机制”。这会鼓励更多的企业使用资产负债表进行冒险活动，以至于在金融结构中投机性融资和庞氏融资比重增加，致使金融结构的脆弱性增强。①

金融脆弱性只是潜在的趋势性的金融危机，从金融结构脆弱性到金融危机事件爆发还有一些诱发因素。明斯基认为，利率提高就是其中最大的诱发因素。在这里，明斯基继续通过偏差放大机制丰富凯恩斯的利率效应。首先，利率上升会减少资产现值与投资品价格之间的差额，进而减少甚至消除企业的现金安全边际和净值安全边际，甚至使资本资产的价值下降到投资供给价格之下，发生现值倒挂（present value reversal）现象。其次，利率上升会使一些原本有利可图的投资项目变得亏损。上述两种情形都会导致投资下降，投资下降导致利润下降。在偏差放大机制的作用下，投资、利润和资产价格的下降力量相互作用，企业再融资变得非常困难，被迫“以出售头寸来维持头寸”②，最终爆发债务—通货紧缩性危机。

无论是金融脆弱性还是金融危机，它们都具有周期性特征。明斯基用“代际遗忘”（generation ignorance）③ 来解释周期性特征。所谓的代际遗忘是指上次的金融灾难已经过去了很久，以至于今天的人们忘记了曾经的痛苦经历，于是贪欲又战胜了恐惧，金融投机驱使资产价格上涨，资产价格上涨反过来又刺激更多的人去投机购买。“稳定性滋生不稳定性”，“成功滋生着无畏和冒险。曾经的惨痛灾难在经过一段时间之后会逐渐被遗忘。一些冒险者通过投机性融资获得成功，取得实惠，这会产生巨大的示范效应，引得其他冒险者纷纷效仿。稳定性——即使是稳定的扩张——造成不稳定性。”④

代际遗忘使经济在繁荣时期播下了金融危机的种子。譬如，在康德拉季耶夫周期的经济繁荣、长波上升阶段，贷款条件变得较为宽松，银行的贷款意愿和企业的融资需求都很高，这种金融环境必然导致银行和企业都做出许多不谨慎的贷款决策。经过二三十年的增长之后，金融结构的稳健性会发生系统性改变，由最初的对冲性融资居主导地位转变为投机性融资和庞氏融资居主导地位，此时企业普遍陷入了现金流不足和资产负债表恶化的困境。这个过程正是债务—通货紧缩性危机的酝酿过程。这种情形可以追溯到经济繁荣时期，其实在繁荣时期就已经播下了金融危机的种子。正如明斯基所说的，危机的原因就是繁荣。金融结构的这种周期发作的脆弱性和不稳定性是造成经济周期的主要原因。

2. 基金管理资本主义的金融危机趋势

在 20 世纪 80 年代末至 90 年代的研究中，明斯基按照金融结构的演进类型把资本主

---

① Minsky H. P. Stabilizing an Unstable Economy [M]. New York: McGraw-Hill Professional Publishing, 2008 [1986]: 48, 238.

② Minsky H. P. John Maynard Keynes [M]. New York: McGraw-Hill Professional Publishing, 2008 [1975]: 122.

③ Minsky H. P. The Financial Instability Hypothesis [Z]. The Jerome Levy Economics Institute, Working Paper, 1992, May, No. 74.

④ Minsky H. P. John Maynard Keynes [M]. New York: McGraw-Hill Professional Publishing, 2008 [1975]: 11, 125.

义发展划分为四个阶段：商业资本主义、金融资本主义、福利管理资本主义和基金管理资本主义。① 商业资本主义反映了17～18世纪资本主义金融的发展特征，这一时期的主要金融机构是商业银行，其主要金融方式是为企业直接提供长期融资，或为投资公司发行债券和股票。19世纪70年代至20世纪30年代是金融资本主义发展时期，正如鲁道夫·希法亭在《金融资本主义》一书中所描述的那样，金融资本支配产业资本，投资银行是主要的金融机构，它们以外部融资方式为资金巨大的建设项目尤其是基础设施融资，使铁路、钢铁、重化工业等产业投资得以实现。1929～1933年的世界性大萧条标志着以投资银行家主导的金融资本主义时代的终结。“大萧条”之后至20世纪70年代，罗斯福新政和凯恩斯主义开创了福利管理资本主义时代，这一时期金融部门实施了“新政”改革，美国联邦政府在经济管理方面发挥了积极的干预作用。按照明斯基的观点，这一时期的“大银行”（美联储）和“大政府”（美国财政部）相互配合，共同促进了经济的稳定增长，实现了高就业率，提高了工资水平，增进了社会公平，使美国经济进入了“黄金时代”。从20世纪80年代至今，主导金融市场的是大型基金公司，这个阶段被称为基金管理资本主义（money manager capitalism）。

今天，许多后凯恩斯学者进一步发展了明斯基的基金管理资本主义思想。R. 瑞从四个方面概括了当代基金资本主义的新发展。② 首先，一系列管理基金兴起，譬如养老基金（私人的和公共的）、主权财富基金、保险基金、大学捐赠基金、公司资金管理机构和其他储蓄机构等，它们形成规模巨大的资金池，控制金融市场。专业基金经理掌控着这些资金池，寻求最大利润回报。基金经理将承担风险更高的资产，以获得更高的回报。他们通过金融创新和市场营销来吸引客户，但几乎所有的金融创新都被故意设计得非常复杂和不透明，以便欺骗客户和防止竞争对手模仿。

其次，投资银行公开上市发行股票，允许高级管理层通过制造短期绩效攫取巨额收益。因为最高管理层的奖金包括股票和期权，如果股价上涨，它们会被出售以获得巨额利润。这刺激高级管理层通过拉高出仓、夸大收益、制造谣言、选择性地泄露交易内幕信息等来操纵股价，从而获得丰厚的回报。

再次，金融系统兴起去监管化浪潮，金融市场中的支配权力从传统银行转移到较少受到监管的“影子银行”手中。新自由主义推行金融自由化，它认为依赖私人信用评级机构和会计师事务所，金融机构自己可以比政府监管机构更好地评估风险。20世纪90年代末，分业经营体制已经解体，联合经营已经成为普遍现象，一家“影子银行”类的控股公司成为从事金融全方位服务的“超市”，它们持有风险较高的资产，持有非流动

---

① Minsky H. P. Schumpeter and Finance [A]. in Market and Institutions in Economic Development: Essays in Honour of Paolo Sylos Labini [C]. edited by Salvatore Biasco, Alessandro Roncaglia, Michele Salvati. London and New York: Palgrave Macmillan, 2014 [1993].

② Wray L. Randall. Why Minsky Matters: An Introduction to the Work of a Maverick Economist [M]. Princeton and Oxford: Princeton University Press, 2015: 139－147.

性头寸，增加杠杆率，但几乎不受政府干预。

最后，欺诈盛行成为金融市场的常态。2008 年金融危机暴露出金融公司的欺诈行为是如此普遍。在美国金融危机爆发后露出马脚的伯尼·麦道夫（Bernie Madoff）就是当代的查尔斯·庞兹，他制造了一个庞氏骗局。然而，与美国国际集团或雷曼兄弟破产相比，这些人还是小巫见大巫。在 20 世纪 80 年代美国发生储蓄和贷款危机之后，有 1000 多名高级经理因欺诈而被判刑入狱。这些案件表明，几乎每一个失败的金融公司都存在欺诈行为。此后，联邦调查局在 2004 年就警告过抵押贷款存在欺诈行为，在对随机选择的抵押贷款支持证券的详细调查后发现，几乎每一个都存在欺诈行为。今天，我们正处于历史上欺诈行为最为猖獗的时期，许多金融机构的最高管理层已经将公司变成了攫取高额利润的欺诈工具。2010 年初，由美国联邦法院指派的一名调查员发布了关于雷曼兄弟公司破产的报告：公司使用类似于高盛隐藏希腊债务的做法来隐藏客户债务，公司最高管理层和公司的会计师事务所签署了调查人员所说的“严重误导会计”的内容。其实“雷曼事件”只是因金融危机才暴露出来的冰山的一角。

基金管理资本主义的发展趋势尤其是 2008 年金融危机验证了明斯基的预言：资本主义金融结构在长期趋于脆弱化，稳定性滋生着不稳定性。

金融不稳定性假说为我们研究资本主义经济提供了一个新的理论图景——货币金融范式。它认为，虽然现代主流新古典经济学构建了复杂程度极高的数理经济学模型并充斥着大量的货币金融问题研究，但其方法论基础仍是以以货易货为隐喻的“乡村集市经济学”范式。作为新古典综合派产物的 IS – LM 模型所依赖的利率的变化会因债务紧缩和信贷配给效应而陷入困境；不能把劳动力市场中的非意愿性失业和非充分就业均衡归咎于所谓的工资、价格的刚性或黏性，工资、价格的弹性会影响到就业，但不是非意愿性失业的根本原因。对明斯基来说，资本主义经济在本质上具有内在的不稳定性，不存在实现长期充分就业和稳定增长的趋势，金融危机和经济危机是难以避免的，类似于 1929 年的“大萧条”事件具有历史的重复性。[①] 虽然金融市场充斥着投机和欺诈，而且在他的理论模型中也非常关注投机和欺诈因素，但他反对用道德风险理论来解释金融危机的生成和发展机制，认为金融脆弱性是内生于华尔街资本主义的必然结果，金融自由化在制度和政策层面起着进一步催生作用。为此，他主张发挥“大政府”和央行“最后贷款人”在防范金融危机方面的功能。另外，他还根据卡莱茨基的总利润模型[②]分析了企业的金融状况，得出一个极其重要的结论：私人部门的金融头寸会因政府的财政赤字增大而增强。这个结论在后凯恩斯主权货币理论中得到进一步发展，相关内容将在第六章第四节中作详细阐释。

---

① 《“它”能再次发生吗?》是明斯基在 1982 年的一本论文集，其中“它”是指 1929 年的经济危机。他的答案是“是”。参见：Minsky, H. P. Can “It” Happen Again? Essays on Instability and Finance [M]. New York: M. E. Sharpe, 1982.

② 卡莱茨基假定工人不储蓄、资本家不消费，进而建立了一个简单的总利润模型，即总利润（P）等于私人投资支出（I）、净出口（X – M）和预算赤字（G – T）之和，即 $P = I + (X - M) + (G - T)$。其中，X 是出口，M 是进口，G 是政府支出，T 是税收。

明斯基的金融不稳定性思想深化了后凯恩斯货币金融范式，具体体现在以下四个方面。第一，它在方法论上强调和发展了凯恩斯的“根本的不确定性”和“货币非中性”思想，相比较而言，新凯恩斯主义的信息不对称理论的哲学基础仍然是可以通过概率计算的风险，这是为凯恩斯本人和后凯恩斯经济学所反对的哲学方法论。第二，它进一步发展了后凯恩斯信用货币理论和主权货币理论，丰富了货币供给的内生性思想，这与主流经济学的货币供给外生性假设是对立的。第三，反对瓦尔拉斯一般均衡理论框架，丰富和发展了凯恩斯的非均衡思想，由于资本主义金融系统具有内在不稳定性，所以资本主义经济不仅在短期而且在长期也是非均衡的。第四，在政策上，强调“大政府”和央行“最后贷款人”的不可替代的作用，批判理性预期学派宣扬的政策无效论主张。①

第三节　双重“增长悖论”、金融修复与2008年经济危机

根据凯恩斯主义有效需求原理，经济增长的黄金法则是实际工资收入增长等于劳动生产率增长，只有遵循这个条件，消费需求才能成为驱动经济增长的“三驾马车”之一。长期以来，美国实际工资增长停滞，而在金融危机爆发之前家庭消费却一直能够保持较高的水平，由此形成美国经济增长中的第一重悖论。按照后凯恩斯经济学中的舍沃定律，一个国家的经济增长会受到它的国际收支条件限制，因此在长期里保持经常账户平衡或略有盈余是十分必要的。然而长期以来，美国经常账户处于巨额赤字状态，由此形成经济增长中的第二重悖论。美国经济增长中的“双重悖论”特征主要归因于它的“金融修复”。“金融修复”是不可持续的，它促使家庭和国家走向高债务杠杆率，日趋脆弱的金融结构最终演变为2008年金融危机。②

一、家庭负债型增长悖论、金融修复与金融结构的脆弱化

由垄断金融资本主导的新自由主义增长模式使美国经济以“脱实向虚”的方式扩张总需求，主要表现为“去工业化”和金融创新产品投机异常活跃。在实体经济领域，从20世纪80年代到2008年金融危机爆发前夕，美国广大工薪阶层的实际工资增长速度长期处于停滞状态，其水平远远低于这一期间的平均劳动生产率；普通工薪阶层的实际工资在国民收入中所占份额大幅度下降。③ 如果单纯地依据凯恩斯主义有效需求原理，工资停滞

① Diop Samba. Minsky's Analysis of Capitalist Development: A Critical Assessment and Perspectives [J]. Review of Radical Political Economics, 2016, 48 (2): 201 - 216.

② Tridico Pasquale, Riccardo Pariboni. Inequality, Financialization, and Economic Decline [J]. Journal of Post Keynesian Economics, 2018, 41 (2): 236 - 259.

③ Smith John. Imperialism in the Twenty-First Century: Globalization, Super-Exploitation, and Capitalism's Final Crisis [M]. New York: Monthly Review Press, 2016: 151 - 164.

必将导致广大工薪阶层消费需求不足进而导致总需求增长与总供给增长（或潜在产出增长）之间失衡。然而，奇怪的是，这一期间美国家庭消费在总需求中的占比一直保持较高水平。究其原因，一方面，工资增长停滞导致了消费需求出现缺口；另一方面，美国家庭走向债务积累型消费，再加上因住房泡沫经济产生的财富效应极大地刺激了消费需求，这两种因素通过金融市场或虚拟经济创造了消费需求，弥补了基于工资停滞导致的消费需求缺口。

后者为消费支出的扩张提供了资金，而这一支出现金流无法由工薪家庭的停滞的实际收入现金流所支持，许多家庭因此而沦为庞氏融资。其结果正如我们看到的那样，几十年来，在表面上美国宏观经济基本上令人满意，但在其背后所隐藏的结构性缺陷尤其金融结构脆弱性一直朝着恶化方向发展。在明斯基等后凯恩斯学者眼中，2008 年的金融危机是意料之中的事情，其爆发只是个具体时间的问题。

1. 美国居民收入分配变化趋势及结构分析

二十世纪五六十年代是公认的资本主义发展的“黄金时代”。在经济学界，这个时代的成功标准是经济快速增长、低失业率、稳定的（或较低的）通胀率以及合理的收入分配结构和拥有橄榄形的稳定的社会阶层结构（中产阶级体量最大）。这一切必定要符合一个基本经济规则：实际工资增长与生产率增长保持同步。然而，这个规则早在 20 世纪 70 年代初资本主义发达国家普遍陷入“经济滞胀”之后就不复存在了，即使到 20 世纪 80 年代资本主义走出了“经济滞胀”之后，二者也没有恢复平衡关系。这种情形对于我们理解 2008 年经济危机的原因至关重要。①②

图 4－9 用工人③的平均每小时工资和平均每小时薪酬两个指标描述 20 世纪 70 年代以来实际收入增长停滞状态。首先，从平均每小时工资看，如果以 1947 年为基准年度，工资水平为 100，从“二战”之后到 20 世纪 70 年代初美国工薪阶层的实际工资一直处于上升趋势，到 1972 年达到 175 左右。这一期间，实际工资增长与劳动生产率增长大体上保持一致。此后，在 20 世纪 70～80 年代，实际工资一直呈下降态势，到 20 世纪 90 年代之后略有上升，但上升空间极为有限。这一期间，实际工资增长与劳动生产率增长的差距一直在加大。其次，从平均每小时薪酬看，它的发展趋势与平均每小时工资大体一致。之所以采用这个指标主要是考虑到在工人的实际收入中还包括了所得到的养老金和医疗保险部分。在 20 世纪 70 年代之前，这两部分在实际收入中的占比有所增加但程度有限，此后它们在实际收入中的占比比较稳定。考虑到这两个因素，以薪酬测量的实际收入水平的确是高于实际工资水平。1947～1972 年薪

① Petra Dünhaupt. Determinants of Labour's Income Share in the Era of Financialisation［J］. Cambridge Journal of Economics, 2018, 41（1）: 283－306.

② Ricardo M. S. Growth and Inequality Revisited: the Role of Primary Distribution of Income a New Approach For Understanding Today's Economic and Social Crises［J］. Cambridge Journal of Economics, 2017, 41（2）: 367－390.

③ 在人员统计口径上，这里所谓的工人是一个较为笼统的概念，它包括在生产一线中的传统意义上的工人，约占美国劳动人口的 80%；还包括基层的生产管理人员，但排除中高层的监管人员。

酬几乎增长了两倍，但此后其停滞的变化趋势以及与劳动生产率相比缺口逐渐拉大的趋势是很显著的，这个特征与实际工资完全一样。

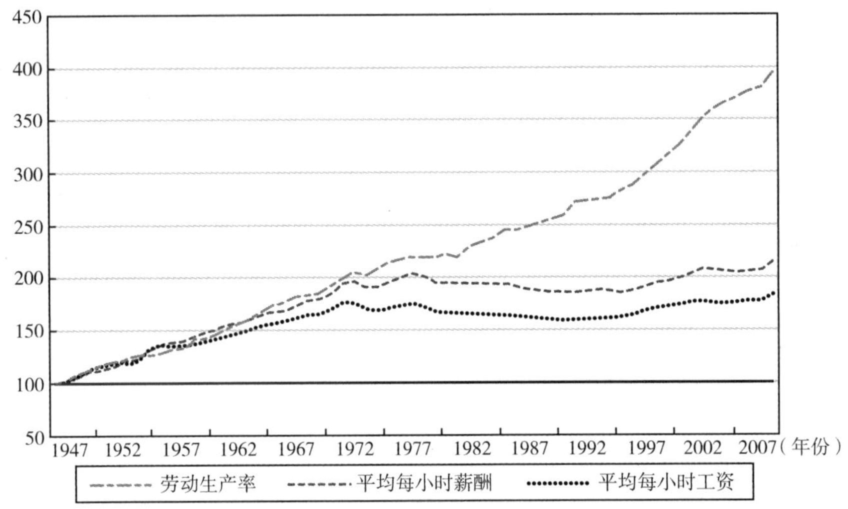

图 4－9　美国平均每小时工资、薪酬与劳动生产率变化趋势

资料来源：Barry Z. Cynamon, Steven Fazzari, Mark Setterfield. After the Great Recession: The Struggle for Economic Recovery and Growth［M］. Cambridge University Press, 2013: 163.

一般经济学教科书都认为，随着社会经济发展、劳动生产效率普遍提高和财富增长，劳动供给时间会呈现一个先增加后下降的过程，在长期里当实际收入达到一定水平后劳动供给呈减少趋势。然而，早在 20 世纪 90 年代的研究表明，1990 年美国人的工作时间比 1970 年增加了 163 个小时，这相对于每年几乎多出一个月的劳动时间。① 在这种情况下，即使工资水平停滞不变，只要工作时间延长，工人实际收入也会增加。但事实上工人实际收入增长是停滞的。

创造的财富去了哪里？和马克思主义经济学类似，后凯恩斯经济学用收入分配两极分化来解释上述缺口的产生原因。据统计资料显示，20 世纪 70 年代以来，在美国非金融公司中，高层管理人员的实际薪酬水平大幅度提升，在实际国民收入分配中所占份额显著增长。把美国居民按人口分为十个等份，其中 10% 的最高收入阶层在 2007 年获得美国财富的 50%，如图 4－10 所示。

从居民收入五等分看，在 20 世纪 80 年代前后，占人口绝大多数的群体（即所谓的中产阶级）的工薪收入和高收入阶层的利润收入的变化趋势发生逆转。此前，从“二战”之后至 20 世纪 70 年代末，中产阶级的三个层次的收入增长率都有良好的表现（中低收入家庭增长 100%、中等收入家庭增长 111%、中高收入家庭增长 114%），而同期占人口 20% 的高收入阶层的收入增长率是 99%，其中占人口 5% 的最高端群体收入增长只有 86%。尤其应当指出的是，占人口 20% 的低收入群体的收入增长率最高，得到

① Schor J. B. The Overworked American: The Unexpected Decline of Leisure［M］. New York: Basic Books, 1991.

图 4-10 美国前 10%的最高收入阶层的收入变化（1919~2007 年）

资料来源：Atkinson A. B.，T. Piketty，E. Saez. Top Incomes in the Long Run of History [J]. Journal of Economic Literature，2011，49：3-71.

116%。此后，上述的变化趋势消失了并朝着完全相反的方向发展。这也证实了居民收入分配两极分化的存在，如图 4-11 所示。

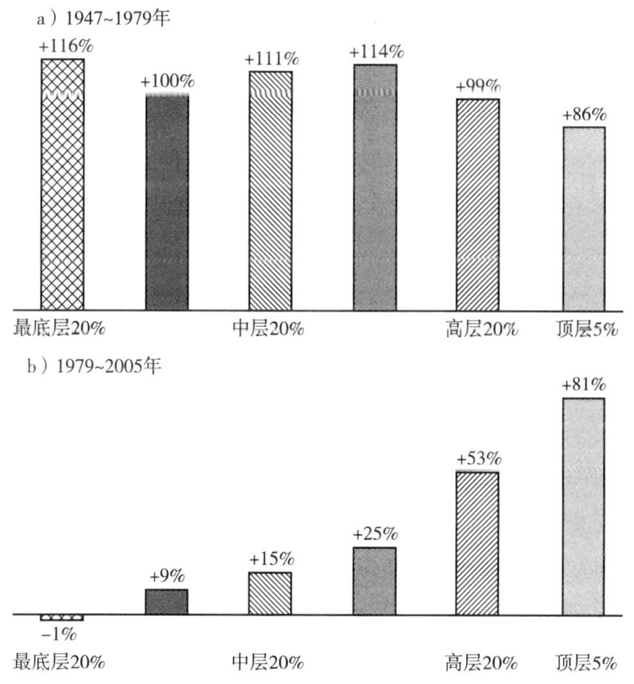

图 4-11 收入五等分中各组增长率（1947~2005 年）

资料来源：Korty D. Comment on Household Debt in the Consumer Age：Source of Growth-risk of Collapse [J]. Capitalism and Society，2008（3）：3.

收入的两极分化意味着高收入阶层财富的急剧增长和中层尤其中低层民众的收入停滞，40 多年来广大民众实际工资增长落后于其劳动生产率增长是导致两极分化的重要原因之一。

一些后凯恩斯学者认为上述分析仍不能够完全说明问题。根据塞特菲尔德（Setterfield M.）的计算，20 世纪 70 年代以来，在非金融公司中即使把公司监管人员的薪酬也统计进来，总的实际的工资薪酬收入在国民收入中的占比也一直呈现逐步下降趋势，从 1979 年最高值 66.6% 下降到 2008 年金融危机爆发前夕的 64.2%。① 这意味着仅仅通过在实体经济中存在的收入分配两极分化因素还不能够解释工薪阶层实际收入与整个社会劳动生产率之间缺口逐渐增大问题。如果把金融部门参与国民收入分配因素考虑进来，对这个问题的认识便豁然开朗了。在金融部门高管薪酬的性质属于租金，而不是他们在生产过程中创造的新价值。随着美国经济金融化趋势增强，华尔街金融高管们所获得的丰厚的红利在国民收入中的占比也快速增加。在 2008 年金融危机爆发前五年，华尔街金融公司所获红利已经远远超出根据纽约股票交易市场统计的实体企业的利润，如图 4－12 所示。

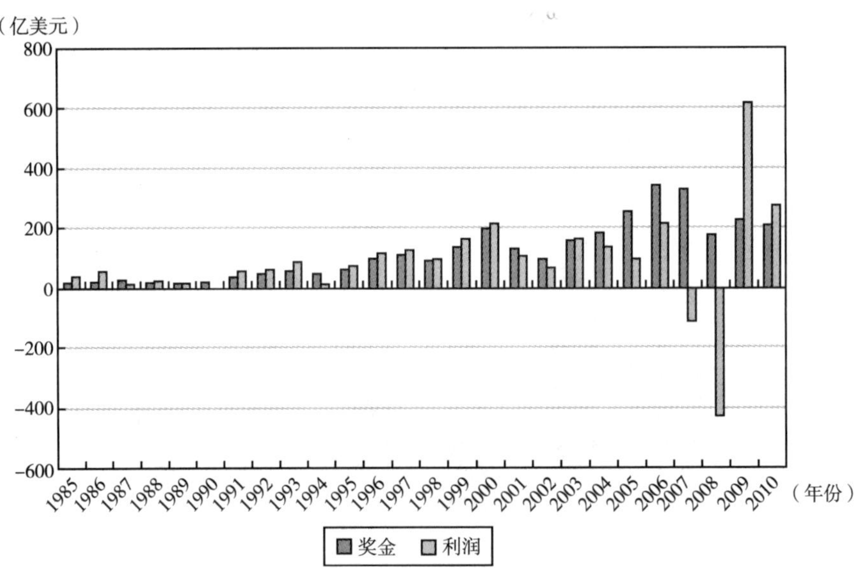

图 4－12　华尔街金融公司奖金与实体企业利润比较

资料来源：Barry Z. Cynamon，Steven Fazzari，Mark Setterfield. After the Great Recession：The Struggle for Economic Recovery and Growth［M］. Cambridge University Press，2013：108.

2. 从总需求原理看美国经济增长中的“悖论”

根据凯恩斯主义有效需求原理，经济增长的黄金法则是实际工资（薪金）收入增长

① Setterfield，Mark. Wages，Demand，and US Macroeconomic Travails：Iagnosis and Prognosis. in Barry Z. Cynamon，Steven Fazzari，Mark Setterfield. After the Great Recession：the Struggle for Economic Recovery and Growth［M］. Cambridge University Press，2013：164.

等于劳动生产率增长。①

在充分就业条件下，如果产品市场均衡则有：$AD = Y^p$。其中，AD 表示按实际值计算的总需求，Y^p表示潜在产出。按照二分法把总需求分为实际消费支出和非消费支出；把潜在产出理解为潜在劳动生产率与充分就业量的乘积，则上述表达式等价于公式（4.1）：

$$C + A = \frac{Y^p}{L}L \tag{4.1}$$

其中，C 和 A 分别表示实际消费支出和非消费支出，L 是充分就业劳动力规模。若用符号“^”表示变量的增长率，因此充分就业的经济增长要求：

$$\hat{AD} = \hat{Y}^p$$

根据公式（4.1）得：

$$\omega_c\hat{C} + (1 - \omega_c)\hat{A} = q + n \tag{4.2}$$

其中，ω_c 是消费支出占总支出的份额，q 是生产率增长速度（即$\frac{Y^p}{L}$的增长速度），n 是劳动力增长率。

借鉴卡莱茨基的收入分配理论，可以把总消费支出分解为三部分：工人基于工资收入的消费支出、公司高管（或资本家）基于利润的消费支出以及工薪阶层通过债务融资方式实现的实际消费支出，于是有：

$$C = c_w wN + c_\pi \Pi + B$$

其中，w 是实际工资，N 是经济活动中实际总就业量，Π 是实际利润总额，B 是工薪阶层通过债务融资方式实现的实际消费支出，c_w和c_π分别代表工资收入者和利润收入者的消费倾向。为了简化分析，假定c_w和c_π是常数；借鉴卡莱茨基的分析方法，假定$c_\pi = 0$，于是有$0 - c_\pi < c_w < 1$，上述表达式可被重新写为：

$$C = c_w w\frac{N}{L}L + B$$

其中，$\frac{N}{L}$表示就业率。假设$\frac{N}{L}$保持不变，可以得到：

$$\hat{C} = \omega_Y(\hat{w} + n) + (1 - \omega_Y)\hat{B} \tag{4.3}$$

其中，ω_Y表示由当前工薪收入支持的消费支出占总消费支出的份额。将公式（4.3）代

---

① Barry Z. Cynamon, Steven Fazzari, Mark Setterfield. After the Great Recession: The Struggle for Economic Recovery and Growth [M]. Cambridge University Press, 2013: 180-181.

入公式（4.2）可以得到：

$$\omega_c[\omega_Y\hat{w}+(1-\omega_Y)\hat{B}]+(1-\omega_c)\hat{A}=q+(1-\omega_c\omega_Y)n \tag{4.4}$$

假设令 B 与工资收入同比增长，这足以保证工薪家庭的债务与实际工薪收入比率随着时间的推移而保持不变，于是有：$\hat{B}=\hat{w}+n$。将此表达式代入公式（4.4）可以得到：

$$\omega_c\hat{w}+(1-\omega_c)\hat{A}=q+(1-\omega_c)n \tag{4.5}$$

显然，随着ω_c趋向于1，公式（4.5）等价于：

$$\hat{w}=q \tag{4.6}$$

在美国经济史中，ω_c的长期平均值大约为0.66，当前大约为0.7。按照这个经验数字，在大众高消费和充分就业情形下，实际工资增长应当等于劳动生产率增长。资本主义“黄金时代”的经济增长大体符合这个原则。

依据上述推理，在过去的40多年里，美国经济增长存在逻辑“悖论”，因为实际工薪收入增长远远低于劳动生产率增长并呈停滞状态的事实必将导致占劳动人口80%的广大工薪阶层的消费需求不足，进而导致总需求与总供给失衡。在这种情形下，美国经济呈现低增长率和高失业率才符合理论逻辑。然而，在过去20年里尤其是在20世纪90年代美国经济表现良好，美国就业率和经济增长率都好于20世纪70～80年代的平均水平，好于同期国际公认的一般水平。显然，美国经济增长存在一个逻辑悖论：美国有效需求从哪里来？是什么因素弥补了由于实际工资增长停滞造成的消费需求不足部分？

实证研究表明，在这40年里美国经济增长呈现以下三个事实。一是在总需求的构成中，美国家庭消费支出比重并没有因实际工资增长停滞而萎缩，相反一直保持在较高的水平上。20世纪70年代之前，美国消费支出大约占它的GDP的66%，近40年来，这一比例上升到大约70%。美国始终是公认的高消费国家，通过高消费拉动经济增长的势头一直保持到金融危机爆发前夕。二是在国际市场中实际工资增长停滞并没有让美国企业得到相应的价格竞争优势，从而促进出口增长，相反，这个期间美国贸易逆差在逐年增加。三是在实体经济领域投资支出只是在20世纪90年代后半期到2000年互联网泡沫破灭之间出现过一次高潮，即所谓的基于互联网技术的“新经济时代”，在其他时期里表现一般。第一个事实表明美国消费需求是总需求构成中最活跃的因素，后两个事实表明投资和净出口对美国总需求的形成贡献很小。

这就引出了美国经济增长中的一个悖论：一方面广大群众的实际工资（薪金）增长处于停滞状态，另一方面他们却能够保持旺盛的消费需求。我们不禁要问：美国居民消费需求的潜力从何而来？

3. 有效需求的“金融修复”及金融结构的脆弱化

下面回答美国经济增长中的“悖论”和居民消费需求潜力来源问题。答案就是新自由主义“金融修复”的增长模式。

首先，在消费需求方面，虽然工资增长停滞导致了消费需求出现缺口，但这个缺口能够通过金融手段创造两种消费潜力去进行弥补。一是通过债务融资支撑居民的高消费，美国家庭由此走向债务积累型消费模式；二是自2000年纳斯达克崩溃后国内外金融资本都转入房地产市场进行投机，房地产泡沫经济产生了巨大的财富效应，这极大地刺激了居民的消费需求。这两种因素通过金融市场或虚拟经济创造了消费需求，弥补了基于工资停滞导致的消费需求缺口。金融危机前夕消费支出占GDP比重上升到80%左右。

其次，在金融投资及其收益方面，金融危机爆发前夕，虽然制造业萎缩，仅占GDP的11.68%，但金融和房地产业利润总额占当年利润总额的40%。

自20世纪80年代以来，美国一直通过新自由主义“金融修复”维持资本主义积累体制，这使得金融结构的脆弱性也一直在加剧。① 增长结构的脆弱性主要来自居民家庭的债务积累和金融高杠杆率。

第一，20世纪80年代至2008年金融危机爆发前夕，居民家庭的债务积累一直呈上升态势，如图4-13所示。按照家庭债务占家庭个人可支配收入比例看，这个加速增长的趋势可以分两个阶段：第一阶段是20世纪80年代中期至2000年，家庭债务占家庭个人可支配收入比例从60%左右上升到100%；第二阶段是2000年至2008年金融危机爆发，在金融危机爆发前夕上述比例高达135%左右。

图4-13　美国家庭未偿债务占个人可支配收入比例

资料来源：Barry Z. Cynamon, Steven Fazzari, Mark Setterfield. After the Great Recession: The Struggle for Economic Recovery and Growth [M]. Cambridge University Press, 2013: 143.

---

① Russo, Alberto Luca Riccetti, Mauro Gallegati. Increasing Inequality, Consumer Credit and Financial Fragility in an Agent Based Macroeconomic Model [J]. Journal of Evolutionary Economics, 2016, 26 (1): 25-47.

第二，家庭债务快速增长的主体是中等收入和低收入的家庭。在金融危机爆发前夕，占人口75%的中等收入群体的债务是其总收入的1.5倍左右，低收入群体的债务几乎抵销了其收入，而极富有的5%的人群的债务只占其收入的1/2，如图4-14所示。居民债务分布是很不均衡、很不合理的，那些偿还债务能力较差的低收入和中等收入家庭的债务占其收入比例远远超过高收入家庭。这和前面介绍的收入分配两极分化具有内在的一致性。

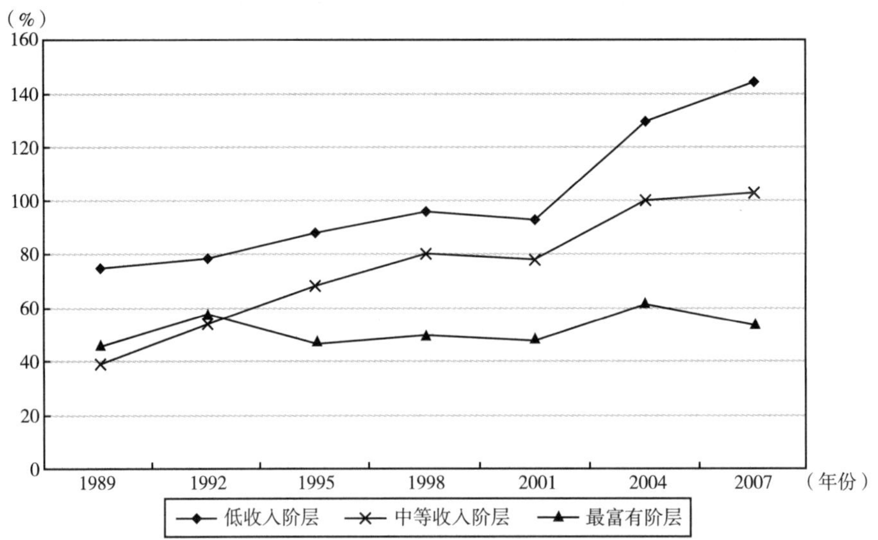

图4-14 美国高、中、低三个收入群体债务占收入比例

注：按照百分比把美国人口分为四个阶层，它们分别为前5%、第5%~20%、第20%~95%、第95%及以上。在收入分配上，这四个区间分别对应着极低、低、中、高四个阶层。图中描述了后三个阶层：低收入阶层（占总人口15%）、中等收入阶层（占总人口75%）和最富有阶层（占总人口5%）。

资料来源：Barry Z. Cynamon, Steven Fazzari, Mark Setterfield. After the Great Recession: The Struggle for Economic Recovery and Growth [M]. Cambridge University Press, 2013: 148.

拉动绝大部分家庭债务增长的重要因素是与住房抵押贷款和信用卡透支等相关的金融债务。自2000年以后，家庭金融债务一直呈上升趋势，到危机爆发前夕，家庭债务的绝大部分来自这些方面。借助“金融修复”，即家庭债务积累，美国经济弥补了民众实际收入停滞导致的消费需求缺口，掩盖了美国经济增长的结构性矛盾——虚拟经济扩张和实体经济停滞趋势。① 根据明斯基的金融不稳定性理论，随着时间的推移，美国家庭部门、企业以及整个经济体的金融脆弱性不断增加。金融化和金融修复拉开了美国金融危机的序幕。②

① Pieterse J. N. From Economic Stagnation to Systemic Fragility? [J]. Journal of Post Keynesian Economics, 2017, 40 (2): 272-277.

② Lucarelli D. B. The Economics of Financial Turbulence: Alternative Theories of Money and Finance [M]. Cheltenham UK · Northampton: Edward Elgar, 2011: 85-93, 111-131.

二、经常账户赤字型增长悖论与金融结构的脆弱化

金融化和金融修复的另一个后果就是美国国际收支结构失衡。[①] 2008 年的金融危机标志着“金融修复”模式的最终崩溃。回顾这次金融危机，我们不禁要问第二个问题：为何美国经济增长能够在较长时间里进行这种“金融修复”？这种“金融修复”模式具有普遍意义吗？在随后的分析中，我们把相关问题和美国经常账户赤字问题放在一起进行回答。

1. 经常账户恶化趋势及其影响因素分析

可以用经常账户余额及其占 GDP 的比重考察美国贸易逆差情况。从 20 世纪 80 年代初至今，在绝大多数年份中，美国贸易账户都处于逆差状态，其中在 2006 年前后尤为严重，如图 4－15 所示。这一时期正是房地产价格泡沫和家庭债务积累加速增长的时期，它们极大地刺激了美国居民的消费支出。在 2008 年金融危机爆发之后，由于国内消费和投资需求的崩溃，经常账户赤字开始大幅减少，到 2009 年赤字约占 GDP 的 2.7%；此后，由于经济复苏乏力，2009 年末到 2017 年贸易赤字呈震荡上升趋势，2017 年赤字约占当年 GDP 的 2.4%，如图 4－15 所示。还可以看出，自 1973 年布雷顿森林体系崩溃和逐步放弃资本市场管制制度以后，美国贸易账户开始逐渐恶化，这种趋势与新自由主义经济学的理论预测恰恰相反，后者认为浮动利率和金融自由化能够缩小美国贸易赤字量。

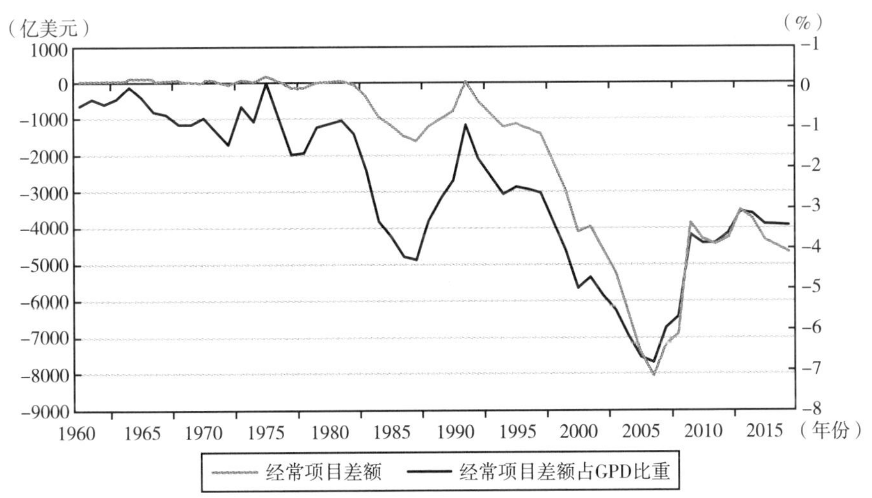

图 4－15　1960～2017 年美国经常项目差额

资料来源：Wind 数据库。

主流经济学通常用币值或汇率波动解释经常账户余额变动。对 1973～2016 年美元实际

① Lucarelli D. B. Financialization and Global Imbalances: Prelude to Crisis [J]. Review of Radical Political Economics, 2012, 44 (4): 429－447.

价值和美国贸易赤字之间的关系特征，可以从以下三个阶段去观察，其中实际美元价值是经过通货膨胀调整后的美元价值（1973 的物价指数为100），如图4－16 所示。一是自1973 年美元价值开始浮动后的20 多年里，美元价值波动与经常账户余额之间大体保持正常的联动关系，时间上一般会有1～2 年的滞后期，这是因为订货、生产和商品流通都需要一定的时间。二是在2002～2006 年实际美元价值呈下跌趋势，美元对欧元、加元、日元、英镑、瑞士法郎和澳元等主要发达国家货币贬值了32%左右，对中国和墨西哥等发展中国家货币贬值了16%左右，然而，美元贬值难以扭转贸易赤字激增的趋势。三是在2008 年金融危机之后在美元实际价值与贸易赤字之间某种程度上恢复了联动关系。显然，主流经济理论不能很好地解释为何美元贬值不能扭转美国长期贸易赤字持续增加的趋势，更不能解释为何唯独美国能够长期保持巨额贸易逆差，而其他国家不行。

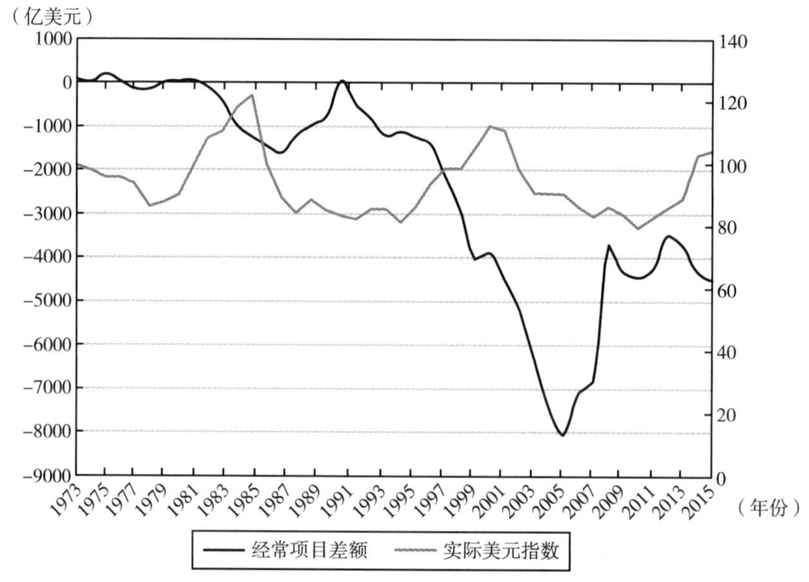

图4－16　美国经常项目差额与实际美元指数

资料来源：中宏数据库、Wind 数据库。

在后文中的舍沃定律表明，一个国家不可能长期通过货币贬值方法改变相对价格，进而以操纵汇率的方式提高国际收支均衡增长率。另外，后凯恩斯主权货币理论认为，美国贸易逆差是由美国财政赤字和美国跨国公司 FDI 共同导致的。由财政赤字产生的贸易逆差相当于其他顺差国家向美国纳税，美国 FDI 的海外利润流回美国的过程表现为贸易逆差。美国贸易逆差的实质是利用美元的超主权货币地位隐蔽地实现债务输出（或转嫁）和从事 FDI 的海外利润攫取，它们是导致美国贸易逆差的两个最根本原因，详见第六章第四节中的分析。

2. 从舍沃定律看美国经济增长中的“悖论”

后凯恩斯经济学非常重视经常账户平衡对一个国家经济增长的重要性。面对经常账户赤字，一个国家虽然可以通过国外资本流入改善其国际收支状况，但不得不为积累的外债和外国投资支付高额利息和红利。因此，要想实现经济的健康发展，一个国家在长期里保持经常账户平衡是十分必要的，这就是后凯恩斯经济学中的舍沃定律所要表达的基本思想。下面首先介绍舍沃定律的基本内容，然后基于该定律提出美国经济增长中的第二个“悖论”。

舍沃定律（the Law of Thirlwall）① 是后凯恩斯经济学把有效需求原理应用到开放经济体系中的一个派生理论。它的基本含义是：在其他条件不变的情况下，一个国家的经济增长率大体上等于出口增长率除以进口需求的收入弹性。它强调，经常账户严重赤字会制约一个国家的总需求，进而制约经济增长，因此该理论又被称为“国际收支约束下的经济增长理论”（balance-of-payments-constrained growth theory）。② 像奥肯定律等许多所谓的经济学定律一样，舍沃定律也是一个基于大量经验数据的统计规则，自该定律提出以后，包括舍沃本人在内的许多后凯恩斯学者对它作出进一步的理论修正，主要是引入国际资本流动和经常账户赤字等因素，通过适当修改它的假设从而扩展其研究范围，使该定律更具有广泛的解释力。③④ 舍沃定律的基本内容如下。

可以用下面三个公式表示一个国家的进口函数（M_t）、出口需求函数（X_t）及其国际收支均衡条件：

$$M_t = A \times \left(\frac{P_{ft}E_t}{P_{dt}}\right)^{\psi} \times Y_t^{\pi} \quad (\psi < 0) \tag{4.7}$$

$$X_t = B \times \left(\frac{P_{dt}}{P_{ft}E_t}\right)^{\eta} \times Z_t^{\varepsilon} \quad (\eta < 0) \tag{4.8}$$

$$P_{dt} \times X_t + F_t = P_{ft} \times E_t \times M_t \tag{4.9}$$

其中，M_t是进口量；X_t是出口量；Y_t是该国实际产出；Z_t是全世界的实际收入；P_{dt}是该国价格水平；P_{ft}是国外价格水平；E_t是名义汇率；F_t表示以本国货币计算的资本净流量，F_t大于零表示资本净流入，小于零则表示资本净流出；π 和 ψ 分别表示进口需求的收入弹性和进口需求的价格弹性；ε 和 η 分别表示出口需求的国外收入弹性和出口需求的价格弹性。在等式两边求自然对数后再对时间求微分，可以得到：

① 舍沃（Anthony P. Thirlwall），美国肯特大学经济学教授，自 1988 年以来一直担任《后凯恩斯经济学杂志》编辑等职务，主要从事区域经济学、国际经济学尤其是发展中国家经济增长等方面的研究，著有《发展经济学：理论与证据》等。舍沃是著名的剑桥经济学家尼古拉斯·卡尔多的遗嘱上指定的遗嘱保管人，曾撰写传记《尼古拉斯·卡尔多》。

② Thirlwall A. P. The Balance of Payments Constraint As an Explanation of International Growth Rate Differences [J]. Banca Nazionale Del Lavoro Quarterly Review, 1979 (128): 45 - 53.

③ Thirlwall A. P., M. N. Hussain. The Balance of Payments Constraint, Capital Flows and Growth Rate Differences Between Developing Countries [J]. Oxford Economic Papers, 1982, 34 (3): 498 - 510.

④ Moreno-Brid J. C. Capital Flows, Interest Payments and the Balance-of-Payments Constrained Growth Model: a Theoretical and Empirical Analysis [J]. Metroeconomica, 2003, 54 (2 - 3): 346 - 365.

$$m_t = \psi(p_{ft} + e_t - p_{dt}) + \pi y_t \tag{4.10}$$

$$x_t = \eta(p_{dt} - p_{ft} - e_t) + \varepsilon z_t \tag{4.11}$$

$$m_t + p_{ft} + e_t = \theta(p_{dt} + x_t) + (1 - \theta) f_t \tag{4.12}$$

其中，p_{dt}和p_{ft}分别表示一国国内价格水平变化率和外国价格水平变化率；x_t和m_t分别表示一国的出口增长率和进口增长率；e_t和f_t分别表示该国的名义汇率变化率和净资本流动变化率；用θ和（1－θ）分别表示出口和净资本流动在一国总的外汇收入中的占比。根据公式（4.10）~公式（4.12），可以得到在国际收支预算平衡约束条件下的最大的增长率y_{bp}^*：

$$y_{bp}^* = \frac{(1 + \theta\eta + \psi)(p_{dt} - p_{ft} - e_t) + \theta\varepsilon z_t + (1 - \theta)(f_t - p_{dt})}{\pi} \tag{4.13}$$

假设在长期里该国的相对价格不变且没有净债务，则有$p_{dt} - p_{ft} - e_t = 0$，$1 - \theta = 0$和$x_t = \varepsilon z_t$，于是公式（4.13）被简化为：

$$y_{bp}^* = \frac{x_t}{\pi} \tag{4.14}$$

这个表达式说明，在国际收支均衡条件下，一个国家的经济增长率与出口增长率（x_t）呈现正相关关系，与进口收入弹性（π）呈现负相关关系。

下面考虑到资本流动和经常账户赤字增长率f_t等因素，假定为了阻止急速增长的外债，在经常账户赤字（F）与国民收入（Y）之间确定了一个比例关系，即有$F/Y = k$，从变化率上看，有$f = y$。根据$M = X - R + F$（R为向国外的净利息支付），可以得到公式（4.15）：

$$m_t + p_{ft} + e_t = \theta(p_{dt} + x_t) - \gamma(p_{dt} + r) + (1 - \theta + \gamma)(p_{dt} + f_t) \tag{4.15}$$

其中，r表示对国外债务的实际净利息支付增长率，γ表示利息支付占外汇收入的比例，其前面的负号表示一国处于净债务状态，（1－θ＋γ）表示外国资本流动占收入的比例。根据$f = y$，一国经济增长率为：

$$y_{bp}^* = \frac{\theta\varepsilon z_t - \gamma r + (1 + \theta\eta + \psi)(p_{dt} - p_{ft} - e_t)}{\pi - (1 - \theta + \gamma)} \tag{4.16}$$

或

$$y_{bp}^* = \frac{\theta x_t - \gamma r + (1 + \psi)(p_{dt} - p_{ft} - e_t)}{\pi - (1 - \theta + \gamma)} \tag{4.17}$$

同理，参照公式（4.14），可以把公式（4.16）和公式（4.17）简化为：

$$y_{bp}^* = \frac{\theta x_t - \gamma r}{\pi - (1 - \theta + \gamma)} \tag{4.18}$$

进一步假设利息支付是不断增加的且经常账户赤字为零，则可以把公式（4.18）简化为：

$$y_{bp}^{*}=\frac{\theta x_{t}-(1-\theta)r}{\pi} \tag{4.19}$$

公式（4.18）和公式（4.19）表明，在其他条件不变的情形下，国际收支状况成为制约一个国家经济增长的主要因素。

上述简化是通过假设在长期里相对价格不变得到的。显然，这个假设本身过于苛刻，因为实际汇率变动会对经常账户产生影响，实际情况是在条件允许的情况下一个国家会力图借助汇率调整促使经常账户趋向平衡。在理论上，后凯恩斯经济学证明了即使相对价格发生了变化，在满足“马歇尔—勒纳条件”（Marshall-Lerner condition）的情况下①舍沃定律也能够成立。在实践中，后凯恩斯经济学认为，一个国家试图在长期里通过货币贬值从而改变相对价格，进而以操纵汇率的方式提高国际收支均衡增长率，这种做法在实践中是不可行的，或不可持续的。这是因为给定进口和出口乘数，一个国家主动实施持续的真实的货币贬值政策将面临一系列阻力。首先，存在工资向下黏性的阻力，它使连续的名义贬值难以变成相应的真实贬值；其次，后凯恩斯经济学的大量经验研究表明，企业是基于市场供求关系进行定价的，进出口价格对真实汇率的变化并不敏感；再次，因为各国商品和服务具有很大的异质性，所以它们的需求曲线相对缺乏弹性；最后，国际市场是一个不完全竞争市场，这意味着市场竞争往往采取的是非价格竞争策略，而不是直接的价格战。

自舍沃定律提出以来，许多后凯恩斯学者根据发达国家和发展中国家的大量经验数据对它进行验证。相关研究结果表明，这个函数能够解释除美国之外的几乎所有其他国家的经济增长与经常账户收支之间的关系。

3. 国际经济关系的金融修复及其结构脆弱性

按照舍沃定律，一个国家很难长期保持经常账户的巨额赤字状态。然而，美国不受该定律的制约，一方面长期处于经常账户的巨额赤字状态，另一方面通过资本账户盈余保持国际收支的大体平衡。美国之所以能够长期保持经常账户赤字型增长模式，其背后依靠的力量是美元霸权和华尔街掌控的国际金融体系。它们虽然使美国经济实现国际收支平衡，但所导致的资本积累的金融化也在不断加大美国经济结构的失衡和金融结构的脆弱化。

“二战”之后，作为超级大国的美国通过布雷顿森林体系的货币金融制度安排②，使美元货币成为世界货币，成为像金银一样的超主权货币，被称为“美金”。布雷顿森林体系的瓦解意味着美元在货币本质上已经不是超主权货币，然而，事实并非如此。美国

① 马歇尔—勒纳条件旨在说明在一定前提条件下本币对外贬值是改善贸易收支的必要条件。贸易收支通过货币贬值得到改善的必要条件是 $\eta_x+\eta_M>1$，其中出口商品的汇率弹性为 η_x，进口商品的汇率弹性为 η_M。

② 美元与黄金挂钩，1944 年 1 月美国政府规定了 35 美元兑换 1 盎司黄金的官价。

通过政治和军事霸权控制全球战略资源，加之美国经济体量庞大，美元的超主权货币地位仍得以维持。在由华尔街掌控的国际货币金融体系中，美国一直千方百计地遏制国际储备货币的多元化，确保美元的国际结算货币地位。因此，在目前的国际货币金融体系中，美元依然是霸权货币，美国国债依然是最为安全的金融资产。这种情形让美国得以在国际收支领域中进行“金融修复”。数据显示，虽然美国经常账户长期处于逆差，但贸易盈余的国家又将数额巨大的顺差收入以购买美国债券的形式投资于美国。譬如在2006年金融危机前夕，美国贸易逆差为8067.26亿美元，而资本和金融账户盈余为8091.48亿美元。这种金融修复一方面使美国经济实现国际收支平衡，免遭舍沃定律的制约；另一方面，随着大量资本流入美国金融市场，金融资产价格开始膨胀，形成财富效应，这极大地刺激了对各种金融衍生品的投机和欺诈。于是，美国资本积累的金融化与其独特的国际收支结构“相辅相成”，新自由主义在经济结构、管理体制和政策上顺应了这种世界独一无二的发展模式，并在意识形态上推波助澜。这种模式促使整个国家走向庞氏融资，金融崩溃只是一个时间问题。

第五章 技术经济范式论：新熊彼特学派的经济危机理论

新熊彼特学派秉承熊彼特的创新思想，以技术创新为核心范畴阐述社会经济结构的演化过程，提出了特征鲜明的经济周期和长波理论。虽然“技术经济范式”（techno-economic paradigms）术语是由卡萝塔·佩蕾丝（Carlota Perez）最早提出的，但它的原创思想来自熊彼特。熊彼特在经济分析中引入“创新”因素，构建有别于新古典均衡分析的经济动态学，即一种揭示经济发展规律的技术经济范式。20世纪80年代，弗里曼（Freeman C.）和多西（Dosi G.）等学者在经验研究中发现创新具有显著的路径依赖特征，于是提出“技术轨道”（technological trajectories）和“技术范式”（technology paradigm）范畴。[①②] 在这个基础上，佩蕾丝借鉴马克思主义经济学和美国老制度主义经济学，系统地阐述了技术创新与金融资本以及技术、制度、组织之间的协同与背离关系，并称之为“技术经济范式”的变迁。佩蕾丝的技术经济范式是新熊彼特学派的理论集大成。弗里曼、多西等学者关于国家创新系统的经验研究偏重于技术创新的模式、路径和政策问题，作为熊彼特经济思想重要组成部分的经济周期和长波理论在一定程度上被淡化了，而技术经济范式着力揭示资本主义结构性经济危机和长波萧条的发展机制，弥补了在技术轨道、技术范式和国家创新系统研究中的理论不足。如第一章已经指出的，出于突出理论特色和经济思想史归类的需要，笔者把技术经济范式列入研究资本积累的技术结构变迁维度，事实上，它还是对技术、经济和制度的一种理论综合。本章分两节，第一节阐述技术经济范式思想史及其基本原理，第二节把经济周期和长波现象置于“技术经济范式”的结构变迁中进行考察，阐释资本主义周期性经济危机和长波萧条的发生原因与发展机制。

---

① Dosi G. Technological Paradigms and Technological Trajectories: A Suggested Interpretation of Determinants and Directions of Technical Change [J]. Research Policy, 1982, 2 (3).

② 多西，弗里曼，纳尔逊等．技术进步与经济理论［M］．钟学义等译．北京：经济科学出版社，1992.

第一节　技术经济范式基本原理

技术经济范式基本原理主要涉及以下三个方面问题：一是创新如何成为经济周期和长波的驱动力量；二是周期性经济危机、长波萧条与技术创新的交互作用机制是什么；三是在技术经济范式演进中的不同阶段对应哪些经济危机形态。对这三个问题的回答构成了新熊彼特学派经济危机理论发展的三个阶段。第一阶段是熊彼特对创新和经济周期的开创性研究，他认为创新是经济发展的源动力并带来经济结构的质变，经济周期是创新的蜂聚和群集过程的表现形式，经济危机则是创新的结果，因而是经济周期的一个阶段。第二阶段是门斯、斯默克勒、杜因、弗里曼、多西等学者对创新扩散的经验研究，其中不同程度地回答了第二个问题。第三阶段是对技术经济范式的相关研究。本节按照思想史顺序阐述技术经济范式基本原理，从中阐发新熊彼特学派的经济危机理论。

一、技术创新：经济周期和经济危机的根源

熊彼特曾发问：为什么经济不是均匀地发展，而是跳跃式地前进并呈现出周期性的上升和下降呢?① 他把答案归结为创新。在经济思想史中创新成为理解经济周期和经济危机的一个重要的理论视角。

1. 创新的本质、特征和关键因素

在熊彼特的动态经济学中，资本主义经济发展是一个曲折、不连续、不和谐的演化过程，其间存在逆运动、退步和事变，它们阻碍着发展的道路，甚至导致经济体崩溃瓦解。显然，这个过程具有社会经济结构质变和周期运动特征，而驱动经济结构质变和经济周期的基本力量就是技术创新。熊彼特把经济结构质变称为“发展”，它不同于新古典经济学中的“均衡”，后者被熊彼特称为“循环流转”。在循环流转情形中，生产过程相互协调，信息完全对称，所有经济主体都了解市场的价格和数量体系，每一种供给都能够在补偿单位成本的预期价格上发现对自己的需求，企业既不会盈利也不会亏损，因此市场具有完全竞争和自动出清特征；货币“只代表着经济事物的外衣”，“除了促进商品的流通之外，并不起其他的作用”，即使完全取消货币也不会给循环流转造成实质性影响。因此，这是一种“以固定速度进行反复的自我再生产过程”的静态社会②，社会经济只是“年复一年地以同样方式生产出来同样的产品”③，没有技术创新，没有生产结构的质变和演化。

---

① 约瑟夫·熊彼特．经济发展理论［M］．何畏等译．张培刚等校．北京：商务印书馆，2000：248－249.

② 约瑟夫·熊彼特．经济发展理论［M］．何畏等译．张培刚等校．北京：商务印书馆，2000：58，60，283.

③ 约瑟夫·熊彼特．经济发展理论［M］．何畏等译．张培刚等校．北京：商务印书馆，2000：120.

一旦考虑到资本主义生产中的创新因素，对资本主义过程的研究就必须突破循环流转的理论框架，采用以创新与经济结构变迁为理论导向的经济发展观。在《经济发展理论》中熊彼特从创新和企业家、创新过程、资本主义信用三个方面阐述经济发展理论。

首先，企业家的创新是资本主义经济发展的根本动力。熊彼特把创新定义为至少包括以下五种情形之一的“生产手段的新组合”：一是生产新产品；二是采用新生产方法；三是开辟新市场；四是获得原材料和半成品的新来源；五是产业的重新组织。所谓的经济发展或结构变迁就是技术创新和扩散、对新技术的学习和模仿等行为的大量涌现过程。须指出的是，熊彼特所说的创新的内涵、外延和社会经济后果远远超出了技术发明和科学发现，创新或“新组合”是对传统生产模式和生活方式的“毁灭”。[①] 后面将会介绍，关于创新的内涵及其社会经济后果成为新熊彼特学派的重要研究内容。

在阐述创新和发展的特定经济学内涵基础上，熊彼特界定了作为创新主体的企业家并阐述其核心作用。他所说的企业家不是一种职业或马克思所说的资本家阶级，不是一个固定的社会阶级，而是创新特质的人格化[②]。一个实现新组合的开拓者会成为企业家，然而，一旦获得成功，他通常会失去开拓才能，也就失去了企业家的资格。[③]

其次，创新过程具有蜂聚和群集的不均匀特征。从创新过程看，在一段时期里，创新的发生不是均匀分布的。企业家的出现具有蜂聚特征，创新企业（产业）具有群集特征。[④] 熊彼特认识到企业创新活动不是在一个孤立的点上进行的，而是各个创新企业会形成一个交互作用、相互促进的网络，这种思想被后人发展为创新的协同效应。协同创新过程的生命周期性质决定创新过程有高潮，也有衰退。

为何企业家的创新活动呈现蜂聚特征？熊彼特的主要理由有三个。一是创新的激励效应。在经济萧条或复苏阶段，虽然只有少数先驱者取得了创新成功，但他们的成功会激励更多的追随者步其后尘，直到创新最终为广大民众所熟悉和接受。二是创新的模仿效应或外溢效应。创新先驱不仅在他们首先出现的生产部门里为他人消除了障碍，而且也为其他部门消除了类似的障碍。通过创新外溢效应和创新模仿行为，在不同产业中的企业用类似方案解决类似问题，这是创新的扩散过程。三是创新的自然衰退效应。伴随着创新带来的新利润机会的出现，创新呈现自我增强趋势；创新也会因利润机会逐渐消失而下降。因此，创新是有生命周期的：随着新技术的不断成熟和扩散，创新机会越来越少，创新成本越来越高，于是创新进入了衰退阶段，此时，企业家不再成群地出现。[⑤]

创新企业（产业）具有群集特征。在各个产业中创新企业的出现也不是均匀分布

---

① 约瑟夫·熊彼特．经济发展理论［M］．何畏等译．张培刚等校．北京：商务印书馆，2000：73，74.

② 类似于资本家是资本的人格化，熊彼特描述的企业家是创新的人格化。

③ 熊彼特．经济发展理论［M］．何畏等译．张培刚等校．北京：商务印书馆，2000：87.

④ 熊彼特．经济发展理论［M］．何畏等译．张培刚等校．北京：商务印书馆，2000：249.

⑤ 熊彼特．经济发展理论［M］．何畏等译．张培刚等校．北京：商务印书馆，2000：253－255.

的，而是倾向于围绕特定产业聚集在一起。当技术创新在特定部门引入后，该部门的生产工艺、成本、劳动生产率、组织管理等都会得到深刻的变革，从而导致该部门经历一个动态的结构变迁过程。在整个经济体中，这个变迁过程不是按照整齐划一的方式和节奏进行，相反，每次创新浪潮都是在特定产业中率先发起，譬如技术革命曾经在纺织、铁路、电子等行业中率先发起。这种不均匀的群集特征与马克思强调的资本主义生产力发展的不平衡特征是一致的。熊彼特认为，创新的产业集聚导致增长的周期性，因而是经济波动的主要原因。

最后，银行的信用创造是企业家创新活动的关键要素。基于创新性投资需要，熊彼特将资本主义信用创造和金融系统引入其理论模型中，把信用创造和金融创新视为经济发展中不可或缺的要素。作为创新先驱的潜在企业家不具备足够的购买力来获取实现新组合所需要的生产性资源。此时，银行在经济发展中的重要地位突现出来了，那就是通过信用创造以帮助企业家克服创新道路上的货币资本障碍，这是“利用银行来创造购买力”，“是从无有之乡创造出新的购买力”。[①] 显然，银行的信用创造发挥着资源再分配功能，为创新提供的信贷允许企业家从现有企业那里获取生产资源的控制权。银行对企业家创新活动的支持是理解资本主义信贷本质和现代银行业功能的理论基石，金融家和企业家一样成为创新发展最为关键的主体。

须指出，后来在看到巨型企业和寡头市场的发展之后，熊彼特的思想发生了一些变化。比较《经济发展理论》和《资本主义、社会主义和民主》，可以看到他对创新条件的关注从竞争性资本主义转移到托拉斯资本主义。前者是一个具有激烈市场竞争的经济环境，新企业是创新活动驱动者，它们受银行系统信用创造的支持；当市场结构转向寡头垄断时，创新主要是由大公司完成的并成为大公司的一个惯例性活动，企业资本积聚和资本集中成为创新活动的最主要资金来源，外部融资和金融系统的作用相对减弱了。在《经济发展理论》中，熊彼特描述了一个创造性毁灭过程，在这里，创新企业引起新产业诞生并替代旧产业；在《资本主义、社会主义和民主》中，熊彼特则强调在大公司中发生的创新具有积累特征，创新方式更像是一种创造性积累过程。这两种创新类型哪一个是主要的？它们之间有何关系？新熊彼特学派结合当代资本主义经济新发展对这些问题做了深入的研究，后文有详细阐述。

2. 经济危机和经济周期内生于创新过程之中

熊彼特特别区分了经济周期和经济危机的发生机制。他认为，经济周期内生于创新活动，无论是创造性毁灭过程还是创造性积累过程，都表现为具有某种形式的经济周期。而经济危机的发生机制比经济周期更为复杂，除了外生的偶然的历史事件促成经济危机外，熊彼特力图从创新和经济周期方面揭示经济危机的内生机制。

创新如何使“经济运行呈现波状运动”是熊彼特毕生探索的理论问题。在《经济发

① 熊彼特．经济发展理论［M］．何畏等译．张培刚等校．北京：商务印书馆，2000：80，81，119.

展理论》中，他揭示了创新和经济周期之间的内在联系：在排除一切外部干扰因素的情形下，伴随创新浪潮以蜂聚或群集的形式出现和逐渐消失，资本主义经济发展经历了扩张—繁荣、收缩—衰退两个阶段。这个过程被描绘为创新引发的“主波浪”（the primary wave），也被称为初次波浪或第一次波浪（the first wave）。[①] 创新意味着企业家要获得必要的生产资料的购买力，由此产生了信贷需求和银行家的信贷创造。创新及其导致的信贷扩张起初带来了两方面的后果。第一，创新产品不断涌现，旧产品产量削减并最后退出市场；第二，信贷创造的购买力使得支出扩大。因为创新总是呈现蜂聚和群集特征，这导致在一定时期内整个经济的支出大于产出，物价上涨，利润上升，出现繁荣。但是随着新技术扩散和创新产品全面进入市场后，市场将以更低的成本、更高的生产率供给新产品，不仅抵消了创新所带来的购买力扩张，而且导致产出大于需求，这会引起物价下降，利润机会消失，信贷收缩，购买力下降。经济由此走向衰退。在衰退阶段，企业家利润消失，转为劳动力和土地的要素收入。这种纯粹直接由创新推动的经济涨落就是主波浪或初次波浪，这也是经济体对由创新蜂聚创造的繁荣的一种清理和吸收过程。

可见，扩张—繁荣是创新浪潮涌起引起的对均衡的一种偏离，在这个阶段创新浪潮引起对银行信贷和生产资料的需求出现急剧增加，经济因此高涨起来。发生收缩—衰退的根本原因是创新缺乏或创新消失。在创新扩散过程中，随着创新机会和赢利机会的消失，对银行信贷和生产资料的需求出现大幅下降，经济体被再次引向新的均衡的发展过程。由于创新活动不会停歇，于是扩张—繁荣、收缩—衰退会交替出现，由此形成经济周期。熊彼特由此建立了“初次近似”的两阶段经济周期模型。该模型虽然很简单，但抓住了资本主义创新发展过程的基本力量和机制。

在《商业周期：资本主义过程的理论、历史和统计分析》（1939）中，熊彼特把两阶段经济周期模型发展为“二次近似”（second approximation）的四阶段周期模型。该模型是通过引入对“次级波浪”（the secondary wave）的分析展开的。“次级波浪”不是由创新直接推动的，而是由“主波浪”引起的，它是指在创新过程中发生了各种连锁反应和投机活动，其主要后果是决策失误、过度投资和欺诈盛行。当创新尤其金融创新创造了信贷扩张和购买力扩张后，新的购买力不仅引发生产资料价格上涨，而且最终导致所有现存消费用品价格上涨，企业普遍获利。整个工商业界被乐观情绪笼罩，普遍扩大业务。这种乐观情绪产生乐观的投机预期，出现过度投资，欺诈盛行。这就是第二级波或次级波浪。第二级波会极大地放大经济涨落的幅度，一旦第一级波收缩，第二级波迟早也会收缩，但由于过度投资和过度扩张，第二级波会比第一级波带来更为严重的衰退，造成经济走向萧条。次级波浪消退之际也是经济跌到谷底之时，这时在主波力量的驱动

① Schumpeter, Joseph Alois. Business Cycles: A Theoretical, Historical and Statistical Analysis of the Capitalist Process (Vols. 2) [M]. New York, Toronto, London: McGraw-Hill Book Company, 1939: 151, 278.

下，经济开始走向复苏。由于次级波浪是由初次波浪引发的“衍生”波浪，它本身不具有使经济趋向均衡的力量，主要是对初次波浪的两个阶段起着放大和增强效应。当创新衰退来临后，经济体本应该出现收缩—衰退并趋向均衡，但“次级波浪”的放大效应会以“恶性循环”（the vicious spiral）[①] 方式导致经济远离均衡，走向危机和萧条。在萧条阶段，随着次级波浪的逐渐消退，经济开始复苏。由于次级波浪的存在，经济体的一个完整的经济周期要经历复苏、繁荣、衰退和萧条四个阶段。其中，繁荣和衰退是本质性的，前者属于偏离均衡，后者属于回归均衡；而复苏和萧条是由次级波浪导致的从属性的、过渡性的适应阶段。

关于周期的波状特征，熊彼特认为，虽然创新是周期波动的根源，但在时间上创新的扩散、适应和吸收过程不等于经济体对各种影响因素的适应和吸收过程，因此经济周期不可能是单一的波状运动。关于周期的波长问题，在《经济发展理论》的附录[②]中熊彼特认为基钦周期、朱格拉周期和康德拉季耶夫周期都是同时存在的，提出了“三种周期体系”。在 1939 年《商业周期：资本主义过程的理论、历史和统计分析》中，他进一步用“复合循环”周期论阐释主要技术革命浪潮（康德拉季耶夫周期）、企业固定资产投资（朱格拉周期）和商业存货投资（基钦周期）之间的关系，在时间上一个康德拉季耶夫周期大约包括六个朱格拉中周期和十八个基钦短周期。[③]

前面已经论述了企业家出现的蜂聚特征和新企业出现的群集特征的主要原因。正是创新发生的不连续性及其在时间上的不均匀分布特征导致了经济发展的周期性波动。当大量企业家和创新企业涌现时，经济发展进入了繁荣阶段或长波上升时期；反之，经济步入萧条阶段或长波下降时期。

显然，经济周期与创新过程之间因果关系较为清晰，而经济危机则不同。虽然一些经济危机的发生能够通过创新及其引发的周期性波动得到部分解释，但它们之间不存在必然关系。在《经济发展理论》第六章中熊彼特用相当多的篇幅列举了各种可能的经济危机类型，指出历史上的许多经济危机还具有外生性和历史偶然性。[④] 他认为经济危机根源于经济周期，但经济危机的实际发生还离不开其他外部因素的作用。

关于经济危机的发展机制，熊彼特思想与批判实在论和明斯基理论有相似之处。在方法论上，熊彼特对经济危机发展机制的理解与批判实在论经济学方法论对“趋势”的理解是一致的：创新有引发经济危机的发展趋势，但潜在的危机能否真正爆发又依赖各种外部条件，即其他机制的放大和抵消效应，譬如次级波浪的影响。在主波浪和次级波浪的叠加运动中，当发生创新蜂聚和群集时，银行的信用创造大规模地扩张起来，这不

① Schumpeter, Joseph Alois. Business Cycles: A Theoretical, Historical and Statistical Analysis of the Capitalist Process (Vols. 2) [M]. New York, Toronto, London: McGraw-Hill Book Company, 1939: 154.

② 该附录来自熊彼特 1935 年的一篇文章《经济变动的分析》。

③ Schumpeter, Joseph Alois. Business Cycles: A Theoretical, Historical and Statistical Analysis of the Capitalist Process (Vols. 2) [M]. New York Toronto London: McGraw-Hill Book Company, 1939: 211.

④ 熊彼特．经济发展理论［M］．何畏等译．张培刚等校．北京：商务印书馆，2000：242 – 248.

仅促进了创新和总体的资本积累，也导致企业过度负债，金融冒险、投机和欺诈盛行，这必将导致繁荣所依赖的金融结构趋向不稳定和脆弱化。受次级波浪影响，繁荣的结果必将是产能过剩、产品大量积压、大批企业破产、大量工人失业，这必然导致信用紧缩和债务清偿压力增大，进而引发金融恐慌。次级波浪导致经济体不能回归均衡，而是在“恶性循环”中陷入萧条，经济危机就在这个期间“乘虚而入”。这个理论逻辑与明斯基的金融不稳定性原理也十分相像。

怎么看待经济危机的后果呢？熊彼特认为不能只是消极地看待经济危机，它还是经济体趋向新的均衡的必要的清理过程，是将繁荣的成就扩散到整个经济系统的一种均衡机制。① 在这里，经济危机的功能近似于马克思所说的“强制性平衡”作用。

当然，在熊彼特的经济周期和经济危机理论中看不到资本主义生产关系的内在矛盾。他否定经济危机是资本主义基本矛盾引起的生产相对过剩的危机，而仅仅把它归咎于创新消退及其引发的投资停滞以及次级波的放大效应。熊彼特的经济危机理论缺乏制度结构分析维度，这个理论缺陷直到佩蕾丝提出技术经济范式后才得到克服。

二、经济危机与技术创新的交互作用机制

在熊彼特的创新周期论中存在两个理论缺陷。一是从繁荣到衰退的高位转折点和从萧条到复苏的低位转折点的动力机制问题。他把高位转折点归结为经济体处于完全竞争下的均衡的观点是不能令人信服的，对企业家蜂聚和基本创新群集先于长波扩张的内在机制的说明也是不充分的。二是关于经济危机的存在性问题。他认为仅在“纯粹经济”或“纯理论”意义上②，资本主义经济危机才具有一般性，这其实就是否认经济危机的必然性和现实性。实践中，20 世纪 70 年代，资本主义经济陷入“滞胀”型危机。理论难题与时代背景促使新熊彼特学派必须进一步揭示经济危机与技术创新的交互作用机制。

1. 技术僵局论与需求拉动说之争

门斯（Gerhard Mensch，1979）力图用技术僵局论弥补熊彼特关于转折点的理论缺陷，他认为创新尤其是基本创新并不比发明更加随机分布。③ 基本创新在经济景气或繁荣时期出现的要少很多，因为企业家可以继续利用现有技术去盈利，创新动力较弱。只是在不景气和萧条时期，当利润的下降让他们别无选择的时候，他们才去寻求创新以改变目前困境。他的基本观点是：最重要的“基本创新”将成群地发生在长波萧条期间，即基本创新具有逆经济周期特征，它引发新的产业分支诞生和经济复苏，因此萧条是基本创新的原动力，基本创新能够克服萧条，推动经济走向复苏。

---

① 约瑟夫·熊彼特．经济发展理论［M］．何畏等译．张培刚等校．北京：商务印书馆，2000：278－279.

② 约瑟夫·熊彼特．经济发展理论［M］．何畏等译．张培刚等校．北京：商务印书馆，2000：245.

③ Mensch，Gerhard. Stalemate in Technology：Innovations Overcome the Depression［M］. Cambridge，MA：Ballinger Publication Company，1979.

门斯区分了三种创新类型，即引起新产业出现的基本创新、在已有领域的改进型创新和虚假创新，认为只有基本创新才是形成长波扩张阶段的原因。当基本创新导致新产业群集出现后，这一情形必将推动经济快速增长。在产品和产业逐渐走向成熟过程中，基本创新减弱，代之以改进型创新。不同于基本创新，在一系列改进型创新过程中产品和产业都趋于成熟，这一期间投资回报率下降，产品需求递减，经济开始走向衰退。最终，技术改进的可能性也逐渐枯竭，在这种情形下，即使是在原本新兴产业领域中经济增长的动力也在逐渐衰竭，整个经济体也因此陷入停滞状态。因此，经济停滞的本质是经济体因缺乏基本创新能力而达到了增长的极限。在这一期间，会出现一些虚假创新，虽然它们能够延迟经济走向萧条，但无法阻止萧条的到来。面对萧条期间的产能过剩、企业亏损和破产以及高失业率压力，企业摆脱困境的唯一方式就是诉诸创新尤其是基本创新，企业家会寻求某些未经试验和有风险的创新思维。这类尝试一旦成功就会引发熊彼特所描述的企业家蜂聚，产生一个基本创新浪潮。门斯用“列车效应”类比蜂聚过程：刚开始只有头几节车厢开始启动，随着车速加快，前面的车厢带动后面的运行起来，直到最后的车厢也运动起来，此后列车便开始了全速运行。总之，萧条迫使企业创新，通过创新，经济再次走向复苏。

按照上述逻辑，所谓的高位转折点就是因基本创新衰竭而导致行业进入饱和状态；低位转折点是企业面对萧条困境开始进行基本创新活动，新企业如雨后春笋般群集出现。在这两个转折点之间是一种“技术的僵局”（stalemate in technology）状态。正是基本创新浪潮的兴起结束了陷入技术僵局的经济停滞，推动经济走向复苏。

门斯的基本创新逆周期论又被称为“萧条激发说”[①]。其实，他对创新过程的分析与熊彼特思想是相当一致的。他认为，基础创新培育出新的产业分支，这个阶段需求旺盛，能够吸收市场的所有产品，也能够引致进一步的创新发展。但最终市场需求会达到饱和，投资回报下降，创新被虚假创新所替代。熊彼特在《经济发展理论》中把企业创新活动设想在一个完全竞争环境中，到《资本主义、社会主义和民主》中他才高度关注寡头市场中的技术创新活动。这个转变影响到门斯的研究路线。门斯对技术创新的研究直接定位在垄断和寡头市场背景下。他认为竞争逐渐被集中、大公司、高进入门槛所替代，大公司不太愿意进行高风险的创新投资活动，而是将资本从生产领域转向货币金融市场，企业通过在它们保护的市场增加价格以克服利润率下降。与熊彼特相比，门斯突出了垄断和寡头市场结构对创新活力缺乏和经济停滞的影响。然而，门斯的观点并不能完全通过经验研究得到证实。经济史表明，在1764年、1825年、1886年和1935年，基本创新的频率和创新变化的速度都达到同期历史的最高点。应该说它们是基础创新急剧变化的年代，但只有1825年和1886年符合门斯对低位转折点的解释，而1935年还处在

① Hanusch H., A. Pyka. Elgar Companion to Neo-Schumpeterian Economics [M]. Cheltenham UK · Northampton: Edward Elgar, 2007: 807.

第三个康德拉季耶夫周期的衰退阶段。

门斯的技术僵局论受到学界的质疑。早在门斯之前，斯默克勒（Schmookler，1966）就主张创新需求拉动说，他认为创新活动似乎更加遵循需求增长机制。[①] 关于经验研究的指标体系，斯默克勒用专利数量及其增长率代表技术创新的活跃程度，用投资、就业、资本存量等指标描述需求变量，主要专利数据涵盖 19 世纪上半叶到 20 世纪中叶的美国农业、造纸、铁路、炼油等产业领域。基本结论是：在时间序列上投资和专利不仅具有高度的正相关性，而且投资序列的出现时间一般早于专利序列。如果把投资增长率视为需求变化的风向标的话，上述发现意味着需求是技术创新的推动力，这再次印证了熊彼特的观点：经济景气的良好环境会促进技术创新。

斯默克勒的研究也存在缺陷，因为他所依赖的发明专利不足以代表范围更广的且更为复杂的技术创新活动，而且专利通常反映的是一种改进型的、渐进式的创新。相比较而言，门斯把研究焦点集中在基本创新上，这更具有理论深意。

需求拉动说并没有推翻萧条激发说，二者都有其合理性。后者强调危机与创新共存，强调企业家在逆境中的主观能动性，把危机视为基础创新的发生条件；前者则具有凯恩斯主义特征，把创新视为需求扩张的结果。相关理论争论促使新熊彼特学派更深入地研究经济周期的形成机制尤其危机后的经济复苏机制。

2. 创新生命周期与经济危机：杜因的理论综合

针对门斯和斯默克勒的分歧，荷兰经济学家范·杜因（J. J. Van Duijn）认为，他们都没有很好地研究技术创新类型、创新生命周期和基础设施投资三者之间的关系，以至于没能很好地阐释技术创新与经济周期和经济危机之间的内在关系。

首先，创新活动具有异质性，在经济周期的不同阶段，创新类型不同，其表现程度也不一样。他把基本创新分为产品创新和工艺创新两大类，并进一步细分为产生新行业的主要产品创新、现有行业的主要产品创新、现有行业的工艺创新和基本部门的工艺创新四个类型。第一类创新的最重要后果是导致一系列新行业分支诞生，开创了一个全新的市场需求。在经济史中，汽车、飞机、合成纤维、塑料、计算机等属于这一创新类型。第二类创新是对现有产品的市场饱和做出反应的创新，电视机、洗衣机等家用电器近似于这类创新。第三类创新宗旨是节约要素（劳动、资本和能源等）的投入量，达到节约成本的目的。第四类创新专指在钢铁、石油化工等基础工业部门中的工艺创新。

他认为不能把这些异质性的基本创新混淆在一起，门斯和斯默克勒的研究就存在这方面缺陷，以至于都不能很好地阐释技术创新和经济周期的具体关系。表 5 - 1 描述了在经济周期的四个阶段的四类创新的活跃程度。第一类创新在萧条阶段出现，当经济步入复苏阶段，经济前景逐渐趋于好转的时候，大量的能够创造新的产业分支的产品创新涌现出来，这一时期的创新在整个创新生命周期中最为活跃，即使到了繁荣阶段，这类

---

① Schmookler, J. Invention and Economic Growth [M]. Cambridge: Harvard University Press, 1966.

创新仍然很活跃。这种情形和斯默克勒的见解相一致。第二类创新在萧条阶段和复苏阶段都很活跃，这是因为面对既有产品的市场饱和，现有行业对其产品创新是应对经济不景气的主要选择，门斯和斯默克勒的见解在这里都能看到。在萧条期间，探索节约要素投入尤其是劳动投入、降低边际成本的工艺创新是企业维持生存的重要选项；在繁荣和衰退阶段，随着新产品走向成熟，新产业分支业已形成，新产品市场面临需求递减和成本递增问题，这再次激发企业工艺创新的动机。基于这个道理，在钢铁、石油化工等基础工业部门中的工艺创新也主要发生在繁荣阶段。

表 5－1　　经济周期各个阶段的创新倾向

创新类型	萧条	复苏	繁荣	衰退
总的活跃程度	8	10	8	6
产品创新（新行业）	+	++++	++	+
产品创新（现有行业）	+++	+++	+	+
工艺创新（现有行业）	+++	+	++	++
工艺创新（基础工业）	+	++	+++	++

资料来源：根据杜因的《经济长波与创新》中的图表整理得到的，其中在总的活跃程度这一行中的数字来自对四个阶段中各类创新倾向“＋”的个数加总。参见范・杜因．经济长波与创新［M］．刘守英等译．上海：上海译文出版社，1993：159，164.

通过创新分类，我们还能看到在经济周期的特定阶段里同时存在创新不足和创新过剩现象。譬如，在萧条阶段，培育新行业的产品创新不足，但在现有行业中涌现大量的产品创新和节约劳动的工艺创新；在经济复苏阶段，第一类和第二类创新大量涌现并带动钢铁、石油化工等基础工业部门的工艺创新。复苏和繁荣给基础工业部门造成原材料供给产能过剩和成本递增压力，这迫使基础工业部门加大工艺创新力度。显然，杜因对经济环境如何影响创新问题的讨论不是一概而论，而是进行更为详细的展开。在这里，门斯的萧条激发效应和斯默克勒的繁荣需求拉动效应都是成立的。从经济周期各阶段的四类创新总的活跃程度看，它们所呈现的是一个先递增后递减的过程，这也符合生命周期的发展特征。

其次，每一次基本技术创新的“S 型”生命周期过程产生创新的四个阶段，这四个阶段是形成经济周期四个阶段的内在动力。第一阶段是基本技术创新的引进阶段，这一阶段的特征是新产品和新技术业已出现，但还未被广泛认可，市场需求前景不甚明朗，资本家对旧产品、旧技术的投资日益减少。第二阶段是基本技术创新的扩散阶段，这是创新生命周期的增长阶段，其特征是发生创新蜂聚和创新企业群集，新产品和新技术得到了消费者的广泛认可。销售额的迅速增长刺激了生产工艺技术的标准化需求，促进了大量的以降低成本为目的的工艺创新活动，相关创新投资有丰厚的利润回报，新的产业分支部门逐步形成。第三阶段是基本技术创新的成熟阶段，这一阶段特征是新产业的发展达到极限，产出率下降，通过产品差异化的竞争加剧，技术创新主要以改进型为主，并朝着劳动节约型工艺创新方向发展。第四阶段是基本创新的衰落阶段，这一阶段的特征是产品和技术完全成熟，产品对消费者开始失去吸引力而变得过时，原本新兴产业的发展处于饱和状态，产能和产品出现严重过剩，投资低迷。伴随着技术创新生命周期的四个阶段，宏观经济的长期波动也出现相应的四个阶段，即复苏、繁荣、衰退、萧条（或危机）。当然，基本技术创新的四个阶段与经济周期的四个阶段的对应关系抽象了基础设施投资波动因素以及战争等外部环境的干扰，它旨在揭示技术创新与经济周期的机制关系，而不是说它们在时间尺度上是一一对应的，如图 5 – 1 所示。在经济史中，技术革命的生命周期长度为半个世纪左右，这个过程被称为康德拉季耶夫周期或长波。

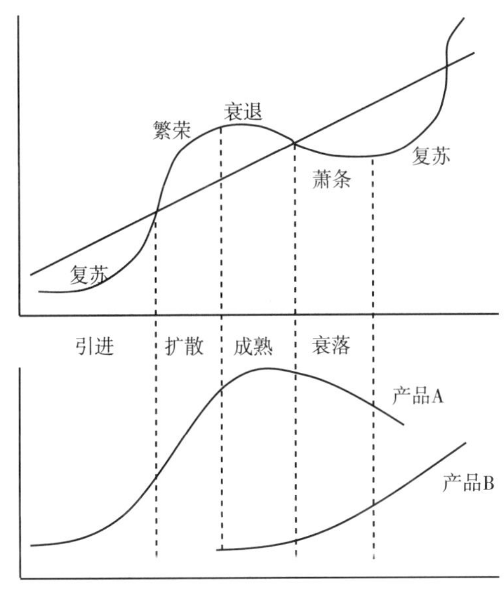

图 5 – 1　基本创新的生命周期与经济周期的四个阶段

资料来源：根据范 · 杜因《经济长波与创新》内容整理。参见范 · 杜因．经济长波与创新［M］．刘守英等译．上海：上海译文出版社，1993：26 – 28.

与熊彼特的四阶段周期模型不同的是，杜因把长波的基本趋势看作一个逐渐向上的发展进程，繁荣和衰退构成经济长波的上升阶段，危机和复苏构成经济长波的下降阶段。某个基本创新的生命周期可以在下一个创新长波出现后继续存在一段时间，但其增长率大幅降低，这种情形用图 5 – 1 中产品 A 表示，产品 B 表示新的创新长波。产品 A 和产品 B 并存，它们表示两种基本技术创新之间具有连续性和重叠性关系。

最后，创新生命周期导致基础设施投资波动，进而影响经济周期的形成。在创新生命周期的增长阶段，创新的蜂聚和群集效应势必增加对基础设施投资支出，这种情形在国家垄断资本主义阶段尤为突出。大量基础设施投资是总需求扩张的重要部分，往往成为经济繁荣的重要标志。在基础设施投资基本完成之际，经济迎来了衰退。由于前期基础设施投资存在多重时滞效应，譬如认识时滞、拨款时滞和酝酿时滞等，基础设施投资往往过度，这又为萧条埋下祸根。因此，虽然基础设施投资与创新生命周期相关，但它本身也是一个相对独立的自主变量。由于对上下游产业发展具有较强的拉动作用，基础设施投资一直成为推动经济周期各阶段转变的重要力量之一。这个因素也让上述创新生命周期四阶段与经济周期四阶段的匹配具有更为复杂的机制关系。

3. 创新扩散的路径特征与经济危机的发展机制

早在20世纪80年代，弗里曼、多西等学者就强调创新扩散因素对于理解技术变迁过程的重要性，并用“创新扩散论”反驳“萧条激发说”。[①②] 他们认为，技术变迁主要归功于科学知识的积累和进步以及需求环境。技术创新不等于科学研究和技术发明，也不是由纯科技因素推动的，在技术变迁早期，科技进步的确是最重要的推动力量；在技术变迁扩散阶段尤其在产业增长的稍后阶段，需求的作用突现出来，需求的创新驱动效应变得显著。[③] 这种观点和斯默克勒的需求拉动说近似。关于创新扩散的路径特征，弗里曼和多西提出了“技术轨道”“技术范式”和“国家创新系统”等理论，也有学者从创新扩散的路径特征角度研究了“创造性毁灭”和“创造性积累”。关于创新扩散的路径特征的相关研究有助于我们更深入地理解经济危机的发展机制。

弗里曼认为，创新蜂聚或群集过程是指创新对投资和产出产生显著的、广泛的经济效应，这是从创新的总体效应方面说的，不能把它们理解为在特定时期的蜂聚或群集，譬如门斯所说的萧条时期的创新蜂聚。历史上有很多证据表明，某些创新已经出现在萧条时期，但没有得到应用，一个根本创新有可能被搁置十几年甚至更久，直至出现有利可图的经济条件和适宜的社会环境。当这些条件满足之后，才能发生基本创新的扩散过程，到此才有熊彼特所说的创新巨浪。可见技术扩散至少依赖两个条件：一是这些基本创新对未来发展产生深远的影响，如铁路和计算机等；二是以关键的基本创新为核心确立了一种新的技术系统或技术范式，即不仅技术之间相互依赖和支持，而且技术创新与社会经济环境相互依赖、相互作用。譬如，在第四次技术革命出现了如下一系列相互关联的基本创新：合成材料创新、石油化学产品创新、喷射铸造法创新、挤压成形机创新等。正是这些基本创新相辅相成构成了第四次技术革命浪潮。弗里曼和多西认为，新技术扩散不是孤立的，只能在一个技术系统或技术范式中进行，只有在技术系统中，基本创新才能对不同产业产生影响，对社会经济发展产生广泛效应。另外，技术系统或技术范式也意味着技术创新和技术扩散有其特定的路径、边界与机会，是路径依赖的，而不是随机的，多西形象地称之为“技术轨道”（technological trajectories）[④]。其核心思想有三点。第一，每一种特定的知识体系都塑造并限制了技术变革的速度和方向，而不管市场诱因如何。第二，技术变革在一定程度上是通过反复尝试解决由自身造成的技术失衡的努力所推动的。第三，虽然市场条件在发生变化，但技术变革模式存在一定的规则性

① Freeman C., J. Clark and L. Soete. Unemployment and Technical Innovation: A Study of Long Waves and Economic Development [M]. London: Frances Pinter Publishers, 1982.

②④ Dosi G. Technological Paradigms and Technological Trajectories: A Suggested Interpretation of Determinants Anddirections of Technical Change [J]. Research Policy, 1982, 2 (3).

③ G. Dosi, C. Freeman, R. Nelson, G. Silverberg and L. Soete. Technical Change and Economic Theory [M]. London and New York: Pinter Publishers, 1988.

和稳定性，规则的变化主要与知识基础的根本变化相关。① 值得注意的是，技术系统或技术轨道不仅仅局限于技术领域，它还强调技术创新和社会经济环境的联系，这种思想在佩蕾丝的技术经济范式中得到进一步发展。

从国家宏观层面（如政府、教育、金融、需求、相对价格、产出和劳动力市场结构和社会保障制度等）研究技术系统或技术扩散问题，这就是国家创新系统理论。除了新熊彼特创新经济学基本原理外，该理论还涉及系统论、复杂性科学等理论。它建立了一个包括国家公共组织、私人组织、国家制度框架在内的相互依赖关系，在这个分析框架中，创新活动被视为一个交互的和集体的演化过程，并且具有独特和相对稳定的民族国家特征。

运用国家创新系统理论研究技术创新及其扩散过程，这为我们理解技术创新与经济危机和经济周期之间关系提供新的理论视角。一个国家的技术创新和新技术扩散是在国家层面上进行的，并且主要是由国家的关键制度体系、组织结构、政策和惯例所驱动的。企业的创新绩效和学习过程很大程度上受到国家制度因素影响，其中主要包括科技研发制度、教育和训练系统、金融系统和产业专业化等。也就是说，企业的创新能力除了依赖自身的研发投入，还依赖外在的国家的相关制度安排。一国经济增长及其国际竞争力大多也是以此为基础。在不同的国家之间，国家创新系统的绩效差异主要根源于各国的历史发展道路。面对新技术革命浪潮，这种差异直接导致不同国家在对新技术吸收和扩散效应方面存在差异。面对经济危机，这种差异直接导致不同国家在化解危机冲击和实现经济复苏的能力方面存在差异。阿齐布奇和菲莉佩蒂（Archibugi and Filippetti）等的经验研究证实，2008 年经济危机对欧洲各国企业创新投资活动的影响是不一样的，其中受到冲击最严重的企业主要集中在东南欧国家，国家创新系统较强的德国等国家的创新投资受到的冲击较小。②

强调创新扩散作用的学者旨在强调创新是一个连续的过程，其间创新模仿、创新性采用等行为至关重要，提出了“创造性积累”理论。当然，这个过程并非是均匀分布的，肯定了蜂聚和群集的存在。当基本创新引入后不久就出现激烈的创新模仿和创新性采用，这导致在整个不同产业中所有企业都会用类似方案解决类似问题，从而使基本创新扩散到整个经济系统。创新扩散是积累性创新活动和生产力总水平的逐步提高过程。积累的和自我增强的扩散过程伴随由引入创新带来的新利润机会出现而进行下去；最终，随着利润机会消失扩散走向衰竭。“创造性积累”与熊彼特的“创造性毁灭”思想对立。表 5－2 从创新行业特征、知识源泉的形态、创新类型、市场特征四个方面对比分析了创造性积累与创造性毁灭。阿齐布奇和菲莉佩蒂的研究发现，面对 2008 年经济危机冲击，有大约 65% 的被调查企业宣称它们保持创新投入不变，愿意为创新活动长期持续性地提供资金支持，这证

① Hanusch H.，A. Pyka. Elgar Companion to Neo-Schumpeterian Economics［M］. Cheltenham UK · Northampton：Edward Elgar，2007：333.

② Archibugi D.，A. Filippetti. Innovation and Economic Crisis：Lessons and Prospects from the Economic Downturn［M］. London，New York：Routledge，2012：83－89.

实了创新积累的存在。但也观察到一些规模较大且具有较高的创新强度的企业减少创新投资，表现出周期性的创新行为，这证实了创新性毁灭的存在。那么这两类创新与经济周期究竟有何关系呢？一般说来，在经济景气时期，更多企业的创新活动倾向于创造性积累；而在经济危机时期，更多企业的创新活动倾向于创造性毁灭。总之，新熊彼特学派对创新扩散问题的研究为我们理解经济危机发展机制提供了新的理论视角。

表 5－2　创造性毁灭与创造性积累

方面	创造性积累	创造性毁灭
进行创新的企业的特征	创新由现有的大企业驱动，它们通过规范的研究程序，利用前期具有的能力寻找新的方案	小企业和新进入者是创新过程的关键驱动者。它们利用创新和经济动荡去获得现有企业的市场份额或开拓新的市场
知识源泉和形态	与自己过去的创新和积累的知识高度相关。主要通过自己规范的 R&D 获得，即从组织内部获得；当然也进行外部协作和共同开发	与企业间合作研发协议高度相关；应用知识；利用新的市场和技术机遇
创新类型	大多数创新由现有大企业主导；传统的组织形式主导创新活动	强调能够创造新产业的路径突破。用新的组织形式进行创新活动
市场特征	因为技术和知识积累很重要，它们成为很高的创新成本，因此有市场进入障碍。由寡头市场主导创新。技术进步的基础是创新积累的路径依赖和技术轨道	进入新产业的障碍较低，较高的市场进入率和退出率会导致行业有较低的集中水平和较高的竞争程度。企业可以利用产生新市场和新机会的不连续的技术创新

资料来源：Archibugi D.，A. Filippetti. Innovation and Economic Crisis：Lessons and Prospects from the Economic Downturn［M］. London，New York：Routledge，2012：117.

三、徘徊于技术经济范式各个阶段中的经济危机

1. 技术经济范式开创新熊彼特学派经济危机理论新视域

在熊彼特的经济思想中，金融系统及其信用创造是技术创新的关键条件。但是，在新熊彼特学派发展中，门斯、斯默克勒、弗里曼和多西等更多关注的是实体经济中的技术创新问题，熊彼特关于银行家和银行信用创造的思想没有受到应有的重视。信用创造、金融资本和金融系统等金融因素究竟在技术革命过程中具有何种角色，社会经济制度又发挥何种作用？在佩蕾丝（Perez，2002）出版其《技术革命与金融资本》之前，这个问题一直没有被系统地阐述过。综合金融创新论、技术创新生命周期论、技术系统论和技术轨道论、国家创新系统论以及创造性毁灭论和创造性积累论等思想，佩蕾丝第一次把技术革命、金融资本和社会制度有机地结合起来。

如前面已经指出的，在新熊彼特学派内部存在诸多争议，譬如，门斯与斯穆克勒就创新过程及其特征的争论、弗里曼等与门斯就创新扩散问题的争论以及创造性毁灭和创

造性积累的争论等。佩蕾丝用技术经济范式的演化思想整合上述分歧，为新熊彼特学派提供一个更具有包容性的分析框架。这个理论框架也以更为清晰的理论逻辑揭示了创新与经济周期和经济危机的关系。

2. 技术经济范式：技术、制度和经济的协同演化过程

佩蕾丝的技术经济范式依据三个基本事实。一是在技术变迁中基本创新往往以蜂聚和群集形式发生。二是生产资本和金融资本的本质不同，应把其创新功能区分开来。三是基本技术创新不只是纯科学技术活动，甚至也不只是纯经济活动，在整个创新过程中社会组织发挥着至关重要的作用。基于这三个事实，她赋予技术革命更为全面和丰富的内涵：一些重大的技术创新及其扩散会促使价格结构发生变化，令产量和质量大幅跃升，创造新的投资机会，塑造新的消费观念，尤其会培育出适合它们的最佳常识惯例、组织方式和制度体系。

伴随着新技术革命的兴起，新产品、新的技术规则和新产业群集逐渐涌现，由此构成的技术系统会完全超出所起源的产业或部门的界限，全面渗透到经济社会活动中，从技术、组织原则、生产力水平和社会通识等方面使整个经济系统发生重大变化。因此，技术革命可以被视为一种财富创造潜能的巨变，它在新产品、新行业和新基础设施方面的爆炸性发展开创了一个巨大的创新机会空间，提供了一套新的相关通用技术、基础设施和组织原则，从而显著地提高了所有行业效率和效益。[①] 从历史上的五次技术革命后果看，每次技术革命都提供一套相互关联的、同类型的、通用的技术和组织原则，使得整个生产体系得以更新和现代化。佩蕾丝把这套同类型的“工具”称为“技术经济范式”。[②] 它是一种被广泛接受的技术标准、创新思维模式、市场行为指南、常识法则、社会惯例和规则、企业组织常识和管理机制，等等。总之，技术经济范式成为组织一切创新活动以及创新所依赖的社会经济制度的常识基础。从历史上发生的五次技术革命历史看[③]，新的技术经济范式是在以下三个领域里同时展开的。第一，在生产要素投入的成本结构领域，出现新的价格低廉、成本递减的要素，让创新和发明变得有利可图。第二，在创新创业的认知领域，越来越多的创业机会与新技术的进一步发展联系起来，创业更多体现在技术创新和创新扩散。第三，在组织标准和原则领域，某些实践方法和组织原则显示出利用新技术以获得最大效率和利润的优越性。[④] 技术经济范式的本质是技术革命在上述三个领域产生了协同效应。

显然，技术经济范式的外延不仅超出了此前学者们所专注的技术领域，也超出了单纯的经济领域，它强调基本创新是一种涉及科学技术、经济结构、社会制度的系统性变革，

---

① Perez Carlota. Technological Revolutions and Techno-economic Paradigms [J]. Cambridge Journal of Economics, 2010 (34): 190.

② 卡萝塔·佩蕾丝. 技术革命与金融资本 [M]. 田方萌等译. 北京：中国人民大学出版社，2007：14.

③ 参见本章第二节的相关论述。

④ Perez Carlota. Technological Revolutions and Techno-economic Paradigms [J]. Cambridge Journal of Economics, 2010 (34): 194 - 195.

这是技术革命巨浪的关键内涵。用它来解释熊彼特所说的创新巨潮或康德拉季耶夫长波更为合适。巨潮或长波的本质是新技术革命及其范式在整个经济社会系统中的兴起和传播过程，它使生产、分配、交换和消费以及社会生活的方方面面发生质变。它将传统的经济周期、技术扩散、创造性毁灭、经济危机等问题研究从狭隘的技术分析和经济分析引向更广泛的社会制度分析，这有助于我们从一个更宏大的社会经济视角研究经济危机问题。

借鉴杜因的创新生命周期理论，佩蕾丝认为，技术革命和技术经济范式存在生命周期。她把技术革命的生命周期分为四个阶段：新产品和新产业的爆炸性增长阶段、创新群集阶段、产品和产业成熟阶段及市场饱和阶段；把技术经济范式的生命周期也分为四个阶段：新范式的爆发阶段、狂热阶段、协同阶段和成熟阶段。就像杜因把创新生命周期与经济周期对应起来一样，佩蕾丝把技术革命的四个发展阶段与技术经济范式的四个发展阶段对应起来，阐述它们之间的机制关系，如图 5－2 所示。

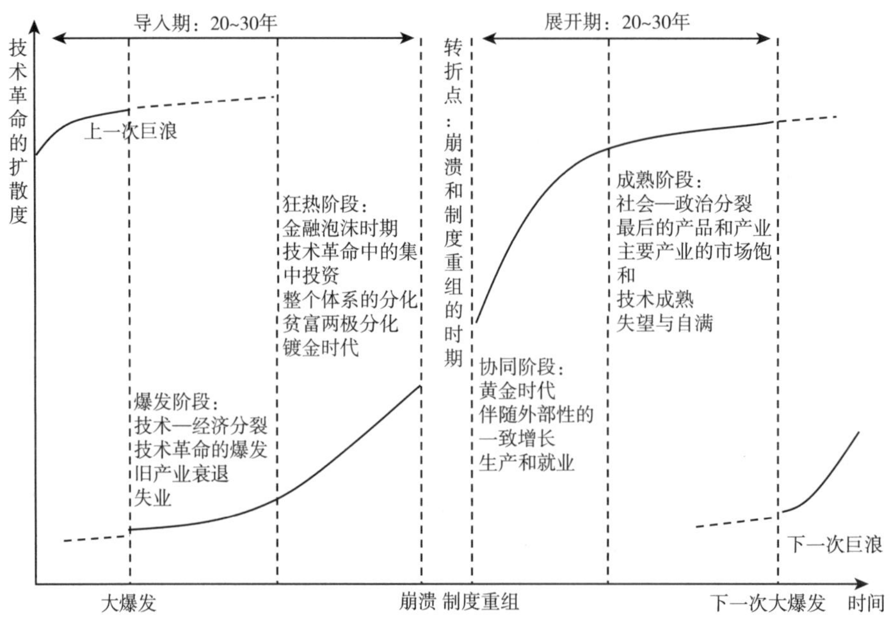

图 5－2 技术革命浪潮的四个阶段

资料来源：卡萝塔·佩蕾丝．技术革命与金融资本［M］．田方萌等译．北京：中国人民大学出版社，2007：55.

新技术革命萌发于上一次技术巨浪或技术经济范式，所以新范式爆发阶段的最大特征是出现新旧技术经济范式的决裂。在爆发阶段，金融资本支持生产资本，表现出虚拟经济和实体经济“友好”的创新环境。在爆发阶段的后期，这种友好环境逐渐被各种投机风潮尤其是金融投机所打破，技术经济范式进入了狂热阶段。这一时期充斥着金融泡沫、财富和收入分配两极分化以及金融和经济危机，这是一个繁荣的而又危机四伏的时期。在狂热阶段新范式以一种激进的方式进行创新扩散，发挥了熊彼特所说的“创造性毁灭”的功能，它虽然带来经济衰退、金融崩溃甚至社会动荡，但淘汰了旧产能、落后的生产工业和组织方式，摧毁了旧范式，构建了新的生产组织和社会管理体制，尤其留下了奠定未来发展潜能的基础设施（尽管这往往是通过投机狂潮带来的）。因此，技术经济范式随后进入了协同阶段，这是整个范式周期中的黄金岁月，金融资本和生产资本、虚拟经济和实体经济再次恢复了相互支撑的“耦合”关系。这一阶段有两个显著特征：一是经过金融和经济危机的洗礼，生产资本重新从金融资本那里夺回配置社会经济资源的领导权，实现经济“脱虚向实”的理性回归。二是社会经济秩序相对稳定，这是因为财富积累主要来自投资和劳动，财富与收入分配趋向合理，劳动与社会保障体系得到完善，中产阶级成为社会阶层的主体。在一个范式生命周期的最后是成熟阶段。这一时期，产品和产业成熟，市场饱和，利润率下跌，投资机会匮乏，因此是技术经济范式到了退出历史舞台的谢幕阶段。

3. “转折点”是经济危机的频发时期

在《经济发展理论》中熊彼特曾指出，在从繁荣到衰退的转折点期间更容易发生企业破产、金融恐慌和信用崩溃事件。①“转折点”危机问题在技术经济范式中得到更深入的研究。佩蕾丝把技术经济范式生命周期的前两个阶段合并为导入期，把后两个阶段合并为展开期，把这两个时期的衔接处或断裂处称为范式的转折点（turning point）。转折点表示经济系统发生了由狂热到协同、由混乱到有序的根本性变革，标志着新范式对旧范式的完全替代。转折点时期的根本任务是进行社会反思和调整发展路线，重新确立金融市场秩序，重组制度和社会关系，“必须处理资本主义内部个人利益和社会利益之间的平衡。……这通常是通过国家的调节干预和其他各种形式的市民社会组织的积极参与而完成的。”可见，转折点是由新技术经济范式驱动的经济增长方式转型和社会经济制度变迁的自我调整期，但是从狂热末期到转折点这段时期不是和风细雨，而是注定充满着市场清算、金融崩溃、经济危机乃至社会革命。②

为什么在转折点会发生经济动荡呢？对这个问题的回答必须诉诸对制度结构变迁的考察。我们都知道，制度的演化过程其实是各种利益集团博弈的过程，由此形成制度演化进程中的前进与倒退、激进与停滞等特征。在技术革命最初阶段，新技术经济范式的导入引起经济结构、组织管理和社会制度之间不匹配和秩序重构。社会经济系统只有顺利实现对新技术革命“创造性毁灭”的吸收和各种利益关系的耦合才能最终确立一种新的技术经济范式，通常这个过程需要 20～30 年。然而，在资本主义私人占有制的市场经济中，新技术革命的扩散通常都是借助信用创造和金融投机去实现的，追求新技术潜在的利润机会的狂热性和盲目性放大了技术经济领域与社会组织领域的不匹配、不协调，进入马克思所说的冒险、投机和欺诈盛行时期。一系列投机风潮尤其是金融投机使金融结构的脆弱性加剧，进入“明斯基时刻”，进一步恶化便是更为广泛的经济衰退和经济危机。金融和经济危机

① 约瑟夫·熊彼特. 经济发展理论［M］. 何畏等译. 张培刚等校. 北京：商务印书馆，2000：279.

② 卡萝塔·佩蕾丝. 技术革命与金融资本［M］. 田方萌等译. 北京：中国人民大学出版社，2007：59，87.

反过来又会加剧阶级斗争或社会不同利益阶层的对抗，猝发政治危机。至此，经济和政治的矛盾叠加在一起，在社会经济系统内发生共振效应，这种共振效应还有可能被各种历史偶然因素放大或强化。转折点其实就是资本积累的制度结构必须进行自我调整和纠错的阶段，一旦迈过这个阶段，新技术经济范式会进入协同阶段的大发展时期。

4. 狂热阶段的金融冒险和成熟阶段的金融欺诈

马克思指出，资本主义生产目的是榨取剩余价值（利润），而不是满足社会需要。针对这个目的，马克思反复强调资本具有冒险、投机和欺诈的本性。生产本身或者成为资本投机和冒险的对象，或者成为资本设法绕过去的倒霉的事情。如果资本绕过生产过程而获得剩余价值（利润），那就是在资本家阶级内部发生了欺诈，一部分资本家掠夺了另一部分资本家。当然，普通民众也经常被卷入其中，但这不是问题的重点，可以抽象不计。就此而言，马克思所说的资本投机、冒险和资本欺诈是两种不同的金融行为。

技术经济范式理论框架有助于我们更深入地理解上述两种金融行为。在一个技术经济范式的狂热阶段发生的“技术泡沫”主要来自资本的冒险和投机行为；而在成熟阶段发生的“流动性泡沫”主要来自资本的欺诈行为。这意味着，随着资本积累进程的发展，金融行为和金融系统结构稳定性也在发生变化。

新技术革命爆发后，资本开始探索由技术革命开辟的所有的投资新领域，对新技术的投机、冒险活动高涨起来，投机主要集中在与新技术相关的基础设施领域，譬如历史上曾经发生的运河热、铁路热和互联网热等。当这些投机冒险活动高涨后，新技术经济范式开始进入金融投机盛行的狂热阶段。然而，在这个时期新技术经济范式尚未充分展开，还不能吸收大量多余的资金，因此，在狂热阶段的金融投机必然酿成以金融资产价格急剧膨胀为主要特征的泡沫经济，债务杠杆率随之普遍增加。这一时期金融资本试图绕开资本主义生产的“倒霉事情”[①]，生产资本尤其代表新革命的产业成为金融资本操纵和投机的对象，金融资本和生产资本的关系几乎完全对立起来了。但也必须看到，金融泡沫一方面引发金融危机；另一方面它吸引大量资本进入新经济领域，实现新技术经济范式对旧技术经济范式的“创造性毁灭”。

在成熟阶段，产品市场出现饱和，一般利润率显著下降，投资机会匮乏，“闲置”的资本不断增加，资本积累的条件不断恶化。因此，资本主义经济停滞是这个阶段的典型特征，企业因产品和产能过剩出现资金周转困难，进而陷入债务危机。历史上，在第一个范式（工业革命时代）的成熟时期发生了 1819 年美国经济危机与 1825 年英国经济危机；在第二个范式（蒸汽和铁路时代）的成熟时期发生了 1866 年英国和意大利经济危机与 1873 年美国经济危机；在第三个范式（钢铁、电力和重工业时代）的成熟期发生了 1907 年和 1920 年美国经济危机；在第四个范式（石油、汽车和大规模生产时代）发生了 1960 年美国美元危机和 1974 年全球经济危机。在第五个范式（信息与远程通信

① 马克思恩格斯全集（第 45 卷）［M］. 北京：人民出版社，2003：67 – 68.

时代）发生了美国2008年金融危机。

当然，金融危机和经济危机徘徊于技术经济范式演进的各个阶段，在技术经济范式的协同阶段也会发生经济危机，譬如1953～1954年的美国经济衰退、1957～1958年的美国严重经济衰退。所以，在四个阶段中都有可能发生一场标志性的金融危机，其中在狂热阶段的紊乱经济和成熟阶段的衰退经济中更是危机丛生。①

第二节　技术经济范式中的两类泡沫危机

在技术经济范式生命周期的四个阶段中，技术创新和金融创新、生产资本和金融资本以不同的方式相互依存，由此形成不同类型的金融危机和经济危机。本节首先从一般性上阐述了技术经济范式变迁中的两类泡沫危机，然后阐述它们之间的继起关系及其时间分布特征，最后指出2008年经济危机是资本主义动力系统的结构性调整结果。

一、经济史中的两类泡沫及其引发的经济危机

1. 主要技术泡沫和货币宽松的流动性泡沫

在技术经济范式的导入期，经济系统并非和风细雨地实现对技术革命的消化和吸收，相反总是以某种泡沫经济甚至金融动荡的方式完成这一使命。佩蕾丝把经济系统在吸收主要技术（或基础技术）创新过程中发生的泡沫经济称为“主要技术泡沫”（major technology bubbles）。这种类型的泡沫来自生产资本盲目追逐在高新技术领域蕴含的可观利润，大量的资本投机逐渐集中到新产品生产、新的生产要素获得、开创新的贸易条件以及相关基础设施建设领域。主要技术泡沫有特定本质、内涵和发展路径，内生于经济发展过程中并呈现典型的周期性特征。

技术创新的发生和扩散不仅依赖于而且必然引发货币金融系统创新。在新技术革命进入狂热阶段后，金融创新逐渐创造了大量的廉价信贷，大量涌现的金融衍生工具充斥于金融市场。在信用扩张的货币宽松环境中，经济系统开始步入“货币宽松的流动性泡沫”（easy liquidity bubbles）。这种情形促进资本的虚拟化，加剧经济活动“脱实向虚”程度，金融资本与生产资本的耦合效应遭到破坏。流动性泡沫的破灭必然是一场金融危机。

这两类泡沫的破灭都表现为金融危机或经济危机。就二者在时间上的继起关系而言，主要技术泡沫以一场金融危机宣告破灭，这场金融危机又促成信用宽松流动性泡沫的发生。后面将通过一些典型的历史事件和相关机制分析进一步说明二者的时间关系和因果关系。由两类泡沫衍生出的两类金融危机或经济危机逻辑关系和时间关系如表5－3所示。

---

① 卡萝塔·佩蕾丝．技术革命与金融资本［M］．田方萌等译．北京：中国人民大学出版社，2007：87.

表 5－3　　两类泡沫特征及其引发的经济危机

类型	主导力量	驱动力量	发生领域	投机对象	危机时间	典型事件
技术泡沫	生产资本	追逐技术创新利润的生产投资	新技术及相关基础设施网络	生产要素	从狂热阶段末期到转折点期间，主要技术创新经历了 20～30 年	运河热及 1797 年危机；铁路热及 1847 年危机和 1848 年革命；美国 1893 年危机；互联网热及 2000 年纳斯达克崩盘
流动性泡沫	金融资本	基于宽松信贷的金融投机	金融系统	金融衍生品	在技术泡沫破灭之后	1929 年大萧条；2008 年金融危机

资料来源：笔者整理。

在西方主流经济学关于金融和经济危机的很多著述中，似乎每一次危机都是由偶然的历史事件引发的，通常看不到在它们背后的结构性差异。佩蕾丝把貌似相同的金融危机或经济危机区分为来自主要技术泡沫的危机和来自流动性泡沫的危机，尽管它们的历史发生往往以某种偶然的外生事件为导火线，这为我们重新回顾和诠释经济危机史提供了重要的理论视角。

2. 五次技术经济范式中的两类泡沫与经济危机事件

经济史研究表明，19 世纪 70 年代至今相继发生了五次典型的技术经济范式，它们依次把人类社会经济带入“工业革命时代”（1771～1829 年）、“蒸汽和铁路时代”（1829～1873 年）、“钢铁、电力、重工业时代”（1875～1918 年）、“石油、汽车和大规模生产时代”（1908～1974 年）和“计算机信息和通信时代”（1971 年至今）。在每一次技术经济范式的导入期，都会经历一个关键技术试验期和基础设施建设的阶段，伴随这个阶段往往会形成主要技术泡沫，并在技术大爆炸或主要技术试验成功后的 20 多年里达到泡沫经济的顶峰，随后发生破灭事件。

在 1771 年工业革命爆发后的 20 多年里发生了以运河热为标志的主要技术泡沫并于 1797 年破裂，这是第一次技术泡沫事件。在第二次技术经济范式导入期发生以铁路热为标志的主要技术泡沫并于 1847 年破裂。① 自 1875 年以来，全球大宗商品贸易对钢铁生产、轮船制造、港口建设、电报业务等提出新的要求，以全球基础设施建设为标志的多重泡沫经济逐渐形成并在 1890～1893 年破灭。第一次世界大战后的美国进入经济兴旺发达的 20 年代，“咆哮的二十年代”的泡沫经济终于在 1929 年宣告破灭。自 20 世纪 70 年代计算机、信息和通信技术革命兴起以来，在美国逐渐形成以互联网热为标志的主要技术泡沫并在 2000 年纳斯达克崩盘后宣告破灭。此后，美国经济进入流动性泡沫高涨时期并于 2008 年

① 马克思在《资本论》第三卷中深入研究了 1847～1848 年英国经济危机。在马克思的相关研究中也能够看到佩蕾丝所描述的技术泡沫及随后发生的流动性泡沫。

金融危机后宣告破灭。① 我们认为，当前的新工业革命仍然是信息和远程通信时代的延续与发展，这是因为新工业革命继承并延续了信息和远程通信时代的技术经济范式。本轮技术经济范式的转折点已经持续了 18 年，这比以往其他范式的转折点时间长，主要原因是本轮技术经济范式具有史无前例的全球化深度和广度。范式的转折点不再局限于个别发达国家的转型，能否进入展开期依赖于更多国家实现制度经济结构的调整，经济全球化让转折点时间延长了很多年。图 5 - 3 描述了历史上著名的三次主要技术泡沫事件，其中图 5 - 3（a）描述了 18 世纪 90 年代的运河热和 1797 年的金融恐慌；图 5 - 3（b）描述了 19 世纪 30 年代的铁路热和 1847 年的经济危机；图 5 - 3（c）描述了互联网狂热和 2000 年的纳斯达克崩盘。

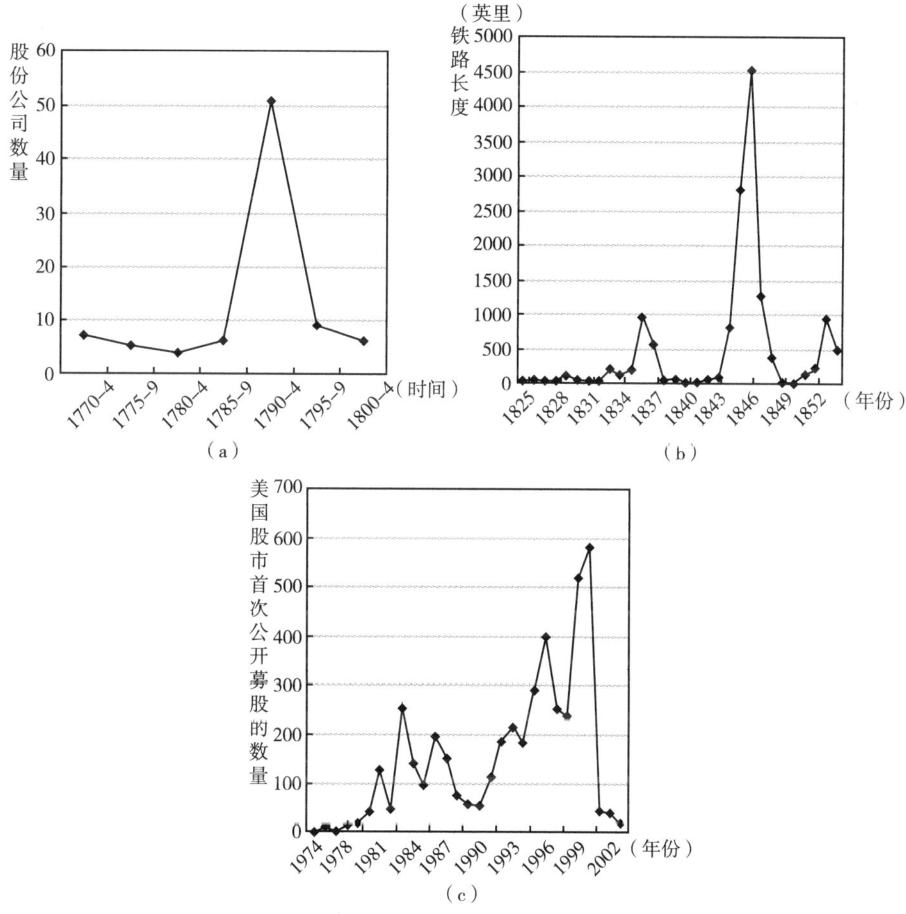

图 5 - 3　历史上三个最为典型的主要技术泡沫事件

资料来源：Carlota Perez. The Double Bubble at the Turn of the Century: Technological Roots and Structural Implications [J]. Cambridge Journal of Economics, 2009 (33): 779 - 805.

---

① 佩蕾丝曾撰文认为 2000 年纳斯达克崩盘就是计算机信息和通信技术范式的转折点，2008 年美国金融危机爆发后她又修改了此前的判断，认为 2000 ~ 2008 年这一段时间都是转折点。

20世纪20年代的大萧条给世界政治、经济发展带来了深远影响。经济思想史中的各个学派一直把这个重大事件作为阐释其经济发展理论的典型案例。从技术经济范式论看，这次危机虽然有鲜明的金融危机特征，但其根源在于第四次科技革命巨浪中酝酿已久的技术泡沫。通过分析这一时期纽约证券交易（NYSE）构成，可以发现存在一个典型的技术泡沫过程。把1920年作为基期，指数为100，在1929年股市崩盘前夕，总股指和其中的高新技术股指（NYSE High tech）都达到峰值，总股指上涨70%，高新技术股指则上涨近250%，如图5－4所示。2000年纳斯达克崩盘是第五次技术经济范式导入期的一种自然结果。的确，它的爆发时间大体是经过了新技术经济范式导入期的20～30年。从结构上看，涵盖软件、计算机、电信、生物技术等高新技术行业的纳斯达克交易量上升幅度远远大于纽约证交所交易量，如图5－5（a）所示。

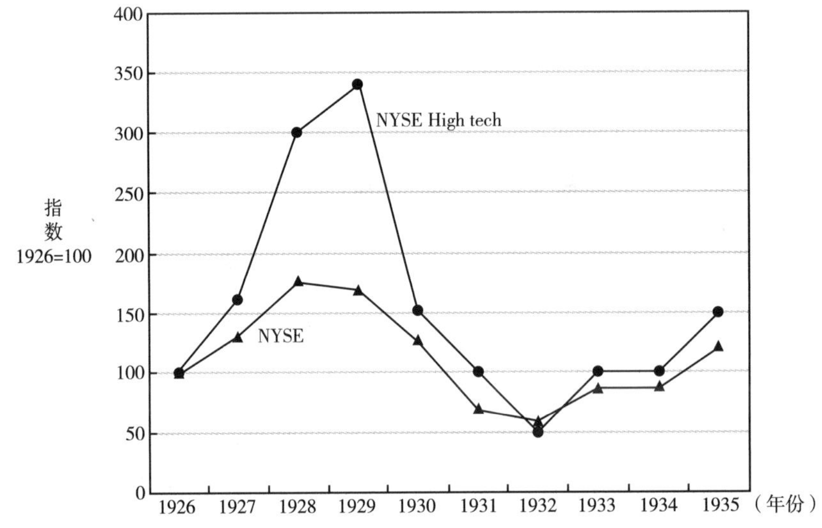

图5－4　以大规模生产为标志的高新技术泡沫与“大萧条”

资料来源：Carlota Perez. The Double Bubble at the Turn of the Century: Technological Roots and Structural Implications [J]. Cambridge Journal of Economics, 2009 (33): 779－805.

历史上，在1797年和1847年的金融恐慌、1929年大萧条都是由宽松的信用环境导致的，可以归结为流动性泡沫破灭。由于这些事件发生在自由资本主义时代，经济活动以金本位为货币基础，没有现代意义的中央银行，所以前几次的技术泡沫和宽松货币的流动性泡沫在时间上几乎融合在一起。2000年纳斯达克崩盘和2008年美国金融危机为我们理解这两类泡沫提供了当代典型案例。图5－5描述了自2000年之后货币宽松的流动性泡沫的发展过程。从美国股市首次公开募股（IPOs）中技术股和金融股所占比例、技术股和金融股的市值两个指标看，流动性泡沫取代了此前的主要技术泡沫并在2008年以金融危机的形式破灭。

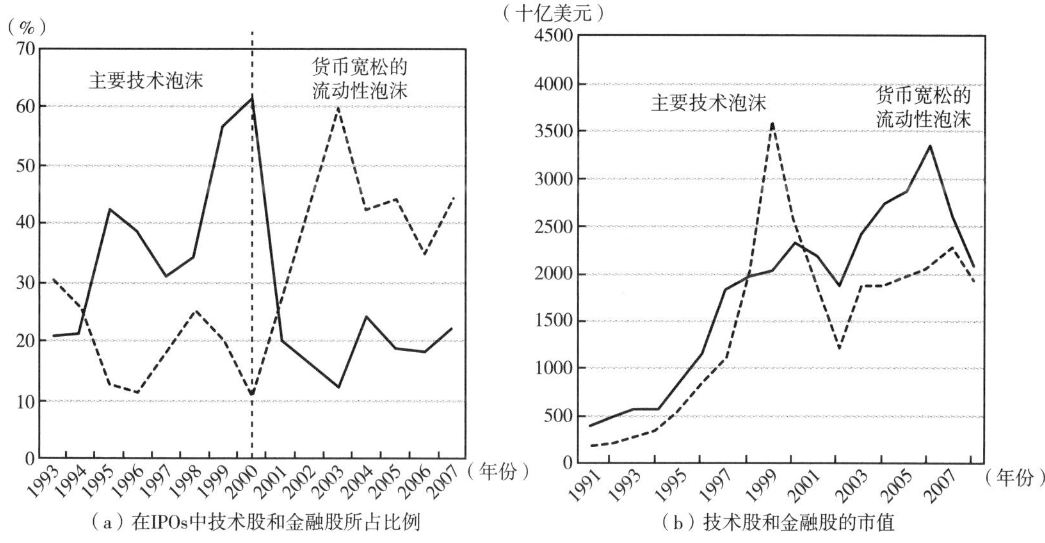

图 5－5　1991～2007 年美国两度泡沫经济与两次金融崩溃

资料来源：Carlota Perez. The Double Bubble at the Turn of the Century: Technological Roots and Structural Implications [J]. Cambridge Journal of Economics, 2009 (33): 779－805.

二、两类泡沫和经济危机的机制关系

技术泡沫产生于技术创新带来的新的利润机会，这种机会必然会刺激金融冒险、投机和欺诈。金融冒险和投机是一把“双刃剑”，它一方面为风险极高的技术创新和新产业发展提供必要的资金支持，另一方面金融投机也是一种自我增强的反馈系统，加剧资本积累的虚拟化，直至引发金融危机。

1. 两类泡沫危机的形成及其机制关系

技术泡沫根源于资本对技术创新带来的新利润机会的投机，资本投机的主要对象是那些从事新技术的公司股票。在资本主义市场经济中，主要技术泡沫是新技术革命浪潮嵌入旧技术经济范式的一种途径或形式，泡沫的发生既有资本逐利动机根源，也是技术创新及其扩散的自然规律使然，因而它的周期性出现有其社会经济发展的必然性。资本主义市场经济本质决定，金融投机是经济社会导入新技术革命的开路先锋，新技术经济范式正是通过灵活的、充斥着投机的金融市场把资金从夕阳产业或低利润行业转移到有利润潜力的创新行业。这就意味着主要技术创新在通过金融市场融资和重新配置资源的过程也是一种针对主要技术创新尤其相关基础设施建设的金融投机过程。金融投机是一把“双刃剑”，它在推动技术创新的同时也在不断地增加金融风险，促使金融系统发生明斯基所说的结构性变化，甚至金融危机事件频发。

技术股的价值潜力具有极强的预期性，它主要来自人们对新技术奇迹的市场信心，受技术股良好的资本收益表现影响尤其是金融投机动机驱使，这种信心很快会演变为一种市场狂热。从时间上看，这种狂热往往会发生在每一次技术经济范式导入期的末期，即所谓的转折点时期，此时受高新技术产业蕴含的巨大利润潜力的刺激，资本逐渐流向相关生产领域尤其是基础设施建设，譬如历史上的运河、铁路、港口、电报和互联网等产业领域。在第二次技术经济范式导入期，在1847年主要技术泡沫破灭前夕，英国铁路投资占国民收入的7%，占国家固定资本形成总量的55%。在第三次技术经济范式导入期，在1893年主要技术泡沫破灭前夕，大约50%的资本投向铁路、港口、电报等领域的基础设施建设上以满足运输和公用事业发展需要。

技术泡沫导致了实体经济尤其在基础设施建设领域出现严重的生产过剩。虽然主要技术泡沫的崩溃会引发金融危机，但在资本主义市场经济中，这种金融危机是让技术创新的市场价值预期回归理性所付出的必要代价。

正如熊彼特很早就已经指出的那样，技术创新不但依靠而且必然引发金融创新。投资者对新技术利润潜力的市场发现使金融家成为接纳新技术经济范式的先驱。针对技术创新融资需求，金融家也在迅速地进行金融创新，发明风险投资的新方法，创造新的杠杆、操作和对冲方法，不仅把现有资本吸引到创新行业，而且通过宽松的信用创造为技术创新融资。在金融系统中，金融创新通过学习和扩散得到进一步增强。当金融市场的众多投机者从寻求实体经济利润转向追逐金融资产价格膨胀所带来的收益时，金融资产价格膨胀的正反馈效应会导致金融创新与技术创新脱钩，发生金融系统“脱实向虚”的泡沫经济。

2. 新自由主义加剧两类泡沫型危机

下面重点研究在第五次技术革命浪潮中发生的两次泡沫繁荣和接踵而至的金融崩溃：1991～2000年，出现以信息与通信技术（ICT）行业为代表的技术股的繁荣和崩溃；2000～2008年，出现严重的金融泡沫和虚假繁荣直至金融危机爆发。这两次泡沫及其金融崩溃具有内在关系。图5－5从IPOs、市值和交易量三个指标描述它们在两个阶段中的发展特征。1993～2007年，以ICT行业为代表的技术股和一般金融股在美国IPOs中所占比例呈现有规则的升降变化，见5－5（a）。在主要泡沫生成阶段，属于ICT的IPOs占40%～60%，同期金融股占比徘徊在10%～20%。在纳斯达克崩盘之后，ICT的IPOs占比急速下降，而同期金融股占比一路飙升到60%，主要技术泡沫让位给流动性泡沫，在20%上下波动。从技术股和金融股的市值看，1991～1999年，技术股值急速攀升并拉动金融股值上升，见图5－5（b）。金融创新在新科技股中生根发芽，但它随后却将这些股票作为金融投机的对象，就像把郁金香、黄金或房屋等作为投机对象一样。2000年纳斯达克崩溃促成金融投机转向，投机去向不再是技术创新领域而是房地产和金融衍生品。此后，金融股市值进一步膨胀，金融市场的流动性泡沫趋势日益增强。

1991～2007年，虽然金融股市值和交易量一直处于攀升趋势，但从两类泡沫经济的生成机制上看，可以把这一时期分为两个阶段。在前十年里，金融股和技术股基本上能够相互契合，受技术股极具诱惑的利润潜力和良好利润预期的支撑，金融股一路上升并为技术创新融资，成为导入技术革命的开路先锋。此后则体现技术革命与金融资本的背离，金融资本从在实体经济领域中的冒险和投机转向金融投机和欺诈。

2000 年纳斯达克崩溃本应该促使金融市场进行一次自我强制性调整，从而再度实现金融创新向技术创新和实体经济发展回归，但在新自由主义金融去监管和资本积累金融化趋势下，金融创新与技术革命和实体经济发展渐行渐远，日益朝着宽松的流动性泡沫方向转变，直到 2008 年金融危机爆发。因此，金融自由化政策对 2008 年金融危机的爆发起着推波助澜的作用。

在 2000 年纳斯达克崩溃之后，金融领域的一系列欺诈行为和普遍的不当行为已经暴露出金融自由化的危害，但这些事件并没有引起金融监管当局的重视，相反，它还极力推动金融自由化浪潮。此外，在 2001 年“9·11”恐怖袭击事件发生后，面对经济衰退，降低利率和增加流动性成为美联储刺激经济政策的首选工具，这无疑为宽松信用泡沫的形成创造了条件。总的说来，在纳斯达克崩溃之后金融创新已经脱离了技术创新根基，在金融系统去监管政策刺激下，互联网泡沫破裂并没有促成实体经济实现资源重组，反而促成新一轮金融赌博的兴起。这一期间金融公司高管的不负责任、不称职、彻头彻尾的欺诈行为以及许多参与者的不正当得利已经达到史无前例的程度。金融自由化浪潮使金融创新失去了与实体经济的耦合效应。于是，美国金融市场涌现复杂的金融创新工具和数量巨大的金融衍生品交易。金融创新工具设计上的技术复杂性和跨边界交易导致金融衍生品交易变得越来越不透明，摆脱了本已乏力的金融监管。这一时期，大宗商品期货、私人资本收购、对冲基金、衍生品以及从债务抵押债券到相互对冲、信用违约互换等各种合成工具，大量充斥于金融市场，金融系统已经演变成了名副其实的赌场。譬如，根据国际掉期和衍生工具协会（ISDA）估计，2007 年针对利率和货币的衍生品的名义金额达到 382 万亿美元的惊人数字，这相当于当年全球 CDP 的 7 倍，而且这一数字还不包括价值超过 72 万亿美元的信用违约互换或股票互换。

3. 两类泡沫危机的时间分布特征

从生产资本和金融资本在技术经济范式四个阶段的关系特征看，两类泡沫及其引发的金融和经济危机的高发时期往往集中在狂热阶段的末期和范式转折点时期。在这两个时期发生连续的金融崩溃是资本主义基本矛盾的必然结果。在利润动机驱使下，竞争、冒险和投机成为新技术革命浪潮兴起与扩散的动力，通常表现为信用扩张、债务高杠杆率和金融投机盛行。追求新技术利润机会的狂热性和市场的盲目性推动着技术经济范式从爆发阶段进入狂热阶段，技术、经济和制度之间的不匹配、不协调关系被激化，在经历一系列投机狂潮之后，资本主义基本矛盾被空前激化，金融或经济危机的基本功能就是通过破坏性的强制方式恢复资本主义再生产过程的平衡。所以，在危机之后，金融资本与产业资本、虚拟经济与实体经济暂时实现一种耦合关系，技术经济范式由此进入了一个相对平稳发展的协同阶段。当然，上述分析只是在理论的逻辑时间上描述两类泡沫危机的时间分布。

在经济史中，金融崩溃和经济危机发生的时间的确集中于狂热阶段的末期和转折点时期，如表5－4所示。它们是由运河热引发的1797年危机；由铁路热引发的1847年危机，进而引发1848年革命；1890年阿根廷金融危机和1893年美国危机；在20世纪“疯狂的20年代”末期发生的1929～1933年大萧条；由互联网热引发的2000年纳斯达克崩盘和2008年美国金融危机。须指出的是，因为这些事件最为典型，影响也最为深远，所以在表格中把它们罗列出来了，并不是说历史上只有这几次金融和经济危机。正如前文已经指出的，金融和经济危机徘徊在技术经济范式的各个阶段，其中在展开期的成熟阶段，因创新衰退和市场饱和，这一阶段也是经济危机的高发时期，这里不再重复说明。

表5－4　五次技术经济范式中的两类泡沫与经济危机事件

技术革命浪潮	技术经济范式内涵	导入期 狂热阶段末期的主要技术泡沫和金融危机事件	核心国家（或地区） 转折点经济危机事件	展开期
英国工业革命	机器大工厂生产	1771～1793年 1793～1797年的运河狂热	英国 1793～1797年 1797年经济危机	1798～1829年 英国腾飞
蒸汽机和铁路运输	机械化大生产、零部件标准化、工业城市、工业积聚区、国内统一市场	1829～1848年 1836～1847年的铁路狂热	欧美 1848～1850年 1847年经济危机 1848年欧洲革命	1850～1873年 英国维多利亚时代的繁荣
钢铁、电力和重工业	垄断、股份公司、规模经济、纵向一体化、国际生产和销售网格、全球基础设施建设	1875～1890年 伦敦金融市场投机阿根廷基础设施建设 1890年阿根廷金融危机（巴林银行危机）	欧美 1890～1895年 1893年美国投机白银和黄金	1895～1918年 欧洲美丽时代和美国进步时代的繁荣
石油、汽车和大规模生产	资本密集型、泰勒制和福特制、大规模生产和大众消费、从自由放任向国家干预转型、建立国际经济新秩序	1908～1929年 “轰鸣的20年” 美国1929年金融崩溃	欧洲（1929～1933年） 美国（1929～1943年） 1929～1933年资本主义世界大萧条	1943～1974年 美欧资本主义黄金时代的高增长
计算机、信息和远程通信	建立在微电子技术之上的信息和通信技术、知识密集型；生产的异质性、多样性；经济全球化	1971～2000年 美国互联网狂热 2000年纳斯达克崩溃	全球化（2000～2008年） 2008年美国金融危机	2008～？ 第五次技术经济范式的深度全球性

注：在连续的范式之间存在阶段重叠现象，所以在两个范式之间的时间衔接上不是完全自然延续的。

资料来源：佩蕾丝（2007）、Perez（2009）和拉斯·特维德．逃不开的经济周期：历史、理论与投资现实［M］．北京：中信出版社，2012：427－427。根据相关研究整理而成。

关于2008年美国金融危机的历史定位问题，佩蕾丝把它界定为第五次技术经济范式的转折点金融危机。[①] 然而，这个时间定位导致一个理论难题：在转折点之后，技术经济范式将进入协同阶段——金融资本和生产资本再度耦合的阶段，这一时期经济会呈现繁荣局面；然而，自2008年金融危机爆发以来，美国经济长期陷入复苏无力的境地。这究竟是因为技术经济范式理论有误，还是因为出现了一些新的因素，它们使第五次技术经济范式不再遵循前几次范式在展开期的发展路径呢？笔者认为是后者，理由是第五次技术经济范式是在新自由主义、金融化和全球化背景中进入它的不典型的展开期。这些因素有两个主要后果。一是导致第五次技术经济范式的发展不再像前几次范式那样主要局限于一个或几个核心国家，而是以前所未有的深度和广度在全球扩散。二是极大地削弱了美国生产资本和金融资本之间的耦合关系，阻碍美国进入范式协同阶段。这是因为在由美国跨国公司主导的经济全球化进程中，美国生产资本和金融资本的关系布局不再局限于美国，而是从经济全球化出发在国际市场配置资源。这种制度安排的基本架构是：美国跨国公司在控制全球价值链的前提下构建华尔街跨国垄断金融资本与新兴市场国家的生产资本的“协同”关系[②]。这样我们就很容易理解美国经济金融化和去工业化现象，其实美国经济金融化和去工业化是一个硬币的两个方面，始作俑者是新自由主义全球化经济布局。全球化、金融化和“去工业化”极大地削弱了美国国内生产资本和金融资本的协同关系，阻碍了美国进入第五次技术经济范式的协同阶段。

三、资本主义动力系统的结构性调整与2008年经济危机

1. 资本主义动力学的核心是技术经济范式变迁

技术经济范式认为资本主义动力系统是由三个子系统构成的：创新和生产系统、货币金融系统和公共部门。[③] 经济发展是通过这三个子系统的协同实现的。它之所以把公共部门也视为子系统之一，是因为在技术经济范式形成和扩散过程中公共部门的组织模式与制度体系的创新也是至关重要的，否则公共基础设施、教育、社会保障等制度体系的滞后性会成为经济发展的瓶颈。

三大子系统意味着技术革命巨浪或技术经济范式不仅涵盖科学研究、发明和创造，还包括相关的制度、组织、政治和意识形态等，以及三大子系统之间的协同创新关系。于是，佩蕾丝把资本主义体系的动力学概括为在技术、经济和制度三个领域中的变迁及其正反馈或负反馈关系，如图5－6所示。

① Carlota Perez. The Double Bubble at the Turn of the Century: Technological Roots and Structural Implications [J]. Cambridge Journal of Economics, 2009 (33): 779－805.

② 当然，构建这种“协同”关系的另一个基础是美元霸权和由华尔街掌控的国际货币金融体系。

③ Hanusch H., A. Pyka. Elgar Companion to Neo-Schumpeterian Economics [M]. Cheltenham, UK; Northampton, MA: Edward Elgar, 2007: 1161.

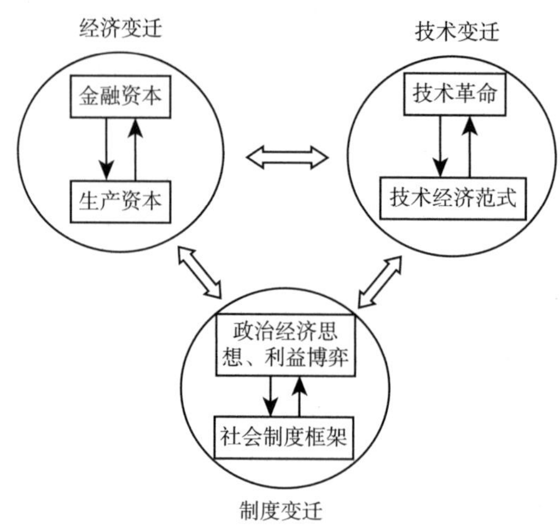

图 5－6 资本主义动力系统的结构

资料来源：参考佩蕾丝（2007）的研究，略有修改。

首先，在技术领域中，伴随着技术革命的爆发和技术扩散，新技术经济范式呈现生命周期的发展过程。技术革命浪潮在技术“大爆炸”之后必然经历技术扩散过程，这是新技术、新组织、新规则、新思想被社会经济广泛接受、消化和吸收的过程，是技术、经济和社会三个领域交互作用的过程，由此形成具有生命周期特征的技术经济范式。

其次，在经济领域中，受技术革命巨浪的推动，经济结构及其各项指标都会发生变化，其中最重要的是生产资本和金融资本、实体经济和虚拟经济不断变换的角色与交换关系。前面已经论述过，它们之间先后经历一个耦合、对抗和再耦合的过程，尤其在技术经济范式转折点处，它们的张力达到了顶点，通常以泡沫经济、金融崩溃和经济危机面貌呈现出来。金融崩溃和经济危机以一种破坏性的强制性的手段再度恢复了生产资本和金融资本、实体经济和虚拟经济的耦合关系。

最后，在制度领域中，由技术革命引发的制度冲突同样激烈。制度是由一系列常识、惯例、标准、规范、法律、规则、执行和监督机构、公共组织和主流意识形态等构成的社会治理体系。技术创新和扩散既是经济总量增长、效率和效益提升与经济结构转型的过程，也是对既有的财富和收入分配体制的调整过程，后者势必引发传统经济体制与创新经济体制之间的张力。这种张力必然延伸到意识形态领域中。利益冲突和意识形态斗争成为贯彻制度变迁的一条主线。当然，制度变迁是一个相对自治的领域，它可能由技术变迁和经济变迁所引发，但并不与技术变迁和经济变迁存在机械的同步关系。制度变迁有其路径依赖的一面，但也不可否认存在主观能动性的路径创造一面。旧制度的惰性既可以通过市场竞争和创新扩散逐渐被消融在新技术经济范式中，也可以通过国家干预和顶层设计实现结构性变革，这是一个路径创造的制度变迁过程。回顾历史，对一个后发国家来说，抓住历史性的短暂的创新机会窗口，实现民族国家的经济崛起，主要依靠的还是路径创造过程。

2. 2008 年美国金融危机：资本主义动力系统的结构性调整

依照关于资本主义动力系统的结构分析，笔者认为2008 年金融危机是发生在技术经济范式转折点时期的资本主义动力系统的一次自我调整和修复。

首先，在技术变迁领域，始于 1971 年的第五次技术革命开创了信息与通信技术时代。随着信息与通信技术的基础设施建设在全球兴起和发展，一个新的技术经济范式逐渐形成，其主要内涵体现在六个方面。第一，基于计算机信息通信技术的自动控制系统被广泛地应用于生产流水线、运输和物流系统等，实现规模经济和外部经济，较少的自动化和信息化投资就能够显著地提高劳动生产率；第二，生产趋向于分散式集成或网络化结构，原有的科层结构管理模式不合时宜，基于新技术革命特征的企业组织模式和管理决策的“新泰勒主义”日益流行；第三，知识成为资本，对新知识的创造具有更高的附加值，知识经济理念兴起；第四，消费市场对产品提出越来越高的异质性和多样性要求，这令传统的标准化产品、大规模生产和大众消费市场不合时宜，专业化与多元化生产经营模式兴起；第五，全球化的离岸生产经营模式兴起，基于廉价的信息和通信成本以及便捷、高效的物流系统，跨国公司可以灵活地在全球配置工厂、车间和经营、管理地点；第六，采取“至精至简”的企业组织模式和“及时生产”管理系统。

其次，在经济变迁领域，随着第五次技术经济范式的深度全球化，以美国为代表的发达国家的经济结构发生了深刻变化，主要表现在以下三个方面。一是美国的产业结构走上“去工业化”道路，这成为其贸易结构失衡的重要基础。二是劳资关系恶化、实际工资增长停滞和失业率居高不下。跨国公司的“外包”、FDI、“及时生产”系统和“至精至简”的组织模式等有效地规避了本国较为严苛的劳动与社会保障制度约束，减少了对本国劳动力的依赖性。这些因素不仅造成较为严重的相对人口过剩，而且极大地削弱了工会力量，从而压制实际工资的增长。因此，美国实际工资长期停滞、失业率居高不下、中产阶级体量严重收缩、社会财富与收入分配两极分化加剧等成为美国社会经济结构变化的重要表征。三是资本冒险、投机和欺诈盛行，金融结构脆弱性显著加剧。2000 年的互联网泡沫破灭引发了纳斯达克崩溃，其本质是基于技术泡沫的金融崩溃，影响的范围和深度主要局限在技术经济领域。金融崩溃及其引发的经济衰退原本是市场的自我调整和修复，但正在这一关键时期发生了“9・11”恐怖袭击事件，为了刺激经济，美国政府采取了降低利率和增加流动性的扩张性货币政策。宽松的货币政策、金融去管制的新自由主义政策及由国际经济结构失衡导致的大量国际资本流入美国金融市场，这三种因素共同促成美国金融市场的“货币宽松的流动性泡沫”并引发各类金融投机和欺诈。互联网泡沫破裂及其引发的金融崩溃不仅没有促成实体经济进行资源重组和结构调整，反而促成了新一轮金融赌博，数量巨大、技术复杂的金融创新工具充斥于金融市场，使金融系统乱象丛生。

最后，在制度变迁领域，我们通常说 20 世纪 70 年代的资本主义经济滞胀促使新自由主义兴起，这个观点没有从根本上揭示新自由主义兴起的时代根源。新自由主义复兴的根本原因是第五次技术革命巨浪使资本积累的技术结构发生转型，表现为战后以来的凯恩斯主义政治体制与现行的技术变迁和经济变迁之间的张力加剧。技术变迁和经济变迁的一个最重要后果就是经济全球化，这能够让跨国公司在全球攫取丰厚的利润。国家干预尤其在金融市场和劳动力市场中的干预显然与跨国公司资本全球化利益诉求发生冲突。

虽然技术经济范式把制度变迁作为一个关键因素纳入对资本主义动力系统的研究之中，但受其理论视野局限，相关研究仍显得比较薄弱。笔者认为，在这个方面可以借鉴美国积累的社会结构学派理论，结合这两种思想我们对当代资本主义动力系统的结构性调整会有更深入的理解。首先，存在即合理，新自由主义替代凯恩斯主义顺应了第五次技术经济范式的内在要求。其次，随着第六次技术经济范式（智能化工业革命）的悄然兴起，世界经济正处于第五次技术经济范式的成熟阶段和第六次技术经济范式的爆发阶段的“交叠期”。因此，资本积累的社会结构断裂、私人利益和社会利益之间的冲突、新的经济增长点的不确定性、国际经济秩序动荡和国际经济结构失衡等将是未来一段时期内发达国家和世界经济发展的基本特征。

第六章 经济危机理论：技术、金融和制度变迁的综合视角

第一章指出，资本积累的结构变迁有三个维度，因此第三至第五章分别从这三个维度出发，阐述西方马克思主义经济学的“制度经济范式”，后凯恩斯学派的“货币金融范式”及新熊彼特学派的“技术经济范式”，借鉴它们在资本积累的制度结构变迁、货币金融结构变迁和技术结构变迁方面的研究成果。这三种结构变迁不是孤立的，而是彼此相互依存、相互作用的一个有机整体。本章综合这三种结构变迁，从一个动态的和经济思想史综合的理论视角进一步诠释在第二章中所论述的马克思经济危机理论。本章前三节分别从这三种结构变迁角度讨论经济危机和长波萧条之间的关系；第四节是一个专题研究，从资本积累的货币金融结构变迁角度阐释美国财政和贸易“双赤字”之间的关系，深化对经济危机和长波萧条的理解。

第一节 资本积累的技术结构变迁与周期性危机和长波萧条

在经济周期和长波的形成过程中一般利润率起着至关重要的机制作用。本节从三个方面讨论资本积累的技术结构变迁对一般利润率趋向下降的主要影响，从而阐述在走向经济危机和长波萧条的发展过程中资本积累的技术结构变迁所发挥的关键性作用。

一、技术革命与资本积累周期性发展过程

1. 科技创新推动资本的积聚和集中

首先，科技创新成为资本家实现资本积聚和在生存竞争中获胜的最重要力量。一方面追求创新性生产是进行相对剩余价值生产的技术条件，另一方面技术创新是资本家在激烈的生存竞争中获胜并获取超额剩余价值的物质条件。因此，在资本主义生产中科学技术“成为生产财富的手段，成为致富的手段”，“发明成了一种特殊的职业”。[①] 生产

① 马克思恩格斯全集（第47卷）［M］. 北京：人民出版社，1979：402－403，363.

工艺创新和新产品发明成为提高劳动生产率、增加剩余劳动时间和增强资本核心竞争力的关键因素。

其次，推动资本集中及相应的组织变革的力量正是新技术革命浪潮；反过来，达到一定规模的资本积聚和集中也是技术创新与创新扩散的组织条件和物质基础，当资本主义从自由竞争时代进入垄断资本主义时代后这一点尤为显著。马克思指出，自英国工业革命以来，工具机和动力机的革命性发展要求资本主义工业生产必须具有一定的规模，突破原有的工场手工业组织模式，代之以近代工厂制度。在《资本主义、社会主义和民主》中熊彼特也从早期关注小企业创新转而强调大公司是创新主体，因为在垄断资本主义时代技术创新更依赖于大企业的研发投入，大企业因其具有更强的研发实力而更具有核心竞争力，技术密集型企业通常就是资本密集型企业。

最后，技术革命的阶段性、波浪性和周期性特征影响资本积聚与集中的速度及其路径的稳定性。技术创新不是匀速发展的，而是具有“蜂聚”和“群集”特征，由此导致的投资（或投机）波动性成为“技术泡沫”、金融崩溃和经济危机的根源之一。

2. 技术革命形成资本积累周期

技术革命所具有的阶段性、波浪性和周期性特征主要从三个方面影响资本积累周期：一是产品创新和工艺创新的生命周期；二是适应新技术革命的大规模基础设施建设周期；三是因新技术革命导致精神磨损的大规模固定资本更新。下面主要讨论前两个方面。

首先，技术革命浪潮的爆发和消退使产品创新和工艺创新具有“S 型”生命周期过程，这种“S 型”发展过程导致投资具有“S 型”发展路径，即呈现高涨和低落交替的周期性发展过程。每一次技术革命浪潮的生命周期要经历四个阶段：爆发、扩散、成熟和衰落。在新技术爆发阶段，资本家对旧产品、旧工艺技术的投资减少，对新产品、新工艺技术的投资持谨慎态度。在技术扩散阶段，社会投资进入了高增长阶段，发生了所谓的创新“蜂聚”和“群集”现象。在技术成熟阶段，由于新产业的发展达到极限，竞争以产品差异化为主，创新以改进型为主，生产率下降并朝着劳动节约型工艺创新方向发展，所以投资增长率进入停滞状态。在技术衰落阶段，市场趋于饱和，甚至出现严重的产能过剩，因此投资低迷，资本积累受挫，资本转向金融投机和欺诈。通常认为技术革命的生命周期大约经历半个世纪，其中一半左右的时间为基本技术创新的引入和扩散阶段，经济摆脱此前的萧条，开始走向复苏和繁荣，这是一个长波上升阶段或长波繁荣阶段；另一半时间为创新的成熟和衰落阶段，经济长期陷入频繁的“非再生产性危机”①，这个阶段被称为长波下降阶段或长波萧条阶段。长波归根到底是资本积累的表现形式，因此技术革命形成资本积累周期。

① David M. Gordon, Thomas E. Weisskopf, Samuel Bowles. Long Swings and the Nonreproductive Cycle [J]. American Economic Review, 1983, 73 (2): 152 - 157.

其次，技术创新生命周期使基础设施投资呈现周期性波动特征，进而成为影响积累周期的重要力量。创新蜂聚和群集引发新基础设施建设或旧基础设施更新的投资高潮。自18世纪工业革命以来，在五次技术革命的导入期都有相应的典型的新基础设施建设或旧基础设施更新的投资浪潮，譬如，运河、铁路、电报、高速公路、石油管道、电力、数字远程通信（电缆、光纤和卫星）、高速物流运输系统等都引发投资高潮。[①] 大规模的基础设施建设投资构成总需求扩张的重要组成部分，成为驱动经济增长的重要力量。由于基础设施投资存在杜因所说的认识时滞、拨款时滞和酝酿时滞等因素，以至于基础设施建设往往趋于过度投资。[②] 在金融市场上技术革命通常总是引发“技术泡沫”，即针对新技术概念及其利润预期的投机狂潮。技术泡沫的主要发生领域就是基础设施行业，历史上曾经因运河热、铁路热和因特网热发生过投机狂潮。基础设施建设投资高潮在促进经济走向繁荣的同时，也为未来播下衰退和萧条的种子。

二、技术革命与资本有机构成的结构性变化特征

国内外学界关于资本有机构成不断提高命题的实证研究很多，相关研究结论也存在不少分歧。下面在技术经济范式的生命周期中考察这个命题，从技术经济范式演化角度重新诠释国内外学界的主要研究成果，给马克思的资本有机构成不断提高命题提供一个新的理论注脚。所引用的数据主要来自我国学者高峰先生和国外马克思主义学者吉尔曼和克莱曼的研究成果，在时间上这些数据主要对应着第四次和第五次技术革命浪潮或技术经济范式，所以下面侧重于考察在这两次技术革命浪潮期间的资本有机构成的结构性变化特征。

1. 第四次技术革命与资本有机构成的结构性变化特征

美国经济学家吉尔曼第一次通过实证研究发现，进入20世纪以后美国制造业资本有机构成由上升转为基本稳定或趋于下降[③]，这个结论曾在马克思主义经济学界引起极大的反响。我国经济学家高峰先生质疑上述结论，他的基本结论是1879～1979年美国制造业劳动生产率表现为加速提高趋势；除了1929～1948年外，资本技术构成和资本价值构成均表现出不同程度的提高。[④] 这两种相左的结论是否存在内在的一致性？从第四次技术革命浪潮或第四次技术经济范式演化角度观察高峰和吉尔曼的数据，笔者发现它们对资本有机构成变化特征的描述大体是一致的，如表6－1所示。

---

① 卡萝塔·佩蕾丝．技术革命与金融资本［M］．田方萌等译．北京：中国人民大学出版社，2007：18－19.

② 范·杜因．经济长波与创新［M］．刘守英等译．上海：上海译文出版社，1993：129.

③ Gillman J. M. The Falling Rate of Profit［M］. London：Dennis Dobson，1957.

④ 高峰．资本积累理论与现代资本主义——理论的和实证的分析（第二版）［M］．北京：社会科学文献出版社，2014：91－104.

表 6－1　　第四次技术革命不同阶段中的资本有机构成变化特征

阶段划分		高峰的数据			吉尔曼的资本有机构成	
第四次技术革命		劳动生产率	技术构成指数	价值构成指数	存量基数 1	存量基数 2
导入期	爆发阶段 1908～1920 年	59.7～60.8 (1.8%) ↑	254.9～265.6 (4.2%) ↑	143.6～112.9 (21.4%) ↓	2.3～3.1 (34.8%) ↑	3.2～4.3 (34.4%) ↑
	狂热阶段 1920～1929 年	60.8～100 (64.5%) ↑	265.6～369.8 (39.2%) ↑	112.9～144.3 (27.8%) ↑	3.1～3.1 (0%) 均值 3.24	4.3～4.4 (2.3%) ↑ 均值 4.52
转折点阶段 美国 1929～1943 年		41.5～51.9 (25.1%) ↑	100～46.4 (53.6%) ↓	100～39.3 (60.7%) ↓	3.1～1.5 (51.6%) ↓	4.4～2.2 (50%) ↓
展开期	协同阶段 1943～1959 年	51.9～74.9 (44.3%) ↑	46.4～103.4 (122.8%) ↑	39.3～89.7 (128.2%) ↑	1.5～2.6 (73.3%) ↑ 均值 2.28	2.2～3.6 (63.6%) ↑ 均值 3.14
	成熟阶段 1960～1974 年	146.6～245.2 (67.3%) ↑	136.4～158.3 (16.1%) ↑	119.3～117.0 (1.9%) ↓		

注：(1) 因为在某些年份缺少数据，不能严格地迁移到佩蕾丝对技术革命浪潮各个阶段的时间划分中，因此按照时间靠近原则选择相关数据。(2) 括号中的百分数仅指在一个时间段的起止两个年度的数据变化，向上或向下的箭头表示上升或下降趋势。(3) 上述数据仅用于描述某种趋势，因为数据来源不同或各组数据都是通过多个基期年份计算而得。(4) 佩蕾丝对转折点阶段的界定是，欧洲为 1929～1933 年，美国为 1929～1943 年。

资料来源：根据《资本积累理论与现代资本主义》(高峰著，2014 年，第 88～89 页，第 92～93 页) 中的数据整理和计算。

在导入期的爆发阶段，劳动生产率增长和资本技术构成都只有小幅提高，资本有机构成或价值构成呈现波动。1908～1920 年为第三次技术革命浪潮成熟阶段和第四次技术革命浪潮爆发阶段的重叠期，在这一时期新技术经济范式尚未在主要行业和部门中获得支配地位，经济活动更多地呈现出旧技术经济范式的成熟、衰退和边际报酬递减特征，社会总的劳动生产率和技术构成所表现出的小幅增长趋势主要是对第三次技术革命成熟阶段的反映。这一时期的资本积累和扩大再生产面临三重压力：一是劳动生产率表现不佳；二是传统产品和产业完全成熟，市场趋于饱和，出现严重的生产过剩和产能过剩；三是虽然新技术革命尚未带来普遍的投资效应，却使传统的生产工艺及其机器设备面临巨大的预期贬值压力。这些情形必然会抑制社会总的投资规模，尤其固定资本投资规模，以至于资本价值构成出现下降。

在导入期的狂热阶段，伴随着新技术扩散，落后的机器设备逐渐被淘汰，劳动生产率和技术构成都有较大幅度提升；出现创新蜂聚和产业群集，石油、汽车、家用电器等一系列新兴产业和部门取代了传统的钢铁和电气化重工业，成为经济增长的引擎；受这些产业的拉动出现新的基础设施投资高潮。这些因素导致资本价值构成有较大幅度的提高。

转折点是导入期和展开期的衔接处或断裂处，是经济增长方式转型和社会经济制度变迁的自我调整期。在转折点发生了马克思所说的资本价值的精神磨损，或熊彼特所说的创造性毁灭；资本积累进入了马克思所说的资本冒险、投机和欺诈的盛行时期，或所谓的“明斯基时刻”。因为在转折点更容易发生企业破产、金融恐慌和信用崩溃事件，①充满着市场清算、金融崩溃、经济危机乃至社会革命，② 因此，在这一时期资本价值构成或有机构成趋向下降。关于美国制造业价值构成为何在20世纪20～40年代出现下降的问题，高峰先生认为主要是由“大萧条”和第二次世界大战的特殊环境导致的。“大萧条”导致大批固定资本闲置、投资锐减、陈旧设备被销毁，因此制造业资本存量急剧减少；在第二次世界大战期间，美国政府扩大国营军事经济和限制私人资本投资，这些政策因素也阻碍了私人部门固定资本投资的增长。③ 笔者认为，虽然不排除“二战”等外因的影响，但应当把“转折点”危机作为这一时期资本价值构成或有机构成下降的主要原因，因为“大萧条”本身就是一场“转折点”危机，因此是有机构成下降的内因，而不是外因。

在展开期的协同阶段，不仅新技术革命范式已经完全展开，而且需要补偿在转折点时期经历的大幅下降，所以劳动生产率、资本的技术构成和价值构成均有大幅度提升。

在展开期的成熟阶段，技术经济范式进入了它的衰落期，虽然劳动生产率增长率较高，但技术构成仅有轻微上升，这导致价值构成出现下降趋势。究其原因，主要是成熟阶段后期与随后的第五次技术革命的爆发阶段属于前文所说的重叠期，呈现重叠期特征，表现为20世纪70年代资本主义经济“滞胀”危机。

撇开转折点不论，从爆发阶段到协同阶段，有机构成一直呈上升趋势。在狂热阶段，虽然增长幅度不大，但均值很高；而在协同阶段，增长幅度最大，但均值已经比狂热阶段的小了很多，这表明技术经济范式已经完全展开并达到其巅峰，而均值的下降又意味着它正在走向成熟和衰落。所以，吉尔曼的数据与高峰的结论大体是一致的。

2. 第五次技术革命与资本有机构成的结构性变化特征

当代美国马克思主义经济学家安德鲁·克莱曼（Andrew Kliman）在其《资本主义生产的失败：大萧条的深层根源》一书中研究了1947～2007年的资本的技术构成和价值构成，如图6－1所示。在这个60年里有两次技术经济范式：第四次技术经济范式的协同阶段、成熟阶段和第五次技术经济范式的爆发阶段、狂热阶段与走向协同阶段。从该图中可以看到，技术构成一直呈上升趋势，价值构成的变化较为复杂些。在第四次技术革命的协同阶段（1947～1959年），按照三种方法计算的资本价值构成均为上升趋势。在随后的成熟阶段（1960～1974年），名义价值构成趋于下降，这与高峰先生的数据趋

① 约瑟夫·熊彼特．经济发展理论［M］．何畏等译．张培刚等校．北京：商务印书馆，2000［1990］：279.

② 卡萝塔·佩蕾丝．技术革命与金融资本［M］．田方萌等译．北京：中国人民大学出版社，2007：87.

③ 高峰．资本积累理论与现代资本主义——理论的和实证的分析（第二版）［M］．北京：社会科学文献出版社，2014：91－104.

势一致；经 MELT 调整①的价值构成在 140% 左右徘徊，这与高峰先生估算的略微下降趋势也是接近的。

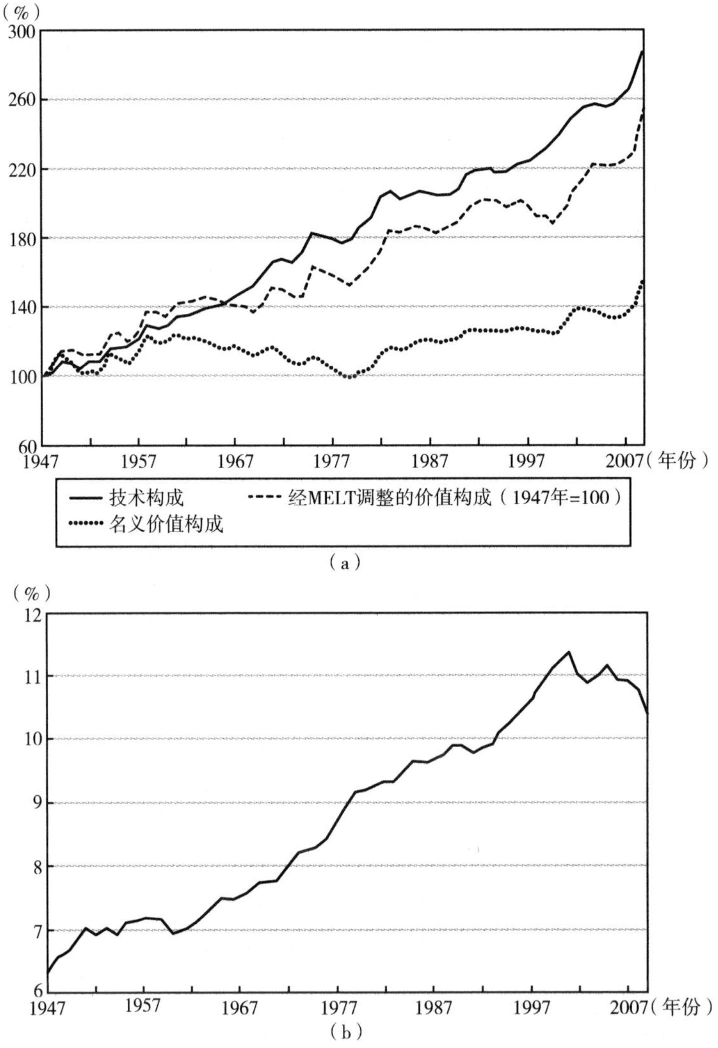

图 6－1　美国公司资本价值构成和折旧率

资料来源：Andrew Kliman. The Failure of Capitalist Production：Underlying Causes of the Great Recession [M]. London：Pluto Press，2011：132，141.

按照前文对技术经济范式的时期划分，1971～1987 年、1987～2001 年分别为第五次技术革命的爆发阶段和狂热阶段，2001 年之后进入了协同阶段。在爆发阶段，名义价值构成经历了一个先下降再小幅上升的过程，经 MELT 调整的价值构成在波动中上升了大

① 这是克莱曼扣除通货膨胀因素对变量进行平减的一种方法。MELT 指一小时劳动所创造的、用货币来衡量的新价值的数量，如果它上升 10%，则商品价格对它们用劳动时间来衡量的价值的比例平均上升了 10%。

约40%；在狂热阶段，名义价值构成基本保持相对稳定趋势，经MELT调整的价值构成在上升20%之后又下降近20%，如图6-1（a）所示。可以推测，直到狂热阶段新技术革命对传统产业的冲击及其资产贬值效应才显现出来，新技术革命不仅使传统的重化工业、汽车制造、钢铁等成为“夕阳”产业，而且使“朝阳”产业的新产品、新设备迅速贬值，图6-1（b）描述了美国公司的固定资产折旧率。第五次技术革命发端于计算机信息与远程通信技术，克莱曼等学者的研究表明，公司对信息处理设备和软件（IPE&S）的使用出现了惊人的增长，从最初不到其固定资产的5%上升到18%以上，IPE&S资产的折旧同样高得惊人，譬如5年期个人计算机的价值只有新机器价值的10.6%。因为传统的非IPE&S设备的折旧率长期保持在7%左右，甚至有学者研究发现，无形损耗占总折旧的7/8，其中3/8来自刚开箱的计算机的折旧。所以企业无形损耗几乎都来自IPE&S的资产折旧，由此可以进一步推定，公司资产折旧率的绝大部分增长都是大量的IPE&S资产的无形损耗的结果。①

2000年爆发的纳斯达克股市崩溃又被称为“互联网”泡沫破灭。佩蕾丝曾经把这一年界定为第五次技术经济范式的转折点，认为此后进入了第五次技术经济范式的协同阶段。笔者认为佩蕾丝的这个判断值得商榷。历史上，前几次的技术经济范式的转折点只经历了较短的时间，因为技术经济范式主要是在资本主义核心国家进行扩散，而第五次技术经济范式的扩散具有前所未有的全球化特征。技术经济范式的全球化与新兴市场国家兴起、经济全球化、政治多元化互为因果关系（受篇幅限制在这里不展开说明）。所以，笔者认为从2000年美国纳斯达克崩溃到2008年美国金融危机的这一期间都属于转折点时期。第五章已经阐述过，转折点时期面临两类泡沫经济及其引发的金融崩溃或经济危机。在2000年纳斯达克崩溃后，投机于新技术的金融资本在泡沫破灭中遭到大量损失；此后，资本投机转入金融衍生品市场和房地产市场，发展为流动性泡沫并酿成2008年金融危机。即使是在2000~2007年期间，只是名义资本价值构成略有下降，经MELT调整的价值构成显著上升。2008年之后，随着第五次技术经济范式的协同阶段蹒跚而至，技术构成和两种价值构成均呈现快速上升趋势。

三、技术革命与一般利润率的结构性下降趋势

根据马克思关于一般利润率的表达式，它的变化取决于两个变量：资本有机构成和剩余价值率。对一般利润率变化趋势的判断同样是个实证研究问题。下面仍借助克莱曼和高峰先生的研究数据，在技术经济范式框架中诠释技术进步、资本损耗、利润损失与

---

① Andrew Kliman. The Failure of Capitalist Production: Underlying Causes of the Great Recession [M]. London: Pluto Press, 2011: 141-144.

一般利润率下降趋势之间的逻辑关系。

1. 商品资本的无形损耗

克莱曼的研究侧重于科技进步造成的无形损耗因素。虽然在研究中没有涉及第五次技术革命浪潮，但技术经济范式为他的实证研究提供一个很清晰的因果关系解释。前文论述了技术进步给 IPE&S 类资本品造成了巨大的无形损耗，这里将专门讨论它给产品（商品资本）造成的无形损耗。这种无形损耗主要表现为 IPE&S 类产品的降价，或商品资本的贬值，它们直接构成利润损失，从而成为利润率下降的主要成因。

第五次技术革命的一个重要特征是，IPE&S 类产品发生持续且大幅度的降价，从而给剩余产品造成巨大的无形损耗。剩余产品是指由工人生产出来的被资本家无偿占有的那部分产品，在通过流通转化为货币之前，或者说在完成资本循环 $G-W-(G+\Delta G)$ 之前，资本仍以商品资本形态存在，ΔG 仍以剩余产品形态存在，这只是一种潜在的或理论上的剩余价值。当产品（包含剩余产品）发生无形损耗时，潜在的剩余价值并不直接等于实际中可得到的货币利润，它们之间的差额正是因无形损耗而没有实现的那部分剩余价值。在科学技术突飞猛进时期，从剩余产品到最终货币形态的剩余价值，在流通过程中会发生大量的无形损耗或商品资本贬值。图 6－2 描述了美国公司因技术进步造成的利润损失占利润的百分比。1951～1959 年属于第四次技术革命的协同阶段（1947～1959 年），在这一阶段的利润损失占比很小；1970 年前后是第四次技术革命的成熟阶段和第五次技术革命的爆发阶段的重叠期，占比在波动中有较大幅度的提高。但从第五次技术革命的发展进程看，税前利润损失占比一直保持极高的增长速度。1990～2009 年，这种损失平均值占税后利润的 27%、税前利润的 21% 和财产收入的 13%。

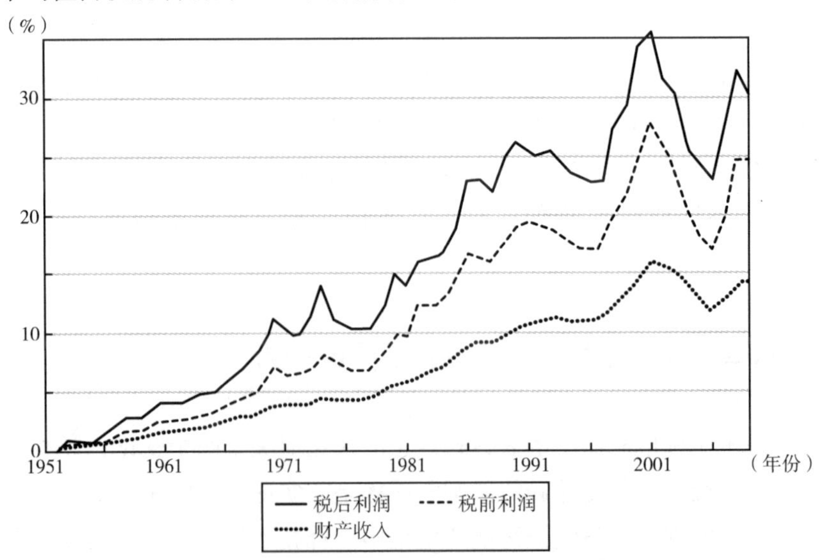

图 6－2 美国公司产品的无形损耗在利润中的占比

资料来源：Andrew Kliman. The Failure of Capitalist Production: Underlying Causes of the Great Recession [M]. London: Pluto Press, 2011: 144.

针对这种情况，克莱曼把急速而巨大的利润损失因素引入一般利润率计算中后发现，自20世纪80年代以来，一般利润率不仅符合马克思的长期下降趋势，而且比通常想象的下降幅度更大。他构建了一个加入无形损耗因素的利润率计算公式：

$$包含无形损耗利润率=\frac{利润}{年初预付资本+净投资+资产无形损耗}$$

在这里，分子相当于利润率公式中的剩余价值，但它是实现的剩余价值，即剩余价值扣除了无形损耗后的余额；在分母中除了预付资本和净投资外，还加上资产因无形损耗导致的贬值部分。相比之下，在传统的利润率计算公式中，分子是已实现的剩余价值，分母是年初总预付资本扣除无形损耗的余额加上本年度的新增净投资。图6-3对比了基于两种不同计算方法的利润率趋势，其中纵坐标表示利润率变动的百分率。在图中，实线表示包含无形损耗的利润率变化趋势，虚线表示不含无形损耗的利润率变化趋势。能够很清楚地看到，自1986年之后，两者之间在量变和质变（结构性变化）上都有很大差别。

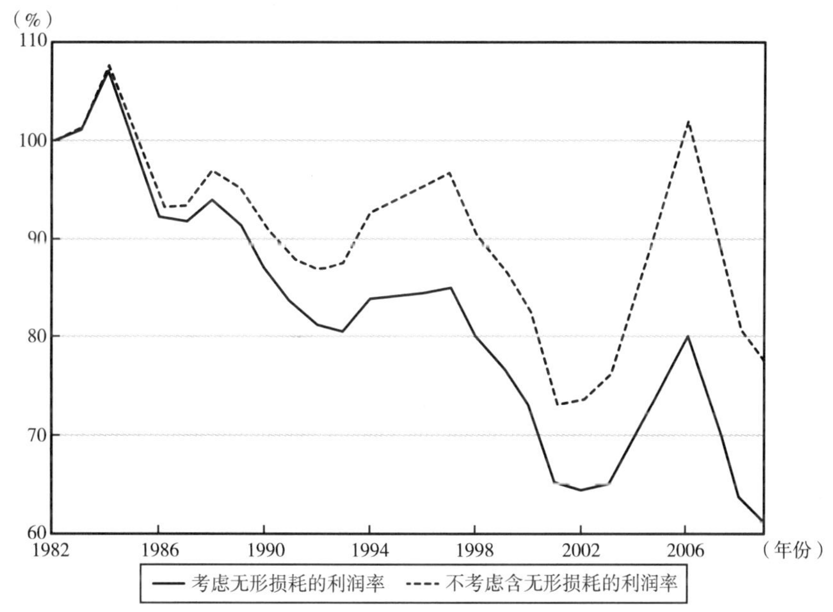

图6-3　无形损耗与一般利润率下降趋势

资料来源：Andrew Kliman. The Failure of Capitalist Production: Underlying Causes of the Great Recession [M]. London: Pluto Press, 2011: 147.

首先，无形损耗因素使一般利润率下降的幅度变得更大，上升的幅度变得更小。我们通常认为，无形损耗给预付资本带来贬值，这种价值损失作为一种反作用力量会使利润率有所上升，但第五次技术革命不仅造成预付资本贬值，而且造成大量的利润损失，在经济效应上后者超过前者，以至于利润率呈大幅度下降趋势。譬如，从实际量看，不考虑无形损耗的利润率从1982年的31.2%下降到2001年的22.8%；从变动率看，若1982年=100%，则利润率下降了26.9%。然而，考虑到无形损耗后，这一时期的利润率则从29.7%下降到19.4%，下降率为34.7%。[①] 2002年之后这两种利润率都出现回升，但考虑无形损耗的利润率尚未恢复到20世纪90年代水平。在国内外学界，关于一般利润率下降趋势的实证研究存在争议，争议的主要问题之一是，20世纪80年代之后利润率是否出现了恢复性地回升。譬如，以莫斯利、迪梅尼、列维（Duménil，G.，and D. Lévy）和沃尔夫（Wolf Edward）等为代表的一部分学者认为，受金融化和金融利润率的向上拉动，20世纪80年代之后利润率整体出现恢复性的上升趋势。[②③④] 这种判断与克莱曼的结论有很大差距。先抛开争论不说，克莱曼的研究结论在很大程度上与新技术革命或新技术经济范式因素有关（尽管他没有从这个角度出发讨论问题），为我们理解一般利润率下降趋势提供了宝贵的经验数据。

其次，一般利润率下降趋势与技术经济范式的各个发展阶段存在密切联系，因为技术革命不同阶段的无形损耗程度不同，不同程度的无形损耗会直接影响到有机构成的变化和剩余价值率的变化，从而影响到一般利润率的变动。设s、c和v分别为剩余价值、预付资本和可变资本，因此，$\frac{s}{c}$、$\frac{s}{v}$和$\frac{v}{c}$分别为一般利润率、剩余价值率和资本有机构成的倒数，用$\frac{\dot{s}}{c}$、$\frac{\dot{s}}{v}$和$\frac{\dot{v}}{c}$分别表示变量变动的百分率。因为$\frac{s}{c}=\frac{s}{v}\times\frac{v}{c}$，于是有$\frac{\dot{s}}{c}\cong\frac{\dot{s}}{v}+\frac{\dot{v}}{c}$。技术经济范式的阶段性发展对一般利润率的影响来自它对$\frac{\dot{s}}{v}$和$\frac{\dot{v}}{c}$的影响情况。

2. 技术经济范式不同阶段中的一般利润率下降趋势

针对克莱曼描述的1947~2007年美国利润率累计变化的百分率，参见图6-4，笔者按照第四次和第五次技术经济范式的若干个发展阶段，分别加以讨论，如表6-2所示。前面已经指出，关于第五次技术经济范式的转折点问题有待商榷，先撇开这个问题不说，2001年利润率之所以上升，主要是因为“技术泡沫”破灭使技术市场中发生大量资本毁灭，利润率发生了触底反弹，如图6-3所示。当然，2001年之后的利润率上升还与资本积累金融化密切相关，这个问题在前面的章节中已有涉及，后文还有专门论述。

---

① Andrew Kliman. The Failure of Capitalist Production: Underlying Causes of the Great Recession [M]. London: Pluto Press, 2011: 146-147.

② Duménil G., and D. Lévy. Capital Resurgent: Roots of the Neoliberal Revolution [M]. Cambridge, MA: Harvard University Press, 2004: 24.

③ Duménil G., D. Lévy. The Crisis of Neoliberalism [M]. London, England and Cambridge, Massachusetts: Harvard University Press, 2011: 58.

④ Wolf, Edward. The Recent Rise in Profits in the United States [J]. Review of Radical Political Economics, 2001, 33 (3): 315-324.

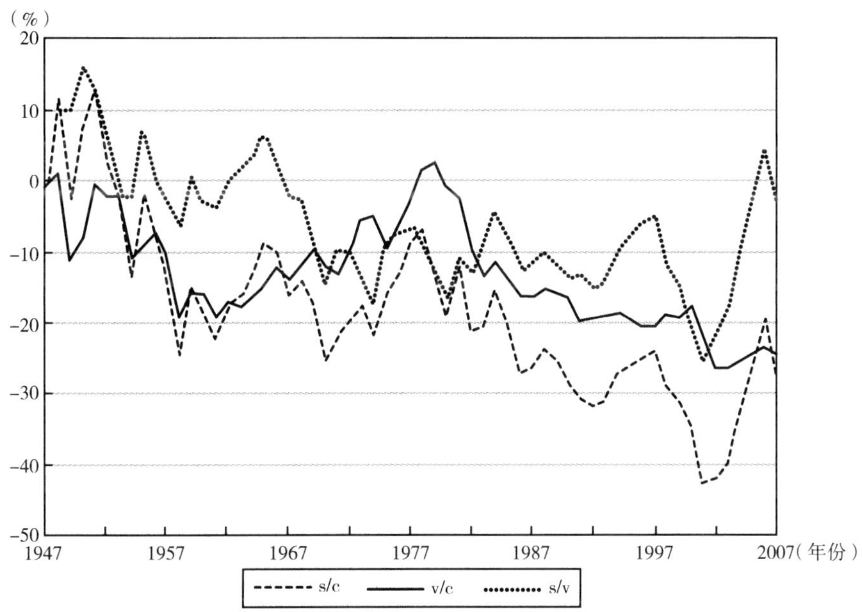

图 6-4 美国利润率变动趋势（1947~2007 年）

注：(1) 图中纵坐标表示变动的百分率；(2) s、c 和 v 分别为剩余价值、预付资本和可变资本，因此，s/c 为一般利润率，v/c 为资本有机构成的倒数，s/v 为剩余价值率；(3) 对这三个变量的描述，作者主要考虑的因素是价格波动，而不是价值变化，但对我们的分析仍具有很好的参考价值。

资料来源：Andrew Kliman. The Failure of Capitalist Production: Underlying Causes of the Great Recession [M]. London: Pluto Press, 2011: 130.

表 6-2 一般利润率下降趋势与技术经济范式发展阶段（Ⅰ）

技术经济范式阶段	变动趋势	原因
第四次技术经济范式协同阶段（1943～1959 年）	下降态势	协同阶段是新技术经济范式的稳定发展时期，产能扩张尤其大规模的基础设施投资增长，所以资本有机构成呈上升趋势。具体影响为：(1) 主要来自有机构成提高（见表 6-1），而不是技术进步造成的利润损失；(2) 剩余价值率上下波动，但相对稳定，一般利润率在下降过程中的波动与剩余价值率的波动有密切关系
第四次技术经济范式成熟阶段（1960～1974 年）	“上升—下降—上升”的震荡的不稳定趋势	(1) 上升力量来自剩余价值率上升和资本有机构成下降；(2) 下降力量来自剩余价值率下降百分率超过资本有机构成下降百分率，或者说 $\frac{\dot{s}}{v}$ 的下降效应超过了 $\frac{\dot{v}}{c}$ 的上升效应；(3) 再上升的力量来自剩余价值率相对稳定的波动和有机构成继续下降趋势。总之，成熟阶段意味着技术经济范式的衰落，已经失去了往日的吸引力，劳动的边际生产率下降，因此剩余价值率以下降趋势为主，由于技术进步对预付资本造成的无形损耗巨大，所以资本有机构成以下降趋势为主（关于成熟阶段的有机构成变化趋势，前文有更为详细的分析）

续表

技术经济范式阶段	变动趋势	原　因
第四次和第五次技术经济范式重叠期（1970年前后）	先下降后上升的震荡的不稳定趋势	这种态势来自剩余价值率下降和有机构成下降（图中v/c的上升趋势）两种力量相互抵消的胶着状态。这个状态符合两次技术革命重叠期的发展特征：传统技术经济范式正在衰退，而新技术经济范式仍处在观望和徘徊之中，两种技术经济范式处于对抗状态
第五次技术经济范式爆发阶段（1971～1987年）	先上升后下降的波动趋势	1971～1978年，上升力量主要来自新技术革命导致的有机构成的下降，同时剩余价值率具有震荡上升趋势，这两种力量使利润率出现波动上升趋势。1978～1987年，下降的原因是，技术创新一方面造成资本有机构成开始上升，另一方面无形损耗带来利润损失；同时，剩余价值率变动在震荡中趋于稳定。所以，利润率变动在轻微的波动中趋于下降
第五次技术经济范式狂热阶段（1987～2001年）	持续的大幅度的下降趋势	主要归因于无形损耗带来的剩余价值率下降或利润损失。在这一时期，（1）有机构成的变动相对稳定，它虽然拉动利润率下降，但下降效应较小；（2）剩余价值率在经过小幅波动之后开始急剧下降，因为剩余价值遭受无形损耗，实际利润小于潜在剩余价值（前文对此已有说明），因此剩余价值率趋于下降，并明显地向下拉动一般利润率

资料来源：笔者整理。

高峰先生整理出美国制造业的纳税前股本利润率和销售利润率（1950～1984年）时间序列。[①] 虽然该时间序列显示利润率的变动趋势符合马克思的趋势判断，但我们只能看到一种总体趋势，能否从这些不断的上下波动中进一步找到某些规则并诠释其结构性成因呢？带着这个目的，笔者把这个时间序列置于技术经济范式的发展进程中加以考察。从时间上看，1950～1984年属于第四次技术革命的协同阶段和成熟阶段及第五次技术革命的爆发阶段。为了简化分析，下面仅计算在三个阶段中纳税前股本利润率和销售利润率的平均值，如表6－3所示。该时间序列的变化规则基本上符合技术经济范式阶段性发展特征。

表6－3　一般利润率下降趋势与技术经济范式发展阶段（Ⅱ）

技术革命阶段	纳税前股本利润率平均值（%）	纳税前销售利润率平均值（%）	发展趋势
第四次技术革命协同阶段（1950～1959年）	21.97	9.58	下降趋势
第四次技术革命成熟阶段（1960～1974年）	19.24	8.23	震荡波动趋势
第五次技术革命爆发阶段（1971～1984年）	20.55	7.68	先上升后下降的波动趋势

资料来源：参考《资本积累理论与现代资本主义》（高峰著，2014年，第303页）中数据整理和计算得到。

① 高峰．资本积累理论与现代资本主义——理论的和实证的分析（第二版）［M］．北京：社会科学文献出版社，2014：303.

上述研究是借助其他学者的实证数据进行的，是对所列参考文献中的数据进行新的理论诠释。不管这些作者的理论初衷是什么，这些数据本质上是对当代资本主义经济发展的一个真实描绘和写照，就此而言，我们的理论诠释是有实证依据的。相关研究不是为了重述马克思的众所周知的结论，而是试图通过技术经济范式分析框架，揭示一般利润率下降趋势背后的更为具体的规则及其结构性成因。通过上述分析，我们认为技术经济范式分析工具有助于深化对马克思的一般利润率下降趋势理论的认识。

在技术经济范式理论框架中，一般利润率变化具有以下三个基本特征：第一，在一个技术经济范式的协同阶段和成熟阶段的前期，一般利润率趋向下降的特征显著；第二，在新旧两个范式的重叠时期，即旧范式成熟阶段的后期和新范式爆发阶段的并存时期，一般利润率具有较大的波动性；第三，在狂热阶段的利润率具有上升动力。但正如第五章已经指出的，狂热阶段也是“技术泡沫”的急剧膨胀期，因此，利润率上升往往伴随着金融泡沫崩溃和一段时期利润率大跌。

总的说来，从若干个连续的技术经济范式的演进过程看，在一般利润率的波动中，有较短的上升阶段和较长的下降阶段，因为在技术经济范式的生命周期中爆发阶段和狂热阶段的时长较之协同阶段和成熟阶段要短。因此，在长期中一般利润率主要呈现下降趋势，参见图6－5中的实线部分，为了简洁起见在图中省略了范式转折点期间的利润率波动。

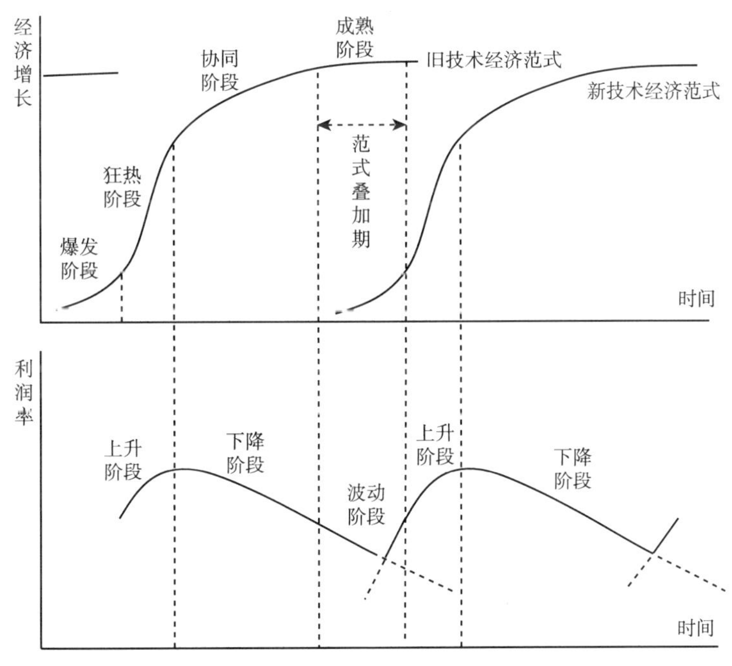

图6－5　技术经济范式演进与一般利润率发展趋势

资料来源：笔者整理。

第二节 资本积累的货币金融结构变迁与周期性危机

自20世纪初金本位制崩溃尤其布雷顿森林体系崩溃后，资本积累的货币金融结构发生了重大变化，具体表现在以下两个方面：产业资本从自由竞争资本主义发展为垄断资本主义；货币资本从金本位制发展为现代主权货币，进而信用货币（或银行货币）创造机制也从金本位制发展为主权货币本位制。这些变化意味着马克思所揭示的资本虚拟化达到了一个新的历史高度。我们需要结合当代资本主义货币金融体系的新发展和新特征丰富马克思主义货币危机和金融危机理论。

马克思反复强调资本本性使其具有冒险、投机和欺诈的行为特征。这个本性来自资本主义生产目的——榨取剩余价值（利润），相对于这个目的，生产本身或者成为资本投机和冒险的对象，或者成为资本设法绕过去的“倒霉的事情”。[①] 如果资本绕过生产过程而获得剩余价值（利润），那就是在资本家之间发生了欺诈，一部分资本受到另一部分资本的掠夺。当然，普通民众也经常被卷入其中，但这不是我们研究的重点。就此而言，马克思所说的资本投机、冒险行为和资本欺诈本性多少还是有些区别的。马克思的这种思想可以通过新熊彼特学派和后凯恩斯学派理论得到进一步发展。

新熊彼特学派的技术经济范式理论框架有助于我们更深入地理解资本的冒险、投机行为及其欺诈本性。第五章已经论述过，在一个技术经济范式的狂热阶段发生的“技术泡沫”主要来自资本的冒险和投机行为；而在成熟阶段发生的“流动性泡沫”主要来自资本的欺诈行为。这意味着，随着资本积累进程的发展，金融行为和金融系统结构也在发生变化。后凯恩斯学派尤其是明斯基的金融不稳定性假说阐述了在资本积累过程中货币金融系统自发地趋于结构脆弱性和不稳定性的发展路径。基于上述认识，本节从马克思主义经济学、后凯恩斯学派和新熊彼特学派的综合视角探讨资本积累的货币金融结构变迁及其引发经济危机的相关机制。

一、马克思和后凯恩斯的货币金融理论综合

后凯恩斯货币金融理论与马克思货币金融理论有一定的渊源关系。首先，在经济思想史中存在货币学派和银行学派的理论争论，马克思借鉴了货币学派思想中的合理性，而后凯恩斯信用货币理论尤其是水平主义方法与货币学派理论有着更为密切的渊源关系。就此而言，后凯恩斯货币金融理论与马克思的货币金融理论有一定的理论亲和力。

---

① 按照佩蕾丝的理论，前者往往引发以投资冒险为特征的生产性的金融泡沫，后者往往引发以欺诈为特征的流动性金融泡沫。

其次，后凯恩斯货币金融理论吸纳了马克思关于资本循环、信用货币和虚拟资本的思想，后凯恩斯学派把马克思主义经济学家卡莱茨基视为重要的思想先驱之一，[①] 明斯基的投资理论和金融不稳定性理论借鉴了卡莱茨基的风险递增原理和利润决定理论。最后，马克思主义和后凯恩斯学派对现代资本主义货币金融结构变迁的认识有很多理论共识。因此，关于二者的理论比较和综合是有经济思想史基础的。

1. 马克思关于主权货币和信用货币的先驱思想

追溯主权货币和信用货币思想史，马克思是当之无愧的先驱者。《资本论》采用了从抽象到具体、从本质到形式的“倒叙”的写作方法，虽然在《资本论》第一卷和第三卷中有许多关于主权货币和信用货币的本质的理论阐述，但按照“六册结构”体系推测马克思的货币金融理论，马克思必定有关于主权货币和信用货币的现实的、具体的发展形态的理论阐述。下面简要回顾马克思关于主权货币和信用货币的先驱思想。

首先，主权货币是货币从价值实体到价值符号的演化结果。按照逻辑与历史统一的方法，马克思阐述了从作为一般等价物的金块，到金铸币、银记号和铜记号，再到国家纸币的形式的发展过程。作为主权货币形式之一的金铸币，产生于货币作为流通手段的职能。在流通过程中，金的名称和实体、名义含量和实际含量发生分离，作为流通手段的金也偏离了它所充当的价格标准，不再是与商品价值相对应的真正的一般等价物。当铸币能够成为它的法定金属含量的象征后，人们不断地扩大寄托“象征”的物的材质范围，以执行货币的职能。譬如，用银记号和铜记号充当金币的替身，而且它们的“金属含量是由法律任意规定的”，“与价值完全无关”。于是，在商品交换和货币循环过程中，货币职能的重要性吞噬了货币物质的重要性，单有货币的象征存在就足够了，因此货币逐渐走向了一个符号化或象征化的发展过程。在经济史中，古代铸币就是一种主权货币，“铸造硬币也是国家的事”[②]。在今天，国家主权货币（纸币）彻底脱掉了金属外衣，成为纯粹的金的符号或货币符号，成为现代货币的主要形式。在世界市场中，只有金银条块才是真正的超主权货币或世界货币。面对世界市场，一国货币抛弃了它的地方性——主权货币性质，“所有的货币都还原为它们的金或银的含量”[③]；“金银作为铸币穿着不同的国家制服，但它们在世界市场上又脱掉这些制服”，“恢复原来的贵金属块的形式”[④]。马克思的主权货币理论的重要启示是，现代美元纸币的本质是主权货币，而不是世界货币，它之所以成为最主要的国际储备货币，是因为美国政治经济霸权赋予美元霸权地位，使其在一定程度上拥有超主权货币的角色。

其次，信用货币或银行货币起源于货币作为支付手段的职能，体现着经济主体之间的债权—债务关系。随着资本主义商业信用的扩大，货币作为支付手段的职能也在扩大

① 马国旺．后凯恩斯经济学研究［M］．天津：天津社会科学院出版社，2012.
② 马克思恩格斯全集（第44卷）［M］．北京：人民出版社，2001：147－152.
③ 马克思恩格斯全集（第46卷）［M］．北京：人民出版社，2003：355.
④ 马克思恩格斯全集（第44卷）［M］．北京：人民出版社，2001：147，166.

并取得了它特有的各种存在形式。在发达的资本主义商业活动中，几乎所有的交易领域都为这些形式所占据，它们把金银铸币排挤到小额贸易领域中。[①] 无论货币的形态如何被符号化，货币作为价值尺度的本质不会改变，一旦在资本积累过程中货币的价格尺度本质受到干扰，经济体将以暴力的方式重新恢复货币的本质。虽然信用货币排挤了货币并篡夺了它的位置，但是在信用面临崩溃之际，一切现实的财富都会急迫地要求转化为金、银，资本主义生产终究不能够突破对财富及其运动的这个“金属的限制”，当它一次次试图“突破这个物质的同时又是幻想的限制”的时候，一次次被碰得头破血流。[②] 马克思的信用货币理论的重要启示是，虽然金本位制早已崩溃，货币被符号化，但货币作为一般等价物的本质以及基于这个本质的职能（价值尺度、交易媒介、支付手段和世界货币等）依然是理解现代货币金融结构的最关键要素，这意味着虚拟资本的发展终究要以实体经济的发展为基础，否则货币金融结构必然趋向于脆弱和崩溃。

2. 马克思和后凯恩斯的货币金融理论综合的契合点

理论综合必须要有契合点，马克思和后凯恩斯的货币金融理论的契合点是主权货币和信用货币研究。

为何主权货币或国家纸币能够为国民所接受？现代主权货币和信用货币是如何创造和循环的，在它们之间又存在何种机制关系？作为主权货币的美元为何拥有超主权货币地位，该地位是如何塑造当代国际经济秩序的？对这三个问题，马克思和后凯恩斯的货币金融理论有一定的理论共识。

关于第一个问题，马克思强调国家强制的必要性。“货币符号……纸做的象征是靠强制流通”得到社会公认的。[③] 在这个问题上，后凯恩斯的“税收驱动”论与马克思的国家强制论有一定的相似性，因为征税是国家经济强制的最主要方式之一。关于第二个问题，虽然马克思身处金本位时代，当时主权货币的发展还处于幼苗状态，因缺乏现代金融体系（中央银行、商业银行与财政部），其“生理”特征尚未充分展开，但他对信用货币和虚拟资本的科学阐述与后凯恩斯的信用货币供给理论和货币金字塔结构论是一致的。后凯恩斯主权货币理论认为，国家通过财政赤字创造它的负债——主权货币；银行系统在主权货币本位制基础上创造银行货币，它们构成现代货币金字塔。在金字塔的顶端是主权货币，通常被称为基础货币或高能货币，在金字塔下部是数量庞大的银行货币。这种思想对丰富和发展马克思货币金融理论有着重要的启示。关于第三个问题，虽然受历史局限，生活在金本位时代的马克思不可能预料到现代主权货币尤其是布雷顿森林体系瓦解后美元主权货币的新发展，但他对国家主权货币、符号货币以及货币的支付职能的相关阐述是科学的并在很大程度上被后凯恩斯货币金融理论所接受。

---

① 马克思恩格斯全集（第44卷）[M]. 北京：人民出版社，2001：163－164.

② 马克思恩格斯全集（第46卷）[M]. 北京：人民出版社，2003：650.

③ 马克思恩格斯全集（第44卷）[M]. 北京：人民出版社，2001：152.

从后凯恩斯学派新发展看，奇克（Chick，V.）①、斯密森（Smithin，J.）②、明斯基（Minsky，H. P.）③ 和道（Dow，S. C.）④ 等一些学者非常重视马克思的货币金融理论，在其理论研究中不同程度地吸纳了马克思关于资本循环、信用货币和虚拟资本的原理。

可见，批判和借鉴后凯恩斯货币金融理论以丰富和发展马克思主义现代主权货币理论和信用货币理论是有理论基础的。相关理论借鉴有助于我们更好地认清美元霸权的本质及其塑造的国际经济秩序，认清美国巨额贸易逆差的深层次原因，进而揭示2008年经济危机的货币金融原因。

二、资本积累内在矛盾驱动货币金融危机

1. 资本具有金融投机、冒险和欺诈本性

资本的本质是追求剩余价值或利润。资本流通公式是 G－W－G′－W－G″……，资本家之所以要从事商品生产，这是因为生产是赚钱的不可缺少的中间环节，是为了赚钱而必须干的“倒霉事情”。⑤ 仅从资本的动机出发，中间的商品生产过程完全可以被省略，这样，资本流通公式就是 G－G′－G″……。马克思以极其高度简洁的形式揭示出资本的本质及其朝着虚拟化和金融化方向发展的历史趋势。在这个趋势中，资本本性决定它天生具有投机、冒险和欺诈的本性。在《资本论》第一卷中马克思引述了英国经济评论家托·约·邓宁的一段著名的评论：资本会为追逐50%的利润铤而走险，为追逐100%的利润践踏一切人间法律，为得到300%的利润冒绞首的危险。⑥

马克思进一步揭示作为现代金融基础的信用制度和股份公司制度的本质，认为它们同样具有投机和欺诈性质。随着现代信用体制的发展，资本家对真实资产的占有逐渐转变为对股票、债券等金融资产的占有，资本可以通过高债务杠杆率实现更快速的积聚和集中。作为“资本主义生产方式在资本主义生产方式本身范围内的扬弃”，股份制“再生产出了一种新的金融贵族，一种新的寄生虫……在创立公司、发行股票和进行股票交易方面再生产出了一整套投机和欺诈活动”。信用制度固有的属性之一就是“把资本主义生产的动力——用剥削他人劳动的办法来发财致富——发展成为最纯粹最巨大的赌博

---

① Chick, V. The Evolution of the Banking System and the Theory of Saving, Investment and Interest [A]. in Arestis, P., Dow, S. On Money, Method, and Keynes: Selected Essays [C]. London: Macmillan, 1992.

② Smithin, J. What is Money? [C]. London: Routledge, 2000: 174－216.

③ Minsky, H. P. Stabilizing an Unstable Economy [M]. New York: McGraw-Hill Professional Publishing, 2008 [1986]: 255.

④ Dow, S. C. Horizontalism: A Critique [J]. Cambridge Journal of Economics, 1996 (20): 501－505. Dow, S. C. Endogenous Money: Structuralist [A]. in P. Arestis and M. Sawyer. A Handbook of Alternative Monetary Economics [C]. Cheltenham: Edward Elgar, 2006: 35－51.

⑤ 马克思恩格斯全集（第45卷）[M]. 北京：人民出版社，2003：67－68.

⑥ 马克思恩格斯全集（第44卷）[M]. 北京：人民出版社，2001：871.

欺诈制度”。①

金融投机、冒险和欺诈不是资本的反常表现，而是其基本行为特征，金融市场从来都充斥着“空头”和“多头”的博弈。当金融市场成为以投机、冒险和欺诈的方式瓜分剩余价值的赌场后，新技术、新行业、房地产、贵金属和古董等都能够成为投机的对象，或被用来从事欺诈。

在经济史中，有一系列典型的由金融投机引发的金融恐慌或经济危机案例。譬如，运河热引发 1797 年金融恐慌，铁路热引发 1847～1848 年的货币恐慌和经济危机，1929 年的证券投机引发“大萧条”，东南亚新兴市场国家的房地产热引发 1998 年亚洲金融危机，互联网热引发 2000 年纳斯达克崩溃。1990～2000 年，金融资本投机于互联网的纳斯达克指数在 10 年间上涨了大约 1000%。② 纳斯达克崩溃后金融投机开始转向房地产市场，掀起了更大规模的金融投机和欺诈，直到 2008 年金融危机爆发。

不同时代的金融投机、冒险和欺诈有不同的形式，但其实质没有变化，其本质归根到底就是资本试图绕开生产而直接获得利润。马克思对 1847～1848 年的货币恐慌和经济危机的原因剖析虽然时代久远，但至今仍有深刻的理论启示。他认为引起这次经济危机的主要原因有三个。首先，通过信用制度和金融投机，企业的经营范围远远超出了其资金运转能力；其次，通过股份制度，大量资本投入铁路建设及其相关产业中；最后，由于投机、冒险和欺诈能够有力地刺激生产扩张和生产过剩尤其棉纺织品的生产过剩，以至于商品大量积压导致资金周转困难。信用杠杆、金融投机和欺诈把具有弹性的资本主义扩大再生产强化到了它的极限，引起再生产过程的混乱。虽然一些十分富有的商行拥有雄厚的资金，但在危机来袭之际同样因“钱荒”而遭到破产，这主要因为它们的资金不能流动，它们的全部资本都固定在毛里求斯的地产或靛蓝厂和制糖厂上了，于是发生了“货币资本荒”。几乎所有的金融危机最初都是以货币危机形式爆发出来，发生所谓的“钱荒”现象，明斯基称之为现金流断裂。马克思留给我们最宝贵的理论启示是，要从货币和金融危机的表象回溯到实体经济资本积累的内在矛盾中去。

金融投机、冒险和欺诈无疑是加剧资本主义基本矛盾的主要力量。回顾经济史，金融投机和欺诈往往成为金融危机或经济危机的直接导火索。在马克思剖析 1847～1848 年经济危机后的 160 年间，这类事件以高度的历史相似性不断地重复着。在 2008 年美国金融危机爆发之前的二三十年里，随着养老基金、保险基金和主权财富基金等雇佣华尔街公司来管理公司，巨量的类似于资产担保证券（ABS）和债务抵押债券（CDOs）等垃圾债券被投入客户的投资组合中。投资银行帮助客户通过不透明的金融工具来隐藏债务，从而使债务负担远远超出可以承受的范围，然后通过使用信用违约互换（CDS）来押注客户违约。在这个过程中，华尔街公司获得可观的费用收入，譬如高盛通过隐藏希腊债务获取高额管理费

① 马克思恩格斯全集（第 46 卷）［M］. 北京：人民出版社，2003：497，500.

② 拉斯・特维德. 逃不开的经济周期：历史、理论与投资现实［M］. 北京：中信出版社，2012：231.

用就是一个典型案例。另外，投资银行公开上市发行股票，允许高级管理层通过制造短期绩效攫取巨额收益，这极大地刺激高级管理层通过拉高出仓策略、夸大收益、制造谣言、选择性地泄露交易内幕信息等来操纵股价，从而获得丰厚的回报。在高盛上市之前，来自交易和投资活动的收益只占其总收益的28%，而现在已经上升到80%了。大型金融公司的研究部门和许多金融媒体（电视、报纸、网络等）实际上也沦为华尔街金融产品的营销者，它们所谓的"客观公正"的报道掩饰了金融工具内在的欺诈性质，加剧了复杂的金融工具的疯狂交易。正如事后很多美国学者指出的那样：我们正处于历史上欺诈行为最为猖獗的时期，欺诈的普遍和盛行已经成为金融市场的一种常态，今天，许多金融机构的最高管理层已经将公司变成了攫取高额利润的欺诈工具。

2. 一般利润率下降加剧金融投机和欺诈

马克思和明斯基都有近似的表述：金融危机的直接原因就是繁荣。在从繁荣转向衰退的过程中，一般利润率的下降会促使资本更热衷于金融冒险和欺诈。在这种情形下，小资本的投机、冒险和欺诈尤其盛行，这是因为大量的分散的小资本不具有大资本的信贷优势，无法与大资本平等竞争，被迫走上冒险的道路——投机、信用欺诈、股票投机等。① 另外，马克思和新熊彼特学派都强调，利润率下降会促使资本家狂热地追求技术创新，这会引发新的投资高潮，从而刺激金融冒险、投机和欺诈活动。② 下面以最近三十年的美国经济为例说明一般利润率下降会导致金融投机和欺诈盛行。

对1987年的美国股灾的爆发有很多种解释，譬如程式交易、羊群心理等。这些解释只是停留在交易的表面现象，实际上这次股灾是对前一时期美国经济的脱实向虚做出的一次强制性调整。资料显示，在美国1983年以来的经济繁荣中一直隐藏着金融危机隐患，譬如，1984年非金融部门的资本利润率从上升转为下降，直至1987年跌到谷底；到1985年上半年，美国史无前例地成为净债务国，1986年所欠外债2000亿美元以上，成为世界上最大的债务国；国际贸易经常项目赤字621亿美元，1987年财政年度预算赤字高达1480亿美元。

非金融部门的资本利润率或实体经济利润率是衡量一般利润率变化的关键指标，该利润率自1997年之后开始大幅度下降，到2002年跌到谷底；此后一度恢复，但在2006年之后再度急转直下，直至2008金融危机爆发时仍呈下降趋势。③ 这一期间，受实体经济利润率波动下降影响，大量的热钱和游资涌入股票与证券市场，金融资产价格疯长，金融利润率快速增长。由于实体经济利润率下降，2000年纳斯达克崩溃进一步刺激金融投机和欺诈，一个规模巨大的金融投机泡沫和金融欺诈交易在美国金融市场逐渐形成。

---

① 马克思恩格斯全集（第32卷）[M]. 北京：人民出版社，1998：460.

② 马克思恩格斯全集（第46卷）[M]. 北京：人民出版社，2003：288.

③ 谢富胜，李安，朱安东. 马克思主义危机理论和1975～2008年美国经济的利润率[J]. 中国社会科学，2010（5）.

据相关资料显示，非金融部门的资本利润率与金融欺诈案件具有高度相关性。譬如，在20世纪80年代前期，美国非金融部门的资本利润率在低位波动，虽然1983年之后一度上升但很不稳定，在1987年发生严重股灾。也正是在这一期间，频繁发生金融欺诈案件，有1000多名高级经理因欺诈而被判刑入狱；这一时期，几乎每一个失败的金融公司都存在欺诈行为。

通过上述描述，我们可以得到下面的传导过程：信用扩张和金融高杠杆率→推动资本积聚和集中→资本过剩和生产过剩→一般利润率下降→金融投机和欺诈盛行→资本积累金融化和经济“脱实向虚”→金融结构脆弱性加剧→金融危机→经济危机。

当然，上述过程只是一种逻辑演绎，在现代国家宏观经济政策干预下，一般利润率下降并不必然导致一场金融或经济危机。由于一般利润率下降是金融或经济危机的实体经济基础，而导火索往往是其他一些历史偶然因素，以至于西方主流金融学常常在股市、证券市场范围内研究金融危机，把现象当作本质，把结果当作原因。

三、资本积累的金融结构脆弱化与经济危机发展机制

下面从三个层面和四个经济主体（微观层面的企业和家庭、中观层面的产业与宏观层面的国家）出发分析资本积累的金融结构脆弱化。

1. 在资本积累一般规律支配下家庭债务积累不断攀升

所谓资本积累一般规律就是在资本主义生产关系中存在两极对立而又相互联系的积累：一极是资本家阶级的财富的积累；另一极是作为财富创造者的工人阶级的贫困的积累。在资本积累一般规律发挥作用的过程中，相对人口过剩是最为关键的因素，随着“产业后备军的相对量和财富的力量一同增长”①，具有流动性、潜在性和停滞性等形式的产业后备军成为广大群众贫困的主要根源。

当然，社会财富的两极分化总是相对而言的，它要求我们从相对角度去理解。广大群众的贫困化主要是指，他们的工薪收入在国民收入分配中所占比例的发展趋势越来越小，社会财富越来越多地集中到极少数人群手中，这种趋势与工人阶级实际生活水平的相对提高并不矛盾，而且从横向对比上看发达国家工资水平明显高于发展中国家工资水平。

在最近二三十年中，美国收入和财富两极分化呈加速发展趋势。图6－6引自皮凯蒂的《21世纪资本论》。该图证实了资本积累一般规律不仅存在而且有加剧趋势，譬如在20世纪50～80年代，美国前1%人群的收入占国民收入比例大约为6%，但到2007年这个比例上升到24%。另外，根据前国际货币基金组织（IMF）首席经济学家拉詹（Raghuram Rajan）的计算，1976～2007年，在美国每1美元的实际国民收入中，前1%的人群获得58美分。1989～2007年，前5%人群的财富总额比例从59%上升到62%。

① 马克思恩格斯全集（第44卷）[M]. 北京：人民出版社，2001：742.

一个最为典型的案例是，假定美国一个普通家庭的年收入为 5 万美元，则对冲基金经理约翰·鲍尔森在 2007 年的年收入是其 74000 倍，即 37 亿美元。①

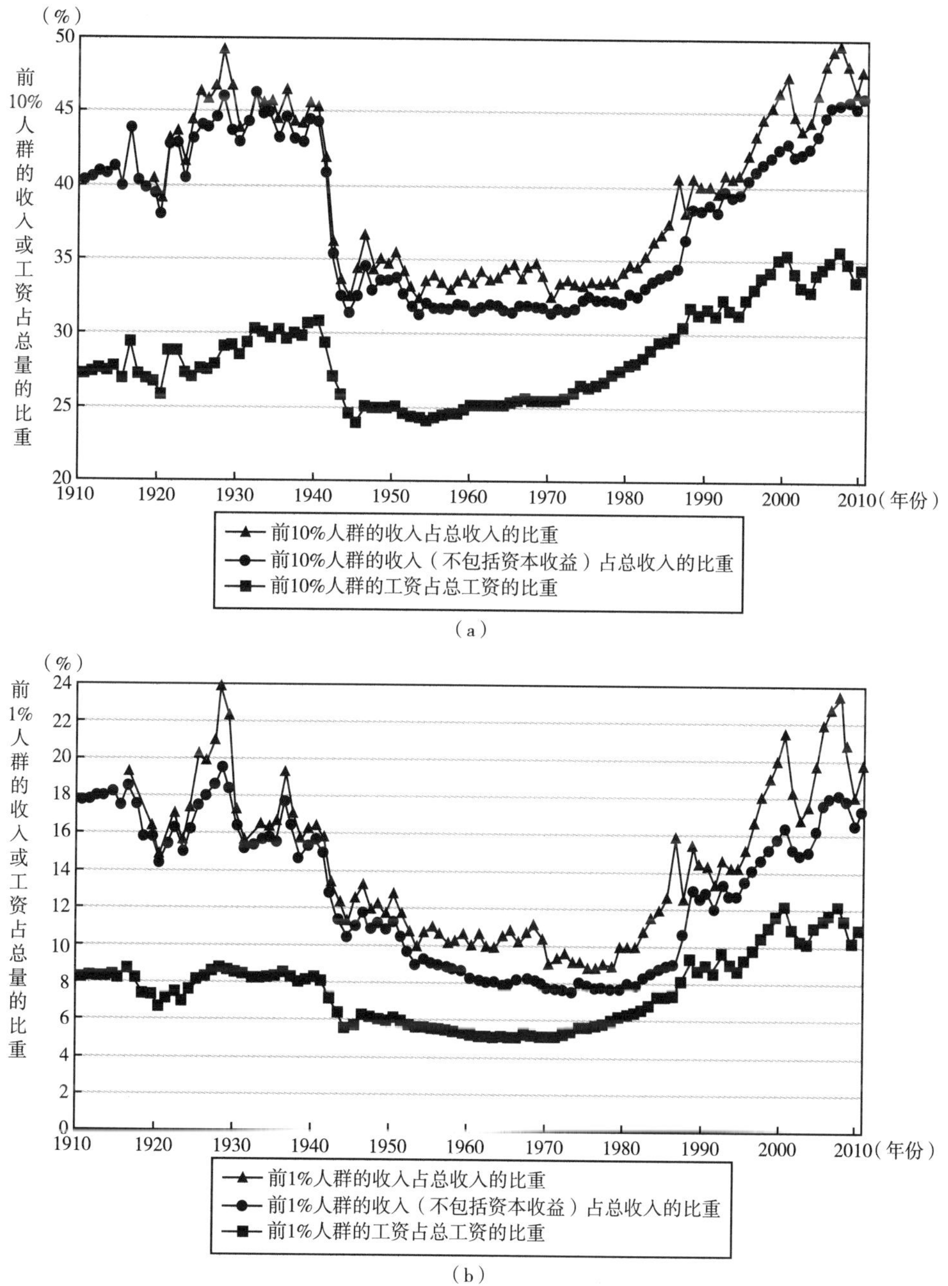

(a)

(b)

图 6-6 一百年间美国高收入以及"前 1%"人群的变化

资料来源：托马斯·皮凯蒂.21 世纪资本论［M］. 北京：中信出版社，2014：305.

① Foster, John Bellamy. The Financialization of Accumulation［J］. Monthly Review, 2010, 62 (5).

从图6－6我们还能看到另一个特征：资本积累一般规律发挥作用会受到特定的历史条件和制度环境的影响。[①] 譬如，在“二战”之后的20世纪50～80年代，两极分化的程度有明显减轻趋势。在抵销该规律发挥作用的各种因素中，有三个因素所起的反作用最值得关注。一是政策因素。自凯恩斯主义兴起以来，在特定历史时期受国家宏观经济政策干预，国民收入分配的工资—利润比率可能有暂时性提高。二是当代资本积累的金融化因素。在美国，通过家庭债务积累的方式，金融资本把普通民众的工薪收入吸纳进来，从而刺激美国住房投机需求。图6－7显示，自20世纪80年代以来，美国家庭债务占个人可支配收入的百分比一直呈上升趋势，尤其2000～2008年期间快速增加。家庭债务积累不仅为美国房地产市场提供了旺盛的投机需求，而且强有力地拉动了美国消费需求，如图6－8所示。随着金融资产价格尤其住房价格上涨，在金融泡沫破灭之前资产收益成为普通民众的重要收入来源。金融化以家庭债务积累方式使美国普通民众的生活消费暂时维持在一个相对高的水平上，这有助于缓解由资本积累一般规律带来的社会矛盾。三是美元霸权因素。在国际贸易中，美国通过美元霸权地位长期维持高额的贸易逆差，从表面看，美国似乎是国际贸易中的利益受损者，实质上则是利益获得者，在前面章节中已经阐述了其中缘由。美国贸易逆差不仅让大垄断资本从海外攫取巨大的财富，而且让普通民众在一定程度上分享到海外生产的物美价廉的消费资料，从而维持相对较高的生活水平。

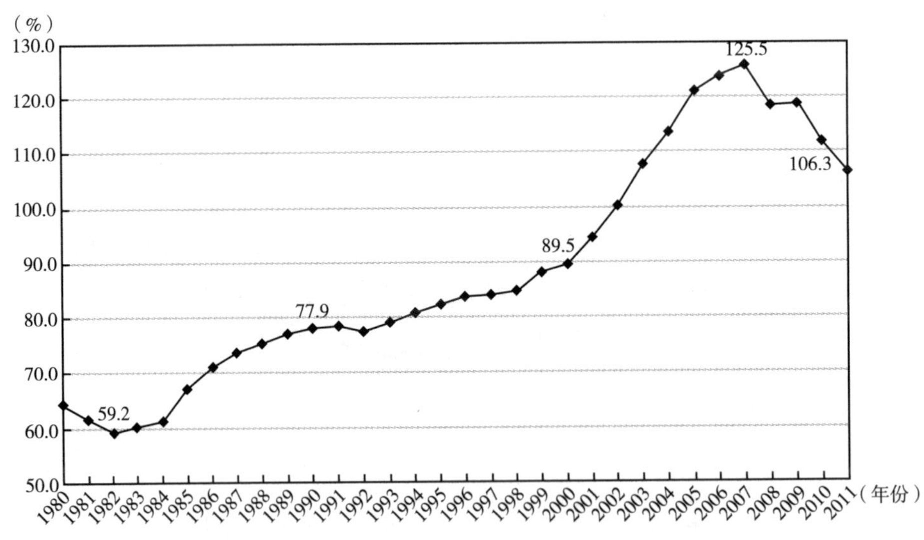

图6－7　美国家庭债务占个人可支配收入的百分比

资料来源：David M. Kotz. The Current Economic Crisis in the United States：A Crisis of Over-investment［J］. Review of Radical Political Economics，2013，45（3）：289.

① 马克思恩格斯全集（第44卷）［M］. 北京：人民出版社，2001：742.

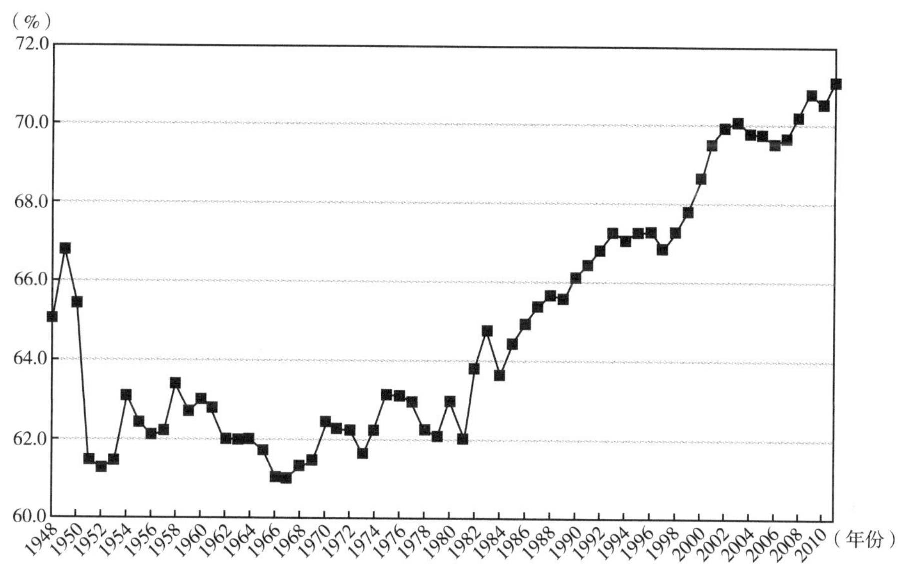

图 6－8 美国消费支出占 GDP 比重（1948～2011 年）

资料来源：David M. Kotz. The Current Economic Crisis in the United States：A Crisis of Over-investment ［J］. Review of Radical Political Economics，2013，45（3）：287.

上述三个因素的反作用只能在一定程度上缓解资本积累一般规律产生的社会矛盾。许多研究表明，自 1985 年以来，美国经济经历了一种无就业复苏，即在经济复苏过程中就业却没有相应地增加①，尤其在 2000 年以后有较大的下降趋势②。图 6－9 显示在最近 50 年里主要发达国家和地区收入分配的发展趋势为：在凯恩斯主义经济政策盛行时期，工资在国民收入中的份额较高且相对稳定，但自 20 世纪 80 年代以来，该份额一直呈下降趋势。工资份额的下降虽然使得各主要资本主义国家的利润率（确切说是金融利润率）得以恢复，但也加深了社会普通民众的贫困化。这些研究证实，马克思所说的流动的、潜在的和停滞的产业后备军人数在美国等发达资本主义国家呈增长趋势，资本积累的一般规律及其导致的财富与收入分配两极分化趋势不仅存在而且相对增强。

2. 产业结构“脱实向虚”与金融结构的脆弱化

美国是当今世界第一大经济体，而且是资本主义发展的主要代表，所以下面仍以美国为例，在中观和宏观层面讨论由资本积累所导致的金融结构脆弱化问题。

在经历 20 世纪 70 年代资本主义经济“滞胀”之后，美国经济体的一般利润率是否得到恢复，对这个问题一直存在争议。譬如，在前文中提到，克莱曼认为一般利润率下

① Georg Graetz and Guy Michaels. Is Modern Technology Responsible for Jobless Recoveries? ［J］. American Economic Review，2017，107（5）：168－173.

② Paul Beaudry，David A. Green and Benjamin M. Sand. The Great Reversal in the Demand for Skill and Cognitive Tasks ［J］. Journal of Labor Economics，2016，34（1）：199－247.

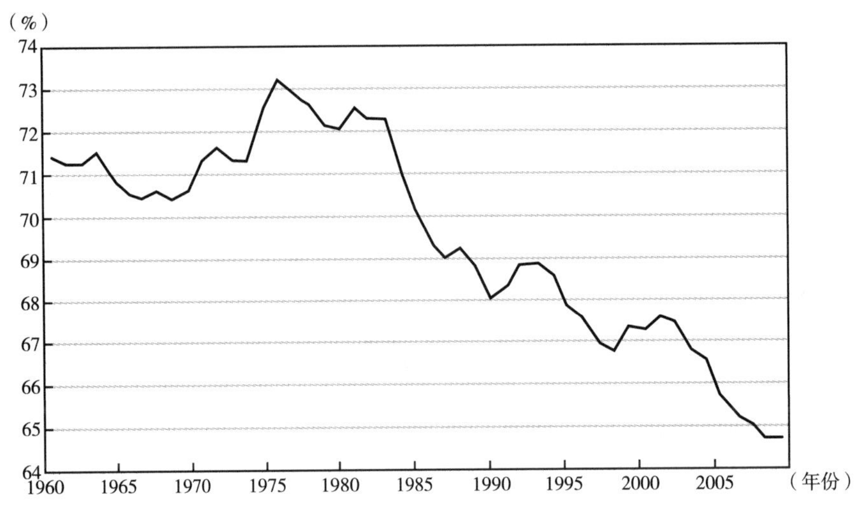

图6-9　美国、欧盟和日本三国的工资在增加值中所占份额（1960~2008年）

资料来源：米歇尔·于松．资本主义十讲［M］．潘革平译．北京：社会科学文献出版社，2013：209.

降趋势并没有发生改变，不同意迪梅尼、列维（Duménil G.，D. Lévy）和莫斯利（Fred Moseley）的观点，即在美国新自由主义时期利润率逐渐上升，截至1997年利润率几乎完全恢复到20世纪50年代晚期的水平。克莱曼认为，迪梅尼等人的研究存在以下错误：利润率计算方法错误，即采用错误的现期成本利润率；未能区分盈利能力的周期变动和长期（非周期性的）趋势；在时间序列中优化选取某个低点和高点进行对比，由此形成符合他们理论目的的波谷和波峰。① 笔者认为，两种不同观点的分歧主要产生于对利润率的核算方法上。除了克莱曼所说的在现期成本利润率与历史成本利润率的核算方法上存在差异并由此得出不同结论外，如何理解一般利润率内涵也是个问题，在实证研究中，实体产业利润率和金融行业利润率的历时表现有很大差异，在这种情况下如何核算社会总资本的一般利润率就成为实证研究的重点和难点问题了。

在迪梅尼和列维（Duménil，G.，and D. Lévy，2011）的研究中，他们重新计算了最近50年中非金融公司利润率和金融公司利润率的变化趋势，从利润率变动趋势看，其结论与2004年的文章看法是一致的②，新的描述如图6-10所示。从趋势线看，在20世纪70年代，非金融公司利润率的显著上升是由通货膨胀导致的，通货膨胀把国民收入较大份额从金融公司和食利者那里转移到非金融公司手中；从20世纪80年代到2008年金融危机爆发前夕，虽然实体经济的利润率没有像克莱曼所描述的那样有明显的下降趋势，但金融行业利润率的确有大幅度上升并在较高水平上波动。

---

① Andrew Kliman. The Failure of Capitalist Production: Underlying Causes of the Great Recession［M］. London: Pluto Press, 2011: 102-105.

② Duménil G., and D. Lévy. The Real and Financial Components of Profitability（United States, 1952-2000）［J］. Review of Radical Political Economics, 2004, 36（1）: 82-110.

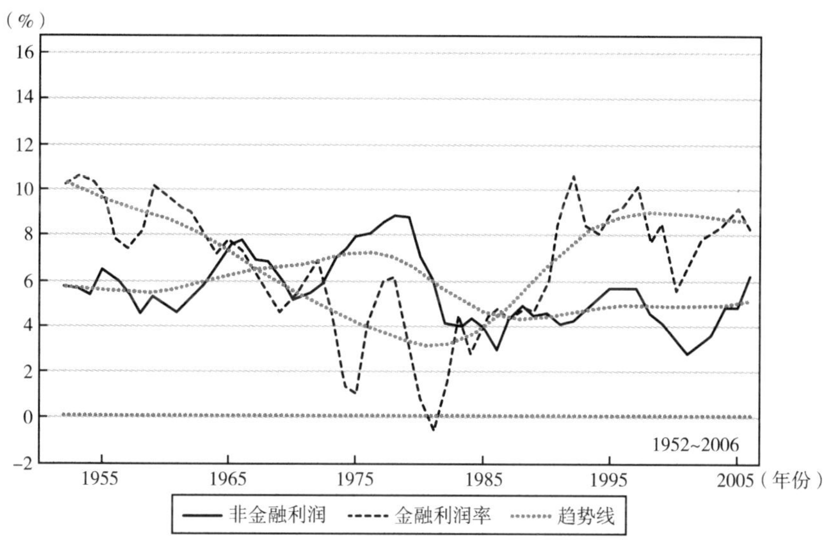

图6-10　美国金融和非金融公司利润率

注：利润率为税后和支付利息后的利润率，而且考虑到通货膨胀对金融资产和负债的贬值效应，结合通货膨胀率对相关数据进行了修正。

资料来源：Duménil G., and D. Lévy. The Crisis of Neoliberalism [M]. Cambridge and London: Harvard University Press, 2011: 67.

这里不想介入克莱曼与迪梅尼、列维的争论，而是透过他们的数据进一步佐证一个结论：实体经济利润率持续低迷趋势促使资本“群体”走向了投机和欺诈，表现为美国新自由主义的资本积累金融化，这种积累模式导致美国金融结构加速脆弱化。下面从利润的来源与去向两个方面加以论述。

首先，从利润来源和社会总资本的利润结构看美国金融结构的脆弱化。虽然在克莱曼①、迪梅尼和列维②、科茨和沃尔夫森③④、谢富胜⑤等国内外众多学者的研究结论中存在不同程度的分歧，但可以肯定的是自20世纪80年代以来美国实体经济利润率没有恢复到50~60年代的利润率水平。在这个背景下，社会资本一般利润率上升只能依赖金融资本利润率去拉升了。金融部门既没有创造真实的剩余价值，也没有促进实体经济利润率增长，却获得丰厚的金融利润，这种利润来源只能有两个：产业层面上的“掠夺”与

① Andrew Kliman. The Failure of Capitalist Production: Underlying Causes of the Great Recession [M]. London: Pluto Press, 2011.

② Duménil G., and D. Lévy. The Crisis of Neoliberalism [M]. Cambridge and London: Harvard University Press, 2011: 67.

③ David M. Kotz, Terrence McDonough, Michael R. Reich. Social Structures of Accumulation: The Political Economy of Growth and Crisis [M]. Cambridge University Press, 1994.

④ Terrence McDonough, Michael Reich, David M. Kotz. Contemporary Capitalism and Its Crises: Social Structure of Accumulation Theory for the 21st Century [C]. Cambridge University Press, 2010: 72-89.

⑤ 谢富胜，李安，朱安东．马克思主义危机理论和1975~2008年美国经济的利润率 [J]. 中国社会科学，2010 (5).

国家层面上的“欺诈”。掠夺是在两个方面进行的：一是国内国民收入份额向金融部门集中，利润从实体经济部门转移到金融部门，实现金融资本对产业资本的掠夺；二是通过不平等的国际贸易、美元霸权和FDI从海外掠夺丰厚的利润。这里所说的“欺诈”是国家层面上的欺诈。笔者认为，金融资本的欺诈有两层含义。在前文中多次提到资本欺诈活动是一种司法意义上的欺诈。在任何国家，这种欺诈一旦罪证确凿，都必将受到法律惩处。金融欺诈的第二层含义是从制度层面上讲的，这种欺诈主要来自新自由主义金融去管制政策。今天，大垄断资本已经把失去管制的金融衍生品投机当作绕开实体经济——“不得不从事的倒霉的事”——快速掠夺社会财富的主要工具，令美国金融市场成为国际资本投机的“赌场”。一旦金融体系的膨胀脱离了实体经济的扩大再生产活动的需要，金融利润只能来自欺诈：不仅是对本国实体产业资本利润和广大民众财富的掠夺，也是对其他国家的欺诈。对其他国家的欺诈和财富掠夺将放在后文中阐述。这就是为何马克思主义经济学强调要从金融资本的贪婪性、掠夺性和欺诈性出发理解垄断资本的金融化内涵的原因。

自20世纪80年代以来，金融部门或虚拟经济的膨胀具有某种程度的世界普遍性。下面的数据能够从一个侧面反映这个问题。譬如，1973年、1980年和1995年的全球日均外汇交易量分别为150亿美元、800亿美元和12600亿美元，也就是说1995年全球日均外汇交易量是1973年的84倍；1973年全球经常账户（商品和服务）贸易额占总交易额的15%，1995年这个比例不到2%，这意味着国际收支主要发生在金融领域，而不是实体经济领域。美国是金融膨胀典型国家。20世纪60~80年代，美国金融资产价格总量是GDP的1.5倍，到2003年则超过GDP的3倍以上。① 图6-11描述了美国名义GDP与金融利润和非金融利润之间的长期变动关系，可以看到，在20世纪90年代末以后，非金融部门利润在经历大幅下降之后逐渐回归到GDP，而与此同时金融部门利润则一路飙升。图6-12进一步描述了美国金融部门利润率的变化趋势，在20世纪60年代、70年代、90年代、2000~2006年，美国金融企业税前利润额占美国全部企业税前利润的份额分别为13.9%、19.4%、25.3%和36.8%。

其次，从利润去向和投机领域看美国金融结构的脆弱化。图6-13描述了1960~2008年美国、欧盟和日本的利润与投资之间的“剪刀差”趋势。这里的加成率指包含金融和非金融部门的利润率，它自20世纪80年代以来一直上扬，而同期，作为反映实体经济活跃程度的最重要指标之一的投资率则呈下降趋势。加成率的上升没有拉动投资的事实表明，利润没有被用于增强科技创新、提高产品质量等企业核心竞争力方面，而是被用在扩大再生产之外的领域中，美国金融危机的爆发表明，利润长期流向金融部门以从事金融投机活动。由此在金融系统中形成一种正反馈效应：本国利润的流入→推高金融资产价格→金融投机的高回报率→外国资本流入→助推金融资产价格攀升→更多利润

① 刘元琪．当代资本主义经济新变化与结构性危机［M］．北京：中央编译出版社，2015：109.

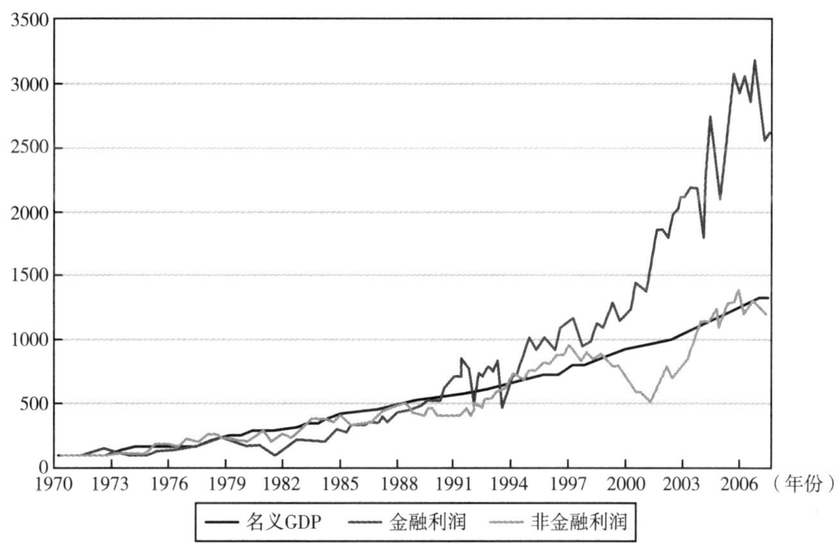

图 6－11　美国名义 GDP 与金融利润和非金融利润

注：1970＝100。

资料来源：乔治·艾克诺马卡斯．马克思主义危机理论视野中的美国经济利润率（1929～2008）［J］．国外理论动态，2010：11.

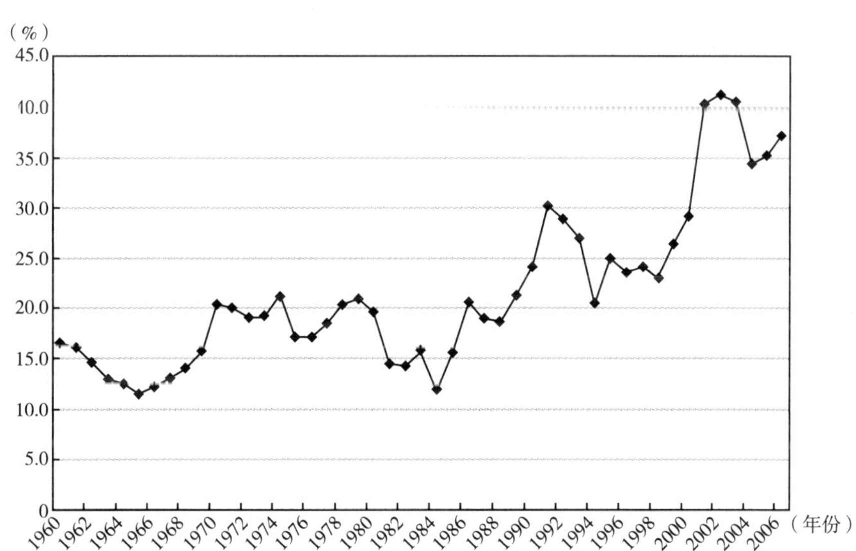

图 6－12　美国金融企业利润占美国企业利润总额比重

注：表中利润是税前利润，并考虑了存货估值和资本消耗调整值。

资料来源：David M. Kotz. Neoliberalism and Financialization［R］. Paper Written for a Conference in Honor of Jane D'Arista at the Political Economy Research Institute, University of Massachusetts Amherst, May 2－3, 2008.

流向金融系统→金融系统高债务杠杆率、天文数字般的金融衍生品交易量→整个国家的金融结构走向投机、冒险和欺诈。

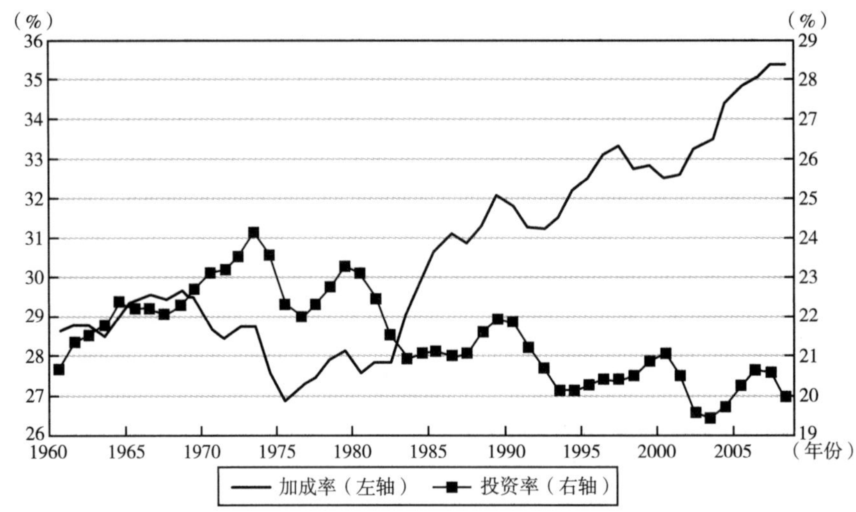

图6－13 利润与投资关系（1960～2008年）

注：图中的曲线是基于美国、欧盟和日本的利润与投资数据计算得来的。

资料来源：米歇尔·于松．资本主义十讲［M］．潘革平译．北京：社会科学文献出版社，2013：211.

房地产、债券和股票历来都是主要的投机和欺诈领域。根据《国际货币基金组织2005年金融统计报告》，国际知名的衍生性金融商品交易员、基金经理人和投资银行家拉斯·特维德简明扼要地整理出在全世界范围主要投机对象的结构关系，如表6－4所示。根据该报告，2004年房地产、债券和股票的总额是GDP的4～5倍，其中住宅房地产占比最高，约占总量的44%～48%。这就不难理解为何金融危机十之八九与房地产投机息息相关，在最近30年中最典型的事件是1991年日本房地产泡沫崩溃、1997年肇始于房地产泡沫的东南亚金融危机和2008年由美国房地产次贷危机引发的全球金融危机。

表6－4　2004年全球可变价值资产估计　单位：万亿美元

住宅房地产（经合组织国家）	60～80
住宅房地产（新兴市场国家）	15～25
商业性房地产	15～25
=房地产总计	90～130
债券	45～55
股票	35～40
黄金	1.6～2.0
收藏品	0.3～0.6
全部可变价格资产总额	172～228
减去上市公司持有的可能双重计算的资产	－2～8
剔除双重计算部分后的可变价格资产总额	170～220

资料来源：拉斯·特维德．逃不开的经济周期：历史、理论与投资现实［M］．北京：中信出版社，2012：254.

3. 美国国际收支的金融化及其结构脆弱性

在美元霸权（还有政治、军事霸权）基础上，华尔街垄断金融资本的对内金融化和对外全球化促成美国金融结构在国际收支领域脆弱化。

首先，经常账户持续恶化。跨国公司原本就控制着全球价值链，垄断关键原材料、战略资源和核心技术的国际供求市场，在 20 世纪 70 年代之后，它们还充分挖掘第五次技术革命在远程通信和国际物流方面的技术潜力，从而使运输、通信、管理等成本大幅度下降。在技术上，跨国公司极大地超越了传统空间地理的限制，通过外包、FDI 等离岸生产形式，不仅能够获得发展中国家的廉价劳动力（工资套利），而且利用技术代差获得了超额垄断利润（技术套利）。随着部分制造业转移到海外，美国本土因所谓的“去工业化”而降低了它在中低端产业中的国际竞争力和出口能力。虽然美国在高科技产品和金融服务等领域具有国际竞争力，但在这些项目方面的出口又往往受到一些“非贸易”因素制约。上述因素促使美国经常账户赤字自 20 世纪 80 年代初以来不断加剧。

其次，资本账户持续盈余。无论是美国跨国公司的海外利润，还是新兴市场国家对美国贸易顺差收入，它们中的绝大部分都会流入美国金融市场，以购买金融资产的形式寻求保值和增值。庞大的资本流入不仅为美国带来廉价的资本资源，而且极大地刺激了金融资本的贪婪、投机和欺诈本性，当它们涌入房地产市场和各类金融衍生品交易市场后，一场史无前例的金融泡沫开始在华尔街酝酿。

最后，美国国家成为庞氏融资者。譬如，从 2004 年到金融危机爆发前夕，美国经常账户赤字等于私人部门亏损和财政赤字之和。美国巨额贸易赤字意味着有一部分美元货币为外国掌握。贸易顺差国为了使其保值和增值，被迫用贸易顺差所得的美元收入购买美国国债。这将产生三个方面的正反馈效应：一是促使美国发行更多的国债，以满足贸易顺差国的国债购买需求；二是通过不断地国债销售，让顺差国家的美元收入回流到美国资本市场和金融系统，减少多余的储备货币，这种回流机制确保了美元币值稳定、联邦基金利率稳定和汇率稳定；三是通过资本金融账户盈余弥补经常账户亏损，实现美国国际收支平衡。

美国国际收支表现为经常账户逆差和资本账户顺差，这意味着美国面临“双重输入”格局：资本输入和商品输入。“双重输入”使美国资本积累和社会总资本循环以其世界独一无二的方式进行着并朝着金融结构脆弱化方向发展，如图 6 - 14 所示。

第一，“双重输入”有助于解决美国资本循环过程中的价值补偿和实物补偿问题。首先，在价值补偿方面，因为新兴市场国家长期走外向型经济或出口导向型经济发展道路，以至于其自身的内需不足，它们对美国贸易顺差收入的主要去向是美国金融市场，使美国成为全球最主要的资本输入国家。这种资金流向不仅支撑了美国巨额贸易逆差，而且为美国金融膨胀提供资金支持，这由图中①实线箭头表示。其次，在实物补偿方面，贸易逆差意味着美国是商品和服务的净输入国家，贸易逆差让美国家庭和企业获得了使用价值，这由图中②两个虚线箭头表示。

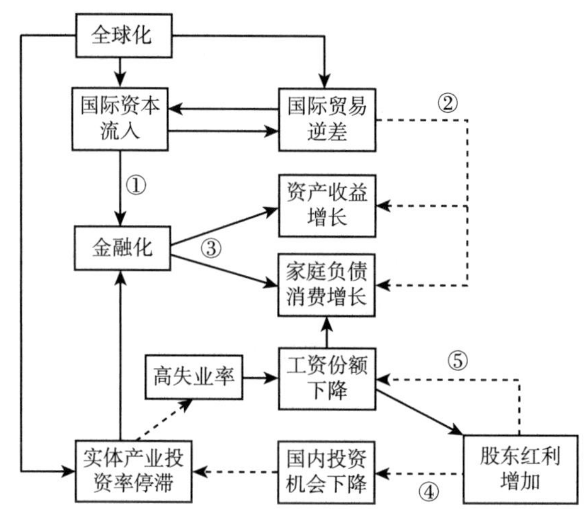

图 6－14　美国金融结构脆弱化的综合分析

资料来源：笔者整理。

第二，去金融管制的新自由主义经济政策和海外资本的涌入不断推动美国金融资产价格上涨。当金融资产收益也能成为普通民众的一项重要收入来源后，当金融市场能够通过高杠杆满足普通家庭债务累积型消费后，普通民众也被卷入金融投机、冒险和欺诈的漩涡之中——住房商品投机，其工资薪金成为金融资本的“吸血”对象，由图中③两个实线箭头表示。

第三，收入分配和社会财富的两极分化、实际工资增长停滞、高失业率逐渐把普通民众引向家庭债务积累消费模式，这是资本金融化和金融结构脆弱化的关键路径之一。① 其基本逻辑是：生产的外包和外迁对发达国家工人就业构成巨大的威胁→失业率增加→打压工会在劳资谈判中的力量→实际工资增长停滞和工资总额在国民收入中的份额下降→金融资本通过高杠杆提供债务支持，从工资薪金中获取利息现金流→形成家庭债务积累消费模式。

第四，在新自由主义政策下，金融市场的盈利标准逐渐提高，要求非金融公司拥有“超级盈利能力”，派付给股东的红利不断增加，有著名的回报率标准 15% 之说。面对高回报率和股东可以随时收回自己资金的压力，非金融企业有利可图的投资机会下降。这种情形导致企业一方面压制工资增长，另一方面紧缩投资或资本积累，进而导致失业率增加，其结果最终导致工资在国民收入中所占份额下降和家庭负债消费增长，上述过程在图中用实线箭头③和虚线箭头④所示。金融利润率上升不仅是对实体经济的掠夺，而且造成实体经济发展的萎缩，从而加剧美国资本积累的金融化和金融结构的脆弱化。

图 6－14 表明，美国国际收支平衡依赖于所构建的金融化和全球化之间的“协同”关系。金融化让美国获得丰腴且廉价的金融资本，这些资本一方面用于技术研发投入，

① Rasmus Jack. Systemic Fragility in the Global Economy ［M］. Atlanta，GA：Clarity Press，2016：248－259.

使美国长期保持技术领先地位；另一方面形成货币宽松的流动性泡沫，从而提升金融资产收益和支持家庭债务膨胀，金融膨胀刺激美国国内内需（投资需求和消费需求）。全球化使美国经济能够长期获得物美价廉的使用价值补偿，确保美国经济体系不仅不会因经常账户巨额赤字而崩溃，相反，会长期处于金融繁荣状态。这种“协同”关系最终会因金融结构的脆弱化而瓦解，就此而言，美国2008年金融危机具有内在必然性。

四、债务—通货紧缩、信用崩溃与经济危机的强化机制

1. 马克思的“货币资本荒”和“排炮”效应

根据1848年和1857年两次经济危机的发展过程，马克思阐述了在经济周期的不同阶段产业资本和借贷资本的变动关系。从马克思的相关论述中可以概括出经济危机的主要强化机制之一：在资本循环过程中发生“货币资本荒”①，即通常所说的“钱荒”现象。

在经济周期的复苏和繁荣阶段，产业资本和借贷资本表现为同向变动关系。在复苏阶段和繁荣的初期，利息率虽然已经高于最低限度，但是仍然很低，因此借贷资本相对充裕，并支持产业资本的显著扩张。这是因为，随着经济复苏和繁荣的到来，不仅原有的工业生产得以恢复，而且还出现了新企业甚至新行业，生产规模再度扩张和商品价格提高使货币资本回流顺畅且有规则性，同时经济景气也推动着商业信用最大限度地扩张，因此借贷资本的供给也在增长，借贷资本的增长有助于抑制利息率水平的提高。

在萧条尤其是危机阶段，产业资本和借贷资本表现为反向变动关系。② 二者的反向变动是互为因果的，在借贷资本市场低迷、利息率极低的时期，产业资本的扩大再生产处于恢复状态；而当借贷市场极度活跃时，产业资本的再生产能力已经到达消费界限的极度紧张状态，生产的相对过剩正在加剧，扩大再生产朝着货币危机的方向发展。具体说来如下。

在萧条阶段，由于缺乏投资机会，于是一方面呈现出大量的货币资本的闲置和借贷资本的过剩，另一方面呈现出产业资本的大幅度萎缩。

在危机时期，面对大量商品积压，价格急剧下降，从商品资本到货币资本的转变出现困难。在这种情形下，信用突然停止，债务支付停止，商业票据到期不能兑付，利息提高到它的历史最高限度。此时，一场普遍的“货币资本荒”或“钱荒”终于爆发了，在信用扩张期间积累起来的错综复杂的债务链条断裂了，所有的企业都面临债务清算，部分企业面临破产。于是，一方面表现为借贷资本不足的紧张及其引发的高利息率压力；另一方面表现为产品和产能过剩的压力。正如马克思指出的，“在这个时期，每个

① 马克思恩格斯全集（第46卷）[M]. 北京：人民出版社，2003：476.

② 马克思恩格斯全集（第46卷）[M]. 北京：人民出版社，2003：553.

人借钱都只是为了支付，为了结清已经欠下的债务。”“在货币紧迫时期，对借贷资本的需求，就是对支付手段的需求……对支付手段的需求就是对货币资本的需求。”“危机一旦爆发，问题就只是支付手段了。”① 为了获得支付手段，人们普遍地追逐并贮藏货币，以至于在人们最需要货币的时候，它却从流通中消失了，出现了凯恩斯所说的流动性陷阱情形。

经济危机的另一个主要强化机制发生在国际经济关系中，我们不妨称之为“排炮”效应。马克思从国际经济关系中的“支付差额”和“贸易差额”关系入手阐述这个效应。“支付差额”和“贸易差额”是既相互联系又有区别的两个概念，譬如有甲、乙两个国家，虽然在它们之间处于贸易收支平衡，均不存在贸易顺差或逆差，但甲或乙的支付差额仍可能是顺差或逆差，因为支付差额是一个在约定时期内必须清偿的贸易差额。② 经济危机会导致一个国家在短时期里同时面临支付逆差和贸易逆差的双重压力，以至于在国际经济关系中发生了类似于一国国内的“货币资本荒”或“钱荒”。马克思总结道，随着经济危机在世界蔓延，按照支付的序列，支付逆差像排炮一样在相关国家依次爆发，于是这些国家同时陷入了出口过剩或生产过剩、进口过剩或贸易过剩、通货膨胀和信用膨胀，最终都发生同样的经济崩溃。③

在金本位时代，因为支付逆差直接威胁到一个国家银行体系的枢纽——金属准备，所以尽管金的流出数量只占一个国家的金的总贮藏量的微小比例，但在危机前夕，这个微小比例所具有的强化作用可能是巨大的，成为压垮一个国家信用制度和银行制度的一根羽毛。④ 譬如，英国 1847 ~ 1848 年的货币危机和经济危机就是由微不足道的金的流出量导致的。

2. 明斯基时刻

据考察，“明斯基时刻”（the Minsky moment）最早出现在 1998 年保罗·麦卡利（美国债券基金太平洋投资管理公司的一位经济学家）关于俄罗斯金融危机的研究报告中。在 2007 年 8 月美国爆发次贷危机后，他再次宣称这是“明斯基时刻”的来临，一时间“明斯基时刻”成为新闻媒体和经济学界的一个热点话题。我国青年学者李黎力曾专门撰文考辨“明斯基时刻”。⑤ 他反对“明斯基时刻”或“明斯基拐点”之类的术语，认为这些术语把明斯基关于金融脆弱性和金融不稳定性的系统分析简化为单纯的“时刻”“时段”“融资分类法”或“非理性疯狂”等。西方主流经济学界在使用“明斯基时刻”或“明斯基拐点”时不可能接受它的异端经济学理论底蕴，因此主流经济学界对“明斯基时刻”的理解是简化的。从这个意义上讲，李黎力的批评是对的。在第四章中

① 马克思恩格斯全集（第 46 卷）[M]. 北京：人民出版社，2003：580，583，598.

② 马克思恩格斯全集（第 46 卷）[M]. 北京：人民出版社，2003：585.

③ 马克思恩格斯全集（第 46 卷）[M]. 北京：人民出版社，2003：557.

④ 马克思恩格斯全集（第 46 卷）[M]. 北京：人民出版社，2003：647 - 648.

⑤ 李黎力. “明斯基时刻”之考辨 [J]. 经济理论与经济管理，2013（7）.

我们已经强调应当从凯恩斯的“根本的不确定性”、非均衡和明斯基的“华尔街资本主义”范式出发，在后凯恩斯理论体系中完整地理解金融不稳定性假说。

也必须指出，虽然不能把明斯基理论简化为“明斯基时刻”或“明斯基拐点”，但在金融结构趋于脆弱化过程中，的确存在理论上的“明斯基时刻”或“明斯基拐点”，在这个特定时空条件下，导致金融不稳定性的各种矛盾被空前强化。

根据明斯基的分析，衡量金融系统稳定性的一个关键指标就是三种融资（对冲型、投机型以及庞氏型）在总债务中所占比例。一旦庞氏型融资在总负债中所占比例上升，企业对利率上升和资产价格下降的任何细微变动都表现得非常敏感，因为这会让靠高杠杆建立起来的债务链条遭受致命打击。在繁荣时期，所有的企业都借助信用工具扩张自己的债务，所以当信用收缩时，虽然最初只是少数债务人融资链断裂，失去偿债能力，但很快在经济体中就会出现一系列“杠杆效应”，其结果是资产价值的大幅下跌和更大范围的债务链条断裂，一时间几乎所有的企业都丧失了债务偿还能力。这个过程就是债务—通货紧缩性危机的发展过程。这样，我们可以把“明斯基时刻”理解为庞氏融资在总债务结构中占主体地位并由此导致债务—通货紧缩危机发生的特定历史时刻。

明斯基认为，金融结构的脆弱性和不稳定性是内生于经济周期的，在经济繁荣时期就已经播下了金融危机的种子。在经济扩张阶段，增加债务融资是增加利润的重要途径，于是在投资和利润之间、资产价格和债务之间形成一种正反馈效应。该效应会鼓励更多的企业使用资产负债表进行投机、冒险和欺诈活动，以至于在金融结构中投机型尤其庞氏型融资比重逐步增加，金融结构趋向于脆弱化和不稳定性。① 在这种情况下，现金流的正常波动或推迟、央行紧缩性货币政策带来的利率上升、原材料成本上升以及其他任何市场因素，都有可能导致金融危机一触即发，或一发不可收拾。上述情形和马克思所说的一根羽毛的重量足以改变天平变动方向的比喻是一致的，可以从经济危机的强化机制角度来理解“明斯基时刻”。

需指出的是，尽管明斯基一再宣称从资本主义矛盾出发阐述金融和经济危机的根源，但他并不接受马克思的资本主义基本矛盾原理。因此，明斯基没有真正揭示“明斯基时刻”的产生根源，以至于他的解释主要局限于对企业的债务杠杆率的微观分析，并在金融不稳定性的动力机制问题上不得不诉诸“动物精神”和“代际遗忘”等心理依据。在他的理论体系中至少忽视了以下三个重要因素。

第一，虽然明斯基认识到美国经济的证券化是在金融资本的全球化背景中形成的，并指出这将导致全球金融结构的不稳定性和国际间的债务—通货紧缩，但他没有看到，美国金融结构的不稳定性与全球生产系统的结构失衡息息相关，后者是前者的物质基础。正因为如此，马克思主义经济学强调从资本主义生产领域揭示2008 年金融危机发生

---

① Minsky H. P. Stabilizing an Unstable Economy ［M］. New York：McGraw-Hill Professional Publishing，2008：48，238.

的根源。

第二，对美国过度金融化缺乏足够的认识。① 美国金融危机发端于房地产泡沫，明斯基理论能够解释住房泡沫供给方的形成，却不能很好地解释需求方的形成。事实上，正是普通家庭作为资产的需求者参与住房投机，用投机型和庞氏型融资方式购买住房，住房泡沫才得以不断膨胀。另外，普通家庭还以债务积累方式进行消费，使债务积累型消费需求成为美国“三驾马车”中的主要动力。

第三，在阻止“明斯基时刻”到来的政策方面，他求助于“大政府”和“大财政”，放大了政府债务积累的积极作用，忽视了在国家制度层面上的投机和欺诈问题。

基于上述分析，我们把明斯基的金融脆弱性理论“定格”在马克思主义经济危机理论的中间层次上，把“明斯基时刻”定格在经济危机强化机制上。

第三节　资本积累的制度结构变迁与周期性危机和长波萧条

从抽象的资本主义经济制度及其基本矛盾到发生经济危机历史事件之间还有一些中间层次的理论分析有待丰富。第三章阐述了当代西方马克思主义经济学派中三个有代表性的分支学派的经济危机理论，把它们归入制度经济范式，本节沿着资本积累的制度结构变迁维度借鉴相关理论，以丰富马克思主义经济危机理论的发展机制和调节机制研究。

一、制度结构变迁与周期性危机的发展机制

主流新古典经济学抽象了社会经济制度尤其资本主义生产关系，紧紧围绕供求关系和价格机制构建了关于竞争、垄断竞争、寡头和垄断的市场结构模型，认为竞争和垄断的根本区别在于厂商对价格的控制能力存在差异。马克思主义经济学则把自由竞争和垄断理解为资本主义发展的两个历史阶段，在研究从自由竞争到垄断的发展时突出资本主义积累模式的制度结构变迁。从自由竞争资本主义向垄断资本主义的发展是资本积累的制度结构变迁的第一层含义；第二层含义指垄断资本主义尤其国家垄断资本主义调节模式的变化。从自由竞争到垄断，从私人垄断资本主义到国家垄断资本主义，虽然资本主义基本制度和基本矛盾没有实质性变化，但矛盾运动的条件和形式发生了很大改变。因此，对资本主义经济危机的研究除了坚持对资本主义基本制度和基本矛盾的分析外，还必须充分考虑垄断资本尤其当代垄断金融资本的新发展。下面首先回顾马克思、恩格斯

① 这里并非苛责明斯基思想。任何学者都不可能超越历史局限性，明斯基于 1996 年 10 月去世了，也正是在他去世后的 11 年里，美国经济的金融化加速发展，出现许多新生事物。

的相关经典论述，然后从垄断金融资本积累内在矛盾和积累的社会结构变迁两个方面阐述经济危机的发展机制。

1. 关于制度结构变迁与经济危机的经典论述

虽然马克思和恩格斯生活的年代主要以自由竞争资本主义为主，但他们已经敏锐地观察到以卡特尔和托拉斯为代表的资本集中趋势，初步阐述了从自由竞争到垄断的制度结构变迁问题及其对经济危机发展机制和资本主义历史命运的深远影响。

首先，实现资本兼并和集中的两个最强有力的杠杆是竞争和信用。竞争的结果是大鱼吃小鱼，通过许多较小的资本家破产实现资本的兼并和集中。资本主义信用把社会上分散的货币资金聚集到单个的或联合的资本家手中，建立一个庞大的社会机构——股份公司。[①] 其次，资本兼并和集中的主要社会经济后果有两个：一是集中和兼并能够导致可变资本减少；二是加剧资本主义基本矛盾，“资本的垄断成了……生产方式的桎梏。生产资料的集中和劳动的社会化，达到了同它们的资本主义外壳不能相容的地步。这个外壳就要炸毁了。”[②] 垄断“为将来由整个社会即全民族来实行剥夺做好了准备。”[③] 最后，在形式上，垄断资本发展越来越朝着垄断金融资本的方向发展。在分析资本循环过程时马克思指出，资本循环遇到的障碍越大，为了排除干扰，产业资本家持有的货币资本的数量就会越大，因而预付资本的最低限量就会越高，这会促使产业资本家的职能转化为货币金融资本家的垄断。[④]

目睹了卡特尔和托拉斯的发展，恩格斯指出，垄断资本主义的出现是资本主义基本矛盾发展的结果，它会使经济危机发展机制变得更为复杂，使经济危机变得更加猛烈。在《资本论》第三卷的一个脚注中，恩格斯试图说明：在国内市场中的卡特尔和托拉斯与在国际市场中的保护关税，虽然它们能够在一定程度上限制传统的自由竞争，进而影响自由竞争时代的经济危机发展机制，但这些因素“只不过是最后的、全面的、决定世界市场霸权的工业战争的准备。所以，每一个对旧危机的重演有抵消作用的要素，都包含着更猛烈得多的未来危机的萌芽。”[⑤]

2. 从当代垄断金融资本积累内在矛盾看经济危机发展机制新变化

在第二章中已经指出，剩余价值的生产和实现的矛盾派生出经济危机的发展机制，参照图 2 – 1。垄断资本学派结合当代垄断资本主义特征阐述了“经济剩余”的生产和吸收之间的结构性矛盾，相关研究丰富了我们对经济危机发展机制的理解。

以美国为例，“二战”之后，对内，国家垄断资本主义采取凯恩斯主义国家干预政策，力图通过一系列财政和税收政策、通过国家福利和社会保障制度提高工人阶级在国

① 马克思恩格斯全集（第 44 卷）［M］. 北京：人民出版社，2001：722 – 723.
② 马克思恩格斯全集（第 44 卷）［M］. 北京：人民出版社，2001：874.
③ 马克思恩格斯全集（第 46 卷）［M］. 北京：人民出版社，2003：497.
④ 马克思恩格斯全集（第 45 卷）［M］. 北京：人民出版社，2003：124.
⑤ 马克思恩格斯全集（第 46 卷）［M］. 北京：人民出版社，2003：136，554.

民收入分配中的份额，工人阶级的收入和消费能力提高有助于刺激总需求和缓和阶级矛盾；对外，通过援助欧洲和日本的“战后”经济重建、军备竞赛和发动战争以吸收经济剩余。1950～1960 年的“资本主义黄金时代”与上述内外经济背景息息相关。到 20 世纪 60 年代末，国际经济环境发生了很大变化，国内出现“利润挤压”，所以 20 世纪 70 年代国家垄断资本主义经济陷入“滞胀”危机。

到 20 世纪 80 年代，“经济剩余”的生产和吸收之间矛盾迫使当代资本主义推行新自由主义政策，走上金融化和全球化发展道路。金融化和全球化是垄断资本主义为克服资本积累的结构性矛盾而进行的两种机制性修复，即“金融修复”和“空间修复”；新自由主义则是从理论、政策和意识形态方面对金融修复与空间修复的系统性“捍卫”。金融修复把缺乏投资机会的过剩资本注入金融市场，让经济体吸收大量的经济剩余，并通过刺激金融投机和操纵金融资产价格攫取巨额金融利润。空间修复通过外包、FDI 等全球化方式使跨国公司在海外攫取高额利润。但它们也造成资本积累新的矛盾形式。金融化使货币资本积累独立于生产资本积累，脱离了生产资本运动周期，成为独立的积累过程，使经济运行“脱实向虚”。在美国金融市场形成了债务积累和资产泡沫膨胀相互促进的泡沫经济发展机制：债务积累推动资产价格上涨，资产价格上涨反过来引诱再投机和私人债务积累。空间修复导致美国在中低端生产领域的“去工业化”，失业率居高不下和经常账户持续恶化很大程度上与“去工业化”相关。金融修复和空间修复成为 2008 年金融危机的发展机制。

3. 从资本积累社会结构变迁看当代经济危机发展机制新形态

以美国经济史为例，20 世纪 80 年代是“二战”之后资本主义制度结构发展中的一个重要分水岭，经济危机发展机制的形态或形式因此发生了重要变化。此前，资本积累的社会结构具有凯恩斯主义国家干预特征；此后，资本积累的社会结构朝着新自由主义方向发展。这两个时期的经济危机有着不同发展机制。

在国家干预时期，经济危机存在如下发展机制：经济扩张推动失业率水平降低→工会集体议价能力增加→实际工资增长速度超过平均劳动生产率增长率→利润占国民收入份额减少和一般利润率下降→利润挤压型经济危机。在新自由主义时期，在凯恩斯主义时代构建的劳动与资本的平衡关系、资本与资本的竞争关系、资本与社会的利益关系等都出现不同程度的瓦解，新自由主义逐渐清除了利润挤压型危机的制度基础。新自由主义不可能消除资本主义基本矛盾，它不过是通过金融化和全球化进行金融修复与空间修复，基于这种修复经济危机发展机制呈现出“家庭债务积累型”“过度投资型”“资产泡沫型”三种形态。

家庭债务积累型危机根源于资本积累的一般规律。具体说来，随着新自由主义经济政策的兴起，传统的劳资双方的力量平衡关系被打破。在劳资谈判中，资本一方占据主导地位，这导致自 20 世纪 80 年代以来实际工资增长一直处于停滞甚至下降状态，在国民收入分配中工资—利润比下降，社会财富和收入分配两极分化加剧。其后果就是因普通民众的消费不足导致生产和消费之间的同一性关系遭到破坏，最终导致经济危机的发生。其主要传导机制是：新自由主义→劳资关系失衡，资本居于绝对主导地位→在国民收入中利润份额上升，工资份额下降→实际工资增长长期停滞或低于劳动生产率增长→消费需求不足，失业率上升→生产能力利用率下降→产出与有形资产比率下降幅度超过了利润份额的增长幅度→社会生产和大众消费的同一性关系遭到破坏→相对生产过剩，资本过剩，实现价值和剩余价值的困难加剧→金融修复→家庭债务积累型消费和住房投机→经济危机。

过度投资型危机（也被称为过度生产型危机）是指，新自由主义经济政策加剧了资本之间的竞争关系，企业为了争夺生存空间被迫过度扩张其生产能力和提高市场占有份额，试图通过数量优势打败竞争对手。这会导致生产过剩，产能利用率严重过剩，最终导致一般利润率下降和经济危机。其主要传导机制是：新自由主义→资本之间竞争加剧→过度投资→导致生产能力的过度扩张→产能利用率下降→利润率下降→投资下降→经济危机。

资产泡沫型危机是指，金融投机导致资产价格上涨，由此带来的财富效应让企业家产生非理性的乐观预期，这反过来又刺激投资需求和金融投机，经济体进入过度投资、金融投机和欺诈盛行时期，最终爆发经济危机。其主要传导机制是：财富与收入两极分化→少数人的财富增长超过了其可获得的生产性投资机会→形成过度的投资基金→金融市场投机和欺诈盛行→资产价格膨胀→刺激投资需求→泡沫经济形成→产能过剩→利润率下降→投机低迷→经济危机。在上述分析中没有考虑由空间修复导致的国际资本净流入对产生金融泡沫的影响。

下面借鉴资本积累的社会结构学派学者科兹（D. M. Kotz）在相关研究中的若干指标①，通过表 6 –5 对比四类危机之间的差异。

表 6 –5　　经济危机发展机制的四种形态及其相关影响因素

	利润挤压型	家庭债务积累型	过度投资型	资产泡沫型
利润率	↓	↓	↓	↓
利润份额	↓	↑	↑	↑
产能利用率	↓	↓	↓	↓
工资份额	↑	↓	↓	↓
实际工资/劳动生产率	↑	↓	↓	↓
波峰之后是否存在非住宅固定资产投资长期衰退	否	否	否	是

资料来源：笔者整理。

在实证研究中可以把“二战”之后至 21 世纪开端的这一段时期分为八个扩张和衰

① Goldstein J. P., M. G. Hillard. Heterodox Macroeconomics: Keynes, Marx and Globalization [M]. New York: Routledge, 2009: 181.

退周期，其中前五个阶段属于凯恩斯主义国家干预时期，呈现利润挤压型危机特征。这种危机在经济扩张后期都表现为实际工资增长超过劳动生产率，实际工资份额上升、利润份额下降和一般利润率下降。后三个阶段处于新自由主义时期，先后发生了过度投资型危机、资产泡沫型危机和债务积累型危机。这三种危机都具有实际工资增长停滞、国民收入中利润份额上升、产能利用率下降、利润率下降等共同特征。借鉴科兹的相关研究①，通过表 6-6 对比它们之间的差异。

表 6-6　　经济危机类型和特征（1949～2008 年）

经济周期	积累类型	危机类型	利润率趋势	利润份额	产能利用率	工资份额	工资*	投资**
1949～1953 年	国家干预	劳动后备军	↓	↓	↑	↑	↑	否
1955～1957 年			↓	↓	↓	↑	↑	否
1959～1960 年			↓	↓	↓	↑	↑	否
1965～1969 年			↓	↓	↑	↑	↑	否
1972～1973 年			↓	↓	↑	↑	↑	是
1988～1990 年	新自由主义	过度投资	↓	↑	↓	↓	↓	否
1997～2000 年		资产泡沫	↓	↑	↓	↓	↓	是
2008 年		债务积累	↓	↑	↓	↓	↓	是

注：* 指实际工资/劳动生产率；** 指在周期波峰之后是否存在非住宅固定资产投资长期衰退情形。

资料来源：笔者整理。

关于经济危机发展机制的新变化，法国调节学派提出了与上述分析近似的观点。以 20 世纪 80 年代为界线，它把“二战”结束后至今的 OECD 国家的资本积累的社会结构划分为福特主义和新自由主义两种类型，与之对应的是福特制危机和金融主导型发展模式危机两种形态。

福特制危机来自福特制积累体制的瓦解。福特制的核心是构建一个“双增长”经济发展格局：劳动生产率和实际工资率同步增长。实际工资率的增长扩张了消费需求，福特制因此获得了生产和市场的巨大的规模效应，从而构建出一套有利于资本积累的规则系统或经济运行机制。构建这套系统的关键因素是建立相对稳定与和谐的劳资关系，从而使大众消费高度整合于资本主义经济增长或资本积累体制之内。20 世纪 70 年代，第五次技术革命浪潮和新自由主义兴起推动资本积累的社会结构从福特制向后福特制转变，至此，基于劳资关系平衡的“大规模生产与大众消费”的积累体制走向瓦解，福特制陷入危机。它的具体发展机制如下：新技术革命浪潮和新自由主义兴起→劳资关系失衡和雇佣关系不稳定、劳动生产率下降、产能过剩→增强竞争、增加雇佣关系灵活性、

① Goldstein J. P., M. G. Hillard. Heterodox Macroeconomics: Keynes, Marx and Globalization [M]. New York: Routledge, 2009: 185.

降低劳动力成本→劳动生产率恢复而实际工资增长长期停滞→大规模生产与大众消费的积累结构瓦解→总需求不足→生产能力利用率不足和投资机会缺乏→一般利润率下降、资本积累速度下降→凯恩斯主义扩张政策→增长停滞和通货膨胀并存。在以往经济史中，经济萧条表现为通货紧缩，而在福特制危机中却表现为通货膨胀，这表明国家干预资本主义的经济危机发展机制与自由竞争资本主义和私人垄断资本主义相比有了形式上的重大变化。

为了摆脱福特制危机，自20世纪80年代以来，美国资本积累的社会结构开始转向金融主导型积累体制，其基本特征是：垄断金融资本控制社会资源的配置权，通过新自由主义金融化促使资本投机和金融资产价格膨胀，以实现金融修复。由于美国产业结构失衡，新兴市场国家对其贸易顺差的收入被迫流入美国金融市场购买国债等金融资产，这在一定程度上也促进了美国金融资产价格膨胀。图6－15描述了美国金融主导型经济危机发展机制，这是一个以资产价格膨胀为出发点和归宿点的循环机制，推动这个机制的动力是信用扩张、债务高杠杆和金融投机与欺诈。

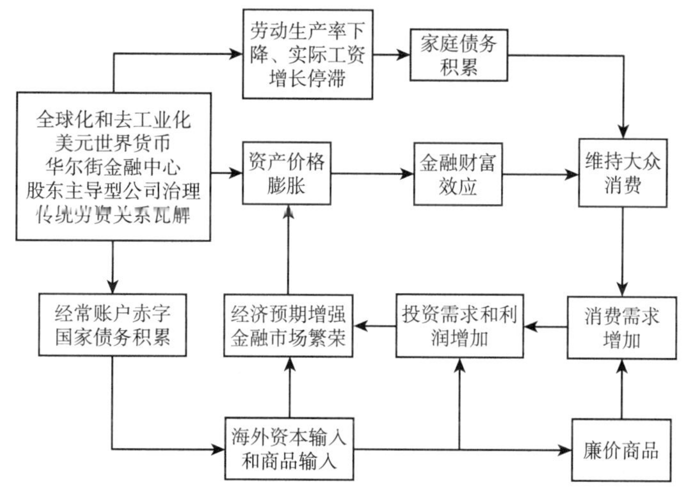

图6－15　金融主导型经济危机发展机制

资料来源：笔者整理。

第一，在经济全球化和去工业化、美元霸权和华尔街国际金融中心、股东主导型公司治理、传统劳资关系瓦解等因素的促进下，美国金融市场呈现资产价格膨胀趋势。资产价格上涨带来的财富效应不仅让垄断金融资本获得丰厚的金融利润，而且支撑着普通家庭的债务积累型消费，通过家庭债务积累方式维持大众消费需求。

第二，受资产价格膨胀和消费需求旺盛的影响，实体经济的投资需求增加，利润增加，经济景气提升。

第三，面对美国产业结构失衡和金融泡沫膨胀，贸易顺差国家的美元收入大部分流入美国金融市场，直接参与金融投机，助推金融资产价格膨胀。当然，这部分廉价资本也有助于降低市场利率，刺激实体经济投资。

第四，美国经济发展陷入了家庭债务积累和巨额贸易赤字的庞氏融资境地，美国资本积累的金融结构高度脆弱化。

第五，需要指出的是，任何经济体不可能仅仅依靠资产价格膨胀和金融财富效应而长期存在。事实上，正是自20世纪80年代以来的逐渐恶化的经常账户赤字支撑着美国金融市场的投机和欺诈，因为巨额贸易赤字的背后是其他贸易顺差国家源源不断地向美国输送大量的物美价廉的商品，满足其最基本的生产和消费需求。

二、制度结构变迁与长波萧条的发展机制

这一部分从制度结构变迁角度解释经济长波的形成和发展过程，进而透过经济长波过程解释经济危机的发展机制。由于曼德尔（Ernest Mandel）是当代最重要的马克思主义长波理论家，所以这一部分首先评述曼德尔的长波理论。

1. 制度结构分析：长波理论研究新取向

所谓“经济长波”是对经济扩张和停滞周期交替的一种统计性描述。如何从理论上解释长波的形成机制，基于不同理论视角和研究方法存在多种长波理论。必要的经济思想史回顾有助于我们对相关问题的讨论和理解。追溯思想渊源，可以说长波理论起源于马克思主义经济学研究，早在1913年荷兰的马克思主义学者范·海尔德伦就借用“涨潮”和“落潮”的比喻第一次对长波现象进行统计描述和解释。①② 然而，真正推动长波理论研究的是熊彼特的创新经济学，而不是马克思主义经济学。这在一定程度上是因为，长波理论能够借助熊彼特的技术创新理论得到论证，于是有了技术创新长波论，事实上，“技术创新长波论”至今仍是长波理论中的主流理论。相反，长期以来，长波理论受到马克思主义经济学的斥责，除了因为当时的长波理论主要倚重对价格、货币等变量波动的量化研究外③，更因为长波的周而复始性与马克思关于资本主义历史命运的论述存在矛盾。

长波理论研究之所以能够再次回到马克思主义经济学界并成为一个广为关注的问题主要得益于曼德尔的贡献。他力图在马克思主义经济学框架内讨论长波问题，这主要通过两个方面体现出来：一是在量化分析的指标体系选择上，认为价格运动并不是明确的、可靠的指示物，于是采用世界工业产量和世界贸易总额（或人均世界贸易），用前者衡量经济增长的长期波动，用后者衡量世界市场扩大的速度；二是把平均利润率和平均资本积累率作为两个最为关键的被解释变量，探寻影响这两个变量的各种因素及影响

---

① 约翰·伊特韦尔等．新帕尔格雷夫经济学大辞典［M］．北京：经济科学出版社，1996：260.

② 康德拉季耶夫对长波的研究成果（1925年）一直被埋没了或知之甚少，他本人也消失在去西伯利亚的流放路途中。直到1935年他的研究成果被译成英文，发表于《经济统计评论》杂志后，学术界开始把50年左右的长波命名为“康德拉季耶夫长波”，以纪念他在这个领域中的开创性贡献。

③ 马克思主义经济学不否认这些变量的波动性，但它们的波动不是独立的，而是由商品价值和资本积累一般规律决定的。因此，长波分析在经济学方法论上具有为马克思所批判的庸俗经济学的性质。

路径，最终把长波解释为平均利润率和资本积累率的长周期上下波动。[①]

他认为，关于资本主义运动规律的内在逻辑不能够解释长波从下降向上升的转变。“在资本主义经济加速发展造成的必然结果（即恰好是平均利润率的长期下降）和平均利润率继25年的连续下降之后所出现的突然长期上升之间，一点也不具有对称性。这种上升既不能从资本主义生产方式的运动规律自身中推导出来，也不能从‘总体资本’的作用中推导出来，只有在既定环境中所有具体的资本主义发展形式（‘大量资本’的所有具体形式和矛盾）都被调动起来的时候，它才可以得到理解。”[②] 在这一段引文中，曼德尔试图表达的思想有两个基本点：一是资本积累的一般规律、一般利润率下降规律等不能够解释从长波下降到长波上升的转变；二是只有当所有具体的资本主义发展形式和矛盾都被调动起来的时候，才有可能出现长波上升趋势，在这里，“所有具体的”不仅包含一系列“超经济因素”，而且在促成长波上升过程中这些“超经济因素起了重要的作用”。[③] 上述思想对研究马克思主义长波理论是建设性的。

在马克思主义经济学界，曼德尔通过平均利润率和资本积累率的变化分析经济长波的成因，这种探索方向得到认可，但他对长波上升和下降的形成机制的“非对称”解释一直受到质疑。在解释长波上升的机制问题上，由于强调外生的超经济因素的作用，曼德尔的分析被认为不能完全用内生变量解释因果关系机制，因而缺乏理论的自洽性。之所以有这种认识，是因为包括曼德尔在内的许多马克思主义学者忽视了新技术革命浪潮和新技术经济范式的兴起本身也是一个内生过程，这个内生过程在第五章中已有系统论述。

曼德尔从马克思主义经济学基本原理出发探析长波的发展过程，因此可以把他的长波理论归属于制度经济范式，只是他的制度分析过于薄弱。美国资本积累的社会结构学派和法国调节学派接续了这个理论研究工作并弥补了曼德尔的理论不足。它们首先对制度范式的长波理论进行方法论研究。在方法论上，它们借鉴了阿尔都塞的“超越决定”思想[④]，把影响资本积累过程的各个因素及其关系嵌入特定的社会结构之中，用积累的社会结构、积累体制、调解模式等制度经济学概念和范畴发展马克思主义经济危机理论的中间层次（参见第一章方法论分析），这种制度结构分析较好地解决了曼德尔长波分析中的方法论缺陷。

制度结构分析也是新熊彼特学派长波研究新的理论取向。佩蕾丝认为现有的长波理论（包括熊彼特的研究）陷入了泥潭，因为它们局限于狭义的经济系统内，忽视了对社会和制度因素的研究，而且把长波理解为在世界范围内同时发生的经济周期现象。她认

---

① 曼德尔．晚期资本主义［M］．马清文译．哈尔滨：黑龙江人民出版社，1983：149，153－154．曼德尔．资本主义发展的长波——一个马克思主义的解释［M］．赵春明译．北京：北京师范大学出版社，1993．

② 欧内斯特·曼德尔．资本主义发展的长波——一个马克思主义的解释［M］．赵春明译．北京：北京师范大学出版社，1993：17．

③ 欧内斯特·曼德尔．资本主义发展的长波——一个马克思主义的解释［M］．赵春明译．北京：北京师范大学出版社，1993：17，48．

④ 详见第一章的相关论述。

为，“长波并非经济周期，而是广泛得多的系统现象，其中社会和制度因素起到了关键作用”，[①] 因此在研究技术革命浪潮基础上构建了技术经济范式理论模型，以替代传统的长波理论，不妨称之为“技术经济范式长波论”。只是出于对理论传统或经济思想史归类的需要，在第五章中把它视为研究资本积累的技术结构变迁维度，事实上，该理论本身就是对技术、经济和制度的一种理论综合，参见图5－6。

尽管来自不同的学派，出于方法论共识，资本积累的社会结构学派、法国调节学和技术经济范式理论都将长波研究指向资本积累的制度结构变迁，认为抛开社会经济制度尤其资本积累模式变迁因素，单纯依赖统计与计量经济学方法的数量描述是难以揭示长波运动机制的。在马克思的生产力与生产关系辩证关系原理基础上，借鉴技术经济范式理论和资本积累的社会结构学派、法国调节学派的理论，把长波理解为基于技术革命浪潮动力的技术经济范式兴衰或资本积累的制度结构变迁更为科学，也只有这样才能走出已有的长波理论缺陷。

2. 制度结构变迁与长波运行的一般关系

在资本主义发展史中，资本积累活动不仅建立在特定生产力或技术革命浪潮基础上，而且需要一套确保积累顺利进行的制度系统——资本积累的社会结构，其中居于主导地位的资本主义生产关系被马克思称为经济基础，它是资本积累的社会结构的本质或“硬核”部分。虽然生产力的革命性或技术革命浪潮不会改变资本积累的社会结构的本质或“硬核”部分，但会改变它的形式和外围部分，或对已有的制度系统进行改革，从而使资本积累的社会结构呈现具有兴衰特征的生命周期过程——制度结构变迁。从制度结构变迁维度看，随着新技术革命浪潮和新技术经济范式的兴起，资本主义基本矛盾的表现形式及其外部环境都会发生变化，这导致现有的资本积累的社会结构会从最初具有满足资本积累条件、缓和剩余价值生产及实现之间矛盾、稳定长期利润率预期、促进投资和经济增长的制度功能，转变为对立面，成为阻碍资本积累的制度结构。在资本主义生产方式的潜力尚未耗尽之前，在资本主义生产关系所能包容的限度之内，资本积累也在不断探索制度创新以适应生产力发展的需要，所以资本主义发展过程表现为若干个制度创新阶段，每一次制度创新都会形成特定的资本积累的社会结构。因此，可以把积累的社会结构的形成、巩固、衰退和崩溃作为长波扩张与萧条的成因。

首先，在一种新的资本积累的社会结构的探索期和巩固期，有一系列制度改革和创新发生，制度改革和创新的目的是让资本主义制度系统通过调节劳资关系和缓和阶级矛盾、调节资本关系和缓和市场竞争、创造广泛的社会利益共同体等途径在不损害资本主义制度“硬核”的前提下最大限度地适应生产力发展的需要。新的资本积累的社会结构是促进资本加速积累的基本条件，起着缓和社会矛盾尤其是阶级矛盾、稳定长期利润率预期和投资信心的积极作用，从而推动经济走向扩张和繁荣，形成长波上升趋势。在长波上升阶段，

① 卡萝塔·佩蕾丝．技术革命与金融资本［M］．田方萌等译．北京：中国人民大学出版社，2007：68－69.

经济体依然会发生周期性波动或危机，但这属于戈登所说的“正常的”商业周期现象①，此时社会制度结构是促进资本积累的。当经济活动处于周期性衰退时，由于有利于资本积累的制度效力一直在发挥作用，社会结构能够通过自身内部的调整机制恢复利润率预期和投资信心，因此经济体拥有自我调节能力，从而使社会再生产走向复苏。有利于资本积累的社会结构能够支撑几个“正常的”商业周期过程，由此形成长波的上升阶段。

其次，在资本积累社会结构的发展后期，资本主义内在矛盾和外部环境也逐渐发生结构性变化，积累的社会结构的制度效力逐渐遭到破坏，积累的社会结构进入了其生命周期中的衰退和瓦解过程。在这个过程中，劳资关系恶化，阶级矛盾尖锐；资本之间的竞争加剧，缺乏长期乐观的利润率预期和投资信心；资本与社会关系紧张，社会利益共同体瓦解。由于资本主义制度系统越来越丧失通过自我纠正机制为资本积累创造条件的能力，不能够有效地提升劳动生产率、稳定利润率预期和增强投资信心，于是经济开始进入戈登所说的“非再生产周期”，即长波停滞或下降阶段。在这一阶段，经济体发生一系列连锁反应和恶性循环效应：劳资关系恶化和阶级斗争尖锐→劳动生产率下降、实际工资增长率长期落后于劳动生产率增长率并处于停滞状态→资本积累一般规律的效验显著，财富和收入分配两极分化严重→资本之间的市场竞争激烈和产能过剩加剧→新自由主义政策及其导致的国家债务和家庭债务高杠杆→资本投机、欺诈盛行→资本积累的货币金融结构脆弱化。在这一时期，只有通过制度改革和创新，建立新的积累的社会结构，才能扭转长波停滞趋势。可见，积累的社会结构的衰退和崩溃是经济体陷入非再生产周期和长波下降阶段的主要原因。

3. 制度结构变迁与第五次长波萧条初探

国内外学界普遍认为，自英国工业革命以来，西方主要资本主义经济体经历了四次康德拉季耶夫长波，尽管对每次长波起止时间的划分存在争议，其中对第四次长波的截止时间争议最大。一种观点认为 20 世纪 80 年代至今的这段历史仍然是第四次长波下降阶段的延续期。② 另一种观点认为自 20 世纪 70 年代或 80 年代以来世界经济进入了第五次长波运动，持这种观点或接近这种观点的学者居多。譬如，高峰先生在综合考察了当代资本主义经济在技术、制度和市场等方面的发展后认为，第五次长波开始于 20 世纪 80 年代，其中从 20 世纪 80 年代到 2008 年金融危机爆发的 20 多年为长波上升阶段，此后进入了长波下降阶段。③ 借鉴佩蕾丝对每一次技术革命浪潮和技术经济范式起止时间的界定，笔者认为第五次长波开始于 20 世纪 70 年代末期。由于在新旧技术革命浪潮和技术经济范式之间还存在一个重叠期，因此 20 世纪 70 年代既是第五次长波的开端，也

---

① David M. Gordon, Thomas E. Weisskopf, Samuel Bowles. Long Swings and the Nonreproductive Cycle [J]. American Economic Review, 1983, 73 (2): 152 - 157.

② O'Hara, Phillip Anthony. Deep Recession and Financial Instability or a New Long Wave of Economic Growth for U. S. Capitalism? A Regulation School Approach [J]. Review of Radical Political Economics, 2003, 5 (1): 18 - 43.

③ 高峰. 论长波 [J]. 政治经济学评论, 2018 (1).

是第四次长波的结束，参见表6－2。这与高峰的观点基本上是一致的。

第五次长波中的制度创新是针对第四次长波中的积累的社会结构的衰落和瓦解而言的，下面首先简要回顾第四次长波中的积累的社会结构的衰落和瓦解问题。按照技术经济范式的划分标准，从20世纪初到70年代为第四次长波过程，其中40～60年代是主要资本主义国家的强劲经济增长时期，但从60年代后期开始，这种强劲增长局面逐渐消失，资本主义经济进入了所谓的“滞胀”危机。以美国为例，20世纪60年代美国国内生产总值、失业率和通货膨胀率分别为4.4%、4.8%和2.4%，到70年代这三个指标分别为3.3%、6.2%和7.1%。这标志着“二战”之后资本主义世界所谓的“黄金时代”结束了，第四次长波开始进入下降阶段。从制度结构变迁维度看，第四次长波的下降阶段根源于“凯恩斯主义积累的社会结构”的衰退和瓦解，下面主要从三个方面加以阐释。

第一，在发达的资本主义国家内部，福特制的资本积累模式逐渐暴露出它的弊端，主要表现在雇佣关系缺乏足够的灵活性、工资粘性、产品创新不足、产品结构单一和严重的产能过剩等方面。在这种情形下，国家垄断资本主义凭借传统的财政政策和货币政策进行逆经济风向的总需求管理逐渐失灵了，菲利普斯曲线呈现正斜率情形，主要资本主义国家陷入经济“滞胀”困境。“滞胀”困境迫使主要资本主义国家改革在凯恩斯主义时代建立起来的劳资关系和资本关系。第二，经过20世纪50～60年代的“战后”经济恢复和高增长之后，主要发达的资本主义国家都出现了严重的相对生产过剩和产能过剩。国际市场竞争日趋激烈①、国内市场有效需求不足导致剩余价值生产和实现之间的矛盾尖锐，一般利润率下降成为主要发达国家普遍面临的难题。这种困境最终波及到国际经济关系中，促使布雷顿森林体系瓦解。第三，在国际市场中，为了提高产品的竞争力，除了增强技术创新外，竞相压低工资成本的价格竞争和实行更为灵活的雇佣方式成为企业赢得竞争的重要措施，这直接导致劳资关系恶化。前文多次提到，自70年代以后，主要资本主义国家的实际工资增长率都不同程度地低于劳动生产率增长率并长期处于停滞状态，通过压低工资水平以增强市场竞争力的空间已经很小了，而且一直遭到工会的强烈抵制。在这种情形下，跨国垄断资本开始探索新自由主义的全球化和金融化的积累模式。

新自由主义代表一种新的积累的社会结构的兴起，它是在资本主义基本经济制度内对传统的“凯恩斯主义的积累的社会结构”的否定。新自由主义针对第五次技术革命特征改革和创新了资本主义制度系统，促使资本积累更好地适应新技术革命要求，因此新自由主义是第五次长波的资本积累的社会结构。

下面以美国为例说明新自由主义兴衰与第五次长波之间的关系。新自由主义通过加强资本对劳动的控制和剥削、资本投资的自由化或去管制化、资本积累的全球化和金融化、美元霸权等开辟了第五次长波的上升阶段。由于新自由主义采取去工业化、全球化

① 罗伯特·布伦纳．全球动荡的经济学［M］．郑吉伟译．北京：中国人民大学出版社，2012.

和金融化政策，美国在第五次长波上升阶段呈现出与以往长波上升阶段不同的经济特征：低增长、高失业率、低产业资本利润率、高金融资本利润率、财富和收入分配两极分化加剧、国家和家庭高债务杠杆以及国际经济结构失衡等。

第一，在美国，资本通过以下三种途径加强对劳动的控制和剥削，从而在很大程度上遏制了一般利润率下降趋势。一是通过技术分工加强对劳动力市场的分割。自动化和智能化把就业岗位划分为创新性工作和常规性操作。前者有较高的工资水平和较好的职业保障，能够成为企业的长期雇员；后者是缺乏必要职业保障的随时被裁减的临时工。这种基于技术和能力的劳动力市场分割瓦解了传统的工会组织，削弱了工人阶级的反抗能力，使资方获得了对劳方的绝对控制优势。二是通过废除长期雇佣合同、采用临时工制度以增强劳动力市场的供给弹性，使企业能够灵活地调整工资水平和雇佣人数，提高资本对劳动的剥削率。三是通过跨国公司的“外包”、FDI、“及时生产”系统和“至精至简”的组织模式等有效地规避了本国的劳动与社会保障制度，减少对本国较为昂贵的劳动力的依赖性。由此产生的较为严重的相对人口过剩（高失业率）也达到了削弱工会力量、压制实际工资增长的目的。①② 总之，在新自由主义劳资关系中，资本一方面通过自动化和智能化提高劳动生产率进而提高剩余价值率；另一方面通过高压方式使实际工资增长低于劳动生产率的增长并长期处于停滞状态，从而提高利润在国民收入中的份额。这两个方面有助于一般利润率的提高。③ 譬如，1973～1979 年美国制造业实际工资增长率为 1.05%，1979～1990 年则下降为 0.6%；④ 1982～2002 年，美国经济中的剩余价值率提高了 22.5%，利润率提高了 29.9%。⑤

第二，在资本与社会关系方面，新自由主义给资本逐利行为创造更大的自由空间，尽可能减少资本逐利成本。一方面，通过私有化、解除管制和政府退出大部分公共服务领域的新自由主义市场化政策，几乎所有的领域都向资本逐利行为开放；另一方面，把资本逐利造成的社会治理成本和生态修复成本转嫁给社会承担，主要措施有降低劳动与社会保障水平，减少公共基础设施投资，通过减税政策把税收负担从大垄断资本一方转移到普通劳动者和其他社会组织一方。

第三，从 20 世纪 80 年代开始美国逐渐放松了自罗斯福新政以来的金融管制制度，1999 年废除了“格拉斯—斯蒂格尔法案”，以满足金融资本的贪婪本性。在金融去管制政策下，房地产泡沫和大量金融衍生工具的投机性交易促使金融资产价格大幅飙升，垄

① Gordon, David M. Fat and Mean: The Corporate Squeeze of Working Americans and the Myth of Managerial “Downsizing” [M]. New York: Free Press, 1996.

②③ Rosenberg, Samuel. American Economic Development Since 1945: Growth, Decline and Rejuvenation [M]. Basingstoke: Macmillan Press, 2003.

④ 罗伯特·布伦纳. 全球动荡的经济学 [M]. 郑吉伟译. 北京：中国人民大学出版社，2012：63.

⑤ 高峰. 论长波 [J]. 政治经济学评论，2018 (1)：74.

断金融资本借此攫取了丰厚的利润。[①] 譬如，在 20 世纪 60 年代、70 年代、90 年代及 2000～2006 年四个阶段中，美国金融企业税前利润额占美国全部企业税前利润的份额分别为 13.9%、19.4%、25.3% 和 36.8%。[②] 自 20 世纪 80 年代以来，金融部门利润率一路飙升，虽然产业资本利润率自 20 世纪 70 年代下降之后一直处于较低水平，但金融利润率的上升趋势提高了一般利润率水平，参见图 6－10。

第四，通过资本全球化，美国等发达国家的跨国公司塑造了更有利于它们的世界市场，让世界市场发挥以下三个方面的功能。一是通过“外包”、FDI 等离岸生产方式跨国垄断资本从海外获得更加廉价的劳动力，从而榨取更多的剩余价值。二是在自由化和全球化浪潮中，包括中国在内的一些国家成为新兴市场国家，它们大量承接了从发达国家转移过来的中低端制造业。在国际贸易中出现如下格局：发达国家控制着全球价值链高端，通过垄断高新技术获得超额垄断利润，大量落后的发展中国家成为普雷维什所说的“外围”国家和对价值链高端的依附者。[③] 这种贸易格局有助于将发达国家的资源紧张、能源不足和生态环境破坏等发展压力成功地转移到海外，尤其将产能过剩压力转移到海外。三是发达国家将大量资金投入技术创新研发中，不仅通过知识产权保护获得巨额的超额垄断利润，而且导致发展中国家对它们的技术依赖性，从而形成了发达国家主要从事技术研发，新兴市场国家从事“代工”、低端制造的国际分工格局。这种格局一方面导致新兴市场国家走向出口导向型发展道路，从而表现出对美国等发达国家市场的高度依赖性；另一方面导致美国采取去工业化政策，传统制造业的“空心化”加剧其经常账户的恶化。

第五，垄断金融资本主要是通过金融创新和金融投机刺激金融资产泡沫膨胀，产生财富效应，进而增加有效需求，解决剩余产品的价值实现问题。这种金融化道路使美国在第五次长波扩张阶段具有严重的“脱实向虚”特征，资本积累的金融结构趋向脆弱化。

上述分析表明，由新自由主义推动的长波扩张具有三个基本特征。一是新自由主义的“去工业化”“外包”和 FDI 等只是让跨国垄断金融资本在全球攫取剩余价值，获得高额利润，没有使美国经济在长波扩张阶段得到显著的经济增长，如图 6－16 所示。二是这种长波扩张从一开始就在加剧美国金融结构的脆弱性。垄断资本金融化造成美国传统制造业的“空心化”，传统制造业综合竞争力下降乃至丧失促使美国大垄断金融资本更加倚重美元霸权和国际金融中心的特殊地位从事金融投机和欺诈活动，以至于这种长波扩张具有金融主导型危机趋势。三是长波进程的不同步性增强。前四次长波主要是在欧美核心资本主义国家中进行的，因此长波的“共振效应”比较明显，而第五次长波虽然发端于美国等西方发达国家，但自 2000 年以来，随着第五次技术革命浪潮及其技术经

① Martin H. Wolfson. Neoliberalism and the Social Structure of Accumulation [J]. Review of Radical Political Economics, 2003, 35 (3): 255－262.

② Kotz, David M. Neoliberalism and Financialization [R]. Paper Written for a Conference in Honor of Jane D'Arista at the Political Economy Research Institute, University of Massachusetts Amherst, May 2－3, 2008.

③ 劳尔·普雷维什. 外围资本主义 [M]. 北京：商务印书馆，2015.

济范式向新兴市场国家扩散，新兴市场国家的经济增长成为带动世界经济增长的主要引擎，因而成为第五次长波扩张的主要载体，如图 6－17 所示。

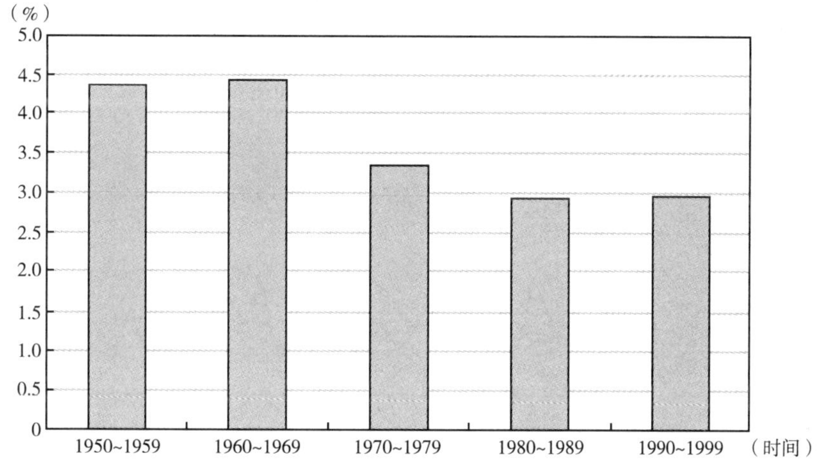

图 6－16　美国实际 GDP 增长率（1950～1999 年）

注：图中的 GDP 增长率是按照每十年计算的年平均增长率。

资料来源：O'Hara，Phillip Anthony. Deep Recession and Financial Instability or a New Long Wave of Economic Growth for U. S. Capitalism：A Regulation School Approach［J］. Review of Radical Political Economics，2003，35（1）：22.

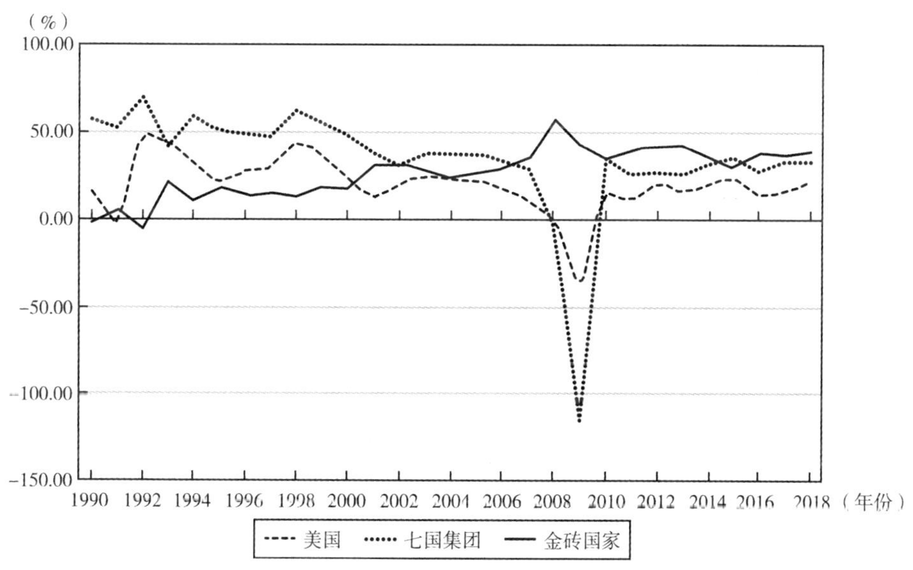

图 6－17　对世界经济增长的贡献率（汇率法）

资料来源：Wind 数据库/世界银行。

上述分析表明，到 21 世纪初期，新自由主义在促使资本积累适应第五次新技术革命浪潮方面已经基本丧失了制度功能，2008 年美国金融危机的爆发标志着这种积累的社会结构开始走向衰落和瓦解。因此，从美国等核心资本主义国家角度看，可以把 2008 年美国金融危机的爆发视为第五次长波由扩张到萧条的转折点，譬如 2001～2017 年，美国仅在 2003

年、2012 年和 2014 年的国民净收入增长率明显超过世界平均水平，如图 6-18 所示。但从世界角度看，由于第五次技术革命浪潮在世界范围的技术扩散和衰退是一个相对缓慢的过程，更为重要的是，新兴市场国家的制度、体制或资本积累的社会结构是多样性的，它们只是不同程度地受到新自由主义的影响，因此世界长波并没有典型的从扩张到萧条的转折点，只是在受到核心资本主义国家萧条的影响之后呈现下行趋势。

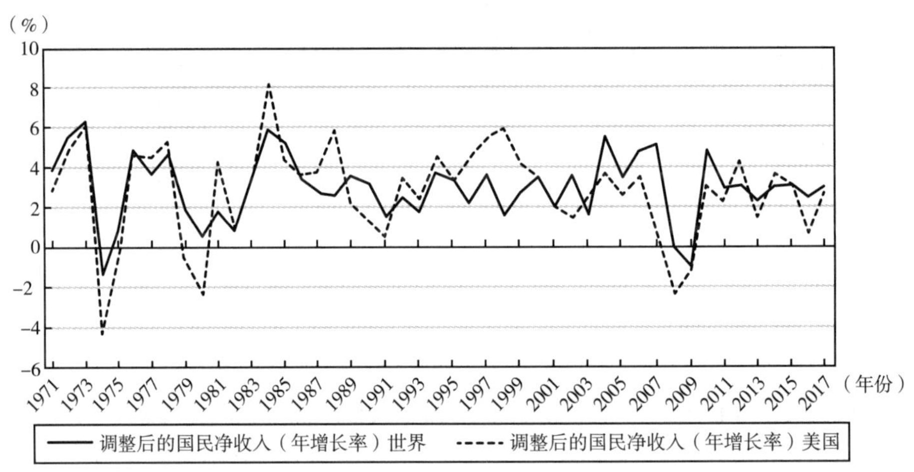

图 6-18　美国与世界的国民净收入增长率

资料来源：EPS 全球统计数据平台/世界银行。

迄今为止，核心资本主义国家还没有找到能够替代新自由主义的新的积累的社会结构。美国奥巴马政府曾经提出的“再工业化”以及特朗普政府掀起的贸易保护主义都旨在恢复美国制造业大国和强国地位，但这并不是华尔街跨国垄断金融资本的利益所在，美国在第五次长波中的经济增长表现已经说明了这一点。所以在第五次长波下降阶段，经济危机的发展机制仍将以金融主导型危机为主要模式并有可能以比 2008 年金融危机更强烈的方式爆发出来。

第四节　从现代货币理论看美国贸易逆差的本质和成因①

西方主流经济学仍用金本位时代的贸易顺差和逆差概念解释在现代主权货币体系中的美国贸易逆差问题。现代主权货币理论认为税收驱动主权货币创造，并且国家财政赤字为本国私人部门和国外部门提供净金融资产，该理论为我们理解目前美国贸易逆差的本质和根源提供一种独到见解。在布雷顿森林体系下美元霸权地位使原本为主权货币的美元在国际货币体系中拥有超主权货币角色。布雷顿森林体系的崩溃清除了美元供给的黄金羁绊，

① 本节作为阶段性成果已经发表在《学术研究》2020 年第 2 期。

为垄断资本主义金融化开辟了道路。此后，美元的主权货币和超主权货币的双重角色助推美国财政赤字，这成为美国巨额贸易逆差的主要根源。在美国财政赤字、贸易赤字和国债之间形成了一种独特的货币金融性的“寄生”关系。由财政赤字产生的贸易逆差相当于美国隐蔽地实现主权债务输出（或转嫁），可见美国贸易逆差的本质是一种金融掠夺。

一、美国为何能够长期保持国际收支平衡

1. 隐藏在美国国际收支中的理论困惑

自布雷顿森林体系瓦解之后，美国国际收支结构变化呈现以下特征：美国经常项目逆差在20世纪80年代之后开始恶化，在2008年金融危机前夕达到8026.4亿美元的峰值；而资本与金融账户持续顺差，在2006年达到7745.49亿美元峰值。这确保美国国际收支总体保持平衡，如图6－19所示。关于美国长期持续的巨额贸易逆差成因，除了早期的特里芬难题外，今天国内外学界主要从财政赤字、汇率、国际竞争力、国际分工、产业结构高级化和新兴市场崛起等方面分析，譬如双赤字假说、“J”曲线效应等。不否认美国贸易逆差与这些因素有一定的关系，但它们不足以解释为何唯有美国能够长期保持巨额贸易逆差和国际收支平衡。美国也试图通过调整汇率以改善其经常项目收支状况，如图6－20所示，图中主坐标轴（左）表示美国经常项目差额，次坐标轴（右）表示实际美元指数，实际美元指数上升代表美元升值，反之代表美元贬值。可以看出，在多数年份中，美元贬值会使美国贸易赤字减少，但不能扭转美国贸易账户长期恶化的状况。甚至在2001～2006年出现反常现象，这一期间真实美元价值呈下跌趋势，而贸易逆差急剧上升。传统理论没有找到产生美国巨额贸易逆差的根源，更不能解释为何唯独美国能够长期保持巨额贸易逆差。

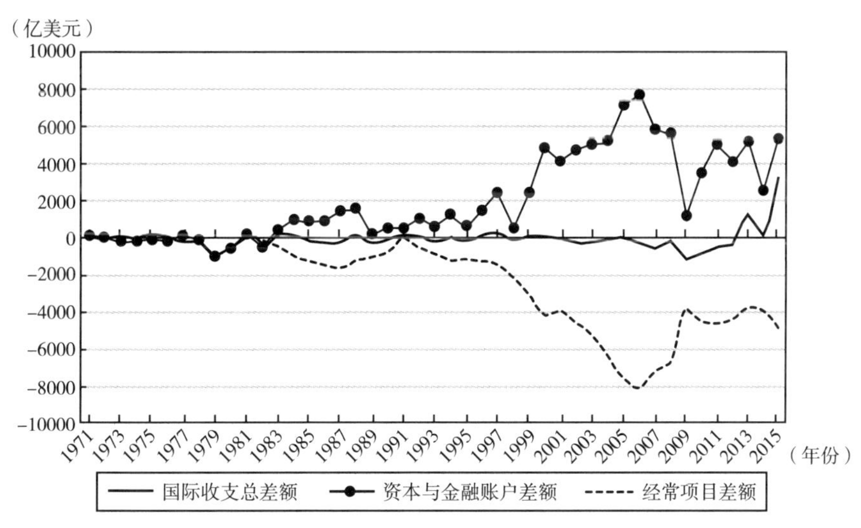

图6－19　美国经常项目、资本与金融账户以及国际收支总差额

资料来源：中宏数据库。

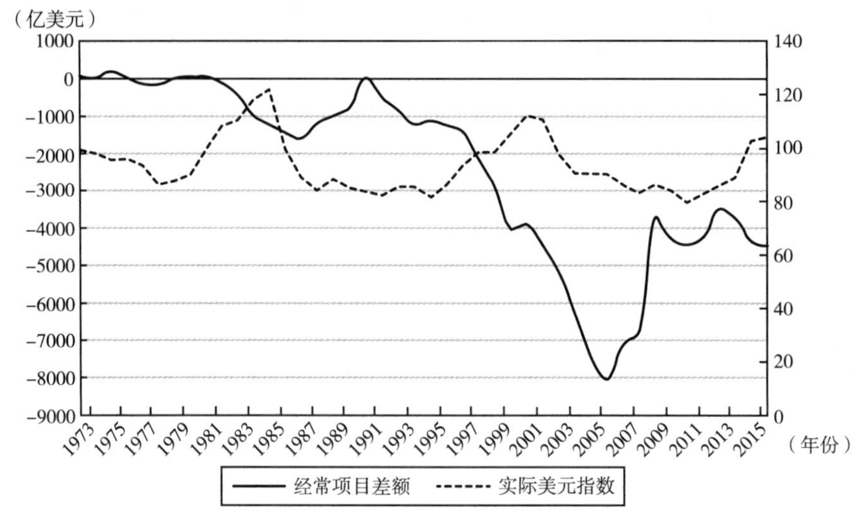

图 6－20　美国经常项目差额与实际美元指数

资料来源：中宏数据库、Wind 数据库。

2. 解读美国贸易逆差亟需货币理论创新

20 世纪初金本位制的崩溃尤其布雷顿森林体系的崩溃标志着资本主义积累体系的货币金融结构发生了根本性变化。当货币体系从金本位制发展为现代主权货币制度后，货币的创造和循环机制发生了重大变化。建立在现代主权货币制度基础上的“货币金字塔”结构在很大程度上改变了金本位制下的货币创造和流通规律，使资本循环的货币基础发生了革命性改变，使凯恩斯主义财政政策和货币政策成为可能。这些变化意味着马克思所揭示的资本虚拟化达到了一个新的历史高度。如果说金本位制是自由竞争资本主义的货币金融基础，那么现代主权货币制度则是垄断金融资本主义的货币金融基础。

如何基于这种制度变迁揭示美国长期巨额贸易的本质和成因，本书借鉴“现代货币理论”（或现代主权货币理论）的独到见解对此展开分析。该理论有三个基本观点。第一，主权货币的本质是国家财政支出的借据，是国家的负债。它之所以能够被强制接受是因为国民（居民）承担纳税义务。由于主权货币是纳税的计算货币，因而具有货币职能并成为私人部门的金融资产。第二，只有先创造主权货币并用于财政支出，然后才能用它征税，因此财政支出先于税收，财政赤字是创造主权货币的最主要途径，[①] 而纳税则是主权货币的灭失过程。第三，国债的发行和回购越来越成为维持一定水平的隔夜拆借利率的货币政策工具。本书将这种货币理论应用到对美元的分析并在这个基础上阐述美国巨额贸易逆差的本质和根源。

① 还有其他一些途径，譬如外汇占款等。

二、作为现代主权货币的美元的创造及其循环

所谓的主权货币是一个主权国家采用的记账货币[①]或债务清算单位，是由国家财政赤字创造的负债，也是国家强制本国国民纳税的形式。因此，国家财政赤字和税收是驱动主权货币的创造和循环的基本机制。从纵向看，国家通过财政赤字创造它的负债——主权货币——美元；从横向看，银行系统在主权货币基础上按照“贷款创造存款”的逻辑[②]创造了主权货币的杠杆货币——银行货币——美元。现代货币金字塔由此形成，作为主权货币的美元位于顶端，成为所谓的基础货币或高能货币，在它的下面是若干倍大的银行信用货币或银行货币，银行信用货币构成了货币金字塔的主体部分。

1. 现代主权货币的本质及其供求机制

现代主权货币理论的先驱思想可以追溯到克纳普（Knapp G. F.）的“货币国定说”（chartalism）和凯恩斯的国家货币概念。[③④] 虽然国家货币形式在金本位制时代甚至更早就已经存在，但金本位制的崩溃突显了研究国家货币理论的现实意义，这是克纳普和凯恩斯研究国家货币的经济史背景。布雷顿森林体系崩溃后，美元的主权货币和世界货币的双重身份成为理解当代复杂国际经济关系的关键因素，以这种国际货币金融体系为背景，瑞（Wray，L. R.）和古德哈特（Goodhart，Charles A. E.）等学者重新阐发了克纳普和凯恩斯的货币国定说，建立了当代后凯恩斯学派的一个新的分支——现代主权货币学派。[⑤⑥] 因篇幅所限，这里仅简要概括主权货币的供给、需求、循环机制和本质特征。

假定有一个抽象的两部门经济体，一方是由家庭和企业组成的私人部门，另一方是以国家或政府为代表的公共部门。

首先，主权货币的需求来自国家税收的强制性和无偿性。虽然主权货币又被称为法定货币，甚至很多国家颁布了法定货币法，明文规定国民必须接受它，但确保对主权货币需求的原因既不是它对贵金属的可兑换性[⑦]，也不是法定货币法，而是国民的纳税义务。国家用主权货币征税，任何有纳税义务的人都可以用它来清偿这个义务，这是主权货币的最基本功能和被广泛接受的原因。因为能够用它来纳税，所以在私人部门中用它来购买商品（服务）和清偿债务时也被广泛接受，主权货币因此成为流通手段和支付手

① 它的载体可以是金属的、纸质的或其他材质的，这不是问题的关键。

② 马国旺．后凯恩斯信用货币理论述评［J］．当代经济研究，2006（2）．

③ Knapp，Georg Friedrich. The State Theory of Money［M］. Clifton，NJ：Augustus M. Kelley，1973［1924］.

④ Keynes，John Maynard. A Treatise on Money：The Pure Theory of Money，in The Collected Writings of John Maynard Keynes（Volume V）［M］. Cambridge and New York：Cambridge University Press，2013［1971］：4.

⑤ Wray L. R. Understanding Modern Money：The Key to Full Employment and Price Stability［M］. Cheltenham，UK：Edward Elgar，2006.

⑥ Goodhart，Charles A. E. Two Approaches to Money［M］. Cambridge，Mass：MIT Press，1998.

⑦ 事实上，对金银贵金属的不可兑换性是主权货币的基本特征。

段。税收驱动货币创造，征税足以确保绝大多数债务、资产和价格能够用主权货币为计价单位进行结算，确保了国民对国家记账货币的需求。[①]

其次，主权货币的供给来自国家财政支出，其本质是由财政支出创造的负债，其存量来自国家财政赤字的积累。

最后，私人部门用主权货币纳税的过程是主权货币的回流和灭失过程，因此调整税率成为调节货币存量的工具之一。

现代主权货币理论打破了我们关于财政收支逻辑顺序的传统理解，强调财政支出在前，税收在后。财政收支顺序不是在私人部门中所能体验到的先有收入然后才能支出的逻辑顺序。这种与生活经验相悖的逻辑顺序恰恰来自主权货币的本质：货币是其发行者的借据或负债，是其接受者的资产，[②] 即主权货币对政府而言是它的负债，而对私人部门而言则是金融资产。在逻辑顺序上，只有政府先行创造主权货币并进行财政支出，民众才有可能获得它并用它纳税。从纯理论上讲，一个主权政府不需要为其支出而“借入”自己的货币，它也无法借入尚未支出（或创造）的货币。就此而言，财政支出不依赖于税收，税收的真正目的不是获得政府的货币收入，而是实现私人部门对主权货币的强制性需求，货币需求量至少与应缴纳的税款相等（实际上民众愿意持有更多的主权货币）。

图6－21所描述的过程被称为主权货币的“垂直”的供给过程，即国家通过财政赤字方式购买私人部门的商品（劳务），垂直地、自上而下地向社会提供主权货币。这里假定只有本国政府部门和本国私人部门（家庭和企业），暂不考虑银行系统和国际贸易因素，也暂不考虑中央银行购买国债、黄金、外汇等资产时的垂直的货币供给过程。私人部门纳税的过程是货币自下而上回流到政府部门的过程，这是主权货币的灭失过程。国家财政赤字不过是货币创造及其灭失的净差额。

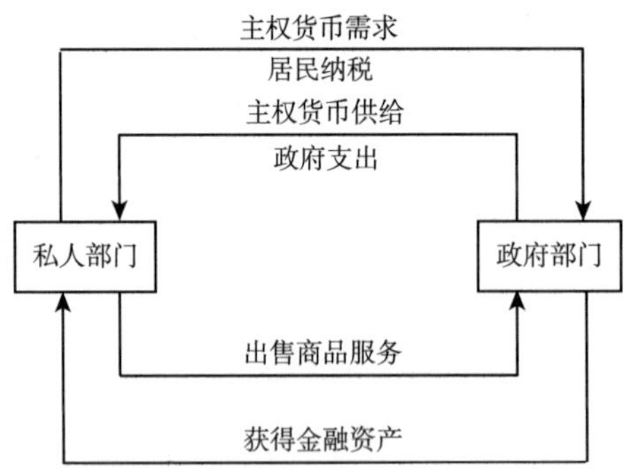

图6－21　主权货币经济鸟瞰

货币史表明主权货币早已有之，但现代国家建立主权货币体系的目的是让资源向公

① Wray L. R. Modern Money Theory: A Primer on Macroeconomics for Sovereign Monetary Systems [M]. London, New York: Palgrave Macmillan, 2015: 48－51.

② 正如明斯基指出的，谁都可以创造负债（货币），关键取决于它在多大程度上和范围内被接受。

共部门（代表社会集体利益）流动，现代意义的主权货币体系使凯恩斯主义财政和货币政策成为可能。因此，财政赤字的功能不仅仅是满足政府支出需要，它还创造流动性，完成资本主义生产中最为关键的剩余价值实现问题。税收不是为了增加国家财政收入或弥补财政赤字，税率的调整可能产生更为复杂的经济效应，譬如提高税率会减少实体经济中的货币存量并增加企业经营成本、降低个人可支配收入，进而抑制经济增长；但增税也会刺激货币需求，为了得到货币，私人部门必须供给更多的劳动、产品、服务及其他资源。

2. 主权货币金字塔结构的形成及国债的功能

在主权货币基础上，通过后凯恩斯经济学所揭示的“贷款创造存款”的银行信用货币（银行货币）体系构建过程，一种金字塔式的货币结构由此形成：塔顶是主权货币，又被称为基础货币或高能货币，在它的下面是银行货币或银行信用货币。银行货币的本质是一种金融杠杆货币，它以国家主权货币为记账单位并依靠国家债务支持，因此成为私人部门普遍接受的债务结算工具。银行货币的信用最终依赖于主权货币所具有的国家信用。

货币金字塔建立在主权货币的杠杆效应上。形成杠杆效应的关键之举是中央银行①向银行提供准备金贷款。中央银行处于货币金字塔结构的顶端，拥有创造主权货币（银行系统中的基础货币或准备金）的垄断地位并成为银行的最后贷款人，银行通过贷款行为创造主权货币的杠杆货币——银行货币。

从主权货币到银行货币的金字塔构建过程如表 6 - 7 所示。依据“贷款创造存款”理论，在银行的资产负债表上，假定银行贷款量为 L，则银行存款量为 $(1-\alpha)L$，存款准备金为 $\beta(1-\alpha)L$，其中 α 和 β 分别为现金漏出率和存款准备金率。由于央行的贷款是银行系统获得准备金的最终来源（因为银行之间的相互借贷活动不会影响银行系统的准备金总量），银行只能以企业申请贷款的商业票据为抵押，向央行申请准备金贷款 $\beta(1-\alpha)L$ 和用于现金漏出的贷款 αL。于是，$L+\beta(1-\alpha)L$ 和 $(1-\alpha)L+\beta(1-\alpha)L+\alpha L$ 分别作为资产和负债出现在银行系统的资产负债表两边；同时，$\beta(1-\alpha)L+\alpha L$ 分别作为资产和负债出现在央行的资产负债表两边。中央银行提供存款准备金贷款意味着银行负债转变为央行负债，这是在银行货币创造过程中的最关键环节。

表 6 - 7　　从主权货币到银行货币的创造

资产	银行	负债
贷款 L 准备金 $\beta(1-\alpha)L$		存款 $(1-\alpha)L$ 从中央银行借款 $\beta(1-\alpha)L+\alpha L$

① 为了简化分析，这里不讨论财政部和中央银行的职能与业务关系，仅把它们视为代表国家创造主权货币的最高机构。

续表

资产	央行	负债
$\beta(1-\alpha)L+\alpha L$		银行存款 $\beta(1-\alpha)L$ 现金发行 αL

资料来源：笔者整理。

现代主权货币理论把国债的发行、回购活动视为调节主权货币存量和维护货币金字塔稳定的关键机制。下面假定银行拥有数量为 B 的国债，银行调整资产组合，把一部分国债卖给中央银行，以此获得所需的准备金 $\beta(1-\alpha)B$ 和弥补现金漏出 αB，如表 6－8 所示。调整后银行的资产为国债 $B\{1-[\alpha+\beta(1-\alpha)]\}$ 和准备金 $\beta(1-\alpha)B$；负债为存款 $(1-\alpha)B$。与此同时，在央行资产负债表的资产一端出现了向银行贷款，数量相当于 $\beta(1-\alpha)B+\alpha B$；在负债一端出现银行的准备金存款 $\beta(1-\alpha)B$ 和现金发行量 αB。央行购买国债是向银行系统和私人部门注入基础货币，反之，则是回笼货币（货币灭失）。通过国债买卖，央行吞吐基础货币，影响流动性，从而维护既定的基准利率目标。

表 6－8　国债成为吞吐基础货币的工具

资产	银行	负债
国债 $B\{1-[\alpha+\beta(1-\alpha)]\}$ 准备金 $\beta(1-\alpha)B$		存款 $(1-\alpha)B$
资产	**央行**	**负债**
国债持有量 $\beta(1-\alpha)B+\alpha B$		银行存款 $\beta(1-\alpha)B$ 现金发行 αB

资料来源：笔者整理。

围绕国债买卖的公开市场业务对基础货币的影响不同于财政收支，前者主要是针对市场既有的基础货币存量的调节机制，而后者则是流量意义上的基础货币创造和灭失机制。

当然，这里用资产负债表的变动来描述复杂的货币金字塔的构建过程是远远不够的。另外，央行还有其他途径来增加银行准备金，譬如，可以调整它和银行之间的政府存款以达到对银行的间接的信贷目的。当央行把政府存款转移到银行账户中时，这个过程相当于增加了对银行的准备金贷款。

三、美国贸易赤字的本质和驱动力量

1. 美国财政赤字与贸易赤字的机制关系

可以把 20 世纪 70 年代以来的美国财政赤字与贸易赤字走势分为三个时期，如图 6－22 所示。第一时期为 1970～1990 年的 20 年，除 1972～1976 年等少数年份存在贸易顺差外，美国财政赤字与贸易赤字基本保持相同的走势。第二时期为1990～2000年的10年，财政赤字与贸易赤字的走势相反（1998～2001年联邦财政一度出现盈余），前者趋向好转，后者一直趋向恶化。第三时期为2001年之后至今，财政赤字和贸易赤字均急剧增加，并在2008年金融危机爆发前后“双赤字”各自达到历史上的最高位。在这个期间，虽然财政整体上一直处于赤字增加趋势，但还是能够看出财政赤字有两个典型的U型波动阶段；贸易赤字已经有一个典型的波动阶段，第二个波动阶段正在形成。财政赤字与贸易赤字不可能是完全同步的。其一是因为在这两个变量之间存在时滞，财政赤字对贸易赤字的影响往往会滞后多年，譬如，2004～2007年财政赤字有所减少，2006～2009年经常项目赤字才开始有所减少；其二是因为它们分别还会受到其他一些因素的影响，譬如贸易赤字会受到今天美国的贸易保护主义政策的影响。

下面从主权货币创造角度分析美国财政赤字与贸易赤字之间的数量关系。在国民收入核算中按照会计收支相等原则，每一项金融资产都有一项与之等值的、可以相互抵消的金融负债，譬如各类债券是其发行者的负债，同时又是接受者的资产。假定一个国家只有两个部门——私人部门（家庭和企业）和公共部门，它们之间有如下总量关系：$C+I+G=C+S+T$，或者$(S-I)+(T-G)=0$，其中（$T-G$）和（$S-I$）分别代表本国政府部门结余和本国私人部门结余。两个部门的收支结余之和等于零意味着，假如有一个部门是赤字，那么另一个部门必定是盈余，它们不可能都是赤字或都是盈余。这也意味着：国家财政赤字为私人部门提供正的金融资产净额；反之，财政盈余会导致私人部门的收支状况为亏损。所谓的财政赤字就是所创造的主权货币不能够完全被来自税收的货币回流机制所灭失，它们被私人部门持有，成为其货币性金融资产，即经济体中的基础货币存量。就此而言（暂不考虑外汇占款等其他因素），财政赤字是主权货币供给的不可替代的最终来源，财政赤字直接向市场注入基础货币；反之，财政盈余则是通过税收等手段让基础货币回流和灭失。譬如，后文中提到的克林顿政府的财政盈余就导致了私人部门亏损。

在引入外国部门（这是对与美国有贸易关系的其他国家和地区的统称）后，三个部门之间的收支关系变得更为复杂，它们之间有如下总量关系：$C+I+G+X=C+S+T+IM$，或者$(S-I)+(T-G)+(IM-X)=0$，其中（$IM-X$）表示美国贸易经常账户结余的相反数，是外国对美国的贸易顺差额，这里简称为“外国部门收支结余”。三个部门的收支结余之和等于零意味着，假如有一个部门是预算赤字，那么在另外两个部门中，至少有一个部门是盈余，它们不可能都是赤字或都是盈余。

由于在“二战”之后的绝大部分历史中（克林顿政府一度实现短暂的财政盈余）美国财政处于赤字状态，这里不妨假定当美国财政处于赤字状态时，美国私人部门和外国部门可能存在的三种情形，如表6－9所示，其中“＋”表示盈余，“－”表示赤字。经济史表明，“二战”之后这三种情形在美国都曾经出现过，并在20世纪90年代后期至2008年金融危机之前呈现财政赤字、贸易赤字和私人部门亏损的“三重赤字”困境。

表 6-9　当美国财政赤字时三部门的收支关系

美国财政赤字	逻辑情形	私人部门	外国部门	经济史中近似情形
-	情形 1	+	-	20 世纪 70 年代中期之前
	情形 2	+	+	20 世纪 70 年代中后期至 20 世纪 90 年代后期
	情形 3	-	+	20 世纪 90 年代后期至 2008 年金融危机之前

资料来源：笔者整理。

情形 1 意味着私人部门盈余不仅来自美国财政赤字，而且来自美国贸易顺差。这种情形主要出现在 20 世纪 70 年代中期以前和 2008 年金融危机之后。在情形 2 中，私人部门和外国部门所获得的主权货币——美元或金融财富净额完全靠政府财政赤字来实现。这种情形主要出现在 20 世纪 70 年代中后期至 20 世纪 90 年代后期。

在理论上，外国部门的盈余不可能长期来自美国私人部门的亏损，因为私人部门不能够创造主权货币以偿还国外债务。因此，在情形 3 中，外国部门的盈余归根到底仍来自美国财政赤字。这种情形主要出现在 20 世纪 90 年代后期至 2008 年金融危机之前，这是最值得我们深入研究的一段货币经济史。总之，美国财政赤字是美国私人部门和外国部门盈余的主要来源。如果把三种情形合在一起看，财政赤字创造私人部门和外国部门盈余的可能性占 2/3。反之，美国财政盈余导致美国私人部门或外国部门赤字的可能性较大。总之，美国财政赤字会最终导致美国对国外商品和服务需求的增加，呈现学界所说的"双赤字困境"。

表 6-9 中的三种情形可以通过图 6-22 来描述。该图以 0 为对称轴描述了美国联邦政府赤字、国内私人部门盈余和资本账户盈余（或经常账户赤字）之间的数量关系，图中的纵坐标为它们分别占美国当年 GDP 的百分比。按照时间顺序，20 世纪 50~70 年代中期近似于情形 1：美国财政赤字，经常账户盈余（外国部门为负数），国内私人部门盈余；财政赤字和对外国部门金融净债权是私人部门金融资产净额的两个来源。这一期间美元虽然是主权货币，但受到布雷顿森林体系的制约，要履行兑换黄金的义务。布雷顿森林体系的瓦解使美元主权货币性质得到充分展开，20 世纪 70 年代中后期至 20 世纪 90 年代后期的绝大多数年份处于情形 2，其中私人部门虽然能够保持盈余（在图中 0 之上），但在国民收入中所在比重在下降，而贸易逆差（或资本项目盈余）呈上升趋势。

20 世纪 90 年代后期至 2008 年金融危机之前的大部分年份近似于情形 3，其中最为典型的年份是 2004~2007 年，联邦政府和私人部门同为赤字，它们之和等于贸易赤字额。其间 1998~2001 年联邦财政出现盈余，而私人部门和经常项目分别呈现亏损和逆差，这种情形从反面印证了上述原理。这一期间，克林顿政府虽然实现了财政收支盈余，却使私人部门亏损加剧。可以得出结论：美国联邦政府的财政赤字创造了美国私人部门盈余和经常项目赤字；相反，国家财政盈余会导致私人部门亏损，从而逐渐提高私人部门的债务杠杆率，但对解决经常账户赤字无济于事。

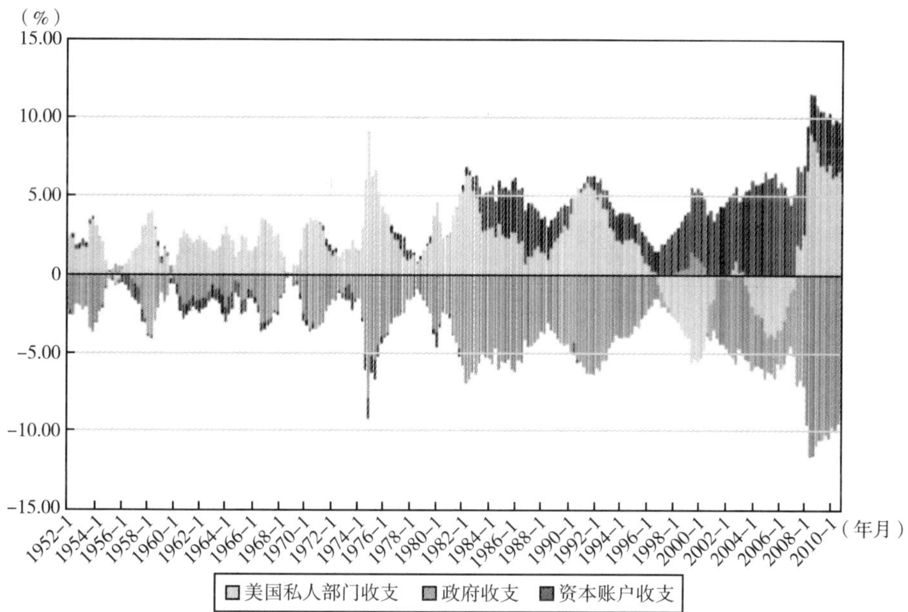

图 6－22　美国财政、私人部门和资本账户的收支关系

资料来源：Wray L. R. Modern Money Theory：A Primer on Macroeconomics for Sovereign Monetary Systems [M]. London，New York：Palgrave Macmillan，2015：35.

在 2007～2010 年期间，0 之下全部为联邦政府赤字额，0 之上为私营部门盈余和资本账户收支之和，三部门关系似乎重新回到情形 2。其实不然。这是典型的在金融危机期间国家财政赤字创造私人部门盈余和资本账户盈余（图中为经常项目逆差的相反数）的情形：由于生产、销售和就业状况恶化，进而税收收入的崩塌导致了财政赤字增长；同时因为消费需求下降导致进口商品减少，这些因素有助于私人部门盈余增长。

2. 贸易赤字、国债与美元回流

前面已经指出，国家无须通过发行国债来为其赤字支出融资。国债发行的更重要目的在于用有利息的国债替代无利息的货币，减少银行系统中的过量准备金，稳定美元币值和美元汇率，从而实现联邦基金利率目标。总之，通过国债买卖，央行实现吞吐基础货币，影响流动性，从而维护既定的基准利率目标。

美国巨额贸易赤字意味着由财政赤字创造出的一部分基础货币最终掌握在外国部门手中。在目前的国际货币金融体系中，贸易顺差国家用美元货币收入购买美国国债是最为安全的投资方式，随着美国贸易逆差增加，美国国债也逐年增加，如图 6－23 所示。这势必导致两个正反馈效应：一是促使美国发行更多的国债，以满足贸易顺差国的国债购买需求；二是通过不断地销售国债，让顺差国家的美元收入回流到美国金融系统，减少美元流动性，这种回流机制确保了美元币值稳定、联邦基金利率稳定和汇率稳定。

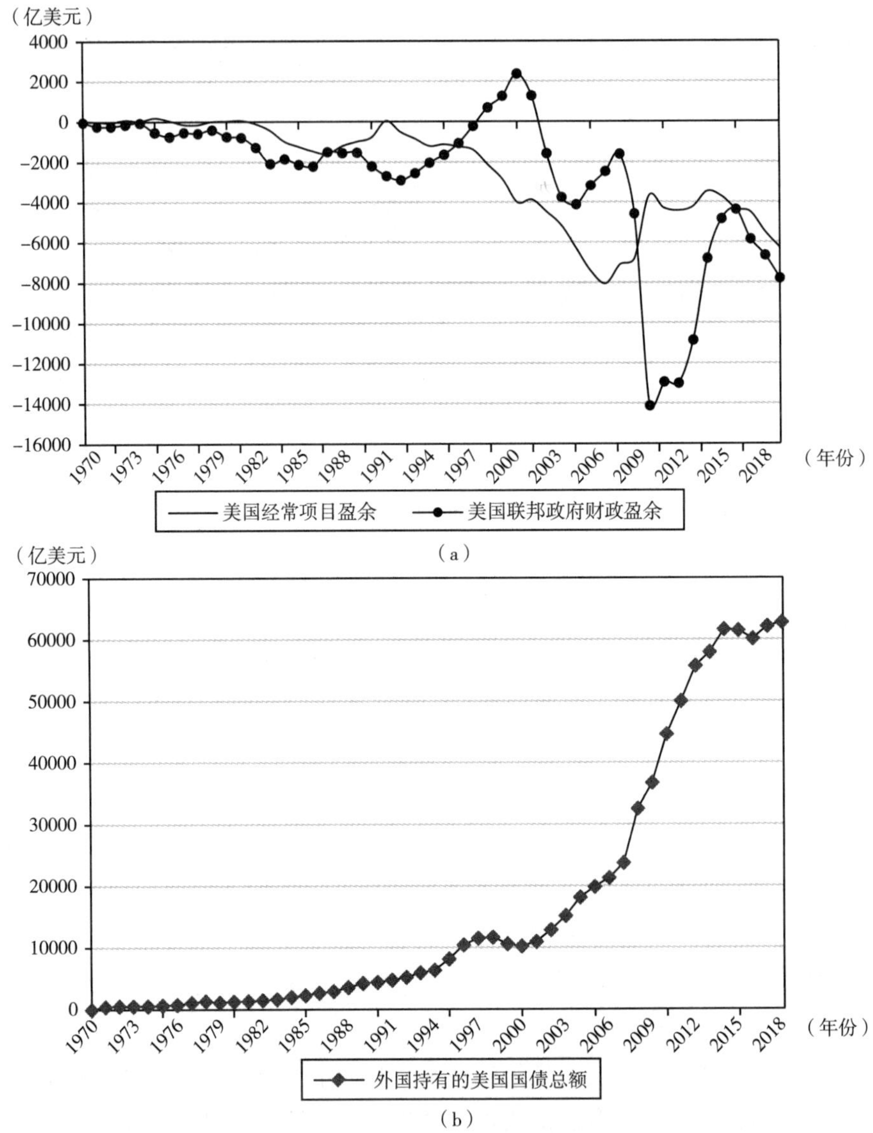

图 6 – 23　美国财政赤字、贸易赤字和国债

资料来源：根据中宏数据库和 Wind 数据库计算。

美国贸易赤字、财政赤字和外国部门持有的美国国债总额的 Spearman 相关系数检验验证了它们之间存在正相关性，如表 6 – 10 所示。

表 6 – 10　Spearman 相关系数表

	美国贸易赤字	联邦政府财政盈余	联邦政府债务总额
美国贸易赤字	1.000		
联邦政府财政盈余	−0.517***	1.000	
外国持有美国国债	0.871***	−0.671***	1.000

注：*** 代表在 0.01 的置信水平上显著。

资料来源：根据中宏数据库和 Wind 数据库计算。

3. 美元霸权是美国贸易赤字的深层次原因

众所周知，自 20 世纪 70 年代以后，美国走上“去工业化”道路，传统制造业的衰落和部分产业向海外转移导致金融业和生产性服务业成为美国的主导产业。因此，美国产业结构的失衡通常被认为是其经常账户逆差的根源。笔者赞同这种观点，并进一步认为美元霸权是美国“去工业化”、垄断资本金融化的始作俑者。

自 20 世纪 70 年代以来，西方发达国家逐渐从国家调节的垄断资本主义阶段进入一个新的金融化全球化的垄断资本主义阶段，[①] 在资本结构上，美国金融业资本相对于非金融业资本占主要地位，马克思所批判的那种企图不用生产过程做媒介而赚到钱的“狂想病”[②] 更为显著，金融资本力求摆脱实体经济这种“为赚钱而必须干的倒霉事”，直接从虚拟资本运动中攫取金融利润。如果说资本主义发展具有内在的金融化趋势的话，那么美元霸权是这种趋势的加速器。

从理论上讲，当一个国家发行了以外国货币计价的国债时，它必须通过净出口获得用以支付本金和利息的外国货币，否则就有可能陷入主权债务危机。相反，只要国债是以本国主权货币计价的，就不会存在偿还问题，因为，政府总能够通过提供更多货币的方式偿还债务和利息，只要能找到这种国债的外国投资者。在国际金融市场上发展中国家发行以本国货币计价的国债显然受到较多的严苛的约束条件，而美国国债的发行则不同，支撑其发行的正是美元霸权以及建立在美元霸权基础上的国际货币金融体系。不断发行美元国债成为吸引美元回流、稳定利率进而缓解其贸易赤字压力的主要工具。美国政治、经济和军事霸权地位让美国拥有了创造“超主权货币”的能力，这确保美国长期保持经常账户赤字并通过由华尔街控制的国际货币金融体系实现美国国际收支总量平衡。与其他国家可能遭受的主权债务危机相比，美国国会所设置的债务上限只是一种软约束甚至是一种障眼法，美国在资本主义金融化道路上所受到的约束显然远远小于其他发达国家，更不用说发展中国家了。经济史表明正是在布雷顿森林体系瓦解之后尤其进入 21 世纪之后美国经常项目进入了加速恶化阶段，基于美元霸权的资本金融化的贸易赤字已经超出了特里芬难题所揭示的理论机制。

四、结论和对策

在金本位时代，主权货币（铸币和纸币）带着“金箍”充当价值符号，执行流通手段和支付手段职能。在 20 世纪 30 年代金本位制崩溃之后，现代主权货币在本质上已经成为国家通过财政支出和银行系统创造的国家负债，它和金银条块——一般等价物（真正的超主权货币）不再有直接联系。为了解决国际贸易中世界货币缺失问题，通过布雷

---

① 高峰. 金融化全球化的垄断资本主义与全球性金融—经济危机［J］. 国外理论动态，2011（12）.

② 马克思恩格斯全集（第 45 卷）［M］. 北京：人民出版社，2003：67－68.

顿森林体系制度安排①，美元成为黄金的符号或货币符号，代表黄金行使世界货币职能，因此赢得“美金”的称号。这一时期美元具有双重角色——主权货币和世界货币。这两种角色在本质上是矛盾的，前者要求彻底摆脱黄金的束缚，而后者要求必须确保与黄金的可兑换能力。布雷顿森林体系的瓦解标志着美元世界货币地位的崩溃，它不过是一种主权货币而已。然而，美国不仅通过政治和军事霸权控制全球战略资源，而且建立了石油交易的美元计价机制，加之美国经济体量庞大，这些因素使美元成为一种霸权的主权货币，继续扮演世界清算货币、结算货币和主要的资本市场交易货币角色。然而，西方主流理论仍用金本位时代的贸易顺差和逆差概念解释在主权货币体系中的美国贸易逆差问题。在这个理论范式中我们不可能认清美国贸易逆差的本质和根源。

通常我们认为国际贸易能够使一个国家发挥自身的比较优势，是贸易双方互惠的经济活动。但在当今主权货币经济时代，如果贸易顺差国只是获得了逆差国的主权货币，这不是获利而是损失；相反，逆差国才是实际利益获得者。道理很简单，贸易逆差是一个国家拿着自己的债务凭证——主权货币去国外购买商品和服务，因此“进口是受益，而出口是损失”（Wray，2015）。由财政赤字产生的贸易逆差成为美国债务输出（或转嫁）的途径，这是美国贸易逆差的本质。美国当局叫嚣其长期遭受了贸易逆差的“损失”。殊不知这种“逆差”不仅让美国政府和垄断金融资本获利，而且有助于把滥发货币的通货膨胀压力转移到国外，抑制了美国通货膨胀率，自1991～2017年，美国经常项目赤字逐年恶化，而CPI却相对稳定，平均值为2.36。这让普通美国民众也分享了“逆差”带来的物美价廉实惠。相反，贸易顺差国家往往因外汇占款而被迫接受“输入性”通货膨胀，也因资源和原材料消耗巨大而面临通货膨胀压力和高昂的生态环境修复成本。

美国不仅是国际贸易的最大赢家，而且特朗普政府还极力把美国装扮成贸易逆差的受害者，以此为借口搞贸易“霸凌”和敲诈勒索，尤其是遏制中国经济的崛起。因此，美中贸易摩擦将是长期的战略性问题，中国至少应通过以下三个途径加以应对。一是推动国际储备货币多元化，打破美元在国际货币体系中的统治地位。二是调整中国产业与贸易结构，降低中国对美国出口依赖程度。三是加大跨境人民币结算业务、双边货币互换协议和人民币的海外投资。②

---

① 美元与黄金挂钩，1944年1月美国政府规定了35美元兑换一盎司黄金的官价。

② 贾根良．探寻新模式：国内经济大循环战略的政策选择［M］．北京：中国人民大学出版社，2020.

第七章　中国规避经济危机问题研究

制度、技术与货币金融是资本积累结构变迁的三个维度，因此马克思主义经济危机理论贯穿着对制度结构、技术结构和货币金融结构的分析三条线索。本章分四节，在第一节讨论长波演进的动力与我国走出经济新常态的发展路径后，再从三个维度阐述中国规避经济危机的制度优势及其实现路径。

第一节　长波演进的动力与走出经济新常态的发展路径

一、世界经济长波与中国经济新常态

在2013年上半年政治局讨论经济形势会上，习近平总书记正式提出中国经济处于“三期叠加”阶段的重大判断，随后在一系列重要讲话中阐明了中国经济发展新常态的科学内涵。中国经济新常态是由世界资本主义经济长波下降趋势和我国经济长周期下降趋势的叠加效应导致的。下面从世界和国内两个方面总结我国经济发展进入新常态的成因。

首先，从世界经济方面看，我国经济发展新常态与世界经济进入第五次长波下降阶段有关。自1983年以后，主要资本主义国家进入第五次康德拉季耶夫长波，其中1983~2007年为长波上升段，2008年至今为长波下降段。[①] 甚至佩蕾丝认为自2000年起美国等发达资本主义国家就已进入经济下行阶段。[②] 在2008年美国金融危机以后，主要资本主义发达国家进入了第五次长波的下降段，长波下降阶段的基本特征就是经济停滞、危机频繁和长期萧条。根据OECD组织公布的数据，2010~2016年主要资本主义发达国家的年均经济增长率分别是：美国为2.1%，德国为2.0%，英国为2.0%，日本为1.4%，法国为1.1%，意大利为-0.1%。资本主义经济呈现普遍性停滞和萧条，这是

---

① 高峰．论长波［J］．政治经济学评论，2018（1）．

② Perez C. The Double Bubble at the Turn of the Century: Technological Roots and Structural Implications［J］. Cambridge Journal of Economics, 2009（33）: 779-805.

自20世纪“大萧条”以来最为严重的一次经济危机。①

其次，从国内经济方面看，改革开放以来在中国经济增长中存在一个长度约为40年的长波趋势。通过采用5期移动平均方法②处理我国GDP增速数据，在过滤经济增长的短周期波动后，我国人均GDP同比增长率的5期移动平均值及其二项式变化趋势，如图7－1所示。可以把这个过程分为三个平均长度约为11年的中周期，它们分别是：1982～1990年，1990～2002年以及2002～2016年。图中的虚线可视为我国经济增长的一个长周期或长波。若将1978～2016年视为我国经济增长的长周期，则1978～2000年为这一长周期的上升段，2000～2016年为这一长周期的下降段。我国长周期和主要资本主义国家的第五次康德拉季耶夫长波基本一致。

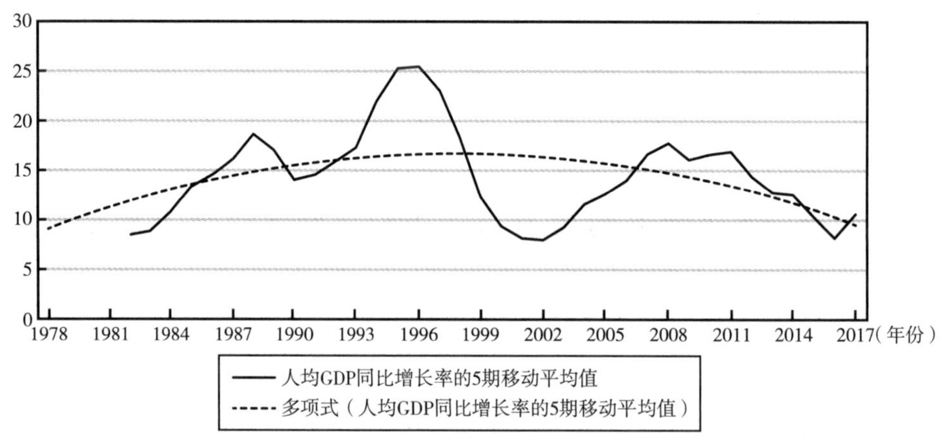

图7－1　中国经济长周期变化趋势（1978～2017年）

资料来源：中国国家统计局。

二、周期性复苏和长波上升的动力和条件

1. 短周期复苏的市场内生机制

周期性经济危机是资本主义生产过程的破坏性的再平衡过程。在经济危机中，一方面大量资本家破产，现存资本价值大量灭失，生产力遭到破坏；另一方面经济危机最终导致资本价格下降、商品价格上升、市场竞争强度减弱，从而使一般利润率得到恢复，进而使投资得到恢复，经济由此走向复苏。“重大危机不仅打乱资本主义积累，而且对其恢复来讲也是必要的。”③

① 李天德．世界经济波动理论（第一卷）［M］．北京：科学出版社，2012：277－295.

② 这里采用简单移动平均法，第t年人均GDP增长率（记为r_gdppc_t）的5期移动平均值$=\frac{1}{5}\sum_{i=0}^{4} r_gdppc_{t-i}$。

③ 大卫·戈登．长周期的上升与下降［J］．教学与研究，2016（1）.

2. 长波上升的基本动力和条件

经济危机的强制性平衡机制只能解释短周期复苏，资本主义没有能使经济从一个长周期萧条转向下一个长周期复苏的自动机制。① 经济从长周期萧条转向长周期复苏，除了马克思所说的暴力的强制性的平衡机制外，通常需要一些有利的冲击，即曼德尔所说的阻止一般利润率趋向下降的反作用因素甚至是一些外生的、具有历史偶然性的因素。根据马克思主义、新熊彼特学派和后凯恩斯学派理论，推动长周期复苏的因素除了技术创新冲击外，还需要制度创新冲击和构建适宜的货币金融系统。它们成为阻止一般利润率下降的反作用因素和基本条件，否则经济体就会陷入长期停滞，走向复苏的道路将会变得更为漫长。

首先，历史中的五次技术革命巨浪具有引领长周期复苏和经济长波上升的功能。目前，智能化工业革命浪潮正在兴起，这或许孕育着第六次技术革命巨浪或第六次技术经济范式。

其次，适应资本积累的制度创新能够释放出经济增长的动力，促使经济由萧条走向复苏。由政治、经济、文化、国际经济关系等组成的资本积累的社会结构具有缓和或加剧阶级矛盾、促进或抑制资本积累的作用。历史上每次资本主义长波的上升段都对应着一种新的积累的社会结构的建立和巩固。新的资本积累的社会结构是资本主义制度的自我变革与调整，它构成长波上升的制度冲击。

最后，走向经济复苏依赖稳健的货币金融系统。譬如，罗斯福新政的首要措施就是整顿银行与金融系统以逐步恢复银行的信用，在推行新政的各项立法中有关金融的法案就占 1/3。在现代货币体系经济中，货币金融系统的稳定性更是经济走向长周期复苏和长波上升的基本条件。

第二节　社会主义市场经济规避经济危机的制度优势

社会主义制度规避经济危机的“制度稳定器”及其运行机理是什么？我们认为，生产与需要矛盾（第一重矛盾）、供给与需求矛盾（第二重矛盾）是在内涵和外延上交叠的层次不同的两个矛盾，它们构成现代市场经济的双重矛盾结构。资本主义基本矛盾强化了双重矛盾之间的异质性、不同步性和对抗性，并以经济危机的破坏性调整方式迫使供给—需求矛盾向生产—需要矛盾回归，使双重矛盾获得暂时的统一。虽然社会主义市场经济依然是双重矛盾的对立统一，但社会主义制度能够正确处理双重矛盾的对立统一关系，坚持以需要管理引导需求管理、以社会主义生产目的引导供给侧结构性改革的基本原则，切实保障民生需要，从而规避经济危机。

① Kotz D. , et al. Social Structure of Accumulation [M]. Cambridge: Cambridge University Press, 1994: 58.

一、现代市场经济存在双重矛盾结构

1. 双重矛盾的产生和发展

根据唯物史观，生产和需要之间的矛盾是人类社会存在和发展的基本矛盾。这个矛盾以人类生存和发展为宗旨，以一定时期社会生产力发展水平为界限，以获得物质资料（劳动产品使用价值）为生产目的，因此具有一般性和永恒性，贯穿于人类社会多种经济形态或生产方式之中。

在商品经济中，除了以生产力为核心的“生产—需要”矛盾外，还形成以商品交换为核心的“供给—需求”矛盾。在本质上，第一重矛盾始终以生产力发展水平为核心，以使用价值生产为出发点和归宿点；而第二重矛盾不仅受制于落后的生产力，而且受制于交换的范围和以货币为媒介的价值实现条件，商品的使用价值和价值之间的矛盾，生产商品的具体劳动和抽象劳动、私人劳动和社会劳动之间的矛盾构成第二重矛盾的主要内容。在空间范围上，并非人类生存发展的所有需要都能够通过商品生产和交换来实现。从商品生产和交换是有其范围这一点看，商品经济只是人类实现需要的一个方式。在时间上，第一重矛盾往往是在第二重矛盾尖锐之后才显现出来。因此，双重矛盾具有本质上的差异性、空间上的不对称性和时间上的不同步性。

在简单商品经济中，双重矛盾的发展方向具有高度的一致性，内涵和外延具有高度的重叠性。简单商品经济以获得使用价值为出发点，即以满足物质和文化需要为生产目的，“需要”和“需求”之间的矛盾尚未充分展开。在现代市场经济中，货币、价格、供给和需求等成为在人们日常生活中最容易直接经验到的经济现象，人类社会经济活动因此蒙上商品拜物教和货币拜物教的神秘面纱，供给—需求矛盾掩盖了生产—需要矛盾，人类社会经济活动的现象和手段掩盖了本质和目的。

2. 资本逻辑支配下的第二重矛盾运行机制与经济危机

受资本主义生产目的、剩余价值规律和资本积累规律支配，作为市场经济自发力量的第二重矛盾成为决定社会化大生产能否顺利进行的最直接因素，成为“永恒的”和所谓“神圣的”供求规律①，并掩盖了更深层次的第一重矛盾的存在。资本主义基本矛盾强化了双重矛盾之间的异质性、不同步性和对抗性。周期性经济危机是双重矛盾对抗性的一种充分展开，它以强制性的、破坏性的调整方式迫使供给—需求矛盾向生产—需要矛盾回归，使双重矛盾得以暂时地同步和统一。

资本主义供给的领域及其界限最终取决于资本主义生产关系。② 由于资本主义生产

① 马克思恩格斯全集（第44卷）［M］. 北京：人民出版社，2001：737.

② 马克思恩格斯全集（第30卷）［M］. 北京：人民出版社，1995：396－397.

的驱动力是利润率①，因此对生产界限的确定取决于利润率而不是人们的需要②。这样，生产边界主要受生产力制约转化为供给边界主要受利润率制约。这种以攫取剩余价值或利润为根本动机的生产方式具有内在无法克服的矛盾——无限发展生产力与价值增值之间相矛盾，或大规模生产与利润率边界之间相矛盾。③ 资本主义生产的真正限制是资本自身，资本生产过剩的本质是生产发展超出了利润率边界。④

资本生产过剩会引起生产部门的结构失衡、增长停滞和经济危机。⑤ 首先，资本主义市场供给存在无政府状态和结构性失衡趋势。资本主义供给是在利润动机驱使下通过市场竞争机制完成的。生存竞争迫使企业不顾市场的限制发展生产力，产能扩张往往是单个资本避免被消灭的一种理性选择。竞争结果是加剧生产的无政府状态和相对过剩，而不是一般均衡。其次，资本积累的根本趋势是打破包括原有比例关系在内的所有障碍，因为资本无限度地追求超额劳动、超额生产率、超额消费等，原有的比例关系对资本积累来说就是一种束缚。⑥ 资本主义生产不可能在一切领域同时、自由和均匀地发展。⑦ 最后，产能过剩加剧资本的金融化和经济发展“脱实向虚”。就生产动机而言，生产“只是为了赚钱而必须干的倒霉事”。⑧ 因此，当产能过剩使利润率急剧下降，资本不能获利的时候，资本家宁可什么都不做，以货币形式持有他的资本，作为资本复归到它原来的休眠状态的形式。这种情形影响产业资本正常循环，不仅加剧产业资本和借贷资本之间的矛盾，而且诱导资本从事金融冒险，在实体经济出现“钱荒”之后往往发生房地产和金融市场的投机风潮和泡沫经济。

虽然资本主义可以通过周期性资本贬值和周期性危机进行强制性调整，通过资本输出或凯恩斯主义国家干预进行缓解，但这三种途径不能从根本上解决双重矛盾的对抗性。

二、社会主义市场经济是双重矛盾的对立统一

1. 双重矛盾结构是完善社会主义市场经济的理论起点

双重矛盾结构是理解社会主义本质和社会主义市场经济之间关系的重要理论出发点。邓小平同志曾阐述过社会主义市场经济的工具规定性和制度规定性，即人们熟知的计划—市场关系论和社会主义本质论。社会主义市场经济的工具规定性和制度规定性的

---

① 马克思恩格斯全集（第46卷）［M］. 北京：人民出版社，2003：288.
② 马克思恩格斯全集（第26卷Ⅱ）［M］. 北京：人民出版社，1973：602.
③ 马克思恩格斯全集（第26卷Ⅱ）［M］. 北京：人民出版社，1973：603－604.
④ 马克思恩格斯全集（第46卷）［M］. 北京：人民出版社，2003：278，280.
⑤ 马克思恩格斯全集（第46卷）［M］. 北京：人民出版社，2003：284－285.
⑥ 马克思恩格斯全集（第46卷上）［M］. 北京：人民出版社，1979：397.
⑦ 马克思恩格斯全集（第26卷Ⅱ）［M］. 北京：人民出版社，1973：607.
⑧ 马克思恩格斯全集（第45卷）［M］. 北京：人民出版社，2003：67－68.

基础就是社会主义市场经济的双重矛盾结构。为了解决双重矛盾结构的内在张力，社会主义市场经济体制必须从社会主义生产目的出发，把社会主义本质和市场经济一般规律统一起来；超越由资本决定的生产边界，坚持以人民为中心的发展思想，始终把第一重矛盾作为社会经济发展中的主要矛盾。第一重矛盾或我国社会经济主要矛盾曾经被经典地表述为“人民日益增长的物质文化需要同落后的社会生产之间的矛盾”。党的十九大报告指出，随着我国社会生产力水平总体上显著提高、人民美好生活需要的日益广泛，在这个新的时代“更加突出的问题是发展不平衡不充分”，因此社会经济主要矛盾被表述为“人民日益增长的美好生活需要和不平衡不充分的发展之间的矛盾”。主要矛盾归根到底是指第一重矛盾，它来自对社会主义价值理性的追求。

深化社会主义市场经济体制改革不能仅仅局限于解决第二重矛盾。首先，建立在资本逻辑基础上的市场供求机制是有其功能边界的，主要表现在涉及民生的公共品供给不足、生态环境恶化等方面，即使解决了第二重矛盾或实现了供求总量平衡，仍会存在“人民日益增长的美好生活需要”缺口。其次，市场竞争机制既有活跃经济、提高效率等优势，也有自发的两极分化趋势，单纯依赖市场机制去解决发展的不平衡不充分问题是不可能的，这一点早已为西方国家经济实践所证实。譬如凯恩斯主义国家干预政策能够在一定程度上缓和供给—需求矛盾，但不可能着眼于解决生产—需要矛盾，凯恩斯主义政策最终导致资本主义经济滞胀。社会主义市场经济应当把第二重矛盾视作社会经济主要矛盾的表象，把解决第二重矛盾视作解决第一重矛盾的主要工具之一。

总之，社会主义市场经济同样存在双重矛盾的异质性和张力问题，如表 7 - 1 所示。

表 7 - 1　社会主义市场经济双重矛盾的异质性

双重矛盾	商品生产	驱动力	矛盾边界	科技进步	运行方式
生产—需要	物质资料生产，获得使用价值	以人民为中心的发展需要	生产力水平	解放劳动者，人的全面自由发展	政府干预 统筹规划
供给—需求	价值生产和实现	剩余价值	利润率水平	相对人口过剩、失业	自发的市场机制

资料来源：笔者整理。

2. 以增加有效需要为本，以调节有效需求为用

有效需要是从生产—需要矛盾派生出来的为一定时期社会生产力发展水平所能够实现的需要。它强调社会生产力发展水平的决定作用，在外延上包含有效需求，在内涵上体现社会主义本质的内在规定性。

总的说来，有效需要由市场需求和非市场化的民生需要两部分构成。可以从价值和使用价值两个维度来区分它们。在价值维度上，居民购买力决定消费需求，企业利润率决定投资需求，它们确立了有效需求的边界。宏观经济学所宣称的总需求是指可市场化①且在

① 可市场化是供给和需求矛盾运行的一个不言而喻的前提，这里是为了强调非市场化民生需要的存在。

购买力和利润率边界之内的那部分需要，主要由居民消费、投资、政府支出和净出口构成。这里重点说明消费和投资部分。马克思分析社会总资本的再生产和循环时把消费资料分为必要消费资料和奢侈消费资料两大类，遵循这个思路笔者把社会主义市场经济中的消费资料分为民生必需品和奢侈品。在投资部分，把住房投资与其他投资区分开，主要是考虑住房具有消费品和投资品双重属性。

被排除在购买力和利润率边界之外的但能够为社会生产力所满足的那部分需要仍然是有效需要——一个与有效需求完全不同的部分，这里称之为“非市场化的民生需要”，它们主要集中在由国家提供的基本公共服务、公共基础设施、公共交通、公共安全、生态环境保护等领域。从使用价值看，这类消费品属于集体性消费品①，即不能被分割的、非排他性的消费品和服务，与那些在市场上购买的且能够被个人单独占有和消费的商品与服务不同。在现代社会化大生产和大都市生活中，这类集体性消费品关乎民生基本需要，它们构成一个社会物质文明和精神文明的基础。这类需要几乎是通过政府购买实现的，相关支出归入政府财政支出，这是国家干预经济尤其社会消费的最重要内容之一。

根据市场化难易程度和充分程度，把民生需求划分为强市场化民生需求和弱市场化民生需求两类。譬如在正常情况下农产品、家用电器等商品的供求关系可以充分通过市场去调整，故称之为“强市场化”民生需求。而在教育、医疗、公共卫生等领域，由于消费具有一定程度的集体消费特征且充分市场化难度较高，因此把在这些领域中通过市场化改革形成的需求称为“弱市场化”民生需求。关于住房，只有从生产—需要矛盾出发去看待它的时候，“房子是用来住的，不是用来炒的”这句话才有实际意义。住房需求是一项关乎民生的大事，因此各类保障性住房不仅属于民生需求品，而且属于弱市场化民生需求品。

如上所述，总需求是有效需要的一部分，即使通过需求管理政策实现供求总量平衡，总需求与有效需要之间仍然存在一定量的缺口，这个缺口就是非市场化民生需要。在财富和收入分配两极分化背景下有效需求不足往往集中反映在弱市场化民生需求领域，这部分需求会不同程度地退出市场，成为非市场化民生需要，考虑到这个因素，缺口会变得更大一些。在这种情形下，以市场机制为基础的有效需求管理失灵。这就要求超越有效需求管理，上升到以民生经济为核心的有效需要管理。有效需要管理强调以下四个方面问题。

第一，强调国家在满足非市场化民生需要中的责任。在社会主义市场经济中，有效提供集体性消费是国家直接介入社会消费过程、进行宏观调控的重要手段，它能够最大限度地扩张具有民生经济意义的社会需要，从而降低双重矛盾之间的张力。

第二，构建合理的强市场化民生需求和弱市场化民生需求的结构关系。国内外经验

① 这里借鉴卡斯泰尔（M. Castells）、哈维（D. Harvey）等西方马克思主义学者开创的新城市社会学理论。所谓的集体消费是指消费过程就其性质和规模、组织和管理而言只能是集体供给的，如公租房、公共基础设施、医疗和教育等。

表明，弱市场化民生需求大多来自对集体性消费的私有化和市场化改革。20 世纪 70 年代以来，在美英等国家兴起的新自由主义市场化改革大幅度地削减凯恩斯主义盛行时期由国家提供的一些公共产品（服务）、社会福利等集体性消费，代之以私人的市场化需求。从 20 世纪 90 年代初到 21 世纪初的十多年间，我国在医疗、教育、住房等领域也进行了类似的市场化改革，许多传统的集体性消费品不同程度地转变为弱市场化民生需求。在财富和收入分配两极分化背景下，所谓有效需求不足就是这些弱市场化民生需求逐渐退出市场，成为失去保障的需要，这会加重中低收入人群的生活负担，加剧社会矛盾，导致总需求管理失灵。

第三，从财富与收入分配角度处理好奢侈品和民生必需品的关系，制定合理的消费政策。在社会主义市场经济体制中，广大群众对民生必需品和奢侈品的消费不仅取决于社会生产力发展水平，还取决于财富与收入分配的公平、合理程度。当社会生产力得到较快发展，经济发展成果为广大民众所共享，人民生活水平普遍提升时，许多奢侈品会逐步转变为民生必需品。但在财富与收入分配两极分化条件下，刺激消费只能是刺激富人对奢侈品的高消费。因此一味地鼓吹通过高消费、奢侈品消费来促进消费结构升级进而拉动国内消费需求的方案没有真正看到中国民情。

第四，虽然住房商品兼有消费属性和投机属性，但需要管理旨在通过保障性住房等一系列改革措施使住房回归消费角色，而不再把房地产经济作为宏观调控的杠杆工具。

3. 以社会主义生产目的引导供给侧结构性改革

市场配置资源的决定性作用和中国经济学界的日益西方主流化导致“社会主义生产目的”逐渐淡出国内经济学话语体系。马克思主义学者强调要从社会主义生产目的出发理解供给侧结构性改革的必要性[①]，这个理论取向意义重大。供给侧结构性改革不是宣扬美国供给学派的新自由主义，而是构建有中国特色的社会主义供给理论。[②]

笔者认为，供给侧结构性矛盾的发生机制是在某些领域和在某种程度上受利润率驱使的市场供给脱离了社会主义生产目的，以至于双重矛盾之间发生了较为严重的不同步、不协调和对抗。供给侧结构性改革的出发点在于完善市场供给机制，归宿点在于实现社会主义生产目的。

首先，供给侧结构性改革的宗旨是实现社会主义生产目的，即促使供给更好地满足广大人民群众不断升级的和个性化的物质文化需要与良好的生态环境需要。在社会主义市场经济中，虽然企业生产的直接动机是获取剩余价值，供给的结构和数量服从价值规律，但最大限度地生产出满足人民群众需要的使用价值始终是社会主义国家组织社会化大生产的宗旨。正是这个宗旨使供给侧结构性改革从根本上有别于美国供给学派政策。前者坚持以人民为中心的发展思想，以解决中国社会经济主要矛盾为出发点，把增加就

① 张宇．对社会主义生产目的的新认识［N］．人民日报，2017－2－27。

② 方福前．寻找供给侧结构性改革的理论源头［J］．中国社会科学，2017（7）．

业、提高社会福利、保障民生作为第一要务；后者则代表大资产者的利益诉求，推行以减税、减少政府管制、削减公共设施投资、降低社会保障水平、打压工会等为主要内容的新自由主义经济政策，最终把经济滞胀的痛苦转嫁给广大民众。

其次，供给侧结构性改革是从两个维度上解放和发展生产力。一是“着力构建市场机制有效、微观主体有活力、宏观调控有度的经济体制”[①]，这是从深化市场体制改革、理顺政府和市场关系出发解放和发展生产力。二是消除由市场自发的盲目性导致的供给侧结构性矛盾，这是从克服市场经济局限性或消极面出发解放和发展生产力。随着我国完成了从传统计划经济体制向现代市场经济体制转轨，市场经济局限性或消极面逐渐成为结构性矛盾的主要原因，只有坚持公有制经济主体地位和按劳分配制度才能确保社会主义市场经济体制自我完善和自我发展。

必须看到导致供求结构错配和失衡的因素既有来自政府管理体制方面的，也有来自市场机制方面的。不能够把部分行业产能过剩，多样化、个性化、高端化供给不足，资源与生产要素错配等供给侧结构性矛盾完全归咎于政府管理体制。“三去一降一补”所针对的问题也在很大程度上来自市场机制的局限性和消极面，是第二重矛盾的自发结果。即使是在市场机制比较成熟的美国也同样面临类似的结构性矛盾，所谓的美国供给学派和此后兴起的新自由主义的一个重要任务就是在资本逻辑范围内调整供给结构。

最后，在政策制定方面供给侧结构性改革强调以人民为中心的发展思想。新自由主义通过“外包”“去工业化”策略和“及时生产”管理系统等一定程度上化解了产能过剩问题，但导致国内失业率长期高居不下；通过压制实际工资增长、减税、减少公共福利和降低社会保障水平等降成本政策恢复利润率，但导致居民走向负债型消费；通过减少政府管制、推行资本金融化政策最大限度地满足资本的贪婪和掠夺本性。这些政策把结构调整的成本转嫁给了广大民众。相反，我国供给侧结构性改革立足于协调双重矛盾关系，在坚持社会主义基本经济制度基础上通过改革途径自觉调整供给结构，致力于解决中国社会经济主要矛盾。

三、化解双重矛盾的四个关键点

首先，缩小居民尤其是城乡居民的财富与收入分配差距。我国收入分配格局呈“葫芦形”。[②] 它可能导致经济体陷入“中等收入陷阱”。从第一重矛盾看，财富与收入分配两极分化会直接割裂生产和需要的关系。从第二重矛盾看，它导致消费需求不足，启动内需困难，促使中国经济逐渐走向外需依赖型增长模式，不利于让经济发展成果“更多

① 习近平．决胜全面建成小康社会夺取新时代中国特色社会主义伟大胜利——在中国共产党第十九次全国代表大会上的报告［M］．北京：人民出版社，2017.

② 陈宗胜等．中国居民收入分配通论：由贫穷迈向共同富裕的中国道路与经验［M］．上海：格致出版社等，2018：71－80.

更公平惠及全体人民”；导致消费结构失衡，少部分高收入群体不满足于目前的奢侈品供给水平，而大部分中低收入群体的消费层次不能提升，在住房、医疗、教育等民生领域购买力显著不足。总之，两极分化会加剧供求矛盾，加剧双重矛盾的对抗性。

其次，完成精准扶贫、精准脱贫攻坚战。贫困人口、贫困地区几乎游离于市场经济之外。贫困家庭大多在受教育水平、身体健康、职业培训、金融服务等方面处于很大劣势，面临不同程度的就业困难；贫困地区经济发展因基础设施不足、生产和生活条件较差等外部性因素而受到极大制约。基于市场的涓流机制和扩散机制的经济增长减贫效应十分有限。因此，精准扶贫、精准脱贫成为解决第一重矛盾的兜底工程。这项伟业表明，只有社会主义制度才能正确认识到双重矛盾的存在并真正解决好双重矛盾关系。

再次，坚持人与自然和谐共生的发展道路。第二重矛盾只关注“金山银山”。从本质上讲，资本不会自觉保护生态环境，资本扩张是生态环境恶化的罪魁祸首。① 我国经济之所以能够在较长时间里依赖粗放增长模式，离不开廉价的自然资源和排污成本，这导致高污染、高能耗的低端产业的产能过剩问题迟迟得不到解决。必须从解决第一重矛盾高度看待“绿水青山”问题，人们需要良好的生态环境和可持续利用的资源，这是绝对的、无条件的。因此应当实行最严格的生态环境保护制度，“宁可要绿水青山，不要金山银山”。

最后，补齐公共品、准公共品供给不足短板，切实保障非市场化民生需要和弱市场化民生需求。20 世纪 90 年代初以来，我国在住房、医疗卫生、教育领域的市场化改革导致相关公共品和准公共品供给出现短板。房地产市场投机与泡沫是双重矛盾相背离的典型标志。局限于解决第二重矛盾的一系列房地产调控政策始终难以治理房地产市场乱象，相关政策制定必须站在解决第一重矛盾高度，稳步推进保障性住房建设，只有这样，“房子是用来住的，不是用来炒的”才不至于成为一句空话。医疗卫生和教育领域的市场化改革也导致相关公共品和准公共品供给的范围缩小、数量下降和分布不平衡，在这些领域的供给不足短板亟待补齐。

第三节　新技术革命机会窗口与中国高质量发展的路径创造

自新中国成立以来，我国相继跨越了三次技术经济范式②的“卡夫丁峡谷”，在第五次技术经济范式的末期实现与发达国家的“并跑”，在第六次技术经济范式（即工业智能化技术经济范式）兴起之际显示出“局部领跑”的优势。面对一系列深层次矛盾，完善国家创新系统和落实促就业保民生政策是实现中国经济高质量发展的基本条件。

① 约翰·贝拉米·福斯特．生态革命——与地球和平相处［M］．刘仁胜译．北京：人民出版社，2015：185.

② 指第三次、第四次和第五次技术经济范式。

一、新工业革命给我国带来技术经济范式领跑机遇

1. 新旧范式交叠期中的领跑机遇

演化发展经济学认为，自英国工业革命以来已经发生了五次技术革命。每次技术革命不但催生一批新产业和新基础设施，重塑投资偏好和工业结构，而且使社会的生产方式、组织结构、体制、机制、惯例和意识形态等发生深刻变化，形成一套通用的同类型技术、共识性组织原则、经济体制、市场机制和最佳惯行模式。佩蕾丝把上述因素的“系统集成”称为技术经济范式。[①] 我们认为，目前正处于第五次技术革命的衰退阶段和第六次技术革命的兴起阶段，因而是第五次和第六次两次范式的交叠期。

由于技术经济范式的演变具有生命周期特征，因此后发国家的范式追赶必须遵循其内在的发展规律。前五次技术革命及相应的范式都产生于欧美资本主义核心国家，从美、德、日等国崛起的历史经验看，技术革命及相应范式的爆发阶段和成熟阶段会为后发国家创造不同性质的发展机会。我们由此得到两点重要启示。一是技术革命及相应范式的成熟和扩散为后发国家提供追赶机会，如果后发国家主动采取适当的追赶政策，经过两至三轮的“范式追赶”之后，不仅会大大缩小与核心国家的发展差距，还有可能迎来与核心国家范式“并跑”的机会。二是从“范式并跑”到“范式领跑”是一个质的飞跃，从历史经验看，这个飞跃通常发生在新旧范式交叠阶段。根据佩蕾丝的理论，新旧范式的交叠期也是危机和机遇的交叠期。这一时期既有旧范式的衰落及其导致的产业衰落和经济停滞，也有新范式的生机及其蕴含的金融投机机会，因而这是一个金融资本与生产资本背离与耦合、经济紊乱和危机丛生的阶段。[②] 后金融危机时代全球经济下行、复苏艰难印证了佩蕾丝的理论预测。因此，交叠期是旧范式走向衰落、核心国家发生经济紊乱和危机、新范式尚处于探索阶段的特定时期，只有在这个时期，那些长期进行范式追赶的后发国家才有可能迎来“范式领跑”的历史机遇。所以，我们把一个后发国家抓住历史机遇实现崛起的过程诠释为从范式的“跟跑”“并跑”到“领跑”的历史飞跃过程。

2. 抓住第六次范式兴起的历史机遇期

在21世纪的第二个十年，工业智能化革命已经露出它的第一缕曙光，世界经济由此进入第五次和第六次范式的交叠期。按照上述逻辑，工业智能化革命的爆发将给我国带来“领跑”新范式的短暂的、历史性的发展机遇。经过70年的范式追赶，我国也完全具有抓住这次历史机遇的能力。

在工业智能化革命初露端倪之际，《中国制造2025》和2017年国务院颁布的《新一

---

① ［英］卡萝塔·佩蕾丝．技术革命与金融资本［M］．田方萌译．北京：中国人民大学出版社，2007：21－24.

② ［英］卡萝塔·佩蕾丝．技术革命与金融资本［M］．田方萌译．北京：中国人民大学出版社，2007：87.

代人工智能发展规划的通知》等为我国走向范式领跑确定了基本纲领和时间表：在2030年取得人工智能等高端技术的世界领先地位；在2049年建成全球领先的技术和产业体系，综合实力跻身于世界制造业强国前列。上述举措为我国抢抓第六次范式的“领跑”机遇奠定了体制和动力基础。

美、德、日等国崛起的历史经验表明，我国只有抓住新工业革命和新范式爆发的机遇期才能真正成为工业强国和科技强国。如何才能抓住这个稍纵即逝的历史机遇期，实现从范式追赶向范式领跑的转变？在回答这个问题之前有必要从范式赶超角度回顾和诠释新中国70年的发展历程，这有助于深刻理解当前的历史机遇和发展方向，突破路径依赖惯性，为范式领跑创造新的路径。

3. 对我国范式追赶历程的理论反思

可以把我国1949年至今的范式发展历程分为三个阶段：曲折的“追补”阶段（1949～1977年），主要任务是弥补历史空白，实现从农业国家向现代化工业国家的转变；“追补”和“跟跑”阶段（1978～2008年）；从“跟跑”“并跑”向“领跑”转型的历史机遇期（2009年至今）。①回顾新中国70年范式追赶的历程，在反思所取得的成就及面临的困境后，我们认为正确认识以下五个方面问题有助于理解加快当前范式转型步伐的必然性和急迫性，有助于深刻理解范式领跑的内涵和历史使命。

第一，正确认识范式追赶与范式领跑之间的本质区别，从追赶到领跑是一种范式转型，是一种历史性飞跃。在范式演进的生命周期过程中，只有当某种技术经济范式在核心国家进入展开期并趋于成熟后才有可能向外扩散，才有可能引起后发国家的学习、引进和模仿，进而引发后发国家的范式追赶。这意味着，虽然一个成功的范式追赶行动能够通过早期的“追补”和中期的“跟跑”最终实现后期的“并跑”，但这种行动终究局限于正在走向衰落的范式（或旧范式），将随着旧范式的结束而结束。因此，所谓的并跑只是在旧范式的范围内通过学习和模仿追上核心国家。相反，领跑是一个国家超越旧范式，原创性地探索新技术革命和“定义”新范式。虽然并跑为领跑奠定物质、体制和机制等方面的基础，但是从并跑转向领跑是一个依赖于特定历史契机的质的飞跃。中国改革开放之后的范式追赶是嵌入第四次和第五次技术经济范式的跟跑行为。这意味着我们的追赶只能服从于业已成熟的国际分工，并被锁定在价值链低端。目前，世界技术经济范式的演进正处于第五次范式衰退和第六次范式兴起的交叠期，一个弥漫着衰退而又蕴含着生机的躁动不安的发展阶段。我们走到了亟待范式转型的历史关头，如果抓不住这个历史机遇期，我们就有可能沦为新范式的追赶者，再次陷入发展路径被发达国家“定格”的不利境地。

第二，正确认识范式赶超与技术赶超之间的本质区别。技术经济范式的本质是关于

① 范式演进的阶段划分不可能有一个精确的时间节点，为了理论研究需要，用一些有代表性的年份作为时间节点。

技术、金融资本、国际分工、组织结构、体制、机制、产业和政策等的“系统集成”，衡量它的指标是综合国力，范式演进的驱动力除了技术创新外还有制度创新，即社会经济体制改革。因此，技术赶超不仅只是范式赶超的一部分，而且是以范式赶超为基础的。不能把范式赶超简化为单纯的技术赶超，不能把我国技术、产业乃至社会经济发展模式中存在的瓶颈因素简化为技术落后，忽视技术背后的创新体制和机制问题。然而，在实践中我们恰恰犯了上述的“简化论”错误，混淆了两者之间的关系，因此强调技术水平的国际比较，轻视制约技术赶超的组织结构、体制、机制和政策等范式发展瓶颈问题。回顾范式追赶的第二阶段，推动我国科技创新的巨大动力就是社会经济体制改革；未来要想成为新技术革命的弄潮儿还需要更加深化社会经济体制改革。

第三，正确处理政府和市场的关系。一方面，范式赶超本质上是一种国家干预行为。一个有作为的后发国家必须采取恰当的经济政策和发展策略，通过产业政策和宏观调控政策适时调整供给结构，通过对基础创新项目的国家投资引领技术创新，通过整合社会资源构建有本国特色的国家创新系统，通过政治经济体制改革实现组织结构、管理体制和经济机制等的制度创新。若缺乏应有的综合国力，一个国家即使在某些技术领域居于世界领先地位，也无法成为一个范式领跑者。政府被限制在“守夜人”岗位不过是资本主义自由放任时代憧憬的一个神话。另一方面，在微观上范式赶超是企业的一种自主的市场行为。对新范式的搜寻、引进、学习、模仿和赶超是通过市场机制完成的，只有充分发挥市场机制的激励—约束作用才能有效地消除要素价格扭曲，充分激发企业的创新动力。林毅夫和张维迎的产业政策之争一度引起国内学界和社会舆论的广泛关注，它从一个侧面反映出我们亟须构建“亲”“清”的新型政商关系。

第四，正确认识自主创新精神和“以市场换技术”策略的关系。“以市场换技术”发端于20世纪80年代后期中外轿车合资企业的建立，其初衷是通过开放国内市场，引导外资企业技术转移，获取国外先进技术，最终提高我国自主创新能力并夺回市场。这个策略在当时符合中国国情，有一定的合理性和积极意义。它之所以引起中国实业界的反思和质疑是因为它的初衷很难实现，而且市场的丢失在一定程度上也扼杀了自主创新精神，以至于如前日产总裁卡洛斯·戈恩所说的，中方在合资企业中除了提供廉价的劳动力和销售渠道外，对实际经营和管理的贡献几乎为零。从范式角度看，“以市场换技术”策略的失败是必然的。首先，技术不是孤立存在的，它依存于特定的技术经济范式。技术经济范式的内涵不只是狭隘的技术领域，它还包括组织结构、体制、机制、常识、惯例等共识性组织原则和最佳惯行模式，这些内涵属于不可市场化（交易）的“意会性知识”，它们只能来自一个国家的自主创新的知识积累过程。其次，核心技术是发达国家拥有核心竞争力和攫取超额剩余价值的“撒手锏”，后发国家不可能在核心技术方面实现“以市场换技术”。“中兴事件”就是这个道理的最好例证。[①] 最后，当这个策

① 贾根良．“中兴事件”对中国加入WTO《政府采购协定》敲响了警钟［J］．学习与探索，2018（8）．

略渗透到几乎所有的民用技术和商业领域中，由初期的战术和策略演变为技术体制与经济发展模式后，“以市场换技术”逐渐形成特定的组织结构、利益集团和技术发展轨道，导致中方一味地依赖技术舶来品，成为范式的永远的跟跑者、资源供给方和产品销售市场。

第五，正确认识对外开放与范式赶超的关系。从一个范式跟跑者角度看，对外开放是学习、引进和创造性转化世界先进的技术经济范式。从一个范式领跑者角度看，对外开放则是走出去，向世界展示我们的自主创新成果以及对新范式（新技术标准、新组织原则、新体制机制和价值观等）的探索和定义，并让世界认同和接受。党的十九大提出健全开放型经济新体制，构建人类命运共同体，促进全球治理体系变革，这表明我国对外开放已经从范式追赶转向范式领跑。

二、制约我国范式领跑的体制和机制缺陷与对策

智能化工业革命的兴起标志着第六次技术经济范式进入了探索阶段，我们应当抓住这个稍纵即逝的新旧范式交叠的历史机遇期，实现全面的范式领跑。目前，应当从以下四个方面克服制约我国全面领跑新技术经济范式的体制和机制缺陷。

1. 加大公共财政对研发活动的投入力度，完善投入结构和体制

通常，我们把研发活动分为三类：基础研究、应用研究和试验发展活动。根据中国财政部统计数据，2017 年我国公共财政对基础研究、应用研究、技术研究与开发、科技条件与服务的支出总额为 4255.90 亿元，占当年全国公共财政收入的 2.47%；其中用于基础研究、应用研究和试验发展（包括技术研究与开发、科技条件与服务）的比例分别为 14.22%、37.02% 和 48.76%，它们之间的比例关系大体上为 1∶4∶5。[①] 这种投入力度和投入结构是否合理呢？我们不妨与美国对比之后再做回答。根据《2019 财年美国联邦研究与发展基金》和《2018 年美国总统经济报告》，2017 财年美国联邦政府的研究与试验发展经费为 1252.89 亿美元，占当年联邦政府财政收入的 3.78%；其中用于基础研究、应用研究和试验发展活动的经费比例关系大概为 3∶3∶4。如果以美国为标杆的话，我国政府对研发活动的财政支持不仅力度较低，而且资金投入比例失衡，以至于对基础研究的支持力度严重不足。这导致我国科技创新基础薄弱，原创性和革命性的基础创新成果较少，创新活动偏向于吸收和转化国外先进技术的工艺创新。

我国公共财政对研发投入的力度和比例不利于自主创新能力的提高，无法支撑范式领跑的需要，因此改变这个局面势在必行。首先，增加对研发活动尤其基础研究的财政投入力度，将其占财政收入的比重从目前的 2.47% 逐步提高到 3%～4%。其次，政府应将公共财政对基础研究、应用研究和试验发展的投入比例从目前的 1∶4∶5 逐步调整到 3∶3∶4 或近似于这个比例。最后，政府应当创新财政投入模式，通过引领和整合社会

① 资料来源：Wind 数据库/全国公共财政支出。

资本，提升公共财政对研发活动尤其基础研究的支持力度。譬如，我国政府可以利用“PPP 模式”等吸纳社会资本，共同出资建设一批国际领先的大型科研基础设施，为范式领跑创造必要的条件。

2. 完善国内市场支持我国民族高技术产业的体制和机制

中国的范式追赶是嵌入由发达国家和跨国公司主导的国际分工体系的跟跑行为。这种嵌入让中国成为世界工厂，建立起处在全球价值链中低端的出口导向型经济，以至于虽然国内市场很大，但支持我国民族高技术产业的内需却不足。出口导向型经济已经成为制约我国范式领跑的重要羁绊。为了挖掘国内市场对民族高技术产业的需求，必须进行如下的体制和机制创新。一是政府应合理利用进口关税和外商投资准入负面清单等方式保护民族高技术产业。二是针对民族高技术产业，不仅要进一步降低企业税负，而且要通过多种方式加大科技创新支持力度。三是通过财政补贴和政府采购等方式扩大国产高技术产品的内需，鼓励企业使用国产设备和零部件，优先采购国产设备和科技服务。

3. 创新政策充分聚焦于颠覆式科技创新体系

范式领跑的本质是对新技术和新范式的探索，其中最为关键的是进行颠覆式科技创新和构建核心的颠覆式科技创新体系。当前我国高技术发展战略显得“大而全”，不能够充分聚焦于颠覆式科技创新，而且缺乏对颠覆式科技创新体系培育的应有重视。首先，要让科技创新活动充分聚焦于颠覆式科技领域，即在新兴的工业智能化革命中的新要素、新能源、新工艺、新基础设施等。我国应当通过信息化和工业化的深度融合在上述领域获得一系列关键性突破。其次，改革创新体制和机制，譬如通过构建不同技术领域的协同创新机制、加大对颠覆式创新技术的支持力度、建设大型科研基础设施、加大对创新主体的激励力度等，加快培育颠覆式科技创新体系。

4. 通畅政府创新引导与市场创新激励之间的机制衔接

范式赶超既是后发国家的战略行为，也是企业和其他社会组织的自主的市场行为，因此必须通过某种高效的体制和机制把政府对创新的引导作用与市场对创新的激励作用紧密地衔接起来。否则，政府的战略规划与市场的利益导向就会脱节，在实践中出现所谓的科技创新“死亡之谷”现象。①

当前，我国就面临着在政府的创新引导和市场的创新激励之间机制衔接不通畅的问题。2008 年至今，虽然由我国政府主导的创新取得了举世瞩目的成就，但我国高技术企业的经营状况却不佳。根据中国国家统计局数据，在扣除通货膨胀因素以后，2008～2017 年我国高技术产业的年均销售利润率仅为 4.64%，这种低回报率难以支撑日益扩大的研发活动。为了解决这一困境，政府应通过创新体制和机制改革，促进基础研究成果向商业转化，帮助科技企业和创新组织跨越科研成果商业化的“死亡之谷”。首先，创新公共财政支持科技创新的方式和途径，完善科技与金融协同创新的市场机制，譬如在

① 沈梓鑫，贾根良. 美国在颠覆式创新中人如何跨越“死亡之谷”?［J］. 财经问题研究，2018（5）.

公共财政投资中直接吸纳社会资本，或设立政府财政与民间资本合作的风险投资基金等，通过这些举措不仅可以为大型科技创新活动筹集资金，而且有助于提升公共财政支持科技创新的质量和效率。其次，完善我国科技创新的硬设施和软环境，譬如建立大型的向社会开放的科技创新基础设施、建立线上科技市场信息平台等。最后，促进民用企业与军工企业的研发合作及军用技术的商业化。

三、智能化时代技术性失业问题与就业理论创新

以工业智能化为核心的新工业革命是一把“双刃剑”，它在为我国经济发展创造历史性机遇的同时，也使我国劳动力市场面临严重冲击。如何应对智能化时代的技术性失业和探索积极的就业政策是领跑新技术经济范式、探索高质量发展路径和规避经济危机的重要议题。

1. 智能化时代的劳动力市场：挑战和机遇

近年来，国内外学者针对第四次工业革命尤其人工智能化技术是否会导致普遍性失业问题进行了深入的学术讨论。里夫金曾预言新技术革命会减少就业岗位；[①] 福特认为智能化技术将使普通人失去用处，企业需要的劳动力将越来越少。[②] 贾根良教授称本轮技术革命为“第三次工业革命”，其核心是以人工智能系统替代人类的脑力劳动。[③] 有研究表明，在导致美国制造业岗位消失的诸多因素中，贸易影响仅占20%左右，自动化和智能化技术的应用是主要因素。[④] 据麦肯锡全球研究院预计，到2055年，全球49%的工作岗位将被智能机器人所替代。当然，也有一些学者持乐观观点，认为对新技术的投资有助于扩大就业和增加工时，智能化技术能为人们提供新的就业岗位。[⑤⑥]

马克思主义经济学把智能化生产技术和就业置于资本主义生产关系的制度框架中进行考察，为我们理解相关问题提供了一把理论“钥匙”。一方面，在资本主义生产关系中，由技术进步推动的资本有机构成的提高有增加失业的趋势。第一，剩余价值规律使得“提高劳动生产力和最大限度否定必要劳动是资本的必然趋势”。[⑦] 第二，在劳动力成本较高的情况下，生产的机械化、自动化和智能化有助于节约生产成本。这种技术选择导致资本有机构成提高，进而增加失业。第三，通过提高资本有机构成造成相对人口过

---

① 杰里米·里夫金．工作的终结［M］．上海：上海译文出版社，1998.

② 马丁·福特．机器人时代［M］．北京：中信出版社，2015.

③ 贾根良．第三次工业革命与工业智能化［J］．中国社会科学，2016（6）：87－106.

④ Autor D., Dorn D., Katz L. F., Patterson C., Reenen J. V. Concentrating on the Fall of Labor Share［J］. American Economic Review, 2017, 107（5）: 180－185.

⑤ Canova F., Salido D. L. Michelacci C. The Ins and Outs of Unemployment: An Analysis Conditional on Technology Shocks［J］. The Economic Journal, 2013, 123（569）: 515－539.

⑥ 埃里克·布莱恩约弗森，安德鲁·麦卡菲．第二次机器革命［M］．北京：中信出版社，2016.

⑦ 马克思恩格斯文集（第8卷）［M］．北京：人民出版社，2009：186.

剩，这有助于资本家在劳资阶级斗争中获得绝对优势。一旦机器成为工人本身的替代者，它便成为镇压工人反抗剥削的强大武器①。另外，机器造成失业人口和就业人口之间的激烈的工作竞争关系，这有助于资本家在劳资谈判和阶级斗争中保持相对优势地位。

另一方面，技术进步也有减少失业的作用，主要表现在以下三个方面。② 第一，技术进步、生产内涵型扩张导致社会总投资增加，其中虽然可变资本占比相对下降，但可变资本的绝对量会增加，这有助于减少失业。第二，某一个工业部门的技术进步、劳动生产率提高能够促进其他相关工业部门的就业增长，因为技术先进的工业部门的生产扩张会刺激给它们提供生产资料的上游的工业部门的生产扩张，这会增加上游工业部门的就业。于是，在劳动力市场形成一个按照生产链条不断向上拉动就业的扩张机制。第三，技术革命创造新的产业分支或新的劳动领域，其中包括生产性服务业，成为增加就业的推动力量。技术越进步，劳动生产率就越高，生产出来的物质资料就越丰富，这奠定了非生产性服务业发展的物质基础，在生产部门之外创造大量的非生产性就业机会。因此，智能化生产技术具有增加失业和促进就业的双重效应。

2. 针对技术性失业的就业理论创新

在前文中笔者区分了“生产—需要”矛盾和“供给—需求”矛盾，认为在社会主义市场经济体制中同样存在着这个双重矛盾结构，并认为社会主义基本经济制度能够超越资本逻辑，真正实现双重矛盾的统一，这正是社会主义优越性的关键所在。将这个逻辑思路扩展到就业理论中后，我们认为，关于智能化时代技术性失业的理论研究必须跳出资本逻辑视域，创造非利润导向的劳动需要。

在资本逻辑下，就业的前提是资本能够获得足够的利润，否则资本将游离出生产领域，资本雇佣劳动的关系也将不复存在，这是资本主义就业的本质。因此，我们把这种就业称为“利润导向就业”。从表面看，智能化冲击的是人们的就业岗位，其实质则是利润导向的就业机制。在应对智能化时代技术性失业的挑战时，我们必须超越资本逻辑的狭隘眼界并真正发挥社会主义制度优越性，这是探索社会主义就业理论的逻辑起点。从理论上讲，社会主义基本经济制度的一个重要历史使命是使就业的空间不再受利润枷锁的限制，按照社会需要而不是利润需要，把劳动岗位扩展到不以营利为目的的社会生产、生活、公共服务和公共治理等广阔领域中，即创造“非利润导向”劳动岗位。因此，在现实的社会主义市场经济中，就业体系由两个领域组成——“利润导向”就业领域和“非利润导向”就业领域。前者基于市场经济的成本核算和利润追求，譬如在公司（企业）生产经营活动中的就业；而后者则是满足社会经济文化事业全面发展的需要，譬如在公务员系统和事业单位中的就业。需指出的是，虽然在公务员系统和事业单位中的就业属于“非利润导向”就业，但“非利润导向”就业绝非只限于这两个部门，创造

① 马克思恩格斯全集（第44卷）[M]. 北京：人民出版社，2001：495－501.

② 马克思恩格斯全集（第44卷）[M]. 北京：人民出版社，2001：510－513，720.

“非利润导向”劳动岗位也不是盲目扩张公务员系统和事业单位编制，而是通过公共治理途径，将就业岗位扩展到社会发展需要而资本不愿涉足的领域，只因在这些领域中利润微薄，或根本就无利润可言。

经济史和经济思想史表明，运用市场机制解决就业的空间是有限的，而且面对智能化时代技术性失业难题，传统的应对结构性失业的经济政策显得软弱无力。因此，社会主义就业理论必须超越“市场化”的狭隘眼界，通过社会主义基本经济制度创造出“非利润导向的就业”。只要社会生产力发展的成果能够为广大人民群众所共享，“人民日益增长的美好生活需要”能够不断创造出“非利润导向的就业”岗位，因为小康社会对教育、养老、医疗、居住条件、生活环境、精神文化生活等诸多方面都会提出新的要求。在这些领域中，不排除一些就业岗位可以运用市场机制去创造，但更多岗位在“利润导向”的边界之外，因为绝大部分领域属于利润微薄或根本就没有盈利可能的行业。这类岗位需要通过国家的“公共服务平台”去创造，在这些领域中创造就业恰恰是社会主义国家的根本职能所在，是社会生产力发展成果惠及广大民众的最基本途径，因为这种就业创造不是在市场中与私人资本争夺劳动力资源，而是重新吸纳被生产力排挤出来的相对过剩人口。因此，这种就业岗位创造不会造成工资—物价的螺旋形上涨。

3. 针对技术性失业的“积极就业政策”

我们通常把以保障失业下岗职工的基本生活和收入水平为目的的“兜底”政策称为“消极就业政策”。自2002年以来我国开始探索和实施一系列“积极就业政策”并不断加大相关政策投入力度。目前，我国积极就业政策主要有职业培训、岗位创造、中小企业扶助、政府购买公益性岗位、残疾人就业保障等形式。

首先，扩大和丰富职业培训的范围与内涵。其次，大力扶持创新创业项目，鼓励以创业带动就业；借着分享经济与在线零工经济等新型就业形态，探索新的岗位创造形式。再次，由于中小企业一直为我国创造大量的就业岗位，对它们的一系列保民生、促就业的政策扶助有显著的就业效应，所以对它们要加大财政就业补助和税收优惠、提供良好的融资服务、减免工商管理行政性收费、提高财政专项资金投入力度等。最后，通过公共工程建设项目和政府购买公益性岗位，吸纳失业人员。这两项政策通常被视为在经济萧条时期政府以工代赈的应急措施，这在很大程度上贬低了它们的实践意义。前文中所说的“非利润导向”的就业岗位几乎来自公共工程建设项目和政府购买的公益性岗位。因此，这两项举措还是积极的就业政策。

第四节　我国防范货币金融风险的关键控制点分析

本节从发展中国家的金融业开放风险、我国银行系统不良资产风险、金融机构高杠杆和影子银行风险四个方面阐述中国规避货币金融风险的关键控制点问题。第一部分研究发展中国家金融业开放所面临的一系列困境，从一般性上指出金融业开放可能成为我国货币金融风险的来源点之一。在随后两部分中阐述了另外三个系统性金融风险来源。

一、发展中国家金融业开放面临的困境与风险

1. 货币金融主权是发展中国家经济安全的基石

受2008年国际金融危机的冲击欧元区部分国家陷入主权债务危机，由于采取“美元化”政策20世纪80年代以来部分拉美国家陷入金融危机而不能自拔，这两个典型事件给我们一个重要的理论启示——维护主权货币安全、捍卫货币金融主权是国家执行各项经济政策的基石。

从现代货币理论（MMT）角度看，欧元这个非主权货币系统存在内在的结构性矛盾，受2008年国际金融危机的冲击，这个结构性矛盾已经充分暴露出来了。在欧元区货币政策由欧洲央行制定，各国央行不再独立设定汇率，银行同业隔夜拆借利率相同，各成员国遵守《马斯特里赫特条约》的相关规定。从欧元诞生那一刻起，它就是一个“畸形儿”。[①] 在欧元区国家，传统的财政政策与货币政策被肢解开来，一方面货币政策由欧洲央行统一制定；另一方面各国仍掌握自己的财政政策，各国央行仍然承担银行之间及银行与本国政府之间的债务清算职能，必须肩负执行国内财政政策职能。欧元区国家只是货币的使用者，使用欧元征税、支付、债务清算、发行欧洲债券。

由于丧失了主权货币的发行权，也就不可能真正拥有独立的财政政策工具，相关国家丧失执行独立的财政与货币政策能力，在经济严重衰退（大萧条）时期，它们无法通过货币贬值等政策工具刺激经济和摆脱困境，只能采取更加紧缩的财政政策或通过举债和扩大赤字刺激经济。面对像2008年国际金融危机这样的冲击，欧元区的生存取决于当某些成员国陷入债务危机时欧洲央行和其他各成员国是否愿意出手援助及援助的力度。如果得不到及时和有效的救助，部分成员国将最终陷入主权债务危机。救助是有条件的，那就是让陷入主权债务危机的国家银根更加紧缩。面临债务危机，希腊等国家被迫采取削减开支、裁减政府雇员、强制减薪、提高税费等一系列紧缩政策，这些政策反过来进一步抑制了本国经济复苏的活力。

新闻媒体曾把希腊、葡萄牙等国的主权债务危机宣传得沸沸扬扬，似乎它们的财政赤字或债务比率已经上升到无法容忍的地步了。然而，相关数据表明，同期，日本的财政赤字和债务比率比欧洲各国高出很多，美国的债务情形也与这些面临债务危机的欧洲国家相似，但市场对日本、美国等债台高筑的国家的反应却不像对欧洲国家那样强烈。为何有这么大的差别？究其原因，日本拥有主权货币创造能力，一个拥有主权货币的政府

---

① 欧洲议会本身没有“国库”，它的花费来自各个成员国缴纳的会费，因此缺乏美联储那套完整的财政政策和货币政策机制。

始终都能支付得起到期的款项，它不可能被迫违约，拖欠债务。当它需要偿还债务时，只需要“敲击键盘”，在资产负债表上留下记录即可。美国一直就是这么做的，所谓的量化宽松货币政策，就是通过特殊贷款机制，以购买国债和高投资风险的住房抵押贷款债券的方式贷出准备金。美联储“从容不迫”地支出（购买资产）和贷出总计29万亿美元用以拯救它的金融系统。[①] 当然，“敲击键盘”的前提是一个国家拥有主权货币及独立的财政与货币政策工具，确保中央银行充当国债的“最后买家”，但欧元在设计上取消了欧洲央行的这个职能。[②] 在欧元区，当经济严重衰退时，成员国的预算会自动变为高额赤字，这时市场会提高成员国的债务风险溢价，这将导致利率飙升，赤字进一步增加，从而形成恶性循环。总之，当某个成员国陷入债务困境时，它无法借助中央银行及其货币政策工具摆脱困境，而只能乞求欧洲央行的慈善行为了。

凯恩斯主义向来主张把政府预算作为支持高就业率的扩张性政策工具，虽然面临通货膨胀和货币贬值风险，但可以避免债务违约的更大伤害。然而，在欧元区，欧洲央行独立于任何国家，被禁止向成员国政府及其银行提供资金或施以援助，只能在二级市场上购买债券，而不能像美联储那样购买美国国债。虽然这种政策满足了遏制成员国财政赤字的目的，却因在经济危机来临之际执行紧缩的财政政策，最终使欧元区经济状况比金融危机始作俑者美国更为糟糕。因此，我们认为，金融危机或主权债务危机的发生与一个国家在某种程度上丧失主权货币进而失去独立的财政和货币政策工具相关。

“美元化”是放弃主权货币的另一种情形。为了应对恶性通货膨胀，巴拿马、厄瓜多尔、阿根廷等一些拉美国家选择“美元化”道路。这些国家必须承受三个方面的压力。首先，失去独立的货币政策和有管理的汇率政策。前者意味着政府失去了调节本国货币供应量的能力，从而在很大程度上失去了对经济的调节能力；后者意味着这些国家丧失了汇率工具，不可能以货币贬值的方式对经济波动进行宏观调控。为了实现货币实际贬值，政府必须降低名义工资和物价水平，而这种举措是要付出高昂的政治代价的。其次，不得不听命于华盛顿和美联储，被迫接受美国制定的符合美国利益但有损于“美元化”国家利益的货币政策。其结果是这些国家不仅经济上依附美国，而且被动承受美国经济波动带来的负面影响。最后，央行丧失了“最后贷款人”的功能。央行既不再为国内银行系统提供充足的流动性以稳定金融系统，也放弃了对本国金融系统的必要监管，进而导致银行体系具有极大的脆弱性。“美元化”国家的货币金融危机会迅速地转化为主权债务危机和政治危机。譬如，2001～2002年，当阿根廷面临针对比索贬值的国际投机资本冲击时，阿根廷央行因货币局制度（一种中等层次的美元化）限制而丧失最后贷款人功能，无法为陷入困境的银行体系注入必要的流动性；与此同时，财政收入锐减，债务危机凸显。曾经为了对抗恶性

---

① Wray L. R. Modern Money Theory: A Primer on Macroeconomics for Sovereign Monetary Systems [M]. London, New York: Palgrave Macmillan, 2015: 120, 237.

② ［英］迈克尔·雅各布斯，［英］玛丽安娜·马祖卡托. 重思资本主义：实现持续性、包容性增长的经济与政策［M］. 李磊等译. 北京：中信出版社，2017：78－84.

通货膨胀，一些拉美国家走上“美元化”道路。虽然这在一定程度上抑制了通货膨胀危机，但使这些国家陷入了经济萧条和持续的货币金融危机之中。

2. 发展中国家金融业开放的主要困境

首先，在国际货币体系金字塔中，发展中国家的金融业开放会增加自身发生货币金融危机的风险，降低抵御国际货币金融危机冲击的能力。在这个金字塔结构中，处于顶端和上层的是美元、欧元、日元和英镑等，它们具有准世界货币地位，这些发达国家可以通过自主的货币政策防范货币金融危机；发展中国家的货币则处于底端，是一种弱势货币，抵御国际货币金融危机冲击的能力不足。在这种情形下，金融业开放会使发展中国家面临更大的货币金融风险，主要表现在以下三个方面：国际资本的高风险偏好促使发展中国家累积起更大规模的资产泡沫；外汇市场的不稳定放大了融资结构的风险；稳定汇率的压力迫使主权政府放弃财政政策和货币政策的独立性。因此，在亚洲和拉美地区，发展中国家的金融业开放引发了一系列货币金融危机，譬如，1997～1998年的东南亚金融危机、1994年的墨西哥金融危机、1999年的巴西金融危机和2001～2002年的阿根廷金融危机。在金融危机爆发之前，这些国家都经历了新自由主义的金融业开放和大规模的资本流入过程。

其次，金融业开放会使发展中国家面临更为严重的“三元悖论”。根据“三元悖论”，本国货币政策的独立性、汇率的稳定性和资本的完全流动性不能同时实现。资本账户开放意味着，为了确保资本的自由流动和汇率稳定，只好放弃国内货币政策的独立性，在这种情况下，国家无法实施以刺激投资进而实现充分就业为目标的货币政策。在金融危机时刻，三元之间的矛盾变得更加尖锐，如果通过提高利率水平来稳定汇率，国内的债务—通货紧缩会进一步恶化；如果通过降低利率水平来刺激投资，资本外逃的问题会进一步加剧。为了应对货币金融危机冲击，政府被迫降低国内政策独立性，以牺牲国内政策目标来实现汇率稳定目标。在发展中国家上述情形会更为严重。货币投机者的主要避险行为就是将发展中国家货币转变为发达国家货币尤其是美元，因此发展中国家必须承受更大的汇率波动冲击，需要付出比发达国家更大的代价来弥补本国货币在流动性上的劣势，这进一步加剧了汇率稳定目标与国内政策目标之间的矛盾。

最后，金融业开放还为国际垄断金融资本对发展中国家实施“金融掠夺”和“金融欺诈”开启方便之门。资本项目开放会让中国金融市场成为美元贬值的“泄洪区”。为了制造金融资产泡沫，华尔街必须不断创造出金融衍生品的大量需求者，贷款机构和保险公司开始瞄准那些过去完全被拒绝提供金融服务的消费者。在金融衍生品需求市场的“逆向歧视”的开拓过程中，发展中国家往往扮演着“最后消费者”角色，成为国际垄断金融资本的金融欺诈对象。①

① 何塞·加布里埃尔·帕尔玛．资本项目向高度流动性的金融市场开放如何导致拉美两轮半的“疯狂、惊恐和崩溃”周期［J］．演化与创新经济学评论，2014（1）．

3. 金融业开放加剧发展中国家的金融系统不稳定性

根据明斯基的金融不稳定性理论，资本主义金融系统具有自发的金融不稳定性发展趋势。在金融业开放条件下，发展中国家金融系统的内在不稳定性会被外部不利冲击进一步放大。

首先，在金融业开放条件下，发展中国家的金融系统更容易从对冲型融资结构演变为投机型融资结构。国际投机资本会在发展中国家经济周期的上升阶段快速集中，促成资产价格膨胀，制造大规模的金融泡沫，届时本国货币也成为以外币计价的资产，成为货币投机的主要对象①。本国货币的升值预期会导致更多的投机资本的流入。一旦时机成熟，国际投机资本就开始进行做空操作，1997～1998 年的亚洲金融危机就是这样爆发的。

其次，如果发展中国家的金融系统已经是投机型融资结构，则在国际投机资本的驱使下，它会加速朝着庞氏融资结构方向发展。随着国际资本的大量涌入，以外币表示的外债不仅成为私人部门负债的一部分，而且以外币表示的外债会在国家金融系统的融资结构中所占比重呈上升趋势。此时，金融系统进入内外不稳定性叠加的高风险时期。一方面，发展中国家会因自身的脆弱的金融结构而爆发金融危机；另一方面，汇率波动可能成为诱发金融危机爆发的外部导火线，譬如，美元加息导致发展中国家货币贬值，进而导致其货币危机或全面的金融危机。总之，金融开放会在发展中国家形成两种金融危机传导机制：一是由一些内部因素触发的从内向外的金融风险，它会导致资本外逃和货币危机，货币危机进一步演变为系统性金融危机和经济危机；二是从外向内的金融危机或经济危机，这是由外汇市场不稳定引发货币危机进而引发金融和经济危机的传导过程。

二、警惕银行业不良资产上升势头

较高的不良资产率是目前中国银行业发展面临的主要问题之一，警惕银行业不良资产上升势头是控制和防范系统性金融风险的关键点。不良资产的一个重要来源是不良贷款，下面首先介绍我国商业银行不良贷款率变化情形，然后分析其成因。

1. 银行不良贷款发展趋势

2008 年金融危机过后，随着经济增长的周期性下行，我国银行系统的不良资产率呈上升趋势，尤其在 2013 年之后不良率急剧上升，如图 7－2 所示。从国际比较看，2010 年之后，美国和日本银行业的不良贷款率一直呈现下降趋势，而我国银行业不良贷款率则一直呈现上升趋势，并且在 2015 年超过了美国和日本，如图 7－3 所示。

银行较高的不良资产率增加了其流动性风险。中国人民银行发布的《中国金融稳定

---

① 先抛开自身经济结构的脆弱性不说，1997 年东南亚金融危机的始作俑者就是国际金融市场上的游资。当时在全球范围内大约有 7 万亿美元具有高度流动性的国际资本。它们一旦发现在哪个国家或地区有利可图，马上会通过炒作冲击该国或地区的货币，以在短期内获取暴利。

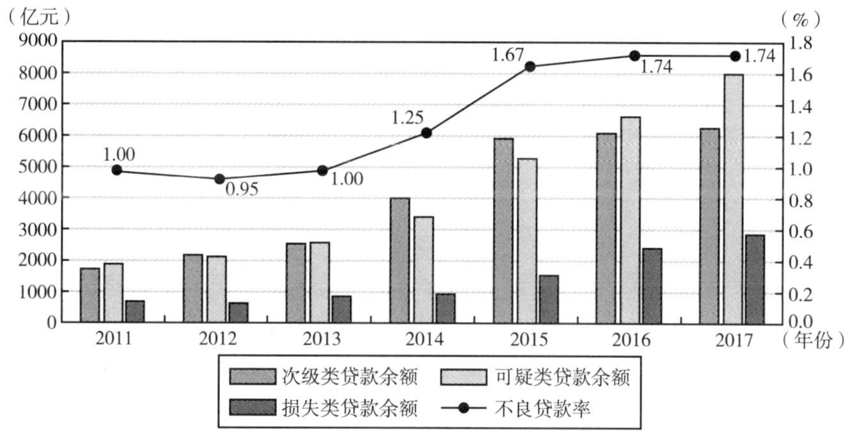

图 7－2　我国商业银行不良贷款余额和不良贷款率变化（2011～2017 年）

资料来源：根据银保监会数据（参见 http：//www. cbrc. gov. cn/chinese/home/docViewPage/110009. html）整理得到。

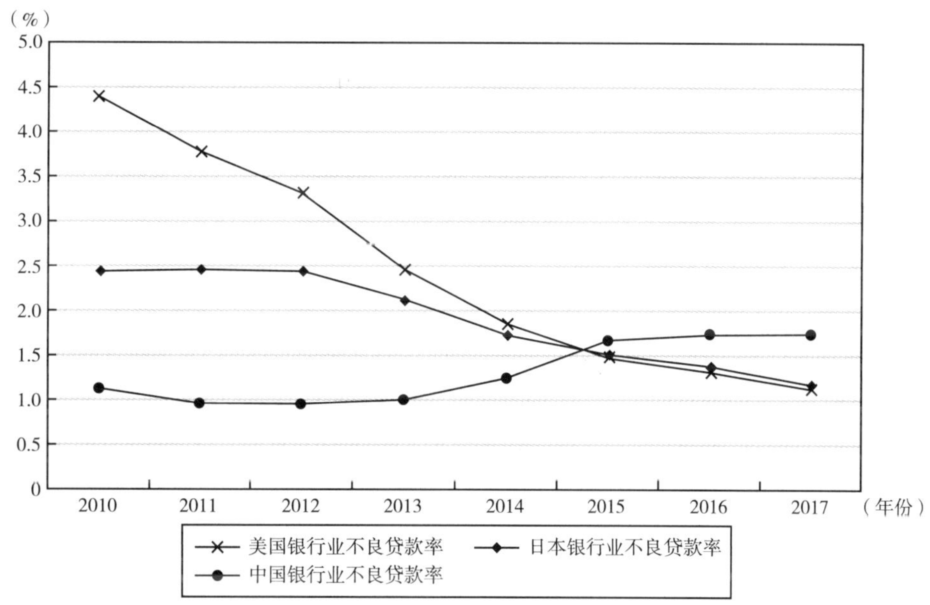

图 7－3　中、美、日三国银行业不良贷款率比较（2010～2017 年）

资料来源：根据世界银行数据整理得到（参见 https：//data. worldbank. org. cn/indicator/FB. AST. NPER. ZS? locations = US；https：//data. worldbank. org. cn/indicator/FB. AST. NPER. ZS? locations = JP；https：//data. worldbank. org. cn/indicator/FR. INR. RISK? locations = CN）。

报告（2019）》表明，在流动性风险方面，当商业银行面临可能的极端冲击时，在轻度和重度压力情景下，参与稳健性状况测评的银行中分别有 7. 69% 和 13. 58% 的银行未通过测试，而在重度压力情境下，在 30 家大中型银行中有 10 家银行在全部可动用的合格优质流动性资产耗尽后仍无法弥补缺口。这种流动性风险亟须引起关注。

2. 银行业不良资产的成因及对策

首先，国有企业大量的不良资产是银行不良资产的重要来源。2012～2017年，国有企业不良资产比率一直维持在2.5%左右；2013～2016年，国有企业资产负债率一直维持在65%，到2017年才有了小幅度下降。遏制部分国有企业的负债冲动和规模冲动，进而降低国有企业不良资产率和资产负债率，有利于减少银行业不良资产。

其次，房地产业的不良贷款是银行不良资产的另一个重要来源。房地产业的不良贷款率和不良贷款余额均呈现上升趋势。第一，房地产开发企业的不良贷款余额和不良贷款率呈上升趋势。以2013年为转折点，其不良贷款余额和不良贷款率在经历几年下降之后又开始回升。第二，个人住房的不良按揭贷款余额呈上升趋势。在2014年之前，个人住房不良按揭贷款余额较为稳定，之后开始迅速增长，并且在2013年之后个人住房不良按揭贷款余额已经超过了房地产业不良贷款余额。个人住房不良按揭贷款正在成为我国房地产业健康发展的一个隐患。

在短期内银行业改善其贷款质量的难度依然较大，但从长期看，只要在实体经济领域深化供给侧结构性改革，银行贷款质量必然会随之得到提升，银行业的信贷风险会逐渐降低。另外，银行业也要充分利用互联网、物联网以及大数据等新技术手段，不断促进商业银行的金融创新，提供先进的互联网金融服务，促进银行传统业务与互联网金融的协同创新。

三、警惕金融机构高杠杆和影子银行的经营风险

1. 我国金融机构杠杆率和影子银行的发展趋势

从金融机构部门债务占GDP的比重（金融机构杠杆率）、金融部门杠杆率（资产方和负债方）看，1996～2016年，我国金融机构的杠杆率持续上升；此后，在供给侧结构性改革中呈现明显的下降趋势，我国金融风险由前几年的快速积累逐渐转向高位缓释，金融风险整体收敛，总体可控，守住了不发生系统性金融风险的底线，如图7-4所示。

金融业的高杠杆率主要来自影子银行的高杠杆操作。从金融稳定委员会（FSB）根据新闻资料整理的数据以及世界银行统计的数据来看，2012年之前我国的影子银行规模占GDP的比重较低，远低于世界总体水平，但在之后的四年却进入急速爬升阶段，相比之下世界总体水平的增速则较为缓慢，基本维持在50%～60%。我国影子银行规模占GDP的比重已经于2016年达到62.65%，超过了世界水平59.47%，如图7-5所示。就其趋势来看，如果不采取调整措施，影子银行的规模将进一步扩大，给金融系统的运行增加不安定隐患。随着影子银行规模的扩大，所谓金融去杠杆，其实质已经变成通过对影子银行的规范和监管，遏制金融部门进一步加杠杆。[①]

① 汤铎铎，张莹．实体经济低波动与金融去杠杆——2017年中国宏观经济中期报告［J］．经济学动态，2017（8）：4-17.

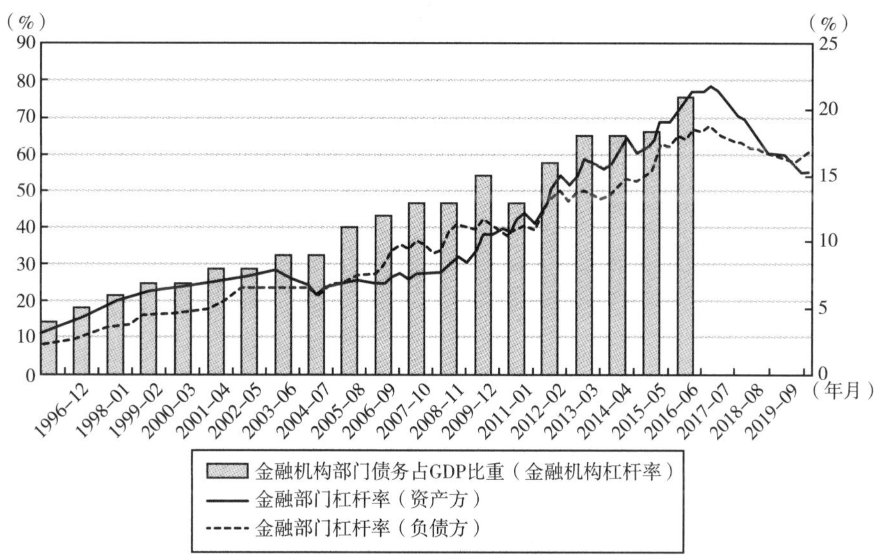

图7－4　金融机构杠杆率

注：图中主坐标轴表示金融部门杠杆率，为季度数据；次坐标轴表示金融机构部门债务占GDP的比重，为年度数据。

资料来源：Wind数据库。

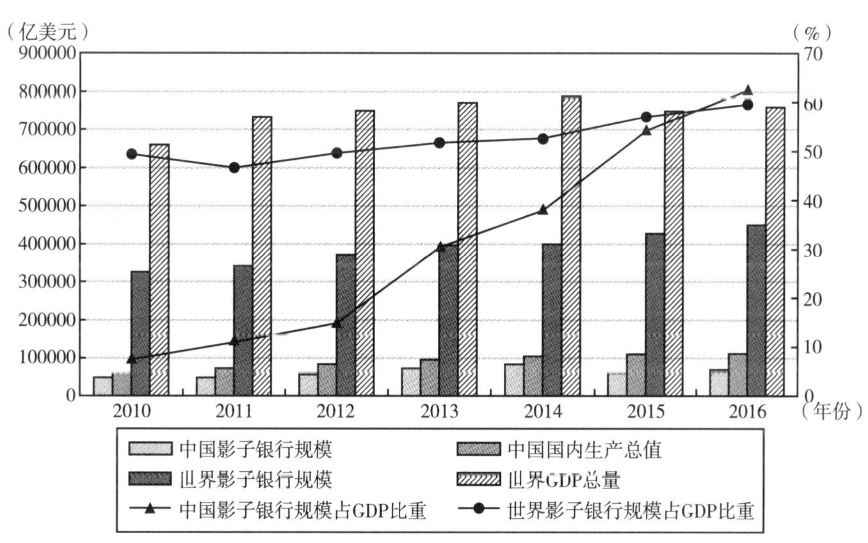

图7－5　影子银行资产及其占GDP比重国际比较

资料来源：金融稳定委员会2017年全球影子银行监测报告及其监测数据集（http：//www.fsb.org/2018/03/global-shadow-banking-monitoring-report－2017/）、世界银行开放数据（https：//data.worldbank.org/）。

目前对于影子银行的定义学界尚未形成统一的界定标准，一般指那些有着部分银行功能却不受监管或少受监管的银行表外业务行为以及非银行金融机构的金融行为。在我国，影子银行主要分为银行体系内部部分、银行体系外部的非银行金融机构部分以及金融机构之外的部分三个模块，三者之间相互交织。近年来我国影子银行规模不断扩大，相较于金融机构的资产规模而言扩张迅速，根据 FSB 测算，2016 年我国狭义影子银行规模已经达到 70113.87 亿美元，占金融机构总资产的 14.27%，如图 7－6 所示。到 2016 年我国影子银行规模已经达到美国影子银行规模的将近 1/2，虽增速已经开始下降，但目前的影子银行规模已经远远超出大多数国家，存在较大的风险隐患。

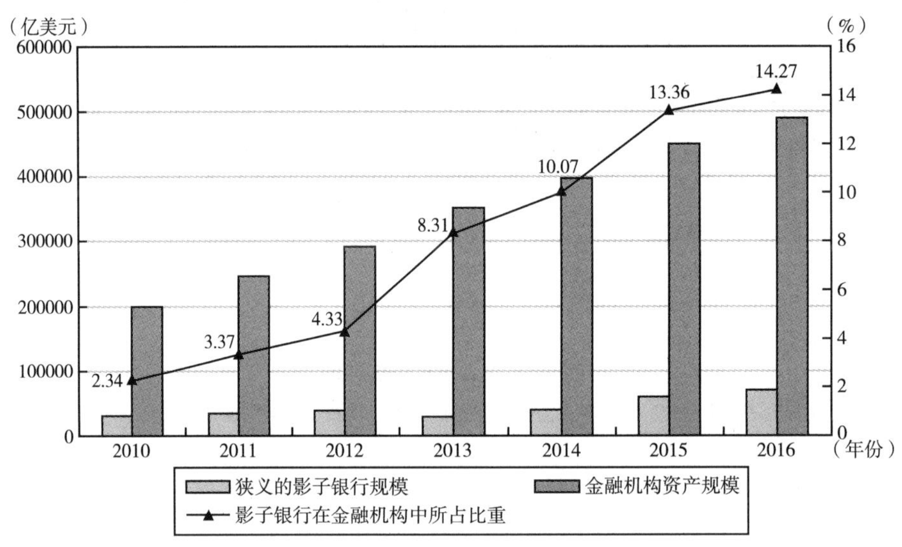

图 7－6　我国影子银行规模扩张趋势

资料来源：根据金融稳定委员会 2017 年全球影子银行监测报告及其监测数据集整理得到（http：//www. fsb. org/2018/03/global-shadow-banking-monitoring-report－2017/）。

2. 高杠杆是金融结构脆弱性的总根源

金融杠杆可以加速资本循环，在一定程度上促进经济的发展，但从本质来看高杠杆意味着高负债，高负债又必然对应着高风险，为防止系统性金融风险的出现亟须将杠杆水平控制在一个合理的范围内。高杠杆是金融结构脆弱性的总根源。①② 具体说来有以下五个方面。

第一，高杠杆率极易引发流动性风险及偿付风险。其中，前者是指因为资金缺乏流动性而无法支付到期债务的问题；后者则是指债务人面临资不抵债的可能性，当资金链条断裂时，有可能引发信用风险。第二，高杠杆加速金融市场的风险传播。随着资本市场、银行体系乃至货币市场之间的关系越来越密切，在高杠杆下金融风险不仅传递速度加快且更容易扩大③，一个市场出现违约将意味着资金贷出方会背负更重的债务。第三，

① 张晓晶等．结构性去杠杆：进程、逻辑与前景——中国去杠杆 2017 年度报告［J］．经济学动态，2018（5）：16－29.

② 刘晓光等．杠杆率、经济增长与衰退［J］．中国社会科学，2018（6）.

③ 马建堂等．中国的杠杆率与系统性金融风险防范［J］．财贸经济，2016（1）：5－21.

高杠杆为金融部门带来的高收益将吸纳实体经济部门的资金，对其融资以及进一步发展产生负面影响。金融部门通过高杠杆获取高收益的同时风险也会上升，由高收益吸引的资金不断涌入，自我循环，金融业出现资金空转的同时实体经济部门却开始出现资金不足的问题，最终导致实体经济的发展受到阻碍，去杠杆成为防止经济“脱实向虚”的关键。第四，在微观上，调整杠杆率是资产负债表的修复过程，而从宏观上来看则是各类资产的价格重组过程。杠杆率的高低反映了社会中的分配以及公平问题，高杠杆带来的高收益标志着资本收入份额的上升，如果不能妥善处理将对按劳分配为主体的分配制度产生挑战，极易上升成为社会问题甚至是政治问题。第五，随着影子银行杠杆率的上升，信用创造过程将会变得更加隐秘和复杂，这部分信贷创造脱离于监管部门的视线之外，未纳入国家统计，这不仅会对货币的流通速度产生影响，而且会对宏观调控造成困扰，对国家货币政策的有效性产生负面影响，央行在货币政策制定过程中还需充分考虑影子银行机制的影响。①

为缓解金融结构脆弱性压力，必须将金融杠杆控制在合理区间中，防止整个金融体系出现过度杠杆化倾向②，进而避免因杠杆率过高导致财务风险集中发生。③

3. 影子银行诱发金融风险的传导机制

首先，影子银行自身存在高杠杆风险和期限错配的风险。影子银行的加杠杆操作极易引发资金链条断裂。当经济下行时影子银行很难获得再融资，面对高负债所致的高额债务，影子银行只能通过出售风险资产来偿还债务，而各个机构都开始通过出售风险资产来维持运作时市场中将出现大量待售风险资产，资产价格会进一步下跌，使得影子银行不得不出售更多的风险资产，由此形成恶性循环。多重杠杆的叠加与嵌套还会强化这一机制，进一步放大杠杆效应，引发债务危机。影子银行的期限错配极易引发流动性危机，进而陷入资产价格下跌的恶性循环。影子银行的负债主要来源于短期资本市场，而在资产方面则持有长期资产。为获得高收益，影子银行的资产组成一般为流动性较差的资产，借短贷长。当市场出现资金溃逃，纷纷要求“挤兑”时，影子银行的储备资金根本无法满足需求，会出现严重的流动性不足问题，流动性危机很快转化为债务危机。

其次，影子银行将金融风险转移到银行业。我国的影子银行与商业银行的关联度极高，所谓的影子银行在很大程度上从事的是商业银行“影子”的业务，通过规避监管而形成非传统信贷体系，其资金来源主要是银行的表外理财业务或同业拆借市场。从本质上来看，影子银行的业务风险仍是银行的业务风险。当贷款人偿付出现问题时，如果商业银行采取隐性担保措施承接坏账，则意味着银行将成为影子银行风险的最终承担者。

最后，影子银行将金融风险扩散到整个经济体系中。近年来，各类影子银行及其复杂的业务越来越相互交织在一起，债务链条错综复杂，一家金融机构的负债充当着另一

① 钱雪松等．中国委托贷款弥补了正规信贷不足吗？［J］．金融研究，2018（5）：82－100.

② 马勇等．金融杠杆、经济增长与金融稳定［J］．金融研究，2016（6）：37－51.

③ 王国刚．“去杠杆”：范畴界定、操作重心和可选之策［J］．经济学动态，2017（7）：16－25.

家金融机构的资产。互联网金融的兴起更加剧了债务链条的复杂程度，高杠杆放大了债务关系。一旦某一环节出现问题，债务链条断裂，必然会牵一发而动全身，一家金融机构的风险很快就会演变成金融系统的风险，引发金融市场的动荡。

总之，影子银行的高杠杆操作、业务界限突破、过度金融创新、信息披露不完整、推动房价上涨以及规避金融监管等特性都会给金融体系带来系统性风险。

为有效管控金融业高杠杆率和影子银行可能引发的系统性金融风险，应着重解决以下五个方面问题。第一，稳步推动和扩大金融业的对内外开放步伐。随着中小型银行的设立，银行业竞争加剧，在注重收益的同时也会更加注重银行本身运作的安全程度以及自身的声誉问题，随着表外业务的回归，影子银行的项目将逐渐重新回到相关部门的监管之下，高杠杆率也将有所控制。但与此同时也应注意金融安全，警惕外资对我国货币金融安全的冲击，以及那些未达到标准的小型银行对金融业的稳定性产生的负面影响。第二，推进政策性金融机构改革。在政府的帮助下解决企业融资难、融资贵的问题，从供给侧打破高杠杆的形成机制，充分发挥政策性金融机构的政策作用和金融服务作用。第三，引导影子银行在直接融资中发挥作用，避免融资过程假手于影子银行；通过股票及债券市场直接获得资金，降低融资杠杆。第四，引导金融创新方向，丰富金融市场层次和产品。金融创新的目标与方向不应在于规避监管，实现套利，而是应当通过金融制度、市场、产品、机构、资源、科技以及管理方面的创新节约经营成本，管控杠杆率，规范金融行业行为，减少影子银行这样的灰色地带，最终降低金融系统风险。第五，“健全金融监管体系，守住不发生系统性金融风险的底线”①，这就需要通过强有力的监管机制预防金融风险，有效控制金融杠杆，以监管的手段为经济的稳定运行提供最后一道防线。

---

① 习近平．决胜全面建成小康社会 夺取新时代中国特色社会主义伟大胜利——在中国共产党第十九次全国代表大会上的报告．2017－12－10.

参考文献

一、中文文献

1. 马克思恩格斯著作

[1] 马克思恩格斯文集（第1卷、第8卷）[M]. 北京：人民出版社，2009.

[2] 马克思恩格斯选集（第1~4卷）[M]. 北京：人民出版社，1995.

[3] 马克思恩格斯全集（第12卷）[M]. 北京：人民出版社，1962.

[4] 马克思恩格斯全集（第26卷第2册）[M]. 北京：人民出版社，1973.

[5] 马克思恩格斯全集（第26卷第3册）[M]. 北京：人民出版社，1975.

[6] 马克思恩格斯全集（第29卷）[M]. 北京：人民出版社，1972.

[7] 马克思恩格斯全集（第46卷上、第47卷）[M]. 北京：人民出版社，1979.

[8] 马克思恩格斯全集（第48卷上）[M]. 北京：人民出版社，1985.

[9] 马克思恩格斯全集（第30卷）[M]. 北京：人民出版社，1995.

[10] 马克思恩格斯全集（第31卷、第32卷）[M]. 北京：人民出版社，1998.

[11] 马克思恩格斯全集（第34卷）[M]. 北京：人民出版社，2008.

[12] 马克思恩格斯全集（第44卷）[M]. 北京：人民出版社，2001.

[13] 马克思恩格斯全集（第45卷、第46卷）[M]. 北京：人民出版社，2003.

2. 中文著作

[1] 陈宗胜等. 中国居民收入分配通论：由贫穷迈向共同富裕的中国道路与经验[M]. 上海：格致出版社，2018.

[2] 高峰. 资本积累理论与现代资本主义——理论的和实证的分析（第二版）[M]. 北京：社会科学文献出版社，2014.

[3] 胡乐明等. 资本主义经济危机与经济周期：历史与理论[M]. 北京：中国社会科学出版社，2018.

[4] 贾根良等. 西方异端经济学主要流派研究[M]. 北京：中国人民大学出版社，2010.

[5] 李斌，伍戈. 信用创造、货币供求与经济结构[M]. 北京：中国金融出版社，2015.

[6] 李黎力. 明斯基经济思想研究[M]. 北京：商务印书馆，2018.

[7] 李慎明等. 美元霸权与经济危机：昨天对今天经济危机的预警[M]. 北京：

社会科学文献出版社，2009.

[8] 李天德. 世界经济波动理论（第一卷）[M]. 北京：科学出版社，2012.

[9] 刘明远. 马克思主义经济危机理论与当代现实 [M]. 北京：经济科学出版社，2009.

[10] 刘元琪. 当代资本主义经济新变化与结构性危机 [M]. 北京：中央编译出版社，2015.

[11] 吕守军. 法国调节学派理论与马克思主义经济学创新 [M]. 上海：上海人民出版社，2015.

[12] 马国旺. 马克思主义经济学方法论与批判实在论经济学方法论比较研究 [M]. 北京：经济科学出版社，2013.

[13] 马国旺. 后凯恩斯经济学研究 [M]. 天津：天津社会科学院出版社，2012.

[14] 孟捷. 马克思主义经济学的创造性转化 [M]. 北京：经济科学出版社，2001.

[15] 裴小革. 经济危机整体论——马克思主义经济危机理论再研究 [M]. 北京：中国社会科学出版社，2013.

[16] 习近平. 习近平谈治国理政（第二卷）[M]. 北京：外文出版社，2017.

[17] 张宇，孟捷，卢荻. 高级政治经济学 [M]. 北京：中国人民大学出版社，2006.

3. 译著

[1] 安德鲁·克莱曼. 大失败：资本主义生产大衰退的根本原因 [M]. 周延云译. 北京：中央编译出版社，2013.

[2] 埃里克·布莱恩约佛森，安德鲁·麦卡菲. 第二次机器革命：数字化技术将如何改变我们的经济与社会 [M]. 蒋永军译. 北京：中信出版社，2016.

[3] 巴里·艾肯格林. 全球失衡与布雷顿森林的教训 [M]. 张群群译. 大连：东北财经大学出版社，2013.

[4] 保罗·巴兰. 增长的政治经济学 [M]. 蔡中兴等译. 北京：商务印书馆，2014.

[5] 保罗·巴兰，保罗·斯威齐. 垄断资本——论美国的经济和社会秩序 [M]. 南开大学政治经济学系译. 北京：商务印书馆，1977.

[6] 保罗·克雷格·罗伯茨. 自由放任资本主义的失败 [M]. 秦伟译. 北京：三联书店，2014.

[7] 保罗·斯威齐. 资本主义发展论 [M]. 陈观烈等译. 北京：商务印书馆，2013.

[8] 本·伯南克. 金融的本质：伯南克四讲美联储 [M]. 巴曙松、陈剑译. 北京：中信出版社，2014.

[9] 本·斯泰尔. 布雷顿森林货币战：美国如何统治世界 [M]. 符荆捷等译. 北

京：机械工业出版社，2014.

［10］大卫·哈维．资本社会的17个矛盾［M］．许瑞宋译．北京：中信出版社，2016.

［11］大卫·哈维．跟大卫·哈维读《资本论》［M］．刘英译．上海：上海译文出版社，2013.

［12］大卫·哈维．新帝国主义［M］．处立忠等译．北京：社会科学文献出版社，2009.

［13］大卫·哈维．新自由主义简史［M］．王钦译．上海：上海译文出版社，2016.

［14］多西，弗里曼，纳尔逊等．技术进步与经济理论［M］．钟学义等译．北京：经济科学出版社，1992.

［15］弗兰克·奈特．风险、不确定性和利润［M］．王宇，王文玉译．北京：中国人民大学出版社，2005.

［16］弗雷德里克·詹姆逊．重读《资本论》［M］．胡志国等译．北京：中国人民大学出版社，2013.

［17］福斯特．生态革命——与地球和平相处［M］．刘仁胜译．北京：人民出版社，2015：185.

［18］富田俊基．国债的历史——凝结在利率中的过去与未来［M］．彭曦等译．南京：南京大学出版社，2011.

［19］范·杜因．经济长波与创新［M］．刘守英等译．上海：上海译文出版社，1993.

［20］加雷斯·戴尔，卡尔·波兰尼．市场的限度［M］．焦兵译．北京：中国社会科学出版社，2016.

［21］卡尔·波兰尼．巨变：当代政治与经济的起源［M］．黄树民译．北京：社会科学文献出版社，2017.

［22］卡萝塔·佩蕾丝．技术革命与金融资本［M］．田方萌等译．北京：中国人民大学出版社，2007.

［23］凯恩斯．货币论［M］．蔡谦等译．北京：商务印书馆，1997.

［24］凯恩斯．就业、利息和货币通论［M］．宋韵声译．北京：华夏出版社，2005.

［25］凯恩斯．劝说集［M］．李井奎译．北京：中国人民大学出版社，2016.

［26］克拉克．经济危机理论：马克思的视角［M］．杨健生译．北京：北京师范大学出版社，2011.

［27］克劳斯·施瓦布．第四次工业革命：转型的力量［M］．李菁译．北京：中信出版社，2016.

［28］克里斯·弗里曼，弗朗西斯科·卢桑．光阴似箭：从工业革命到信息革命

[M]. 沈宏亮译. 北京: 中国人民大学出版社, 2007.

[29] 金德尔伯格等. 疯狂、惊恐和崩溃——金融危机史 [M]. 朱隽等译. 北京: 中国金融出版社, 2011.

[30] 拉斯·特维德. 逃不开的经济周期: 历史、理论与投资现实 [M]. 董裕平译. 北京: 中信出版社, 2012.

[31] 兰德·瑞. 解读现代货币——实现充分就业与价格稳定 [M]. 刘新华译. 北京: 中央编译出版社, 2011.

[32] 劳尔·普雷维什. 外围资本主义 [M]. 苏振兴译. 北京: 商务印书馆, 2015.

[33] 理查德·波斯纳. 资本主义的失败: 2008 年危机与经济萧条的降临 [M]. 沈明译. 北京: 北京大学出版社, 2009.

[34] 罗伯特·布伦纳. 全球动荡的经济学 [M]. 郑吉伟译. 北京: 中国人民大学出版社, 2012.

[35] 鲁道夫·希法亭. 金融资本——资本主义最新发展的研究 [M]. 福民等译. 北京: 商务印书馆, 1994.

[36] 洛仁·戈尔德纳. 虚拟资本与资本主义终结 [M] //当代资本主义经济新变化与结构性危机. 北京: 中央编译出版社. 2015.

[37] 罗伯特·特里芬. 黄金与美元危机: 自由兑换的未来 [M]. 陈尚霖等译. 北京: 商务印书馆, 1997.

[38] 马丁·福特. 机器人时代 [M]. 王吉美等译. 北京: 中信出版社, 2015.

[39] 马克·拉沃. 后凯恩斯主义经济学 [M]. 王鹏译. 济南: 山东大学出版社, 2009.

[40] 迈克尔·郝德森. 金融帝国: 美国金融霸权的来源和基础 [M]. 嵇飞等译. 北京: 中央编译出版社, 2008.

[41] 迈克尔·雅各布斯, 玛丽安娜·马祖卡托. 重思资本主义: 实现持续性、包容性增长的经济与政策 [M]. 李磊等译. 北京: 中信出版社, 2017.

[42] 曼德尔. 晚期资本主义 [M]. 马清文译. 哈尔滨: 黑龙江人民出版社, 1983.

[43] 曼德尔. 资本主义发展的长波——一个马克思主义的解释 [M]. 赵春明译. 北京: 北京师范大学出版社, 1993.

[44] 米歇尔·于松. 资本主义十讲 [M]. 潘革平译. 北京: 社会科学文献出版社, 2013.

[45] 明斯基. 凯恩斯《通论》新释 [M]. 张慧卉译. 北京: 清华大学出版社, 2009.

[46] 默里·罗斯巴德. 美国大萧条 [M]. 谢华育译. 上海: 上海人民出版社,

2003.

［47］乔纳森·科什纳．货币与强制：国际货币权力的政治经济学［M］．李巍译．上海：上海人民出版社，2013.

［48］塞缪尔·鲍尔斯，理查德·爱德华兹．理解资本主义：竞争、统制与变革［M］．孟捷等译．北京：中国人民大学出版社，2010.

［49］斯蒂芬·罗西斯．后凯恩斯主义货币经济学［M］．余永定等译．北京：中国社会科学出版社，1991.

［50］托马斯·皮凯蒂．21世纪资本论［M］．巴曙松等译．北京：中信出版社，2014.

［51］维克托·D. 利皮特．资本主义［M］．刘小雪等译．北京：中国社会科学出版社，2012.

［52］威廉·阿瑟·刘易斯．增长与波动，1870～1913年［M］．梁小民译．北京：中国社会科学出版社，2014.

［53］威廉·I. 罗宾逊．全球资本主义论［M］．高明秀译．北京：社会科学文献出版社，2009.

［54］沃尔夫冈·施特雷克．资本主义民主国家如何拖延危机［M］．常晅译．北京：社会科学文献出版社，2015.

［55］熊彼特．经济发展理论［M］．何畏等译．张培刚等校．北京：商务印书馆，2000［1990］.

［56］熊彼特．经济分析史（第一卷）［M］．朱泱等译．北京：商务印书馆，1991.

［57］伊曼纽尔·沃勒斯坦等．资本主义还有未来吗？［M］．徐曦白译．北京：社会科学文献出版社，2014.

4. 中文期刊论文

［1］巴曙松．经济结构转型与金融风险防控：影子银行体系“在线修复”的全局意义［J］．学术前沿，2015（3）.

［2］陈乐一等．经济体制改革对经济周期波动的调节和缓解作用研究［J］．经济社会体制比较，2016（5）.

［3］陈享光．金融化与现代金融资本的积累［J］．当代经济研究，2016（1）.

［4］程恩富，齐新宇．重建中国经济学的若干基本问题［J］．财经研究，1999（7）.

［5］大卫·戈登．长周期的上升与下降［J］．教学与研究，2016（1）.

［6］何塞·加布里埃尔·帕尔玛．资本项目向高度流动性的金融市场开放如何导致拉美两轮半的“疯狂、惊恐和崩溃”周期［J］．演化与创新经济学评论，2014（1）.

［7］何秉孟．美国金融危机与国际金融垄断资本主义［J］．中国社会科学，2010（3）.

［8］何自力．西方经济停滞常态化是当代资本主义经济的典型特征［J］．红旗文稿，2018（2）.

[9] 何自力. 马克思经济危机理论对中国特色社会主义政治经济学的借鉴价值 [J]. 政治经济学评论, 2017 (5).

[10] 方福前. 寻找供给侧结构性改革的理论源头 [J]. 中国社会科学, 2017 (7).

[11] 高峰. 论长波 [J]. 政治经济学评论, 2018 (1).

[12] 高峰. 金融化全球化的垄断资本主义与全球性金融—经济危机 [J]. 国外理论动态, 2011 (12).

[13] 龚刚等. 债务视角下的经济危机 [J]. 经济研究, 2016 (6).

[14] 李帮喜, 王生升, 裴宏. 置盐定理与利润率趋向下降规律: 数理结构、争论与反思 [J]. 清华大学学报 (哲学社会科学版), 2016 (4).

[15] 李黎力. "明斯基时刻"之考辨 [J]. 经济理论与经济管理, 2013 (7).

[16] 李其庆. 世界经济危机与资本主义发展模式的演变 [J]. 政治经济学评论, 2010 (4).

[17] 刘凤义, 肖哲. 全球金融危机的马克思主义解读——兼论资本主义未来调整的方向 [J]. 经济学家, 2012 (11).

[18] 刘晓光等. 杠杆率、经济增长与衰退 [J]. 中国社会科学, 2018 (6).

[19] 贾根良. "中兴事件"对中国加入 WTO《政府采购协定》敲响了警钟 [J]. 学习与探索, 2018 (8).

[20] 贾根良. 第三次工业革命与工业智能化 [J]. 中国社会科学, 2016 (6).

[21] 贾根良. 演化发展经济学与新结构经济学: 哪一种产业政策的理论范式更适合中国国情 [J]. 南方经济, 2018 (1).

[22] 贾根良, 何增平. 为什么中央银行独立是伪命题? ——基于现代货币理论和经济思想史的反思 [J]. 政治经济学评论, 2018 (2).

[23] 马国旺. 从现代货币理论看美国贸易逆差的本质和成因 [J]. 学术研究, 2020 (2).

[24] 马国旺, 刘思源. 技术经济范式赶超机遇与中国创新政策转型 [J]. 科技进步与对策, 2018 (23).

[25] 马国旺. 评积累的社会结构理论对马克思主义经济学主要贡献 [J]. 政治经济学评论, 2016 (1).

[26] 马国旺. 马克思经济学方法论创新探析: 批判实在论视域中的异端经济学启示 [J]. 经济学家, 2011 (4).

[27] 马国旺. 批判实在论增进马克思经济学方法论的创新之我见 [J]. 经济学家, 2010 (4).

[28] 马国旺. 抽象的方法论: 从马克思纲领到批判实在论新发展评析 [J]. 社会科学战线, 2009 (8).

[29] 马国旺, 贾根良. 后凯恩斯经济学 70 年: 批判、重建与综合 [J]. 国外社会

科学，2005（2）.

［30］马国旺．后凯恩斯信用货币理论述评［J］．当代经济研究，2006（2）.

［31］马建堂等．中国的杠杆率与系统性金融风险防范［J］．财贸经济，2016（1）.

［32］玛丽亚·N. 诺娃，马国旺等．马克思、明斯基与大衰退［J］．国外理论动态，2013（11）.

［33］马勇等．金融杠杆、经济增长与金融稳定［J］．金融研究，2016（6）.

［34］孟捷．积累、制度与创新的内生性——以美国社会积累结构学派为例的批判性讨论［J］．社会科学战线，2016（11）.

［35］裴小革．经济危机相关理论的历史透视——基于马克思主义政治经济学视角的分析［J］．经济学动态，2016（3）.

［36］钱雪松等．中国委托贷款弥补了正规信贷不足吗?［J］．金融研究，2018（5）.

［37］沈梓鑫，贾根良．美国在颠覆式创新中人如何跨越“死亡之谷”?［J］．财经问题研究，2018（5）.

［38］汤铎铎，张莹．实体经济低波动与金融去杠杆——2017年中国宏观经济中期报告［J］．经济学动态，2017（8）.

［39］王国刚．“去杠杆”：范畴界定、操作重心和可选之策［J］．经济学动态，2017（7）.

［40］王伟光，程恩富，胡乐明等．西方国家金融和经济危机与中国对策研究［J］．马克思主义研究，2010（7，8）.

［41］王中保，程恩富．马克思主义经济危机理论体系的构成与发展［J］．经济纵横，2018（3）.

［42］谢富胜，李安，朱安东．马克思主义危机理论和1975~2008年美国经济的利润率［J］．中国社会科学，2010（5）.

［43］张小瑛，张俊山．从国民经济有机体看供给侧结构性改革［J］．当代经济研究，2018（8）.

［44］张宇．危机与当代资本主义历史走向——中国政治经济学年度发展报告（2012年）［J］．政治经济学评论，2013（4）.

［45］张宇．对社会主义生产目的的新认识［N］．人民日报，2017-2-27.

［46］张宇．中国特色社会主义政治经济学的科学内涵［J］．经济研究，2017（5）.

［47］张晓晶等．结构性去杠杆：进程、逻辑与前景——中国去杠杆2017年度报告［J］．经济学动态，2018（5）.

［48］置盐信雄．技术变革与利润率［J］．教学与研究，2010（7）.

二、英文文献

［1］Aglietta M. Capitalism at the Turn of the Century: Regulation Theory and the Challenge of Social Change［J］. New Left Review, 1998（232）: 41-90.

[2] Aglietta M. A Theory of Capitalist Regulation: The US Experience [M]. London and New York: Verso, 2015 [1979]: 412 -428.

[3] Allison, Henry E. Transcendental Realism, Empirical Realism and Transcendental Idealism [J]. Kantian Review, 2006 (11).

[4] Andrade R. P. , D. M. Prates. Exchange Rate Dynamics in a Peripheral Monetary Economy [J]. Journal of Post Keynesian Economics, 2013, 35 (3): 399 -416.

[5] Archibugi D. , A. Filippetti. Innovation and Economic Crisis: Lessons and Prospects from the Economic Downturn [M]. London and New York: Routledge, 2012: 83 -89.

[6] Arestis P. & P. Howells. Theoretical Reflection on Endogenous Money: The Problem with Convenience Lending [J]. Cambridge Journal of Economics, 1996 (20): 541 -543.

[7] Arestis P. , P. Howells. The Supply of Credit Money and the Demand for Deposits: A Reply [J]. Cambridge Journal of Economics, 1999 (23): 115 -119.

[8] Arestis P. , and M. Sawyer. A Handbook of Alternative Monetary Economics [Z]. Cheltenham: Edward Elgar, 2006.

[9] Arnim R. V. , Bannister S. , N. Perry. A Global Model of Recovery and Rebalancing [J]. Cambridge Journal of Economics, 2013, 37 (4): 889 -920.

[10] Autor D. , Dorn D. , Katz L. F. , Patterson C. , Reenen J. V. Concentrating on the Fall of Labor Share [J]. American Economic Review, 2017, 107 (5): 180 -185.

[11] Atkinson A. B. , T. Piketty, E. Saez. Top Incomes in the Long Run of History [J]. Journal of Economic Literature, 2011: 49, 3 -71.

[12] Bakir E. , A. Campbell. Is Over-investment the Cause of the Post -2007 U. S. Economic Crisis? [J]. Review of Radical Political Economics, 2015, 47 (4): 550 -557.

[13] Beaudry Paul, David A. Green and Benjamin M. Sand. The Great Reversal in the Demand for Skill and Cognitive Tasks [J]. Journal of Labor Economics, 2016, 34 (1): 199 -247.

[14] Berth Danermark, Mats Ekström, Liselotte Jakobsen and Jan Ch. Karlsson. Explaining Society: Critical Realism in the Social Sciences [M]. London: Routledge, 2002: 58, 77.

[15] Bhaskar Roy. A Realist Theory of Science [M]. 3rd ed. London; New York: Verso, 2008: 15 -16, 47.

[16] Blume L. E. , S. Durlauf. New Palgrave Dictionary of Economics [M]. 2nd ed. New York City: Palgrave Macmillan, 2008: 4, 2 -6.

[17] Boyer Robert. The Regulation School: A Critical Introduction [M]. New York: Columbia University Press, 1990: 48, 35, 52 -53.

[18] Boyer Robert. Is a Finance-led Growth Regime a Viable Alternative to Fordism? A

Preliminary Analysis [J]. Economy and Society, 2000, 29 (1): 116 - 120.

[19] Brown A. , S. Fleetwood, M. R. Critical Realism and Marxism [M]. London and New York: Routledge, 2002.

[20] Canova F. , Salido D. L. Michelacci C. The Ins and Outs of Unemployment: An Analysis Conditional on Technology Shocks [J]. The Economic Journal, 2013, 123 (569): 515 - 539.

[21] Charles S. Is Minsky's Financial Instability Hypothesis Valid? [J]. Cambridge Journal of Economics, 2016 (2): 427 - 436.

[22] Chick V. The Evolution of the Banking System and the Theory of Saving, Investment and Interest [A]. in Arestis, P. , S. Dow. On Money, Method, and Keynes: Selected Essays [C]. London: Macmillan, 1992.

[23] Cottrell Allin. Post Keynesian Monetary Economics: A Critical Survey [J]. Cambridge Journal of Economics, 1994 (18): 587 - 605.

[24] Cynamon, Barry Z. , Steven Fazzari, Mark Setterfield. After the Great Recession: The Struggle for Economic Recovery and Growth [M]. New York: Cambridge University Press, 2013: 163, 180 - 181.

[25] Cynamon, Barry Z. , Fazzari Steven M. Inequality, the Great Recession and Slow Recovery [J]. Cambridge Journal of Economics, 2016, 40 (2): 373 - 399.

[26] Dafermos Y. Debt Cycles, Instability and Fiscal Rules: a Godley-Minsky Synthesis [J]. Cambridge Journal of Economics, 2018, 42 (5): 1277 - 1313.

[27] Demetriades P. O. Political Economy of A Euro Area Banking Crisis [J]. Cambridge Journal of Economics, 2017, 41 (4): 1249 - 1264.

[28] Dequech David. Institutions in the Economy and Some Institutions of Mainstream Economics: From the Late 1970s to the 2008 Financial and Economic Crisis [J]. Journal of Post Keynesian Economics, 2018, 41 (3): 478 - 506.

[29] Diop, Samba. Minsky's Analysis of Capitalist Development: A Critical Assessment and Perspectives [J]. Review of Radical Political Economics, 2016, 48 (2): 201 - 216.

[30] Dosi G. Technological Paradigms and Technological Trajectories: A Suggested Interpretation of Determinants Anddirections of Technical Change [J]. Research Policy, 1982, 11 (3): 147 - 162.

[31] Dosi G. , C. Freeman, R. Nelson, G. Silverberg and L. Soete. Technical Change and Economic Theory [M]. London and New York: Pinter Publishers, 1988.

[32] Dow S. C. Horizontalism: A Critique [J]. Cambridge Journal of Economics, 1996 (20): 501 - 505.

[33] Dow S. C. Endogenous Money: Structuralist. in P. Arestis and M. Sawyer. A Hand-

book of Alternative Monetary Economics [Z]. Cheltenham: Edward Elgar, 2006: 35 -51.

[34] Drechsler W. Techno-Economic Paradigms: Essays in Honor of Carlota Perez [M]. London: Anthem Press, 2009.

[35] Duernecker G. Technology Adoption, Turbulence and the Dynamics of Unemployment [J]. Journal of European Economic Association, 2014, 12 (3): 724 -754.

[36] Duménil G. , and D. Lévy. The Real and Financial Components of Profitability (United States, 1952 -2000) [J]. Review of Radical Political Economics, 2004, 36 (1): 82 -110.

[37] Duménil G. , and D. Lévy. Capital Resurgent: Roots of the Neoliberal Revolution [M]. Cambridge, MA: Harvard University Press, 2004: 24.

[38] Duménil G. , D. Lévy. The Crisis of Neoliberalism [M]. London, England and Cambridge, Massachusetts: Harvard University Press, 2011: 58.

[39] Evangelista R. Technology and Economic Development: The Schumpeterian Legacy [J]. Review of Radical Political Economics, 2018, 50 (1): 136 -153.

[40] Fontana G. Post Keynesian Approaches to Endogenous Money: A Time Framework Explanation [J]. Review of Political Economy, 2003, 15 (3): 291 -314.

[41] Fontana G. Hicks on Monetary Theory and History: Money as Endogenous Money [J]. Cambridge Journal of Economics, 2004, 28 (1): 73 -88.

[42] Fontana G. Rethinking Endogenous Money: a Constructive Interpretation of the Debate Between Horizontalists and Structuralists [J]. Metroeconomica, 2004, 55 (4): 367 -385.

[43] Fontana G. Money, Uncertainty and Time [M]. Abington: Routledge, 2009.

[44] Fontana G. , M. Setterfield. Macroeconomics, Endogenous Money and the Contemporary Financial Crisis: A Teaching Model [J]. International Journal of Pluralism and Economic Education, 2009, 1 (1): 130 -147.

[45] Foster, John Bellamy. The Financialization of Accumulation [J]. Monthly Review, 2010, 62 (5).

[46] Foster, John Bellamy, Robert W. McChesney. The Endless Crisis: How Monopoly-Finance Capital Produces Stagnation and Upheaval from the USA to China [M]. New York: Monthly Review Press, 2012.

[47] Foster, John Bellamy, Robert W. McChesney. Monopoly-Finance Capital and the Paradox of Accumulation. in John F. Sitton. Marx Today: Selected Works and Recent Debates [M]. New York: Palgrave Macmillan, 2010: 185 -200.

[48] Foster, John Bellamy, W. Robert, R. McChesney. Monopoly and Competition in Twenty-First Century Capitalism [J]. Monthly Review, 2011, 62 (11).

[49] Freeman C. , J. Clark and L. Soete. Unemployment and Technical Innovation: A

Study of Long Waves and Economic Development [M]. London: Frances Pinter Publishers, 1982.

[50] Georg Graetz and Guy Michaels. Is Modern Technology Responsible for Jobless Recoveries? [J]. American Economic Review, 2017, 107 (5): 168 - 173.

[51] Gibson, Bill. The Current Crisis in Macroeconomic Theory. in Goldstein, J. P., Hillard, M. G. Heterodox Macroeconomics: Keynes, Marx and globalization [M]. New York: Routledge, 2009: 85 - 96.

[52] Gordon, David M., Edwards, Richard and Reich, Michael R. Segmented Work, Divided Workers: The Historical Transformation of Labor in the United States [M]. New York: Cambridge University Press, 1982.

[53] Gordon, David M. Thomas E. Weisskopf, Samuel Bowles. Long Swings and the Nonreproductive Cycle [J]. American Economic Review, 1983, 73 (2): 152 - 157.

[54] Gordon, David M. Long Swings and Stages of Capitalism. in David M. Kotz, Terrence McDonough, Michael R. Reich. Social Structures of Accumulation: The Political Economy of Growth and Crisis [M]. New York: Cambridge University Press, 1994: 11 - 26.

[55] Gordon, David M., Fat and Mean: The Corporate Squeeze of Working Americans and the Myth of Managerial "Downsizing" [M]. New York: Free Press, 1996.

[56] Goldstein, Jonathan P. and Hillard, Michael G. Heterodox Macroeconomics: Keynes, Marx and Globalization [M]. New York: Routledge, 2009.

[57] Goodhart, Charles A. E. Two Approaches to Money [M]. Cambridge, Mass: MIT Press, 1998.

[58] Graetz G., Michaels G. Is Modern Technology Responsible for Jobless Recoveries? [J]. American Economic Review, 2017, 107 (5): 168 - 173.

[59] Hanusch H., A. Pyka. Elgar Companion to Neo-Schumpeterian Economics [Z]. Cheltenham UK · Northampton: Edward Elgar, 2007: 333, 807, 1161.

[60] Harcourt G. C., Kriesler, Peter. The Oxford Handbook of Post-Keynesian Economics (Vol. 1) [Z]. Oxford, New York: Oxford University Press, 2013.

[61] Harvey J. T., R. F. Garnett. Future Directions for Heterodox Economics [M]. Ann Arbor: University of Michigan Press, 2008.

[62] Hicks J. Time in Economics [A]. in Hicks, J. Money, Interest and Wages: Collected Essays on Economic Theory (Vol. 2) [C]. Oxford: Basil Blackwell, 1982 [1976]: 288.

[63] Horowitz, Mark, Robert Hughes. Political Identity and Economists' Perceptions of Capitalist Crises [J]. Review of Radical Political Economics, 2018, 50 (1): 173 - 193.

[64] Ingham G. Babylonian Madness: on the Historical and Sociological Origins of Money

[A]. in J. Smithin. What is Money? [C]. London: Routledge, 2000.

[65] István Mészáros. Structural Crisis Needs Structural Change [J]. Monthly Review, 2012, 63 (10).

[66] Izquierdo S. C. The Cyclical Decline of the Profit Rate as the Cause of Crises in the United States (1947 - 2011) [J]. Review of Radical Political Economics, 2013, 45 (4): 463 - 471.

[67] Jespersen, Jesper. Macroeconomic Methodology: a Post-Keynesian Perspective [M]. Northampton, MA: Edward Elgar, 2009: 56.

[68] Joseph L. Bower, Clayton M. Christensen. Disruptive Technologies: Catching the Wave [J]. Harvard Business Reivew, 1995 (1): 43.

[69] Kalecki M. The Principle of Increasing Risk [J]. Economica, 1937, 4 (16): 440 - 447.

[70] Kalecki M. Selected Essays on the Dynamics of the Capitalist Economy (1933 - 1970) [M]. Cambridge, UK: Cambridge University Press, 1971.

[71] Kaldor N. The Scourge of Monetarism [M]. Oxford: Oxford University Press, 1982.

[72] Kaldor N. & J. Trevithick. A Keynesian Perspective on Money [A]. in Sawyer, M. C. Post-Keynesian Economics [C]. Aldershot: Edward Elgar, 1988: 101 - 119.

[73] Korty D. Comment on Household Debt in the Consumer Age: Source of Growth-risk of Collapse [J]. Capitalism and Society, 2008 (3): 3.

[74] Keynes J. M. The General Theory of Employment [J]. Economic Journal, 1937 (51): 209 - 223.

[75] Keynes, John Maynard. A Treatise on Money: The Pure Theory of Money. in The Collected Writings of John Maynard Keynes (Volume V) [M]. Cambridge and New York: Cambridge University Press, 2013 [1971]: 3, 4, 5 - 6.

[76] King, John E. The Elgar Companion to Post Keynesian Economics [Z]. Cheltenham, UK and Northampton, MA, USA: Edward Elgar, 2003: 117 - 121.

[77] Kliman, Andrew. The Failure of Capitalist Production: Underlying Causes of the Great Recession [M]. London: Pluto Press, 2011: 102 - 105, 130, 132, 141 - 144, 146 - 147.

[78] Knapp, Georg Friedrich. The State Theory of Money [M]. Clifton, NJ: Augustus M. Kelley, 1973 [1924].

[79] Kotz D. M. Capitalism and Forms of Capitalism: Levels of Abstraction in Economic Crisis Theory [J]. Review of Radical Political Economics, 2015, 47 (4): 541 - 549.

[80] Kotz D. M. Interpreting the SSA Theory, in David M. Kotz, Terrence McDonough,

Michael R. Reich. Social Structures of Accumulation: The Political Economy of Growth and Crisis [M]. New York: Cambridge University Press, 1994: 57 –60.

[81] Kotz D. M. Contradictions of Economic Growth in the Neoliberal Era: Accumulation and Crisis in the Contemporary U. S. Economy [J]. Review of Radical Political Economics, 2008, 40 (1): 174 –188.

[82] Kotz D. M. Neoliberalism and Financialization [R]. Paper Written for a Conference in Honor of Jane D'Arista at the Political Economy Research Institute, University of Massachusetts Amherst, May 2 –3, 2008.

[83] Kotz D. M. The Financial and Economic Crisis of 2008: A Systemic Crisis of Neoliberal Capitalism [J]. Review of Radical Political Economics, 2009, 41 (3): 309, 314.

[84] Kotz D. M. The Current Economic Crisis in the United States: A Crisis of Over-investment [J]. Review of Radical Political Economics, 2013, 45 (3): 284 –294.

[85] Kotz D. M. Globalization and Neoliberalism [J]. Rethinking Marxism, 2002, 14 (2): 64 –79.

[86] Kotz D. M. , Terrence McDonough, Michael R. Reich. Social Structures of Accumulation: The Political Economy of Growth and Crisis [M]. New York: Cambridge University Press, 1994: 18, 110.

[87] Lavoie M. Foundations of Post-Keynesian Economic Analysis [M]. Aldershot, Hants: Edward Elgar, 1992: 193 –196.

[88] Lavoie M. Horizontalism, Structuralism, Liquidity Preference and the Principle of Increasing Risk [J]. Scottish Journal of Political Economy, 1996, 43 (3): 275 –300.

[89] Lavoie M. The Credit-Led Supply of Deposits and the Demand for Money: Kaldor's Reflux Mechanism as Previously Endorsed by Joan Robinson [J]. Cambridge Journal of Economics, 1999 (23): 103 –113.

[90] Lavoie M. Endogenous Money: Accommodationist. in P. Arestis and M. Sawyer. A Handbook of Alternative Monetary Economics [Z]. Cheltenham: Edward Elgar, 2006: 17 –34.

[91] Lawson T. Economics and Reality [M]. London and New York: Routledge, 1997.

[92] Lawson T. Reorienting Economics [M]. London and New York: Routledge, 2003.

[93] Liang Y. Global Imbalances and Financial Crisis: Financial Globalization as a Common Cause [J]. Journal of Economic Issues, 2012, 46 (2): 353 –362.

[94] Lippit V. D. Class Struggles and the Reinvention of American Capitalism in the Second Half of the Twentieth Century [J]. Review of Radical Political Economics, 2004, 36 (3).

[95] Lippit V. D. , The Neoliberal Era and the Financial Crisis in the Light of SSA Theory [J]. Review of Radical Political Economics, 2014, 46 (2): 141 –161.

[96] Lipietz A. Mirages and Miracles: Crisis in Global Fordism [M]. London: Verso, 1987: 14, 33 -34, 36 -37.

[97] Lucarelli D. B. The Economics of Financial Turbulence: Alternative Theories of Money and Finance [M]. Cheltenham UK · Northampton: Edward Elgar, 2011: 85 -93, 111 -131.

[98] Lucarelli D. B. Financialization and Global Imbalances: Prelude to Crisis [J]. Review of Radical Political Economics, 2012, 44 (4): 429 -447.

[99] Luxemburg R. The Accumulation of Capital [M]. New York: Routledge Press, 2003: 307 -447.

[100] Martins N. O. Political Aspects of the Capital Controversies and Capitalist Crises [J]. Journal of Post Keynesian Economics, 2016, 39 (4): 473 -494.

[101] McDonough, Terrence Michael Reich, David M. Kotz. Contemporary Capitalism and Its Crises: Social Structure of Accumulation Theory for the 21st Century [M]. New York: Cambridge University Press, 2010: 72 -89, 93 -118, 132 -138.

[102] Mensch G. Stalemate in Technology: Innovations Overcome the Depression [M]. Cambridge, MA: Ballinger Publication Company, 1979.

[103] Miller R. A. Minsky's Financial Instability Hypothesis and the Role of Equity: the Accounting Behind Hedge, Speculative, and Ponzi Finance [J]. Journal of Post Keynesian Economics, 2018, 41 (1): 126 -138.

[104] Minsky H. P. Induced Investment and Business Cycles [M]. Cheltenham: Edward Elgar, 2004: 222.

[105] Minsky H. P. The Financial Instability Hypothesis [Z]. The Jerome Levy Economics Institute, Working Paper, 1992, No. 74.

[106] Minsky H. P. The Financial Instability Hypothesis: the Limits of Capitalism [Z]. The Levy Economics Institute of Bard College, Working Paper, 1993, 93.

[107] Minsky H. P. Can "It" Happen Again? Essays on Instability and Finance [M]. New York: M. E. Sharpe, 1982.

[108] Minsky H. P. Induced Investment and Business Cycles [M]. Cheltenham: Elgar, 2004 [1954].

[109] Minsky H. P. Stabilizing an Unstable Economy [M]. New York: McGraw-Hill Professional Publishing, 2008 [1986]: 48, 55, 100, 193, 200 -201, 223, 230 -232, 237 -238, 242, 255.

[110] Minsky H. P. John Maynard Keynes [M]. New York: McGraw-Hill Professional Publishing, 2008 [1975]: xiv, 11, 69 -71, 122, 125.

[111] Minsky H. P. Schumpeter and finance [A]. in Market and Institutions in Econom-

ic Development: Essays in Honour of Paolo Sylos Labini [C]. London and New York: Palgrave Macmillan, 2014 [1993].

[112] Moore B. J. Horizontalists and Verticalists: the Macroeconomics of Credit Money [M]. Cambridge: Cambridge University Press, 1988: xi, 3-19, 195-199.

[113] Moore B. J. Unpacking the Post Keynesian Black Box: Bank Lending and the Money Supply [A]. in Sawyer, M. C. Post-Keynesian Economics [C]. Aldershot: Edward Elgar, 1988: 120-139.

[114] Moore B. J. Money Supply Endogeneity: 'Reserve Price Setting' or 'Reserve Quantity Setting'? [J]. Journal of Post Keynesian Economics, 1991, 13 (3): 404-413.

[115] Moreno-Brid J. C. Capital Flows, Interest Payments and the Balance-of-Payments Constrained Growth Model: a Theoretical and Empirical Analysis [J]. Metroeconomica, 2003, 54 (2-3): 346-365.

[116] Moore B. J. Shaking the Invisible Hand: Complexity, Endogenous Money and Exogenous Interest Rates [M]. Basingstoke: Palgrave Macmillan, 2006.

[117] Moseley F. The U. S. Economic Crisis: From a Profitability Crisis to an Overindebtedness Crisis [J]. Review of Radical Political Economics, 2013, 45 (4): 472-477.

[118] Myrdal G. Economic Theory and Underdeveloped Regions [M]. New York: Harper & Row, 1971.

[119] Nardone E., McDonough, Terrence. Global Neoliberalism and the Possibility of Transnational State Structures, in McDonough, Terrence, Reich, Michael and Kotz, David M., ed., Contemporary Capitalism and Its Crises: Social Structure of Accumulation Theory for the 21st Century [M]. New York: Cambridge University Press, 2010: 168-191.

[120] O'Hara, Philip Anthony. Marx, Veblen and Contemporary Institutional Political Economy: Principles and Unstable Dynamics of Capitalism [M]. Cheltenham: Elgar, 2000.

[121] O'Hara, Phillip Anthony. A New Financial Social Structure of Accumulation in the United States for Long Wave Upswing? [J]. Review of Radical Political Economics, 2002 (34): 295-301.

[122] O'Hara, Phillip Anthony. Deep Recession and Financial Instability or a New Long Wave of Economic Growth for U. S. Capitalism: A Regulation School Approach [J]. Review of Radical Political Economics, 2003, 35 (1): 18-43.

[123] O'Hara, Phillip Anthony. A New Transnational Corporate Social Structure of Accumulation for Long-Wave Upswing in the World Economy [J]. Review of Radical Political Economics, 2004, 36 (3): 328-335.

[124] Palley T. I. Financialization: What It Is and Why It Matters [Z]. The Levy Economics Institute (http://www.levy.org/), Working Paper, 2007, No. 525.

[125] Palley T. I. The Endogenous Money Supply: Consensus and Disagreement [J]. Journal of Post Keynesian Economics, 1991 (13): 397 - 400.

[126] Perez Carlota. Technological Revolutions and Techno-economic Paradigms [J]. Cambridge Journal of Economics, 2010 (34): 194 - 195.

[127] Perez Carlota. The Double Bubble at the Turn of the Century: Technological Roots and Structural Implications [J]. Cambridge Journal of Economics, 2009 (33): 779 - 805.

[128] Perez Carlota. The Financial Crisis and the Future of Innovation: a Review of Technical Change with the Aid of History [J]. Working Papers in Technology Governance and Economic Dynamics, 2010 (28): 3 - 38.

[129] Petra Dünhaupt. Determinants of Labour's Income Share in the Era of Financialisation [J]. Cambridge Journal of Economics, 2018, 41 (1): 283 - 306.

[130] Petras J., Veltmeyer, H. Imperialism and Capitalism in the Twenty-First Century: A System in Crisis [M]. New York: Monthly Review Press, 2013: 117 - 118, 147.

[131] Pieterse J. N. From Economic Stagnation to Systemic Fragility? [J]. Journal of Post Keynesian Economics, 2017, 40 (2): 272 - 277.

[132] Pollin R. Two Theories of Money Supply Endogeneity: Some Empirical Evidence [J]. Journal of Post Keynesian Economics, 1991, 13 (3): 366 - 394.

[133] Pollin R. Money Supply Endogeneity: What Are the Questions and Why Do They Matter? [A]. in G. Deleplace and E. J. Nell. Money in Motion: The Post Keynesian and Circulation Approaches [C]. London: Macmillan, 1996: 490 - 515.

[134] Rasmus J. Systemic Fragility in the Global Economy [M]. Atlanta, GA: Clarity Press, 2016: 248 - 259.

[135] Ricardo M. S. Growth and Inequality Revisited: the Role of Primary Distribution of Income a New Approach For Understanding Today's Economic and Social Crises [J]. Cambridge Journal of Economics, 2017, 41 (2): 367 - 390.

[136] Robinson J. Economic Philosophy [M]. London: C. A. Watts, 1962.

[137] Robinson, William I. A Theory of Global Capitalism: Production, Class, and State in a Transnational World [M]. Maryland: Johns Hopkins University Press, 2004.

[138] Rochon L. P., Matias Vernengo. State Money and the Real World: Chartalism and Its Discontents [J]. Journal of Post Keynesian Economics, 2003, 26 (1): 57 - 67.

[139] Rochon L. P., and S. Rossi. Modern Theories of Money: The Nature and Role of Money in Capitalist Economies [M]. Cheltanham: Edward Elgar, 2003.

[140] Rosenberg S. American Economic Development Since 1945: Growth, Decline and Rejuvenation [M]. Basingstoke: Macmillan Press, 2003.

[141] Rousseas S. Post Keynesian Monetary Economics [M]. Basingstoke: Macmillan,

1998.

[142] Russo Alberto, Luca Riccetti, Mauro Gallegati. Increasing Inequality, Consumer Credit and Financial Fragility in an Agent Based Macroeconomic Model [J]. Journal of Evolutionary Economics, 2016, 26 (1): 25 -47.

[143] Schmookler J. Invention and Economic Growth [M]. Cambridge MA: Harvard University Press, 1966.

[144] Schor J. B. The Overworked American: The Unexpected Decline of Leisure [M]. New York: Basic Books, 1991.

[145] Schumpeter, Joseph Alois. Business Cycles: A Theoretical, Historical and Statistical Analysis of the Capitalist Process (Vols. 2) [M]. New York and London: McGraw-Hill Book Company, 1939: 151, 154, 211, 278.

[146] Sergio Cámara Izquierdo. The Cyclical Decline of the Profit Rate as the Cause of Crises in the United States [J]. Review of Radical Political Economics, 2013, 45 (4): 463 -471.

[147] Setterfield M. Wages, Demand, and US Macroeconomic Travails: Diagnosis and Prognosis. in Barry Z. Cynamon, Steven Fazzari, Mark Setterfield. After the Great Recession: The Struggle for Economic Recovery and Growth [M]. New York: Cambridge University Press, 2013: 164.

[148] Skott P. Increasing Inequality and Financial Instability [J]. Review of Radical Political Economics, 2013, 45 (4): 478 -488.

[149] Smith J. Imperialism in the Twenty-First Century: Globalization, Super-Exploitation, and Capitalism's Final Crisis [M]. New York: Monthly Review Press, 2016: 151 -164, 187 -223.

[150] Sweezy P. M. More (or Less) on Globalization [J]. Monthly Review, 1997, 49 (4).

[151] Thirlwall A. P. The Balance of Payments Constraint as an Explanation of International Growth Rate Differences [J]. Banca Nazionale Del Lavoro Quarterly Review, 1979 (128): 45 -53.

[152] Thirlwall A. P. , Hussain, M. N. The Balance of Payments Constraint, Capital Flows and Growth Rate Differences Between Developing Countries [J]. Oxford Economic Papers, 1982, 34 (3): 498 -510.

[153] Tridico Pasquale, Riccardo Pariboni. Inequality, Financialization, and Economic Decline [J]. Journal of Post Keynesian Economics, 2018, 41 (2): 236 -259.

[154] Wallace M. and David Brady. Globalization of Spatialization? The World Wide Spatial Restructuring of the Labor Process. in McDonough, Terrence, Reich, Michael and Kotz,

David M., ed., Contemporary Capitalism and Its Crises: Social Structure of Accumulation Theory for the 21st Century [M]. New York: Cambridge University Press, 2010: 132 – 138.

[155] Wisman Jon D. Wage Stagnation, Rising Inequality and the Financial Crisis of 2008 [J]. Cambridge Journal of Economics, 2013, 37 (4): 921 – 945.

[156] Wolf, Edward. The Recent Rise in Profits in the United States [J]. Review of Radical Political Economics, 2001, 33 (3): 315 – 324.

[157] Wolfgang Drechsler. Techno-economic Paradigms: Essays in Honor of Carlota Perez [M]. London: Anthem Press, 2009: 1 – 18.

[158] Wolfson M. H. Neoliberalism and the Social Structure of Accumulation [J]. Review of Radical Political Economics, 2003, 35 (3): 255 – 262.

[159] Wolfson M. H. David M. Kotz. A Reconceptualization of Social Structure of Accumulation Theory. in Terrence McDonough, Michael Reich, David M. Kotz. Contemporary Capitalism and Its Crises: Social Structure of Accumulation Theory for the 21st Century [M]. New York: Cambridge University Press, 2010: 81 – 84.

[160] Wray L. R. Money and Credit in Capitalist Economies: the Endogenous Money Approach [M]. Aldershot and Brookfield: Edward Elgar, 1990: 14.

[161] Wray L. R. Commercial Banks, the Central Bank, and Endogenous Money [J]. Journal of Post Keynesian Economics, 1992 (14): 297 – 308.

[162] Wray L. R. What is Money [A]. in J. Smithin. What is Money? [C]. London: Routledge, 2000.

[163] Wray L. R. Understanding Modern Money: The Key to Full Employment and Price Stability [M]. Cheltenham, UK: Edward Elgar, 2006.

[164] Wray L. R. Modern Money Theory: A Primer on Macroeconomics for Sovereign Monetary Systems [M]. London, New York: Palgrave Macmillan, 2015: 19, 48 – 51.

[165] Wray L. R. Why Minsky Matters: An Introduction to the Work of a Maverick Economist [M]. Princeton and Oxford: Princeton University Press, 2015: 139 – 147.